血紀

從平反到改革開放

三部曲

孔令平——著

寫在《血紀》出版前

這部長篇傳記，取材於我個人的親身經歷，我想通過它反映出中共統治中國半個世紀的歷史一角。所以，它既是我個人一生不幸的記錄，也是那個時期的歷史悲劇。

中國是世界的一部份，中國人是人類的一部份，組成這個時代的統治者和被統治者；壓迫者和被壓迫者，也許都在想，自己這一生為什麼而生存？為什麼而奮鬥？任何人在回憶自己一生時，是想為自己樹碑呢，還是想真實總結過去，拿出一點對人類有益的教訓以告誡後代？

上世紀八十年代初，中國有過幾年的「傷痕文學」時期，我看《天雲山傳奇》、《漩渦裡的歌》、《牧馬人》、《淚痕》，感覺這些作品產生於中共監視之下，留著專制主義的影子。它們不敢真實暴露毛澤東時期的內幕，缺乏中國史學秉筆直書的傳統，缺了脊樑。

《血紀》記述了我所經歷地獄裡，一些人間煉獄的過程，他們怎麼生龍活虎走進來，被餓死、打死，踢死的真實過程，令人為之驚心！同時記述了他們中不堪壓迫的一批人，毅然在劊子手屠刀下舉起了「火炬」，他們雖然倒下了，但他們舉起的「火炬」永遠照亮著這片苦難的熱土！

可惜，在今天「一切為經濟發展」的指導中心下，在金錢誘惑和生活壓力下，人們越來越不瞭解中共歷史上最血腥的毛澤東時代。今天，毛澤東留下的種種流毒沒有被批判，真相依然蒙蔽，黑白仍被顛倒。這樣，歷史完全可能重演新一輪的悲劇，這是我們這一代親歷暴政者最擔心的事。

看到年輕一代對中共獨裁專制帶給中華民族的巨大災難渾然不知，想到一個個犧牲烈士們的生前囑託，我無法安享「改正」後的晚年。於是，本著對民族負責的精神，整整二十年來每夜每夜，我在燈下伏案疾書，點點滴滴記下我所親歷的這段血腥歷史。

《血紀》尋找到它的根：一小撮掌權的中共頑固派，死守著既得利益不放，死守「獨裁」不放。

我想，有著像我一樣的情感和經歷的海外人士、為中華民族前途而奔走呼號的人不在少數。相信會在大家幫助下，克服重重困難，使《血紀》能儘快問世，與讀者見面。為我們共同總結這段歷史，並為中華民族今後怎麼走路，提供一點教訓。

當這本書有幸與你相逢時，讓我們珍惜這種來之不易的相識，為融化中國專制主義，建立中華民主而共同增加一把火。

——作者：二〇〇七・七

僅以此紀念在反對獨裁專制主義中
為中國民主事業犧牲的烈士們！

在二〇〇九年國際法蘭克福書展上對《血紀》的介紹

／武宜三

孔令平的《血紀》三部曲，全書共一百多萬字；是史詩式的展現了作者一家在極權中國的困難圖卷；是作者被打成右派之後九死一生的親身經歷、所聞所見，極具震撼性，是中國的《古拉格群島》。

此書未曾面世已轟動，二〇〇九年參與此書編輯的荊楚先生，被廣西新聞出版局局長秦某、桂林新聞出版局局長陳某等中共宣傳部門官員約談，警告如敢出版，將報復其妻子和孩子。而且聲稱此書的出版，將影響中國的穩定，有關人等將治以「煽動顛覆國家政權罪」。

孔令平父母都是一介書生，對抗日救亡和建設新教育有過貢獻。孔祥嘉，在一九五一年鎮反中，被抓進監獄並蠻橫的拒絕通知家屬，也拒絕向家屬提供判決書。直到一九八二年，四川省公安廳才在發了一紙共三十二個字的《來信來訪通知》中說他一九五六年死在獄中。

一九五七年孔令平和母親方堅志先後以替父親翻案而打成右派分子，年幼無知弟弟於一九六七年被不明不白殺害。母親因忍受不了非人虐待而投塘自殺（未果），孔令平也幾乎被處死。

《血紀》再現了毛澤東一手製造的大躍進、全民煉鋼、人民公社、高產衛星、社教運動、一打三反直到文化大革命中所發生的場景，以及人們被活活餓死、被鬥爭、被打死的心驚場面。《血紀》描述被監督勞動的飢寒交迫和所受非人虐待：遭打罵、戴內圈有倒刺的小銬、吊打繩捆，關禁閉、陪殺場等，還要在飢餓中服苦役。記錄了他們被打死、捆死、踢死、自殺死，以及為活命逃亡被擊斃，餓死在途中的真人真事……

《血紀》也記載難友們在暴力的侮辱、摧殘下，奮起反抗的故事：陳力、張錫錕、劉順森、皮天明等烈士們將作為中華民族的靈魂，永遠活在人們心中。

國家不幸作家幸，一生在苦難的血淚中浸泡的孔令平，終於把嘔心瀝血的《血紀》貢獻出來了。這不朽《血紀》三部曲也將使它的作者成為不朽的人物；孔令平又是幸運的作家。

《血紀》告訴了你什麼

這一部長篇回憶錄，是通過我一生經歷的回憶，用事實揭示中共統治中國大陸六十年的歷史，因為它的真實性，可以成為研究中國大陸從一九四九至二〇〇九年期間歷史的參考，為不瞭解大陸真相的年輕朋友，提供一本關於認識獨裁專制的讀物。

中國的悲劇已引起世人的關注，包括中共內部的異見者，他們在讀到這本書時如果引起良知和人性的震撼，感到不應固守著毛澤東獨裁衣缽不放，而毅然接受民主，投身到民主大潮中，便是我衷心的願望。

願它成為「中國的良心」，留給我的民族，並獻給年輕一代。

《血紀》全書分上「從反右到文革」、中「從文革到平反」、下「從平反到改革開放」三集，全書共一百萬字，上集從中共建國寫到一九六四年「文革狂飆」，中集從一九六五年寫到一九七九年「平反」，下集從一九七九年寫到二〇〇九年。

上集，敘述了我的家被中共破碎的過程：我的父母都是新教育的開拓者，他們對抗日救亡和建設新教育有過貢獻。我的父親孔祥嘉，中共對他洗腦後，仍於一九五一年底抓進監獄，判處結果不告知家人，不發判決書。

直到我「平反」後，向公安機關一再追問（共發信十一封），先說下落不明，直到追問到四川省公安廳，才在一九八二年發了一紙共三十二個字的「來信來訪」通知，說他一九五六年死在獄中。

如此草菅人命還不算，還對我們一家四口進行了殘害：一九五七年我和母親先後因替他翻案打成右派，我的年幼無知弟弟以「黑崽子」在一九六七年被不明不白殺害。我的母親因忍受不了非人虐待而投塘自殺（未果），我也幾乎被處死！

這種對無辜者無緣無故的「滅家」，便是毛澤東口口聲聲的人道主義！幸好我大難不死，今天我得以利用這個機會，向世界講述我二十三年冤獄和六十年來的所見所聞——

「血紀—從反右到文革」記載了在農村中我所見到的場景，再現了毛澤東一手製造的「大躍進」、「全民煉鋼」、「人民公社」、高產「衛星田」、「社教運動」、直到「文化大革命」所經歷的歷史，揭示了大陸餓死幾千萬人的原因，剝開毛澤東的畫皮，這是一個中華歷史上從未有過的暴君；一個中華民族的千古罪人！

本書描述了年僅二十歲的我劃成右派後，被「監督勞動」受到非人虐待；記下了我入監的過程，為了扭曲我，逼我「認罪」，我被頸上吊三十斤重的磚頭，遭暴打；還要在晚上睡覺時戴上內圈有倒刺的小銬子；使我整夜痛徹心脾，吊打繩捆是我受到的家常刑罰。

一九六四年鹽源農牧場小監裡關了我和陳力倆人，後來我又在農六隊與張錫錕、劉順森等人一起戰鬥，今天他們都先後去世多年了，若非神靈安排我一個傳揚他們的使命，我哪能堅持長達二十年自始至終寫完這部巨著？特別是今年清明節，我們再訪鹽源時，神又將四十餘年前的現場完好地呈現在我們面前，並將當地老百姓親眼所見提供給我們，以充實《血紀》。

當年流放甘洛，我被餓得皮包骨頭，一個一百七十公分的人，靠水腫的雙腳支持著三十公斤的骨架，形同骷髏。已這般可憐，而隊長並不放過我，白天逼著我們開荒，因飢餓偷地裡的玉米，我被捆死在山野裡的水溝邊餵毒蚊；把我捆在黃桷樹下學老鴉叫；我在獄中只有用絕食表達我軟弱的反抗，沒有人性的劊子手居然剝奪我喝屋簷水的權力；為了侮辱我，在我睡覺時用刺刀劃破我的頭；用繩子五馬傳蹄捆著把生病的我抬上工地，至於關我的禁閉、陪殺場、用死亡威脅我更是常事……我驚嘆我頑強的生命力，支持著我撞過了一個又一個鬼門關。

《血紀》用大量篇幅揭露「無產階級專政」的殘暴：描述獄吏的貪婪，自私。直到今天這些故事仍被當局禁談，正好說明中共對血腥的過去十分心虛，更害怕老百姓覺醒，起來聲討他們，推翻他們！

《血紀》用大量篇幅記載了奴隸們向施暴者進行的反抗，「血紀—從文革到平反」記載了難友們在暴力摧殘下，奮起反抗的故事。

陳力：早先加入共產黨，參加「抗美援朝」立過「戰功」，後來生活使他認識了毛澤東，認識了中共，因宣傳鐵托而被捕入獄，入獄後更加認清了中共，痛感自己被騙。在獄中留下痛斥劊子手的五十萬字檄文，聲討毛澤東，痛斥中共。

一九六九年八月二十一日，昂頭走上刑場，他的英勇就義故事至今仍在民間傳頌：膽怯而殘暴的劊子手，怕聽到他臨刑前的斥責，割下了他的舌頭，並用刺刀逼令他跪下，他卻扭過頭去將口中鮮血向他噴去。惱羞成怒的劊子手舉起槍用槍上的刺刀向他後膝彎刺去。這壯烈的一幕至今還在鹽源老百姓中傳頌。

張錫錕：為反抗中共的暴虐，他在獄中舉起反抗的火炬，在獄中製作刊物驚動了中共公安部。事情敗露後，瘋狂的劊子手用寬大誘他交待出「同夥」，他坦然回答：「要我交代我的同夥嗎？那麼我告訴你，全中國在你們鐵蹄下受壓迫的六億老百姓都是我的『同夥』！」他犧牲於一九七五年八月二十六日，臨刑前被劊子手殘暴的用鐵絲鎖住喉嚨。

劉順森：在獄中高舉「火炬」，他淵博的知識和口才成為流放奴隸人人尊敬的良師益友，被當局認為最危險的煽動家。張錫錕的犧牲並沒有嚇住他，反而更激發了他探求光明的意志，抱著追求光明，一九七六年越獄，被抓回鹽源後，於一九七七年九月二十七日在鹽源就義，臨刑前劊子手用鐵絲鎖住了他的喉。

皮天明：火炬忠實的追隨者，一九七六年掩護劉順森越獄，為反抗狗的盯哨和欺侮，用利斧怒劈狗腿子，一九七六年七月二十八日在鹽源農場從容就義。

烈士們都有一個共同點：他們都曾被中共宣傳所騙，當他們覺悟到被騙後，便以十倍的憤怒向施騙者還擊。抱著為真理而犧牲的信念，無悔無怨獻出了生命，這種反抗暴力的動力，是中共永遠都沒有估計到的，這正是中華民族魂在近代的復生，欲知其中細節，請閱讀《血紀—從文革到平反》。

《血紀—從平反到改革開放》記載了中共鄧小平開創的後極權時代，以平反冤假案開場，因此我的下集就以「落實政策的馬拉松」開始，寫下了平反的自相矛盾及受害者為爭生存權而鬥爭，特別是在家破人亡後，修復「家」所留不可克服的「後遺症」，這場冤獄將無盡的苦難留給了下一代。

此外我以典型的案例描述了一群官僚在落實政策中的胡作非為，把這場消弭毛澤東的遺害，變成一場踢皮球甚至向受害人的勒索。

《血紀》「下集」以真人真事描述中共「改革開放」的混亂。「不管黑貓白貓抓著耗子才是好貓」論，否定了毛澤東的「階級鬥爭」一抓就靈論。正好說明共產黨是「沒有任何主義」的黨。「沒有主義」怎麼執政？

中共建立的特權卻是不可觸動的，於是一群自私的官僚變成了國庫裡的碩鼠，碩鼠的特權加沒有主義的「執政」，社會被搞得一團糟。「六四」為什麼在北京風起雲湧？當年學生舉起的大旗中明明白白寫著：「反對腐敗，反對官倒」。

結果沒有主義的中共在學生運動中分裂了；結果鄧小平慌忙決定用坦克碾壓「自由村」，創下當今世界驚聞，於是鄧小平驚呼：「穩定是壓倒一切的中心」，我們看到中國共產黨正走向滅亡，一股復活毛澤東的力量蠢蠢待動。

我想通過這本書對這個「沒有主義」的中共進一言，希望能從中華民族大局出發，從全人類出發，能直接面對過去，對所作所為能向受害的中國人有一個交代，向全體人民有一個交代，若能放棄獨裁，走民主的路，人民幸矣，國家幸矣，中華民族幸矣！

但願我善良的願望不致又一次落空！

子乙於二〇〇九・八

目次

第一章：惡夢剛醒

惡夢醒來，猛然一驚，不知身處那裡？剛從地獄出來，我該到那裡去？啊！該回家了，回家本是同久別親人團聚的旅程，是同父母親人久別後的第一次擁抱，而我首先要向他們傾訴在地獄中險些喪身的經過。

災難無緣無故降臨給剛剛才十九歲的我，我被丟進了地獄整整二十三年。在地獄裡，我失去了所有美好的回憶。

從少年時代起，大陸就被蘇俄控制，今天我們居住的這片海棠葉，無緣無故的碎裂成幾大片，這哪是我的祖國？我的家？生活的故土破碎成這樣，大家都在反思，為什麼過去的夢碎得這麼慘？

我們家本來人丁不旺，小小的五口之家，以教書為業，教書匠本與世無爭。我的父母終生辛勤育人。卻沒想到，被口口聲聲以解放人民、建立繁榮富強新中國的中國共產黨，弄得家破人亡。

一九四八年正是中華民國國難當頭，懷著對三民主義的忠誠，懷著對國家前途的憂慮，我的父親辭去杭州師範校長職務，毅然應顧毓秀先生之請，去南京接任中央政治大學重慶分校校長之職。

就因此，三年後，他首先進了中共的大牢，從此音信杳無。當局向我們全家封鎖了他的消息，連判決書都不給。

直到一九八四年，經我反覆追查，才從四川省勞改廳證實，他已於一九五六年三月六日在勞改營中死亡。

從那以後，和平年代裡我們的家，就在中共淪陷區裡惴惴度日，在黑五類的泥坑中掙扎，在「階級鬥爭」大火中燃燒。

我失去了撫育我長大成人的外婆；我再也聽不到她講述炮火連天的南京城裡，我在國難中降生。少年時代她駝著背同母親一起掙扎在大風大浪中，艱難的帶著我和弟弟長大。

二十三年前竹籬門前，她用蒼白的鬢髮吻別我時，我怎麼也沒想到這竟是我和她的生離死別！

我的弟弟生性軟弱，從小就負著「黑崽子」的重枷，飽受社會的欺侮。我永遠不會忘記二十三年前我和他在小龍坎的「團聚」，更沒料到那次團聚又成我們的生離死別。

「文革」奪走了我唯一的兄弟，母親因經不住這個打擊和造反派的凌辱，燒去了僅存多年的老照片，準備跳水自殺。

今天，離家整整二十三年了，原先的家已被中共消滅，現在只剩下了唯一的母親，她幾經生死，而今不知如何？我現在正在回到她身邊的歸途上。

她能重新振作，同我一起再建我們的家麼？我們能重新恢復過去的一切麼？

從一九四九年起，在「無產階級專政」暴力下，槍桿子逼著我做烏托邦的惡夢。現在惡夢過去了，當我醒來時，到處還聽得見啼飢號寒聲，城市像經歷戰亂，滿目瘡痍。

「共產主義」給大陸留下一場欺騙。現在每當陰雨夜晚，無數冤魂都會在夜空中發出索命的喊聲令人聞之心驚。該犧牲的犧牲了，該得到的卻沒得到。

但是，對中華民族造下那麼大的破壞，而中共好像並無反悔，反倒若無其事的又在津津樂道宣揚「四個現代化」的胡謅了。當我艱難的從下水道裡爬出來時，他們對我們悲慘的過去，並無絲毫同情。尤其令我感到奇怪的是，在慘痛的現實中，怎麼還無人發出重新振作的疾呼？為什麼受壓迫者至今還不敢喊出：「還我同胞的血！還我們百年來用生命爭取的民主自由！」

難道恐怖還沒解除？惡夢還纏著大多數人？

舊夢既碎，我們的未來需要新的夢想。但是做新夢得講新追求，中華民族追求什麼？禮，義，廉，恥。然而大陸有麼？今天的大陸人沒有廉恥，更無禮義，夢都不知從何做起，大陸仍在淪陷中？原來我們都受騙了。

我此時已四十二歲，二十三年來，在獄中向中國獨裁勢力拼死鬥爭中，與我一起充軍邊荒的摯友們，多被中共殺害，蒼天將我倖存下來，我該怎樣不負犧牲人們在天之靈的囑託？不負中華民族的重託？

所以首先我該把這二十多年獄中所經歷的都寫出來，期望大家讀後擺脫惡夢的纏繞，警醒過來。

第一節：歸程

汽車在黃沙滾滾的公路上顛簸，這情景與當年我們從黃聯關到鹽源時並無兩樣。不過那時是六四年初春，而今已是七九年深秋，風沙絲毫沒改變它的頑劣脾氣，任性的吹到今年的夏初。夾著砂石的風沙打在臉上很痛。

到了騾馬堡已是下午一點鐘了，在路旁的食店裡匆匆吃了中午飯便上路，下午便是翻越小高山這段全程中最艱險的一段。

汽車掛上一檔，吃力的向山上爬，氣溫也越來越冷，我把預先準備好的棉衣從提包裡取出來穿在身上。漸漸的，路面開始變硬，汽車的輪胎在翻越幾段隘口時開始打滑。現在從車窗裡向前上方望去，在那白霧繚繞之處，隱隱現出白雪皚皚的山頭，有「北風捲地百草折，胡天八月即飛雪」之感。

司機把車停在山腰間的枯草坪上，從駕駛室的坐墊下面取出了預先準備好的「鐵腳碼」，套在汽車的輪胎上，沿著越來越窄的曲折山路蜿蜒爬進。偶爾在山隘口或轉彎的地方，出現一些屋頂很尖的茅草屋，看不清楚那屋裡是否住著人，我想那一定是平時護路的道班偶爾歇腳的地方。大雪封山時，他們都離開了。

雪景漸濃，松樹上掛著一串串的冰棒子，這景色是住在平地上的人們所難以看到的，也是我幾次經過這裡時沒看到的，因為以往都是被槍押著，蹲在被雨蓬嚴嚴實實封住的卡車車廂裡，無法揪起蓬布去觀看雪景。

現在坐在公共汽車裡，從車窗回首下望那些尖尖的茅屋，像是在一片雪景上依偎在松樹林的小風帽，很像我童年時喜歡的賀年片景象。不過此時，在我腦海裡給這景色著上了森嚴可怕的背景，那寒氣逼人的松樹，個個都像手中端槍的老管，它們站在馬路兩邊，好像在監視從他面前經過的每一輛喘著大氣的汽車，咄咄逼視著車裡的每一個旅客。

無怪乎在我被監禁這裡的十五年中，我們中因忍受不住這監獄非人折磨，冒死逃亡成功的甚是寥寥，就算是一路逃掉鷹犬追捕，在進入大山後，也難以翻越這崇山峻嶺。餓死和凍死在這大山裡的逃亡者不計其數，大山裡留著他們的骸骨。當年選中鹽源作監押的禁地，構思堪稱奸詐。

汽車還沒有爬完最高峰，天色已暮色蒼茫，但山巔卻成一片銀白色的海洋，我的身上此時越發的感到寒冷，肚子也餓得咕咕直叫。此時想起從鹽源出發前準備好的饅頭和水壺，慶幸那水壺裡的水還沒有結冰，便從衣包裡取出，揭開蓋子，一口饅頭，一口水，邊吃邊喝起來。

向下滑行的速度漸漸加快，兩旁的雪景也

漸漸消失，大約又過了兩個小時，便到了山底平地，此時天已黑淨，車已駛近黃聯關，氣溫也回升到原來的溫度。我伏在車窗上，想借那夜色月光，找到十五年前我們曾經住過的地方，但是兩旁稀稀拉拉的平房中，卻沒有看見那兀立的煙囪了。問左右的乘客，知不知道這裡原先的高爐群？他們說那早已拆掉。

人世蒼桑，二十年前一哄而起的怪物，早就埋在荒草叢中了。

然而這一頁歷史永遠留在我們這一代的腦海裡，毛澤東肆無忌憚拿中國百姓作試驗，役使他們，超過歷史上任何一代暴君。當年許給老百姓的共產主義，使中國白白折騰幾十年，餓死、整死幾千萬老百姓，中國人幾代人的血汗變成一堆黃土，中國的百姓怎不潦倒？

汽車在茫茫夜色中向西昌急馳，道路也越來越平坦整直，路旁的建築群也越來越高大，越密集，整齊排列的路燈一直伸向遠處，一座繁星點點的城市在地平線上距我們越來越近。

那天邊天幕燒成了半邊紅色，與十五年前我們剛到黃聯關時，黃沙茫茫的景象大不相同，文革十年，恐怕也只有在這裡大大變了樣。

汽車馳抵城區，馬路邊巨幅的石刻語錄碑上，赫然現出：「深挖洞、廣積糧、不稱霸」！這不就是當年朱洪武的座右銘麼？只是這「不稱霸」真有些招搖撞騙。這裡便是被一代「導師」所定的導彈發射基地。西昌因而成了中國西部軍事重鎮。

在鹽源這幾年我們在地裡勞動時，常常見到頭頂上藍空深處，一縷灰白色的煙雲劃天而過，接著便會從毛牛山上，傳來一陣隱隱驚雷般的悶響，文革大亂年代，林彪的愛將吳發憲曾奉旨在此，苦心經營多年。

在當時崩潰的中國經濟沙攤上，兀立著這麼一個龐然大物，尤如在骨瘦磷峋的劣馬上馭著一個全副鎧甲的戰神。獨裁者從極度貧弱的國民經濟母體，擠出帶血的奶，三十年灌養這尊全副鐵甲的戰神。

汽車在強烈的燈光和電弧光交相輝映下，駛進了一個燈火輝煌的工地，這兒正在修建一個巨大的火車交換臺站和站前設施。從車窗裡我望見了那凌空躍起，盤旋左右的立交橋。

汽車駛過了這段工地後停了下來。火車站的旁邊就是長途汽車站，藉著這如同白晝的燈光，我很快找到了車站旅館，跨進了服務員為我安排的房間，壁上的鐘已指著零點正。

牆外還閃著電弧光以及隆隆響聲，我此時已疲倦至極，無心觀賞，抓緊時間洗臉洗腳，很快躺上床，帶著旅程第一天的疲乏，迅速進入了夢鄉。

第二天從床上醒來已是早上七點鐘，起床後第一件事，便是去車站購買當天去石棉的班車票。洗漱完結，跨出門外，望天空卻是一個上好的晴天，昨晚旅途的風寒已經消失。買到車票後，循著昨晚原路，再次看這建設工地。現在這個龐大的建築群，在太陽光下泛著一片銀灰色，顯得冷峻和殺氣。

八點半鐘，我已挑上了行李坐上了開往石棉的班車，這一天的行程，比之前一天已大不相同，氣候特別暖和，不但棉衣穿不上了，就是穿夾衣都還有些熱，公路兩旁的田野上人們正忙著秋收秋種，氣氛已不同於十五年前。

那時的農民，被牢牢釘死在人民公社的圈地上。飢寒交迫的人們，無力整治自己的家園，任田園荒蕪，荒草叢生，比之任何歷史上的專制王朝更淒涼。而北京的御用筆桿子還狂叫什麼「寧可要社會主義的草，也不要資本主義的苗」。

曾狂熱擁戴過毛澤東，在〈九評蘇共中央公開信〉中連篇謬論的鄧小平，等毛歸天後，斷然「篡位」，取毛氏所欽定的後繼人而代之，第一刀便割掉了那套在六億農民頸上的絞索——人民公社。

這本是「民以食為天」的治國安民的基本出路，既談不上什麼中國特色的社會主義，更談不上由此而邁入四個現代化的必由之路。

傳說，北京為一九七六年的「四・五天安門事件」平反時，憤怒的石井山鋼鐵廠的工人，曾去懷仁堂請願，要求他仿效赫魯雪夫對史達林的舉動，將裝在水晶棺中的這個魔頭，挖出來放進煉鋼爐中焚屍揚灰，卻遭到鄧氏的拒絕，他說：「三七開吧，誰人孰能無過？我看他七分功績三分過失。」

一錘定下了和盤接過專制政體的衣缽。毛澤東反了多年的儒家忠孝節義的「文化大革命」，絲毫沒有反掉這個小夥計頭腦中的「正統」觀念，也許小夥計懂得這層道理：叛逆，叛逆，終將禍及自身。

汽車進入鐵索擠，那傍橋而立的廣場依然如故，只是那原先的露天看臺已經封閉改成了一個遊樂中心，那裡還依稀可聞其間傳出來打麻將的嘩嘩聲，在這兒就業安家的「刑滿釋放犯」就此留滯在這裡。當年中共用槍桿強迫留下來的刑滿人員，今天成了從內地來的「移民」，那裡成了新移民區。

投宿石棉一夜後，翌日一大早，整個石棉城還蜷縮在灰濛濛的月光下，我就登上了開往雅安的班車，開始了我回歸的第三天里程。

我對雅安記憶所以深刻，是因為在流放邊荒整整十七年中，留下過值得我紀念的歷程，這裡有三元宮、磚瓦廠，它們曾留下我們的反抗印跡。

眼前雅安城在青依江的環抱中無比秀麗，在寬暢湖心蕩漾的遊艇，點綴著湖面，這畫景雖不能與西子湖比美，身臨其境仍有一種陶醉之感。但因為二十二年在黑牢中度過，在我生活中烙下的陰影卻揮之不去。

忽然間聽見一迭聲「叮叮噹」的清脆敲擊聲，遠處一個漢子挑著一副籮筐，一邊敲著刀塊朝我走來，這是四川傳統賣麻糖的叫賣聲，我已有二十多年沒聽見這呼賣聲了，記得十三年前我去成都參觀中就講過一段觀感，我說，「什麼時候能看到沿街叫賣的民間小吃，就證明我們國家被卡死的經濟開始復甦了。」

這話聽來有些粗俗，但細細想來，獨裁者藉對資本主義的砍殺，一併砍殺了人民求生的所有出路，獨裁倒是建立了，但人民求生計的毛孔卻被堵死了，他哪管老百姓的生存呀。

我向小販招手，他走過來，我便掏出了兩塊錢買了半斤，找到了一個石凳坐下吃起來。

迎著涼爽的秋風，看著馬路上結伴相依的男女和牽著孩子的老人，在街心盛開的菊花叢中散步，這是多美的人間啊？為什麼獨裁狂，給老百姓留下這麼長時間可怕的痛苦，為什麼他這麼仇視人民安居樂業的生活？

於是我想「魔鬼可以使美麗的城市淪為地獄」。

沿途問道，找到雅安監獄的大門，一九六二年三月十三日，三元宮被槍押送的流放者，用胸膛抵著槍口在牢籠裡喊出：「我們飢餓，我們要吃飯」，並且在全副武器的員警槍口下，赤手空拳一哄而搶。

這反抗暴虐的星星之火，從一開始就帶進了剛剛建立的甘洛農場，它越燒越旺，持續十餘年，當年帶頭搶饅頭，吟唱帶鐐長街行的人，接著又高舉起了「火炬」，他們一個個倒在劊子手的屠刀下，這又多麼悲壯。

毛認準了強迫農民在集體經濟中，才能使獨裁政治長治久安。

經歷了漫長的二十八年歷程，大陸中國人為之付出了不低於六千萬人的生命代價，毛澤東那套強姦民意的東西，再無法施行下去，才不得不改頭換面。

當然，民主事業的成功和國家長治久安的路，還很遙遠。

獨裁和民主的爭論直到今天還在困擾大陸的人們，「四個堅持」像一把高懸的利劍，隨時都會落在被認為「資本主義」自由化人士頭上。彷彿離了這套，他們就坐不穩江山了。

「改革開放」今成中共的權宜之計，叫摸著石頭過河，走一步，看一步。

回歸之路，在連續四天更換的客車車輪下飛逝過去，當我坐在飛馳在川西平壩上的汽車裡時，我被那筆直的柏油馬路和兩旁高聳入雲的楊樹，以及一望無邊的良田所吸引。這塊沃土上的農家，比鹽源來是桃源了。

然而即是天府之國，又怎經得起豺狼般統治者的幾番蹂躪？記得一九六三年初我們從成都發配甘洛時，路經此地仍是一片荒涼。

車進入市區，入夜的成都市上空，被輕逸的歌聲所環抱，這又與當年滿城「紅燈記」、「林海雪原」，「紅色娘子軍」的騰騰殺氣不同了，「好一朵茉莉花」，那柔美動人的歌聲從那些剛建好的水泥方格裡飄逸出來。

這一夜，我便在西城區找了一家旅舍住下，按照我歸程的計畫，路經成都，我首先要拜訪張錫錕的母親，這要先去尋找住在西城區大菜市的陳容康。

陳家和張錫錕是鄰居，但是這麼長時間了，張家已經搬遷，究竟搬到哪一家？卻沒留下確切地址。

陳容康前一年回成都後，給我來信，說他已找到了張家，但並沒有寫地址，而是留下了他自己的地址。所以我來成都先要按照他提供的地址找到他，再由他帶我去張錫錕家。

陳容康家

第二天一早起床以後，我從旅店房東那裡問明去西城大菜市的路徑，便直奔那裡。一鑽進菜市街，其「熱鬧」程度與十三年前來成都參觀時差不多，商店裡存放的乾、鮮貨比之六十年代豐富多了，但街道依然是那樣的狹窄，那樣的破，房子依然是那樣的舊，那樣的黑，甚至可以說比之當年參觀時更髒更臭。

共產黨的老套，逢假節日或有人參觀檢查，預先就要向被參觀地方打招呼，清潔做了又做，檢查複了又複，直到某個地方官員點了頭才可讓參觀者進入，所以即使骨子裡又窮又爛，也要振作精神打扮一番，免得失了「社會主義的面子」，現在距「國慶」還有好幾天，城市以它的原貌迎接了我。

穿過大約只有兩公尺寬的石板路，那巷子裡到處堆積腐爛的菜根、菜葉，那道旁的陰溝裡流著黑幽幽的污水，散發出令人噁心的臭氣，雖已時值深秋，天氣也有點冷，但爬在那些爛菜攤上的蒼蠅卻挺忙碌，一群群揮之不去。

我埋著頭在巷子裡幾乎穿了半個時辰，忽然我在一個岔道口上，看到了一個背朝著我的老乞丐，除了蓬亂的頭髮那披在身上的一件黑色的破棉衣，那背影好熟悉。

我便停下腳步來看他，他的面前放著一個酸臭薰天的餿水桶，他正用他雙手，拂打著蜂擁在餿水四周的蒼蠅，一邊伸出一隻拖著巾巾吊吊破布的手，在那餿水桶裡摸著，摸著，摸出了半個泡得脹脹的饅頭，他的眼光一亮，便將它狠狠地送到嘴裡，好像在同四周的蒼蠅爭搶一樣。

這一瞬間，立刻使我想起了從餿水裡撈馬鈴薯的鄧自新，二十年中共的監獄真把他們從人變成了鬼，同時也才讓我們看清了中共。

我從他身邊走過，深深嘆了口氣，不過那老乞丐的注意力此時在那餿水桶裡，並沒有向我伸出手來。

按著門牌的號數，找到了陳容康的門牌時，我楞住了，那分明是一個又深又黑的大院，我伸頭向裡面望去，那裡面住著五、六戶人家。

正當我跨進去時，陳容康剛好從一間小屋裡走出來。我們已分別兩年了，但他還是那個老樣，瘦瘦清矍的臉上戴著深度的眼鏡。我剛剛跨進大院他便認出了我，迎上前來握住了我的手，將我拉到大院左側最裡面的一間小屋，一面問我何時從鹽源動身的，打算到哪裡去，今後幹什麼？

我回答他說，農場只給了我加刑兩年的「平反」通知書，要等回重大後再看重慶法院怎麼來收這場二十年冤獄戲？

拉開一方用白布做的門簾，他將我引進了小屋，屋裡大白天開著電燈。像這樣四壁沒有一扇窗的口袋屋，白天不開燈是同黑夜一般的漆黑。

屋裡靠門的角落，一位大約與我的母親年紀相似的花白頭髮老大娘，正坐在一架縫紉機上補衣服，那衣服至少也有四五個補丁了，不用介紹，我便知道這是他的母親，向她行了一個禮。

我環看了一下小屋。小屋大約十五平方公尺，正中放著一張舊式的八仙桌，兩張小床以桌為對稱中心，安放在那裡。左側牆邊靠縫紉機是一個三開大立櫃，右側屋角一塊打滿補丁的藍布將屋隔出一角，裡面放著煤油爐和碗筷炊具。

一看就明白，這母子倆吃喝拉撒全在小屋裡。不過房子雖小卻收拾得挺乾淨，因為擺設的傢俱只有那麼幾件，所以小屋裡並不擁擠。只是那臨街爛菜的臭味，以及成群蚊蠅卻從那門縫處偷偷地竄進來。

陳伯母告訴我，她原來在一家街道辦的被服廠上班，陳容康回家後，為讓陳容康頂她的班，她已退休，並告訴我，她的退休工資每月才三十元，陳容康剛頂班，工資每月二十四元，母子倆將就著這間小屋，相依為命的住下了。

我問道：這大院裡住的人都同她一個單位嗎？她點了點頭說道，成都最打擠的就是住房，這周圍幾十家人除了她和陳容康外，每一家都住著三個人以上。尤其是弄堂口左側那一家，兩個大人三個孩子，還不是擠著沒辦法，屋裡安了兩張大床外，傢俱幾乎只好全放在過道上，為此與鄰居經常爭吵不休。

陳伯母一邊同我們聊天，一邊又從「廚房」裡取出一個大瓷盆，走出屋上街買早點去了。

我問陳容康離開農場時管教科對他作的結

論是什麼？他淡然一笑說「刑滿釋放犯，雖然名稱很怪，總算讓我回到成都同老母在一起，算刑滿人員中的幸運兒了。」

我又問他：「四十出頭的年紀了，總不能繼續打一輩子光棍。」他搖著頭，指著這小屋嘆了一口氣，說道：「我和媽媽的工資只夠吃飯，還別想吃好的，哪來的錢娶老婆？再說即便有人願意嫁給我，又哪來的房子住？暫時我是根本沒有結婚的打算。」

我心裡為我們悲哀。一次反革命冤案，毀了我們的一生，而今都是四十開外的人了，還處於最底層，留著人生的基本問題不得解決，難道我們真的被壓在最底層翻不了身，成了社會無人疼愛的棄兒？

接著他詢問還有多少人留在農六隊，問到陳孝虞，鄧洪元、夏光然，鄧自新等人的近況。我告訴他，他們都先後去了北鳥，有的回家了，暫時還沒有聯繫。

正談話間，他的母親端著一大盆白糕走了進來，拿出三個碗從廚房裡取出熱水瓶，在三個碗裡倒上了開水，三個人圍著八仙桌，坐下用了早餐。

陳伯母介紹他十幾年的生活往事，占著離菜市場近，常能買到一些便宜的蔬菜，那時陳容康哥哥也跟著他母親住在這棚屋裡，小孫子才幾歲，每頓吃飯時吵著要吃乾飯，全家人為了保證孩子每頓單獨蒸一小碗飯，剩下的糧食，三個大人就把它攪在菜羹裡吃。

「全國老百姓照樣都得熬社會主義苦汁。現在不管怎麼樣，早晨還能有白糕一吃，總比以前好。」

她嘮叨起來，「比以前好」這種滿足感，想起來真可愛，中國百姓的忍讓力可說實在太強，只要那種飢寒交迫的日子，不重新再來，就很滿足了。

老百姓的忍耐不是一種土壤麼？中國人為什麼在暴政下只知道忍，而不敢反抗？當年抗擊日本侵略者那種前仆後繼的精神哪裡去了？

第二節：訪張錫錕的家

下午，我們告別了陳伯母。由陳容康帶路，走出菜市場向西城市中心解放中路走去。

他邊走邊告訴我，有關張錫錕的未婚妻在成都遇難的情況。張錫錕被捕後，她也在成都被捕，一直關押在成都監獄，後來兩人同期在兩地遇難。

身心已遭受嚴重摧殘的張母，因聞得兩人雙雙遇難，便昏了過去，從此得了老年癡呆症。如果有人在她面前提到張錫錕三個字，她會立刻抱住他，呼著張錫錕的小名，沒有人能勸阻得了。

所以他的大哥，便拒絕一切登門尋找張錫錕的人。即使有人去他家作客，他都有言在先，千萬不要當著老人面，再提到這個令母親傷心欲絕的名字。

大約半個小時後，我們便在一片水泥樓群裡找到了張家的門牌號一二六八。登上五樓，陳容康扣開了那扇緊閉的大門。

一個戴著眼鏡，頭髮花白的男子走了出來，當他看到老陳帶來一個陌生人時，皺著眉頭，並沒把我們讓進裡屋，而是從門裡閃身出來，向老陳問道，「今天有什麼事嗎」？當老陳介紹了我，說明來意並向我介紹，他便是張錫錕的大哥。他，因為如實報導了大鳴大放的校園動態，便說他鼓吹資產階級右派言論，成為成都新聞界極右份子，送去勞教。最近他才剛「落實政策」，得以繼續回報社工作，這裡的房子也是才還給他們的老房。

我們握手之後，他叮囑我，因為母親的健康狀況，不要當她的面提張錫錕，張錫錕這樣一對戀人雙雙被害於同一天確實很少，毛澤東對柔弱知識份子的殘暴，在人類歷史上都少見，稱毛皇上是法西斯頭子一點不過份。

經過提醒，我有了思想準備，張大哥才輕輕推開房門，把我們讓進客廳。客廳裡顯得空蕩蕩的。這當然是「革命群眾」的功勞，像這樣的家庭不知經過幾次洗劫，早已一無所有。

臨窗的一張木凳子上坐著一個白髮蒼蒼的老人，兩目呆滯地望著窗外的藍天，我想那便是張錫錕的老母了，身邊還坐著一個年紀四十歲上下的女人，手裡正織著毛衣，我猜那便是張錫錕經常提到的小妹了。

看著我們進來，老人並沒有抬眼看我們，而是一直死死地盯著窗外的天空，好像她正在尋覓那隱藏在天幕上的什麼，張大哥向他的妹妹使了一個眼色，那女人便收拾起了手中織毛衣的針線，一手攙扶著老母進裡屋去了。

大哥將老母進去的房門輕輕關上，我們三個人落坐，開始時一種壓抑使大家靜默了幾分鐘，我知道，先於我來到這裡的，已有過幾批鹽源農場的刑滿人員。所以，對於張錫錕犧牲的前前後後，似乎沒有再多說的了。

坐在椅子上木然的我，心裡不禁自問道：「這便是張錫錕的家麼？二十三年前是什麼樣子？有過歡樂和團聚嗎？那時，這位張大哥就沒有結婚安家麼？還有這位小妹也沒有出嫁麼？」

母親的樣子就不用再提，二十三年中幾經苦難怎樣重新回到這個家？這裡有多少辛酸的故事啊！

張大哥似乎從我的眼神裡察覺到我腦子裡在想什麼，開始用低沉的語調講他的母親，「這幾年來她一直是這樣獨自發呆，有時傻笑，張錫錕和他未婚妻被殺害後，對她的打擊是毀滅性的。」

他繼續介紹說：「母親原來也是一個中專畢業生，為了撫養我們三兄妹，辭掉了工作，在家操持家務，我們三兄妹的學習成績都很好，這都與她的教育分不開。一九五七年，我們兄弟倆被劃為右派後，家就被粉碎。父親不久死去，剩下一個小妹，也被街道上強迫弄到農村去，從此便剩下了母親孤身一人。」

「有一天街道居委會的人對她說：『你的娃兒都是反革命，這是你教育的結果，你有責任也應當悔罪，所以要真改造自己，農民種出來的糧食不能白白的把你這種人餵著。從明天起你要自食其力，不然國家發給居民的口糧，你就得不成了。』」

「為了生存，從此她便在居民委員會的強派下，替人帶孩子，掃街道，替百貨公司拉板板車。凡是別人不願幹的事都派給她幹，周圍的小市民用冷眼對待她，她自己也明白自己的身分，只是忍氣吞聲的幹活，否則她就拿不到『糊口』的糧票和生活費。那時被拉去鬥爭，戴高帽遊街的事是家常便飯，還叫她每一個月要寫思想改造的報告交到段上去。」大哥說到這裡略略停頓了一下，好像在清理腦子裡被刻得亂糟糟的傷痕。

「被人欺侮還不准還嘴，這就是群眾專政。小妹從下放的農村裡跑回來和那居委會主任講道理。結果反被轟了出來，說她擾亂社會秩序要拘留她。

沒多久，文化大革命開始了，在街道居委會的指使下，紅衛兵四次抄了她的家。將多年珍藏的字畫拿走了，說是封資修的東西一律要沒收。他們一來砸鍋砸碗，母親看著這群強盜不敢說話。

過了不出半個月，第二批紅衛兵又來了，將家裡幾件父親遺留下的衣服全拿走，還逼母親交出我沒有帶走的日記和信件。

第三次紅衛兵把家裡的傢俱全部搬走了，只給她留下一張小木床。第四次，紅衛兵說你這個反革命老婆子，沒有資格住在這裡，便將她趕了出來，住進了一間又髒又黑的小屋子裡。並向她宣佈，不准她同任何人接觸，不准她的女兒回來看她。」

「後來那街段的主任通知她，她二兒的女朋友，因為猖狂反對毛主席將被槍斃，要她去看，她像犯人一樣被押進公判大會的會場，親眼看到自己的媳婦飲彈刑場。回來後，便再也不講話，只有每到傍晚獨自倚在那黑洞洞的門口，盼著那些不歸的孩子們，殘酷的現實將她終於逼成了這樣。」

客廳裡靜悄悄的，誰也沒有出聲，大家都陷入了悲哀和沉思，好一會兒，大哥才繼續的往下講，「我是去年落實政策的，二弟他們倆竟然永遠不歸了，托鄧爺爺的福，回成都後，我回了報社，不久二妹也回來了，我們這個家大難不死的人，想不到還有團聚的一天。」

「我剛回來的第二天，便去找母親她老人家，原來的房子不在了，問了好幾個人才找到一個胡同裡的那間小黑屋。走進去，便是一般難聞的臭氣，她呆呆地坐在小床上，看到了我竟然白著眼，好像不相識的陌生人。」

「我說：媽媽我回來了，她仍然呆呆地望著我，我看她滿頭的白髮，衰老不堪，屋子裡的臭味便是她撒在身上的屎尿，她已經完全不成人形了。」

說到這裡，大哥的眼睛紅潤了，停頓了好一會兒繼續說道：「我們的老屋已經拆掉，按政策的規定，補給了我一套報社家屬的舊住宅。搬家那天，她死活不走，也不說話，幾個人只好把她抬到這裡來。

現在經過大半年的醫治，她的神智才慢慢恢復，知道吃飯，解便。但是從此以後像白癡一樣。醫生說，她得的是老年性癡呆症。叫我說，這便是被他們逼成這個樣子的。」

今天，我原帶著一種內心的敬佩，想來安慰一下這位英雄母親。原先準備了一肚子的話，竟被眼前聽到的這殘酷故事，全壓回到肚子裡去了。我知道大哥只是簡單的講了他的母親，至於他個人，還有他的妹子，大致都有各自不堪回首的往事。

面對著癡呆的母親，面對著這對強忍內心巨痛的兄妹，我什麼也說不出來。此時，我才明白，何以在我還沒有跨進門來時，大哥便走出門來打招呼。

看來這是一個相當堅強的人，所以才坦然面對所有不幸。

大哥的話一完，客廳裡又陷入了沈默，對

於我們三個經歷了「階級鬥爭」風暴幾十年的人，更多的恐怕是思考!!

過了好一陣，話題轉到「落實政策」上來，我們都是過來人，關於平反，我和他心裡都很清楚，這僅僅是中共權力鬥爭的需要，不存在對過去的檢討和悔意。他的報社給他一套舊房，作為沒收原來住宅的補償已是天大恩賜了。

當我將要告別時，我才從我的包裡取出了一幅「松柏圖」，那是我離開鹽源之前托人上鹽源縣城買好的，上面有我寫的題詞：「張錫錕難友永垂不朽」，現在彷彿只有借這幅畫來講述我今天無法講出的話。

將它送給大哥以後，我們便起身告辭。出得門來，走到樓下，夜幕已悄然降臨。沿著通向外面的馬路，我走出幾十步外，猛然回首，抬頭朝剛才的陽臺望去，見那上面一個白髮蒼蒼的身影，不知何時悄然地佇立在那窗口下面，我明白那是她十年的慣例。

這是二十多年的心頭傷，每當黃昏時分，失去兒子的母親，仍在翹首盼著孩子的歸來。想到此時此刻，我的母親也會在蔡家醫院的窗口下，倚窗遙望著我的歸來。

可憐天下父母心哪，我的母親比起張錫錕的母親，也許算幸運的，她畢竟還沒有逼成老年性癡呆症，她畢竟活到了自己失去的兒子歸來時刻。

回到旅舍已是晚上十點鐘了，這一夜又失眠了，躺在床上，一閉上眼睛馬上就浮現出今天下午的情景，張媽媽那一頭白髮，滿臉憔悴，倚靠在窗子下面，形容呆滯地望著我。

好不容易睡著了一會，就見她拄著拐杖向我走來，走到我跟前突然開口道：「你看見我的老二了嗎？他在哪兒，你能帶我去嗎？」

我驚出了一身冷汗，乍然醒來，才晚上十二點鐘，便坐起身來想著可憐天下的慈母，可憐我們不幸一代的母親，其實她們比我們還要不幸，除了承擔社會的歧視欺侮外，還要承擔對孩子挖心般的牽掛。

坐在床上越來越亢奮，便索性起了床，打開成都市的地圖，按照我原先的計畫，拜望張錫錕家已經完成，若要拜訪成都的舊友，一來時間倉促，來日方長。二來住在成都市區除了陳容康和張錫錕外，其他人的地址我還沒記載，所以準備天亮就去火車站買回重慶的車票。

當我走向火車月臺時，心情說不出的感慨。二十年前，我經過這座城市，從重慶彈子石監獄押到了涼山甘洛，而今我又從這裡提著簡陋的行囊重回渝城，想到當年同時押赴西行的人，現在所剩無幾。我的眼前浮著那些當年槍押的無辜年輕人的身影，和太平間裡水腫的同難，我們究竟是為了哪一樁，要遭遇這場不明不白的殘害？

按理講「右派」是中共內部的劃分，自從中共建立之日起，因爭「聽誰的」？內鬥從沒間斷，美其名曰「路線鬥爭」，特別是毛澤東登位，在他不可告人的動機下，這個鬥爭日漸殘酷野蠻擴大。

毛把黨內的權力鬥爭延伸到全社會，一九五七年的「反右」鬥爭便從共產黨內延伸到全體知識份子。使當時毫無政治傾向的青年學生，也成了這場鬥爭的犧牲品。

現在中共仍在為這場罪惡辯解，用「擴大化」替毛詭辯。其實完全無知的學生，才是被整得最慘的政治犧牲品，他們被糊里糊塗扯進這場是非之爭，接著又面對中共在「三面紅旗」的恣意胡來。

保持良知的人，為反抗暴虐登上了政治舞台，他們唱出了一曲曲抗暴壯歌。其實他們並無涉足中共權力爭奪的想法。

然而今天，對他們行苦役二十三年，連起碼的工資都無理剝奪，對他們善後處理草率應付，證明中共是一個殘暴成性，極不負責任的黨。如果它不放棄追求專制獨裁，還政於民，難說不會再出現「反右派」相類似的慘禍。

我已年過四十，體弱多病的殘身上刻著好多好多的傷痕，現在踏上歸程時，還得重新開拓自己的生活，尋找還十分模糊的生活起點。

當我上了火車找到了自己的座位，對那車窗玻璃映出來又黑又瘦的臉發呆，我十分清楚知道，我的青春年華伴著災難永遠埋在遙遠大山那一側了。從這一點上說，我和那些犧牲葬身在那裡的難友並沒有什麼兩樣。如果說我是在回家，那麼今天我只是去同我那白髮蒼蒼的老母親重逢。

第三節：被暴政摧毀的「家」再組合後

當火車緩緩開動時，車輪撞擊鐵軌發出有節奏的響聲，將我疲憊的神經鬆弛下來，我拉開車窗，任疾風吹拂我的頭。遠處田野在茫茫暮色中越來越模糊，我好像身不由己的飄了起來，飄離火車，在茫茫一片中，漫無目的向前遊去。

乍然間來到一處白霧茫茫的森林之中，從那望不見的深處，傳來了一陣老女人嗚咽聲，循聲奔去，漸漸地從白霧繚繞中見到一處隱約的茅草房，那哭聲便是從那茅草房裡面傳出來的，便好奇的推門而進，才看到半昏的屋裡，一個白髮滿頭的老太太，背朝著門坐在一個小木凳上哭泣。

我正躊躇著站在門口不知所措，不料她卻已經轉過頭來，然而她那披頭散髮，老淚縱橫的樣子，使我無法在黯淡之中看清她的臉。正傍徨時，她卻站了起來，向我撲過來，並喊道：「兒啊！你怎麼不認識我了呢？你走了這麼長的時間，怎麼連信也不寫一封，害得我天天哭，眼睛都哭瞎了。」

我連忙接過她伸向我的手仔細地端望，她的眼睛已經瞎了，而那臉頰右側的額頭上一個米粒般大小的黑痣，是我母親的標誌。看那面容蒼老得比我當年的外婆還蒼老，尤其是那雙被淚水和眼屎黏成的眼睛同外婆幾乎沒有兩樣，真沒想到這二十三年竟把她變了這般樣子。

認定後，我在她面前撲通一聲跪倒，連連磕頭，喊道：「不孝兒讓老母如此折磨，望母親賜罪。」那老人忙用顫抖的雙手，扶我站起來。想不到同母親一別二十三年卻在這荒無人煙的地方相逢，正擁抱著相泣，哭聲振動曠野。

忽然門外有人大喝道：「好大膽的孔令平，我們抓你好多天了，今天果然不出我們所料，你在這裡同你頑固不化的母親在一起，你這傢伙二十年來從無反悔的念頭，今天竟敢私自越獄，還不趕快同我們一起回鹽源伏法？」

我聞聲趕緊回過身去，認得來人正是六隊的何慶雲和鄧揚光兩人，正想開口反駁，一副冰涼的手銬已經套在我的手頸上了，我被兩個兇惡的獄吏拉扯著走出茅屋，拼命地掙扎著。

此時回頭去望，那老母和茅屋已消失得無影無蹤。我驚叫了一聲，猛然醒來，卻是南柯惡夢。

我身旁的車窗已被鄰近座位上的旅客關上，車廂裡電燈倒很亮，肚子裡感到飢餓。正好裝滿晚餐的小車被服務員推了過來。我買了一口袋的白麵饅頭和一包榨菜，就車上的開水吃起了晚餐。

鄰近的幾位看樣子好像是出差的，見他們已經取出一個折疊好的小木板，打開以後，是一張一米見方的牌桌。架在兩排座椅的中間後，取出一包麻將倒在那小桌上，西哩嘩啦的打起了麻將。

車廂裡附近座位上的幾個人都圍上來。一時間吆喝聲、搓麻將的聲音混成一片，我心中感到厭煩。於是獨自起身，走到本節車廂後面的座位上去。

大難過去，原來的家人大多已失散亡故，被破壞的家根本無法修復。生還的人們便在相似命運的人中，力求重新組合成一個新家。

離開鹽源前母親來信，要我回重慶時，回

到北碚前，先去九龍坡區的李家沱我的「妹妹」家裡住兩天，再由她安排回到北碚蔡家場。所以我到重慶下火車沒有在菜元壩，而是提前在九龍坡車站下車。說來，這是母親又一段傷心事：

一九七二年，孤苦無告的母親因縫製過冬的棉衣，被蔡家醫院的「革命群眾」誣為偷了醫院的棉花和布，鬥爭了一場，還挨了一頓毒打，本來就因失去僅有的小兒子，已萬念俱灰的母親，在挨打的當晚去蔡家的一口池塘自殺，被醫院一位職工的母親救阻。

第二天附近一家名叫胡德明的農村婦女，因可憐母親的遭遇，將自己僅七歲的女兒抱給了她認作義女，後來還為母親物色了一個老伴，善良的蔡家場農民為母親作此安排，既可相伴母親的晚年，又可以在被人欺侮時，有一個保護她的人。

小女兒的生父，因信奉一貫道，而被下獄勞改，刑滿後便一直在德陽九五工廠就業，另一個與他同一工廠的就業人員鍾治淵，曾是母親在抗戰時期辦學的二十五兵工廠的一個學工，原本就認識母親。

有一次兩人一齊到了蔡家場，經過胡德明的介紹和撮合，一九七五年母親與鍾治淵結成老伴，鍾老伯的女兒黃雪梅，當時就在李家沱的重慶國棉六廠做擋紗工，於是商定好，我回重慶後，先去雪梅家裡，以認同一個重新組成的家。

按照母親的安排，當火車過了小南海以後，緩緩馳抵九龍坡時，我懷著陌生而悵惘的心情，挑著行李下了車，踏上了這片陌生的「故土」。

李家沱與南坪相隔不遠，一九四九年，父親就任中央政校重慶分校校長時，我們就住在南溫泉，雖然李家沱僅隔南泉不到十里地，但因當年居住短暫，我從來沒到李家沱街上去過，沒有一點它的印象。

下車時大約是第二天凌晨四點鐘，寂黑一

片之中，一時還找不到身處的位置。正站在那碼頭的鐵門出口處張望，突然從下面傳來了一聲機動船拖駁的長鳴，一陣從那個方向吹來的江風提醒了我，正前方便是嘉陵江出長江的交口處。

定睛看去，在澎湃的江水聲中，點點燈光和溯江而上的機動船正在夜色中穿梭，而剛才同我一起下車的旅客大約十幾個人，都朝著左前方一條依稀可辨的小路往下走，已經距江面五十多米了，聽見有人在喊，「快！輪渡靠岸了」。於是我毫不猶豫的挑起行李，急忙跟著往下跑。同這些「同路人」一同登上了開往對岸的渡輪。

站在渡輪的甲板上，天將黎明的夜風，吹得我十分的清醒和舒適，聽著船底拍擊江水的聲音。在我的記憶裡，在這條江上坐船，是二十四年前的事了。那是我在重慶大學讀書時，每次進城，上午下到中渡口的渡口，登上渡輪，溯嘉陵江而上到朝天門。下午再順江而下回校，想不到就此以後的二十四年，我竟連輪渡都沒有看到過。

輪渡靠岸，我夾在熙熙攘攘的人群中沿著石梯，登上了河邊菜市，此時天已朦朧，早起的小販早已忙碌開了，我詢問了去李家沱正街的路。

等我挑起行李走過菜市，再穿過幾條寬闊而靜靜的大街，按照「妹妹」來信中的地址找到她的「家」時，天已放亮。

在一幢四層樓旁的面前，我向在那裡坐著的一位守夜執勤的老伯打聽，這裡有沒有一位叫黃雪梅的住戶？那老大爺立刻知道我是「遠方」來客。他十分熱情地幫我卸下肩上的擔子，一手提著其中的一頭，將我帶進走廊裡第三間房前，敲響主人的房門，裡面的主人好像也早有準備，從裡面迎了出來。

我打量著迎出門來的兩位，個子矮矮的大約二十多歲的女主人，想來便是我的異姓「妹妹」黃雪梅，而那位年紀不出三十的男主人，一定是我的異姓「妹夫」李修平了。

主人的住房僅僅只有二十平方公尺，他們的孩子還在夢鄉中沒有醒來，看看壁上的掛鐘才六點過一刻。

「早就知道你回來的消息，就是不知道確切的時間，不然怎麼也應當到車站去接你的，」李修平接過我手裡提著的行李，那語氣像對自己久別的大哥那樣。「妹妹」連忙走了出去，從過道對面的「公用廚房」裡端來了一杯熱茶。

「本是昨晚八點的車票，原來估計到重慶應是早上，沒想到半夜就到了，驚吵了你們真是對不起。」我解釋說，話裡的歉意是真的，因為這個毫無血緣關係的「家」，對我完全是陌生的。

「妹妹」和「妹夫」招呼我坐下以後，「妹夫」說道：「今天先洗一個熱水澡，去去一路上的風寒，再好好地睡一覺，你來這裡，這就是你的家，一切都隨便一點。」

他感到了我的侷促，一邊說，一邊走進了廚房。「妹妹」也跟著走了出去。夫妻倆的熱情，一點都沒有露出毫不相識的隔膜。對我這個二十年從沒感受家庭溫馨的流放回歸者，送來了一股說不出的溫暖。

屋裡只剩下了我和床上還在熟睡的孩子。

我細細的看了看這間僅二十平方公尺的房間，一張床一個大櫃，一個靠窗的辦室桌已夠擁擠，這便是當年住房相當「寬裕」的三口之家。看看床上熟睡的孩子，他大約只有五歲。但是今晚難道我也住在這兒麼？心中一陣納悶。

目光順著那床的擋頭，向上移去，那上面掛著一張七吋的黑白「全家福」照片，其中便有我日夜思念的母親，真是做夢都沒有想到，這就是我的未來家庭的成員？一種說不出的疑慮浮上了心頭。

正陷入沉思，「妹夫」走了進來，一大桶熱氣騰騰的洗澡水已放在過道一側，一間只有三平方公尺的洗澡間裡了。

「妹妹」從街上端回了油條和豆漿，孩子也從夢中醒來，見了我並不顯出陌生。她一邊為他穿衣服，一邊向孩子說，「舅舅是大學生，知識可淵博呢！今後呀！你要好好跟舅舅學文化學知識，將來也是大學生。」

此時！我才感到了一陣尷尬，我怎麼就沒有想到給這個「外侄」帶一件玩具或是衣物之類的見面禮呢？唉！從進了這個屋子的第一秒鐘開始，說話、坐、喝茶、同孩子交談，每一個動作好像都是我生平以來的第一次。

「妹夫」告訴我，「妹妹」在重棉六廠上班，這房子就是六廠的家屬房，而他自己在區政府的食堂裡當炊事員。

這是一個普通工人的家庭，他們對於我的熱情不只是因為同情，還因為他們對知識的渴求和羨慕，其實他們從沒把我們當作「階級敵人」看。

我在「妹夫」的安排下，睡上了屋裡那張唯一的床，他提著菜藍子上街了，臨走時，將那臨街窗戶的窗簾放了下來。這一覺，我睡得很香，什麼時候叫醒我起來吃的中飯我都記不得了，下午又繼續的睡，直到五點鐘，算是把接連幾個夜晚失欠的瞌睡全補上了。

「妹妹」帶著她的兒子已經回來，吃晚飯的時候，「妹夫」告訴我，他的老父親就在這條街的下半段，開了一家裁縫鋪，說父親原是這裡土生土長的人，當了一輩子的裁縫，論手藝算是附近最好的，遠近的人都找他裁縫新衣，所以他的鋪子生意不錯。

上個月母親拿來了幾段料子，請他給我打兩套合身的中山服，只因估量的尺寸不一定合我的身，所以一直還沒動剪刀。現在，正趕上我人來了，正好去量一下，於是我在他的陪同下到了他父親開的裁縫鋪去。

他的父親五十多歲，一看便知道是一個熟練的裁縫，他指著我身上穿的藍布衣服（那本是用勞改服改製的）說：「現在不興再穿這種土藍布了，把新衣服儘快給你打好，你也體體面面的穿著回北碚。」

量完我的衣服尺寸，我們告辭他回到「妹妹」家的路上，我就想，總不能和他們一家擠在一個屋子裡過夜。所以一路留神看看有沒有旅館，但是所經過的路上竟沒有一個旅館。

進屋時我才看到，在靠窗戶那一塊唯一的空地板上，鋪好了一個地鋪。「妹夫」宣佈我和孩子今晚睡床上，他們倆口子睡地鋪。

這種反客為主的安排使我更加難堪，我執意要去尋找旅館，說已經給他們添了很多麻煩，怎麼能為了我攪亂他們正常生活？

夫妻二人堅決反對說，既是一家人就不應分彼此。還說我把他們當外人看，再說重慶市住房本來就很緊張，一家人中兄弟倆都結了婚，就因沒有房子，而住在一間屋裡的也是常有的事。同時這麼晚了，上哪兒去找旅館投宿？

爭論了好久，最後達成協定，「妹妹」一人睡地鋪，理由是她的年齡最小。人雖然睡下了，可是我的心裡卻一直都在不安。真沒想到我這個來客，給別人平添了這麼多的麻煩。

「回家」的第一站就夠拘束了，加之白天睡得太久，我睡在床上就像睡在針毯上般難受，翻了幾回身仍毫無睡意，我實在不願再這樣窘迫了，打定主意，明天，我就動身回北碚。

下半夜我一直都在側耳細聽，窗下馬路上有沒有人起身走動，好不容易聽見有人推著小車沿路掃街的聲音，我便悄悄地坐起身來，穿好衣服，正向窗下伸手去取行李，卻被中間的地鋪隔著。我看了看和衣睡在那裡的「妹妹」，正躊躇間，「妹夫」已經醒來。

他睡眼惺忪的問我怎麼這樣早就起床了？我支支吾吾地回答他，我想趕早班公共汽車回北碚去了。他聽說我要走，連忙坐起身來，說：「媽媽交代了的，要你在這裡住幾天，說什麼也要等給你製的衣服打好了以後，換了衣服再回去，再說到北碚要換幾次車，你一個人是找不到該怎麼走的，今天你要走，我連假都沒有請，誰來送你呀？」

他這一嚷，吵醒了睡在地上的「妹妹」，兩個人一齊阻攔我今天回北碚。我這剛跨進這個家庭的「新成員」，患上了「邊緣症」。哪能那麼容易融入一個陌生的新家庭？現在只好忍受這種拘束和窘迫，服從主人的安排，暫時住幾天了。

三天後，我終於換上了「姻伯」為我趕製好的新中山服，「妹夫」專門的請了一天假，由他陪同我一起從李家沱回北碚了。按照我來的路線，重新坐輪渡返回江的北岸，到九龍坡車站乘坐去沙坪壩的客車。

廿多年過去了，客車經過小龍坎時，那狹窄的街道還是那樣，只是當年我住的醫院已經不在，我竭力搜索著那裡，尋找當年我和弟弟「團年」那家飯館，但是我卻沒有找到，也再看不見他那憨厚的臉和瘦高身影了，一股悲哀再次猛烈地掠過了我的心頭。

當車過楊公橋時，我又想起了當年剛考進重慶大學的那一段生活，為了節省開支，我從學校回家經常是穿著草鞋步行走路。記得那時早上五點就起床趕路，整整要走十個小時，途經的地方全是農村村落，直到下午五點鐘才回到北碚。一雙新草鞋就在這長途歸途中穿破了底。

當汽車經過雙碑時，我把頭緊緊貼在車窗上，這是我童年時代的搖籃，詹家溪！我曾在這裡頑皮，那兒有我童年的美麗回憶。

記得媽媽有時到沙坪壩去了，我就向外婆說，今天該我好好玩一天了，便到附近玉米地裡取下那紅紅綠綠剛發出來的玉米鬚，用飯粒貼在嘴上，手裡舞著過年去磁器口買的大刀，裝成戲臺上的楊家將，在院子裡同幾個同齡的孩子們「殺仗」。

詹家溪小學不知道還是不是那個老樣子？高自強是我的啟蒙老師，那時，我感到她比我的母親還嚴厲，記得她常常講：「少年易老學難成，一寸光陰不可輕。」後來我才明白它的意思。唉！不知道她現在還在那裡麼？她還健在麼？

我從車窗裡望見了那遠處的松林坡，那山上也是我常常獨去的地方，睡在松樹底下，靜靜聆聽江風吹打松樹激起的濤聲，有一種我自己才聽得懂的大山語言，像詩。天晴的時候，我又最喜歡到山頂的花園裡去，睡在花叢下面，靜靜的欣賞繞著花朵繁忙採蜜的蜜蜂鳴叫。

童年美麗的畫面，被二十三年地獄的惡夢，擠到了一個最小的角落裡，突然碎成了幾片。只是沒能消滅的天真無邪片斷，此刻又漸漸恢復過來！

想到再過一會兒，我便要見到整整分別了二十二年朝思暮想的老母親，有一種說不出來的緊張湧向心頭。媽媽就是在這裡，經歷她中年時期最悲慘的十八年煉獄！

在這裡她經歷了她老年喪子之痛，直到痛不欲生，投塘自殺！

當汽車緩緩爬上山崗，在橫貫蔡家的交叉路口停下來時，惶恐佔據了我，這是一座鄉場，一座中國大地上普通的，在當時又是那麼貧窮邊僻的鄉場。

那大約只有兩公尺寬的石板街道的兩旁，歪歪斜斜地矗立著兩排高矮不同的泥夾竹牆結構的平房。

我和李修平走在街心，從路人的眼光裡帶著陌生，我想大概因為我看上去又黑又瘦的緣故。

距場口兩百公尺，機耕道左側寬約二十公尺的石臺階後面，立著一排兩層的樓房，中間是雙扇的大門，大門的右側懸掛的白添木板上寫著：「北碚蔡家鎮人民醫院」九個大字。

雙扇大門的前面，站著三個穿白大褂醫生模樣的人，冷冷地看著我們走進醫院大門，並不答理。我跟在李修平的身後，逕直朝著門內的樓梯走去，上了二樓向右拐進了過道的第三個房間面前，才停下了腳步。

李修平輕輕地去敲那門，那門是虛掩著的，一敲門，門就打開了，屋裡並沒有人。他拎著行李跨了進去，一面告訴我：「到了，媽媽就住在這裡。」

我跨了進去，將行李放在中間那床的前面，李修平說，媽媽就睡在這裡，說完他走了出去。

第四節：同母親重逢

我一個人留在屋裡，這是一間二十平方公尺的病房，屋裡放著三張病床，每個床頭都安放著一張舊辦公桌，桌上放著煤油爐和裝著油鹽醬醋的瓶瓶罐罐，床下和兩側都堆放著紙箱、木盒等物。

整個房間便以這三張床為中心，三分整個房間。每一張床之間留著很窄的過道，僅只能一人通過。雖沒有布簾隔開，但一看就明白這裡住著三位單身職工。

耳朵裡響起了雪梅的話：「在重慶地區像我們這層樓一家人占了一間房子住，是最好的人家了……。」我終於明白，何以母親要我在「妹妹」家多住幾天的原因。

看來母親受了二十二年罪，共產黨給她「平反」了，卻連自己安家立身以渡晚年的立椎之地都沒有。

在我回來之前，為了安置我，恐怕不知向她的「組織上」費了好多口舌？最後仍只有無奈何的在這個集體宿舍裡，迎接我的歸來。

我再次環視了我的「家」，我今後的路要從這裡作起點嗎？

十分鐘後，過道裡傳來了腳步聲和講話聲，李修平回來了，他的身後緊跟著一個頭髮花白的老媽媽，我立刻回想到我離開她時的臉貌，沒想到二十三年後她已蒼老得那樣！但我仍能根據輪廓認出，那便是我二十三年來魂牽夢縈的老母親。

她與當年撫著我的頭，依依惜別的老外婆，真是一模一樣，最大的特點是背也變駝了。

當我們母子的眼光第一次接觸的那一瞬間，我便被一股上湧的血堵住了胸口，一時連話都說不出來，只是走上前抱住了那花白的頭，親吻那滿布皺紋的額頭，當我的胸前已沾滿了母親的淚水，當血液猛地衝開了被堵塞的心竇，這二十三年有多少的經歷要講，有多少哀怨要訴，有多少淚要流啊！

而媽媽卻一個勁地用她那乾癟的手輕輕地拍打著我的背，佇立良久才喃喃地說出：「這下好了，總算回來了，總算回來了！」

我看著桌上的鬧鐘，已經快十二點了，忙把話題岔開，故意發問道：「媽媽，中午了，該做飯了。」媽媽才鬆開了手，擦了擦老淚縱橫的臉，去那床邊紙盒裡取出一塊肉來，李修平接過手，到盥洗室裡洗淨，大家忙著生火炒菜，從伙食團打回米飯，三個人圍著那張辦公桌，吃我回到母親身邊第一餐「團圓飯」。

我們正吃飯，兩位與母親同室的醫生，端著飯盒子走了進來，母親向我介紹了她的同房，與母親差不多年紀的那一位，家住北碚街上。另一位比母親年輕的醫生住在沙坪壩。看來在這間屋裡，無家可歸的就只有母親一人了。

從六八年弟弟出走後，整整十多年，她就這樣孤苦伶仃，守在這人間地獄裡。從現在開始，我的到來成了她新生活的開始。

午飯以後，李修平回李家沱去了，他晚上還要上班，母親一再向他道謝，並且說，過年時一定到李家沱團年。

我被新任的醫院黨支部書記王光明，安置在樓下一間病房臨時住下，距我住的那房間不到十米，巷道的盡頭，就是停屍房，我並沒有去看整個醫院還有沒有其他空著的房間。

初來乍到一大堆問題要解決，有一個窩暫能住下，懶得去同醫院的「領導」發生磨擦，何況二十三年挫磨已使我習慣了忍讓。

二十三年來，我也不知同多少死人打過堆，自己一半也是從陰間裡走出來的，自以為一身正氣，不怕夜半鬼來抓我。

現在回想，那醫院的黨支部夠體現「落實政策」！

相親

兒子長大成人後，傳統的中國母親，恐怕沒有比關心自己的孩子婚姻大事更重要的事，哪怕她們一直處在社會底層，我的母親也不例外，當一九七三年她接到我第一封信後，一直沒有忽視給自己的兒子物色一個對象。

但那個年代，凡沾上黑五類的，就等於染上了永生醫不好的絕症，準備著跟男方不幸的家庭，一輩子受人歧視。所以好人家的女兒，自願接受一個「黑五類」或者是刑滿釋放人員，實在太少，但是恰恰就在這畸形的「階級鬥爭」社會中，卻藏著一些讓人費解的故事，我的故事得從我給母親的通信說起。

一九七三年我和母親整整十五年音信杳無，一旦接上通信聯繫，我對親人的思念和所受的委屈，會自然流露到這些信件之中，乍讀起來有的像無韻詩。可偏偏這些信件都先要由蔡家醫院造反派的頭過目，這些經過文革鑄造出來的近乎文盲的寶貝，是連普通的抒情語言都讀不通的。

那曾用柴棍毆打母親的劉巴，卻像發現了「密碼」似的，以為又是表現她的階級敏銳性的好機會，便將我的信拿到他們學習會上公開朗讀。要大家討論這些「反面」教材。

偏偏在座參加學習的人中，有一位從北碚衛生防疫站來蔡家醫院蹲點的醫士，名叫鄒銀雙的姑娘，卻被這些內容新穎的信件吸引，她不但在討論會中解釋那些被劉宣樹說成「隱語」的典故，例如亡羊補牢一詞被劉宣樹說成，我想殺了羊子從牢房裡逃出來。

散會後，鄒銀雙私下向我母親索要這些

信，這位才二十三歲，還守在閨中未嫁的姑娘，找到一了個機會向母親表露了她的內心，並認母親作乾媽。表示願意等我到刑滿以後。

母親聞訊大喜，即刻將這個消息寫信告訴了我，並且在那封信裡附上了她的照片。後來當我的「平反」開始進行時，我被場部蔬菜組的惡犬咬傷，她聞訊後，為我配製了狂犬疫苗，用航空掛號為我寄到鹽源。

我回到北碚時，鄒銀雙已調回了北碚防疫站。當時沒有電話，母親把我回來的消息，寫了一封信寄給了她，一周後，她回了母親的信，約我在那一周的星期天去北碚見面，地點定在大菜市街口。

母親打開了她放在床頭的紙箱子，從裡面取出了專門為我織好的新毛衣，新毛褲，以及一雙才買的新皮鞋。可是當我穿上這些新裝時，衣袖和褲腳都短一截，媽媽感慨地搖搖頭說，「在我的腦子裡，你還是那麼小。」

是呀！我被劃為右派離開家的時候才十九歲，一個稚氣的孩子便被「反右」的惡浪從她身邊捲走了，而今過了二十多年，留在她記憶裡的那個孩子，怎麼能同現今站在面前的，從獄中滾打出來的中年人相比？

看媳婦可不是鬧玩的，人家是醫士，總不能讓自己的兒子一付寒酸相，出現在人家的面前。幸好有那兩套從李家沱帶來的中山服，勉強的可遮蓋裡面短小的毛衣。只可惜那皮鞋足足小了兩個碼子，穿上腳實在夾得開不起步，還不如自己腳上那雙從千里路走回來的藍色解放鞋，既來得輕便，又舒適。

媽媽要馬上去街上買一雙，卻遭到了我堅決的反對，我的理由是，若對方只講究外表，而不是看重我的內在，她又何必等我到今天？

於是在母親的督促和省視下，我穿上了新毛衣，新的中山服，只是這雙解放鞋卻被我固執地保留下來。

穿著一新，母親從不同的角度對我全身上下看了又看，勉強地點了點頭。

星期天早上八點鐘，我和母親在蔡家場那十字路口，上了去北碚的汽車，九點鐘我們準時按照小鄒指定的地點等她。三分鐘後，一個穿著十分講究的姑娘，從市區的方向向我們走來。

母親連忙迎了上去，我也立即認出，這便是母親寄給我相片的那一位。

只見她身著一套灰白色的新西裝，經過了特別的熨燙，白色的大翻領襯衣外面打著一條黑色的領帶，頭髮也是剛剛燙洗過的，微微的捲曲，卻黑得發亮，腳上穿著一雙擦得油亮的黑皮鞋，手臂上背著一個白色皮包，還沒有走近，就將一股清香的香水味向我送來。

這身打扮，當時要算是講究的白領人士了，與我身著灰色中山服腳蹬藍色解放鞋，皮膚黝黑顯得土裡土氣的裝扮相比，很不配稱。

我很笨拙的放下兩手，不自在的臉上堆起了笑容，其實我自己都覺得笑得極不自然，簡直可以說是裝出來的。

一陣侷促的壓力之下一時不知怎麼開口，看著對方笑吟吟的樣子，見對方已將手伸向我，我才木然的將放在身邊兩隻僵硬的手伸了過去，握了握她肥胖而白嫩的手，便慌忙收了回來。

我已經完全不記得她看到我第一眼是什麼表情，還好母親已經拉著她的手，朝著通向市區的那條路走去。我才像解了圍似的，放下被弄得緊繃繃的身架，跟在她倆的後面，簡直就像是一個跟班的僕人。

但是幾分鐘後，我那在獄中多年形成的自信、超然和獨傲，很快矯正了我最初頗有些狼狽的侷促，心裡卻還在不斷地埋怨自己，虧你還是一個身經百鬥的猛士，怎麼見著一個女人便輸掉了應有的男子威嚴和陽剛？不是說大丈夫威武不能屈，富貴不能淫麼？今天怎麼會變得如此？

於是我挺起了腰桿，將那方才僵硬的手背在背後，若無其事的顯示自己是在同「朋友」

一起逛大街。可惜，我們依然沒有講話，我也依然沒有走上前去同她並肩而行，只是默默地跟著她倆的後面，想著該用什麼問話來試探對方。

醫學方面我一時找不出恰當的問話，至於文學歷史，我也不知道該怎麼的開口。於是，我們最初相見的瞬間，給對方留下了致命的印象，直到兩個月後，母親才告訴我說，小鄒當時就坦然地問母親：「他怎麼是這個形象，又黑、又瘦、又老，連話都講不出來？好像監獄把他關傻了一樣。」

唉！早知我的形象那麼糟糕，怎麼也不會匆忙跟著母親到這兒來出洋相。

我們沿著中山路，母親和她走進了百貨商店，我卻毫無興趣的站在商店門口等了足足十五分鐘，當她們倆出來時，我和她又對視了一下，我能感覺出，她那眼光裡含著一種挑剔，我原先準備好的話和天真好奇的發問，不知為什麼全都咽了回去。

我終於鼓起勇氣發問道：「防疫站隔這兒有多遠？」「噢，大約一里多路。」她回答得很隨便，而且讓人無法把話接下去，我的這句打破僵局的主動，被她簡短的回話擋住了。

看著她仍挽著母親，按照原路重新折了回來，我仍然傻呼呼地跟在後面。回到了開始約會的菜市口，看看時間已快十二點了，母親選了一家臨街的飯館點了幾個菜，三個人共進午餐，我瞅著堂倌還沒有把菜端上來的空擋，第二次鼓起勇氣試圖打破我們之間的僵局：「防疫站工作忙吧！」我第二次主動發問。

她看了我一眼笑了笑說：「還好」，接下去又是沈默。

就這樣，經過我兩次努力，想打開同她對話的話匣子，卻沒有成功。接下來，只好閉上嘴默默無言的坐在那裡，直到母親張羅著堂倌把菜端上來，各自悶著頭把飯吃完。

吃完飯後，她便起身告辭，說她下午還要值班，便提著她的手提包離去了。我出獄後的第一次「約會」就這麼尷尬的結束了，以後我們幾個月都沒有見過面，直到母親講出了小鄒見到我第一面的印象。

看樣子，頭次見面便改變了她四年前的初衷，不過母親告訴我，小鄒並沒有明確的表態，是拒絕還是維持，還是待觀察，這給母親始終留下一線希望。所以她一再催促我打主動戰，但我明白，我們這個經過「階級鬥爭」沖洗過的社會，幾乎不可能發生卓文君和司馬相如那種美麗的故事了。

何況我並不具備才子的條件，對方也絕非佳人。不過，我這種形象，難道不是冤獄造成的麼？對方因同情心還是因我在書信中那點文才產生的感情，有四年的等待已不容易，雖然這四年的等待因對方的又黑、又瘦、又老的外表而告吹了，這本是二十三年改造的功力所要達到的目的，「無產階級專政」真的把我變成了鬼，又能怨誰？

既然對方是那麼脆弱，我又何苦勉強挽回？所以我不想再給她寫信，我們之間的玫瑰預約便這麼告吹了，但第一次約會，我面對「愛情」這一當頭棒，是對我自信的打擊。我必需直接面對二十三年冤獄帶給我的婚姻難關，並且預伏著後半生建立家庭的坎坷不幸。

范小妹

然而，生活竟這樣玄妙莫測，沒有幾天，母親在七年前認的乾女兒，范萍和她的弟弟范山，一起來了。范萍那時是一個只有十五歲的小姑娘，正在附近的二十四中學讀初中二年級，而范山還只有十三歲，在蔡家小學讀五年級。

范萍既是母親認的乾女兒，而且是她在最淪落時結下的母子情緣，我理應稱呼她為妹妹，當時我倆相差整整二十六歲，便稱她為小妹妹。我們初次見面那天，她穿著潔白的毛衣，褲子雖然打過補丁但很乾淨，特別是她少女的靦腆，帶著特有的矜持。比起鄒銀雙來更多了素樸和誠實。

進門時她手裡提著一個竹藍，裡面裝著萵筍和蘿蔔，進屋後，將它放在母親平時作炊的小桌下面，站起身來喊了一聲大哥，並問我什麼時候回來的？

第一次見面，我心裡很緊張，雖然，我當時已四十二歲，什麼風雨世面都經歷過，唯獨二十幾年與女性完全隔離，見到她，同她說話十分的口訥。

范山手裡提著一個竹子編的笆簍，裡面的蝦子活蹦亂跳，撞得那竹簍碰碰直響。看來這姐弟倆對母親的生活習性和愛吃什麼很熟悉。母親一生中喜歡吃魚蝦，當時市場上是買不到魚類食物的，哪怕這種小魚蝦也與市絕緣。

他們告訴我，姊弟倆平時經常在池塘、田邊摸到魚蝦便把它們關在竹簍裡，放在塘裡養起來，等到積累到一定數量，便給媽媽送來了。

這姐弟倆的出現，頓時給本來顯得冷清的「集體宿舍」增加了許多活力。弟弟催著姊姊快去拿盆子來放些水，說再遲一點，竹簍裡的小魚蝦們都會「渴死」的，兩人忙碌起來。

媽媽見兩個孩子，滿臉堆笑的問「你們怎麼這麼長時間都沒有來呀，媽媽呢？」小妹笑著回答：「哥哥沒有回來時，媽叫我陪在你身邊，現在哥哥回來了，我們就不好來了。」

媽媽回答說：「這幾天你們沒來，還怪想你們的，如果再不來，我就要到鄉下來找你媽了。」

范山搶著回答：「這幾天豬兒有點病，媽媽忙著煎藥餵豬，所以一時沒空，這會兒她還在場口抓藥，她叫我們先來這，一會兒她就會來的。」

正說著樓下一迭聲的已經喊了起來。隨著一陣咚咚上樓的腳走聲，一位比母親年輕、精幹的農家婦女已經出現在樓梯口了。

從她那黑黝的皮膚和滿臉皺紋，看得出這是一個一輩子面朝黃土背朝天，也是苦了一輩子的地地道道的農民。穿著一身藍布的棉衣，腳上是青布布鞋，一進門來便一迭聲的向母親道歉，叨叨的說道：「大姐呀！我早就該來了，聽說哥哥回來了，那天都想來看看哥。」

母親連忙牽著她的手，給她端了一杯早又準備好的茶。胡媽笑咪咪地說道，「大姐呀！你真好福氣，有這麼一個好兒子，又是大學生，身體又結實，現在落實政策以後，政府一定會安排一個好工作。今後呀，你總算有靠頭了。」

轉過身來向我說道：「哥呀！這些年你媽沒有少吃苦，醫院裡的那些沒良心的欺你媽是右派，人又老實，又是一個人，淨拿髒活、重活給她幹。還常常無緣無故的打她罵她，我們蔡家場的農民個個都替你媽打抱不平。他們越欺侮你媽，我就偏要認你媽為乾親家。」

接著講道：「每次過年過節，我們殺了過年豬，就要給她留一塊肉，打了糍粑也要給她留一塊糍粑，總之，我們有啥吃的，她也有。」

「有一次我正提著一塊肉，在大門口就碰到了劉宣樹，她正顏厲色的警告我說：『你們老是與右派份子劃不清界線，如再這樣下去，我們就要沒收你送給她的東西。』我馬上反對說：『你搞清楚點，我是貧農，不是你們可以隨便欺侮的，你如果敢沒收我的東西，我就要你好看。』」

「她看到我態度如此硬，便連忙改口說：『我不是對你，我們的上級有規定，對方堅志這樣的階級敵人，就是要嚴加看管。』我回她：『我們當農民的，才不管你那一套，我們只知道醫院的人欺侮一個老太婆太過份。』」

聽她介紹，知道這是一個口直心快，心地善良的農家婦女。在她的內心裡有一桿公平秤，雖然她沒有文化，但她有中國婦女特有的正義感，她不迷信誰家的宣傳，她是憑她的直覺來認識誰是好人誰是壞人。

汪禿子

從鹽源回到重慶時，只帶回一九八〇年的糧票和布票，到蔡家後，才明白城裡的居民什麼都要憑票才能買到，不光購買糧、油、布，就連買肥皂、鹽巴、豆腐、肉、反正生活上所有必需品，都要票證去買，母親特製了一個專門存放票證的小木盒，每次上街除帶錢外，還必須從那裡取出要買東西的票證。

鐵托早把票證比作套在中國老百姓頸上的三根絞繩之一，真是一針見血。所有的票證都要靠戶口簿領取，這就是說，沒有戶口的人在大陸上便不能生存。戶口便是「黨和政府」控制所有老百姓最有力的手段之一。

回到母親身邊，除了糧票布票，其他所有票證都是母親的。我還沒來得及上蔡家派出所辦理戶口。為生活所迫，上戶口的事，刻不容緩了。

當我取出鹽源農牧場開具的上戶口證明和介紹信交給母親時，她皺著眉頭，那介紹信上，關於我的身份寫的是「刑滿釋放人員」。理由是開介紹信時，重慶法院並沒有對我的原判進行平反，而在年齡欄中寫著四十一歲。

鄒銀雙的婚約告吹後，在母親心上結下了一個無法向人道破的「疙瘩」，她拿著介紹信看了半天，便毅然把四十二改為三十八，改過後，又仔細地戴著老花眼鏡審視了許久，滿有把握地拿出自己的那本戶口簿來，告訴我，她今天專門請了假，同我一起去派出所上戶口。

看樣子她的心情不錯，兒子真的要留在自己身邊了，今天總算可以到派出所去，在自己那只有她一個名字的戶口後面，添上了兒子的戶口。從此以後這裡便不是一個人，而是兩口之家了，這可是她盼望了整整二十二年的事。

她整理了一下她的花白頭髮，便起身同我一齊向蔡家派出所走去。蔡家派出所就在石板路右側的一個門庭陰森的院子裡。

一提到派出所，我會想起少年時代，去朝陽派出所遞申請助學金報告時，那陳麻子的羞辱，那是深深刻在我的腦海中，永不消褪的傷疤。後來，經歷整整二十三年的冤獄磨難，對於派出所這種衙門，一直把它當成欺壓善良百姓的閻王府。

走進派出所的辦公室，裡面坐著三個人，坐在外面的兩張桌子面前一男一女，身著警服，態度傲慢。當我們倆走進去後，那女的白了我們一眼。

母親是這裡的「常客」，過去她每進來一次，便如小鬼進了閻王殿，不是交「思想匯報」挨訓斥，便是接受遊街的決定，或是「交代問題」。

現在雖「平反」了，但骨子裡那種小鬼見閻王的心理依然使她心有餘悸。我感覺得到她進來後，態度十分拘謹。拿著戶口登記簿和鹽源開的介紹信，走進靠裡面的那張辦公桌，那裡便是蔡家場人人畏懼的汪禿子。

這姓汪的傢伙，我剛回來幾天就認識了。回來的第三天，我上街買菜，那天正逢趕集，我走到集市的中間，看見那裡圍著一大群人，走近一看，原來是一個叫化子模樣的跛子，正攔著一個身著民警服的胖胖禿頭中年人，要他開一張殘廢證明。

從圍觀趕集農民七嘴八舌中知道，那乞丐是附近大隊一個曾被劃為「反革命」的村民。而那胖「警官」，便是面前坐在最裡面的汪所長。幾年前這汪所長組織了一次五類份子的「遊街批鬥」，在遊街時，將這個「乞丐」的左腿打斷，從此喪失勞動力，生活無著，變成了乞丐。

後來民政局為了整頓市容，收容了全區所有的「叫化子」，對這人說：「只要有當年組織批鬥會的人開一張殘廢證明，便能領到政府發放的基本口糧。」

於是乞丐鼓起勇氣在大街上將汪所長攔住，請他給一條活路。

不料那汪禿子，不但不給他開證明，而且，一把將他推在集市街邊的污水坑中，弄得這本已不成人形的「乞丐」簡直像一個鬼，然後揚長而去。

我目睹這人欺人的一幕，一種本能的憎惡，陡然從心裡升起。詢問同我一起目睹這一幕的醫院門房小張，他告訴我：「這汪禿子原是北碚法院的一個預審員，曾利用職務，掌握一批小偷流氓掌紅吃黑，才從北碚法院貶到蔡家場接了這戶籍的差事。」

舊性依然不改的他，掌著轄區的小偷、扒手依然行「黑吃黑」那一套。尤其是他對「五類份子」的手段，更是心狠手毒，我的母親當然是他任意欺侮的對象，想起這些我抖起了精神。

「汪所長，我的兒子從鹽源回來了，今天費你的神給他上一下戶口。」母親怯生生的向他開口道，一面把戶口名簿擺到他的辦公室桌上。而那汪禿子卻像沒有聽見似的，依然的在看他的報紙並不答理。

我向他座位上方的牆上看去，那上面寫著「為人民服務」五個大字，不禁想到舊時衙門，升堂的中間都掛有「明鏡高懸」的大匾，但從來是黑暗無比，賄賂重重。而今中共執政幾十年來，「為人民服務」這幾個字，向來是騎在老百姓頭上作威作福的遮醜牌。

戶口既管著一個人生存的基本生活資料，上戶口的人就仗此，成為被上戶口者生存的決定者。想到這裡，我的眼光，又從那牆上情不自禁的向下滑來，一直滑到了他那肥大的圓臉上，我才發現，那鼻子周圍也有同陳大麻子一樣的麻子，心裡對他那種不理不睬的傲慢充滿了憎惡。

二十多年來，我在監獄中天天同這種人打交道，他們的欺軟怕硬的卑鄙心理，我不但瞭解，並且學會了一套應對的辦法。但是儘管我的心裡已經對他產生了惡感，仍覺得還不到發作的時候。

如此忍耐了幾分鐘，見他仍在那裡看報，依然沒有理會母親，直到母親再次請求後，他才慢吞吞的放下了報紙，愛理不理的將母親放在辦公桌上的戶口名簿挪到面前，慢慢地從辦公桌的抽屜裡取出一張紙來，懶洋洋地取出鋼筆，頭都不抬的發問：「姓名？」那介紹信上明明寫著的，他卻不屑一看。

我被他這種挑釁性的態度激怒了，母親已看出我的怒容，向我連忙使了一個眼色，低聲下氣的回答道：「孔令平。」

「性別？」「男。」

「年齡？」「三十八歲。」這一次那汪禿子才抬起頭來打量著我，我蒼老的面容，使他奸詐的眼睛裡露出一種拿到對方短處的詭秘。

他拿起了甩在一旁的介紹信細細地看起來，母親改動的筆跡被他識破了，他奸笑著得意的站起身來，用一種逼視的目光對著我：「這年齡是你改過的嗎？」我對他這突襲一時還沒準備，母親已慌忙接過話來：「沒有，沒有的事。」

然而他這種多年培養的，抓到獵物便窮追不捨的獵犬本領，使他精神抖擻起來，從他辦公桌上猛地站起身來，大聲吼道：「你還敢替你的兒子狡辯，這明明是塗改了的筆跡，還不馬上老實交代？」

看來這傢伙是訓練有素的，對於處在壓迫階層的五類也是欺壓成性的，出口成章的「行話」對階級敵人是用慣了的，不會走樣。

儘管五類的說法已被取消，但在他的狗眼裡，我們娘倆，一貫只能是被他訓斥，被他呼來喝去的奴隸。

此時我的一股無名惡氣直沖腦門，終於按捺不住，走到母親的前面，惡狠狠向他吼道：「改了個歲數怎麼啦，你要做什麼？」

這種以惡對惡的戰術，便是煉獄中培養出來的，在監獄中對張棒棒、徐世奎，何慶雲這般惡吏我使用過，對於麻臉中土，三星閹將，我也使他們難堪過，雖然我這種硬碰硬，使自己吃了許多眼前虧。

那汪禿子，對這一招，感到吃驚，因為他

一時沒對答上來，對母親的盛氣凌人態度，一時沒找到該如何應對。

呆滯了一分鐘後，他立刻從自己的椅子上跳起來：「你這勞改釋放犯，看來是沒有改造好，你今天敢公開頂撞？」他的臉漲得通紅，向我撲來，擺出「階級鬥爭」操熟了的打手架勢，指著我的鼻子吼道。

那一男一女也一齊站起來，將我圍住，好像就要拿出手銬或繩索之類的東西，像收拾犯人那樣將我壓下去。

母親見這形勢對我十分不利，怕我因為衝動而吃虧，慌忙地攔著我，要我不要說話，並且用身體護著我。我明白越是鬧到這個地步，越不可退讓。

「怎麼？要動手打人哪？還是文革那一套？四人幫那一套不是？」我厲聲的地喝道，這一招果然靈驗，那姓汪的退縮了，重新的坐到他的椅子上。

我見這句話奏效，便連珠炮似的反擊道：

「姓汪的，你放明白點，今天我是來落實政策的，你還公然的稱我是勞改釋放犯，中央三令五申的平反冤假錯案，就是你們這一幫子人軟拖硬抗，頂著不辦，今天又不為什麼，就要做出一付打人的架勢，老實告訴你，不是四人幫的天下了！也不是你們這些人為所欲為的時候了！你今天只要敢動手，我非把你拉到市委辦公室去說個所以然。」

汪禿子被我這番怒斥弄啞了，一時還弄不清楚我的背景，居然對答不上來了。母親見勢，馬上打圓場，向汪禿子解釋道：「我兒子心情不好，脾氣也不好，你別同他一般見識。」

殊不知這反倒助長了禿子的勢頭，他一迭聲喊道：

「你們母子倆既是落實政策，就應當模範的遵守政府法規，戶口是國家的重要法度，任何人都要遵守，竄改戶口是一種嚴重的違法行為，你們知識份子比我們大老粗更懂得。按理講，就憑你們竄改戶口這一條就夠刑事拘留的條件，今天，你這戶口就拿不走了，等我們查清以後再作處理。」

我不知道戶口管理有沒有規定，對於塗改年齡這樣的事該如何處理？但我心裡只想到絕不能向這仗勢欺人的狗退讓或認錯，便從椅子上霍地站起來，一邊喊道，「別理他，看他把我怎麼著。」一邊拉著媽媽的手向門外走去。

當我們離開了那陰森的院落出得街上，母親先前的那陣好心情全都消失，十分沮喪的一路上嘆氣。戶口沒有上，到惹出這場麻煩是她萬沒有想到的。後悔自己考慮不周到，但誰又能理解她的這番苦心？

我只好勸慰她：「我們又不是偽造戶口，更改年齡這種事，本來就不是一回事，倘若他要繼續找麻煩，我們一樣生著一隻嘴，諒他也做不了什麼。」

下午躺在床上想，蔡家場在汪禿子這樣的惡棍把持下，母親當然受了不少的欺凌。然而，想到重大保衛處的鄭樹勳那張奸詐的臉時，我的心裡一陣陣在發冷。

等待澄清冤獄的人，命運卻操持在這幫虎狼般惡吏的手中，前途豈可樂觀？看樣子我們這一群剛脫離虎口的羊羔，又將掉進狼群的包圍中。

我接著馬上要回重大，了結未了的舊案，可我拿什麼去見鄭老頭？

馬大炮的主意本出於無奈，十斤大瓜子、十斤蜂糖、十斤核桃、就像三十噸的巨石壓在我的心上，當我空手前去時，我作好的是一個最壞的打算。

今天這汪禿子那種像要吃人的態度，使我壓根沒對前途有什麼樂觀。充其量有份工作有一碗飯吃，便是共產黨的法外恩典，我能同周圍的人平起平坐，保持一個普通百姓所起碼具備的人格嗎？

按照鄭樹勳離開鹽源農牧場的約定，我在回到重慶後的一周內就要回重大保衛處去報到，他這個「約定」屬於私人規定，還是對落實政策人員的一種規定？我不得而知。但是我想從鹽源回到重慶的時間並沒有卡定，而且何時從鹽源動身也沒有說死。更主要因為我實在為難於三十斤的索取，所以回重慶後，我遲遲沒有到重慶大學去。

眼看十一月份已過，年底即將來臨，我總不能過著不工作也沒有工資的失業日子。雖然母親說，我回來後，她的工資已經恢復到每月七十多元，養我沒有問題。所以我回到她身邊，是否工作，暫時並不是十分迫切的。

但我耐不住了，於是決定十一月底，無論如何都得回重慶大學去。

第二章：落實政策的馬拉松

如果因為母親賜給了我生命，要感恩於她的生養之恩；那麼我求學的學校賜給了我生命的內涵，不但鑄造了我的靈魂，還教會我知識和適應社會的本領，所以理應稱為母校。

學子與母校的感情譬如孩子對母親的感情，在離開這塊我曾居住過、生活過的地方整整二十二年後，重返這裡，也有一種懷舊之情。可惜，這種感情卻因這場人禍蒙上恥辱，蒙上了綿綿的恨！

雖然理性上我知道，羞辱來源於中共統治階級的一小撮，來源於毛澤東，但同我朝夕相處的同學們，應該有起碼做人的良心，有起碼的判斷能力和是非標準吧，然而偏偏坐在北京城頭的毛澤東，竟用他想出來的「六條標準」支配著他們，把當年這場荒唐運動搞成一場令人膽寒的煉獄，使數萬無辜學子傷身於荒野邊陲。

令人驚嘆的是，毛澤東怎麼想得出把學校變成人咬人的場所？讓品性卑劣者變成狗，向毫無防備的學子恣意殘害，報復，取樂？

現在，當年整人的打手們藏到那裡去了？是心虧理虛躲了起來，還是像狗一樣藏在暗處，等待再爬起來反咬一口的時機？

回校的一路上，頭腦裡不斷發生奇怪的問題……

第一節：回校

從北碚坐車到沙坪壩，下車後步行向重慶大學走去，二十三年前的街道依然如舊。記得剛剛入學時，我在這條街道上買過文具、參考書、理過髮、吃過飯。

還記得離大校門不遠，有一家餐館，做的麻婆豆腐辣得令我叫絕。我那時覺得這是我吃過的做得最棒、價格也最便宜的菜了！經過那裡，我有意覓尋，卻不見了當年那餐館，沿街的理髮店文具店也改作其他店鋪了。

當我走到那兩塊刻著「重慶大學」四個紅字的石柱碑前，二十三年前我離開它的那一幕立刻浮現在我的眼前，二十三年前我們從這個地方，被押上大卡車送到南桐礦區去「強制勞動改造」，那一天在風雨和太陽交叉作用下，風雨操場鑼鼓喧天「歡送上山下鄉幹部」。

全校遊行隊伍，使我們這幾十個被「開除」的異類，徒添了歧視。

今天，二十三年過去了，我剛從地獄裡走出來，滿臉帶著過早刻下的皺紋走進校門，循著回憶的引導先去沿江馬路，當年那兒曾是我被鬥得昏頭轉向後常去的地方，我在那裡呼天喊地，在絕望中希望有人救救我……

商學院的石頭房子還是老樣子，它能抗住日本鬼子的炸彈，同樣也抗住了「文革」的槍炮。再往前走，化學實驗大樓還是那廟宇式構造，只在那遼闊的中間地帶，添了幾座樓房。

在當年饒家院古老的建築前面，我看見門口懸掛著：「重慶大學落實政策辦公室」的牌子。不過，此時，我不想馬上就進去，因為我還沒有弄明白，在經歷了這「脫胎換骨」後，來這裡幹什麼？

是向他們去訴說自己想都沒想到的災難，

給我安撫麼？是拾掇那些被破壞的幻夢，向人們陳訴滿腹的憂傷？還是去見一個連一無所有的窮犯人都想再榨點油水的鄭樹勳？是去認錯、求饒，以可憐來換取下半生的安穩？

為弄清楚今天來這裡是幹什麼的，我還需要思考，更需要走遍當年在這裡曾留下記憶的每一個角落。弄清楚「反右」是一場我個人的災難還是整個中華民族的災難？是母校的過失，還是當年被整的同學、教師的過錯？是我們的過錯還是專制主義不可饒恕的罪惡？

我在饒家院旁徘徊後，便向著松林坡大禮堂方向走去。二十三年過去，原先就已破舊的禮堂還在那裡，只是當年掛在那些松樹幹上滿貼的大字報、交心書和血書卻無影無蹤了。

追溯這兒的狂熱，便能瞭解學生是一個可塑性多麼巨大的群體。由於他們的幼稚無知，他們具有何等可愛而又何等可怕的雙重性。他們可以呼喊民主的聲音，又可被獨裁野心家所利用。

創造美好未來，同毀滅正義和科學，同時都可以為之。就看誰在操縱他們。所以這是好事壞事都可做出來的群體，當年共產黨對學生的操縱使校園裡陷阱滿布，現在想來還使我不寒而慄。

再往前走便是學生食堂了，我們當年在這裡聽「關於正確處理人民內部矛盾」的傳達時，卻不知道「陽謀」的含意。那些當年張貼大鳴大放的專欄早已不知何處？而今只留得一片荒涼，隱約可聽見當年在這裡的爭論和嘆息。

轉過彎道便是我們當年的宿舍。我在當年住過的地方呆呆站了好了一會兒，仰頭上望，還清楚的記得曹英們是在那一間屋子裡組織的輪番批鬥會，將被劃成右派的人鬥得昏頭轉向、精神失常。

當年曹英威逼我的聲音猶存耳際，我就是在這裡掉進了「陽謀」的陷阱。掉進了「偉大」中國共產黨所布下的階級鬥爭的天羅地網，我就在這裡把自己癡迷的個人幻想，變成一場二十三年地獄裡的煉獄。

轉過身去，便是圖書館後背山底一角，我們當年這群心靈惶恐的孩子們，曾拖著犁耙掙扎在剛剛被新鮮糞水泡灌的水田裡，幹牛的活，脫人的皮，從此，地獄的烈火就在我身邊燃燒起來。

就這樣的一路尋來，當年在我求學的這個搖籃裡，除了歧視虐待什麼也沒有。同學間的那種天倫的感情，全被當年亂舞的群魔扼殺了。

現在，我要重新認識這個曾生活過的地方，重新瞭解那個時代校園裡的主人，再認識這個始作俑者的中共集團，除整人和對社會的破壞，它有光明的一面嗎？

如果說我在這故地重遊，拾到了當年沒有發生，現今已改變了的東西，又產生一個最大的疑問：當年整我們的人現今有幾分醒悟？他們怎麼就全消失了，像鬼一樣？毛澤東還沒倒，圍著他的猢猻們就散了？

重大保衛處仍在原來的老地方。不知為什麼，一進入那保衛處的小院我就感到壓抑。說實話，若不是為了將來的工作和「平反」，我是絕不會主動去跨這個門檻的。

走進大門，在過道上，我向一個穿中山服的中年人詢問鄭樹勳是哪個辦公室？他指了指走廊盡頭倒數過來的第二間屋子。我整理了一下思路，準備好了幾種不同情況的應對，便走了上去敲了一下門。

門打開了，開門的正是四個月前在鹽源「提訊」我的人。不過此時白胖的臉上堆滿了笑容，一改一年前「審案」的兇相。

一見是我，他很客氣地請我進去入座，還謙禮地倒了一杯茶，一面寒暄一路辛苦之類的客套話，他的這種態度反而使我警覺起來，一面小心地回答他提出的問題，心裡卻在揣度對方要耍什麼花招？

此刻我忽然對空手而來感到難堪。倘若今

天我提的是一個沉甸甸的大手提包，一進門就打開提包，按照三個月前他開出的那張貨單，將「賄物」一點點地數給他，恐怕對方會關上房門，在喜形於色的同時，會對我的安置有一場討價還價的口舌。

他一定會說出幾個緊缺人才的單位，說那裡的規模如何，工作條件如何，工資待遇如何，建議我到那裡去上班。我也會提出諸如住房、獎金等等的要求，甚至還會請他幫忙，回重大工作。雖然這是我花了極其沉重的代價換來的，對方所說的也弄不清是真是假，但我想我也許就有了一個可以摸進去的後門。

但是，一旦我進了他的圈套，今後還會不會沒完沒了發生新的勒索？現在我偏偏不屑此舉，採取了馬大炮的建議，此刻裝做什麼也不知道，只聽憑命運安排了。

在他指定的座位入坐以後，我便從帆布包裡，將鹽源農場加刑的平反判決和介紹信取了出來，我留意到他緊盯著那包，從他的眼神中我明白他在想什麼。一種不能明言的難堪掠過了他的嘴唇，他接過信看了兩遍，想開口問什麼，可話到嘴邊又吞了回去。

過了一陣，他繞著彎子問道：「我這次到鹽源專門為辦你的案子出差時，走得匆忙，有些想在鹽源順便辦的事忘記了，就連自己的路費都沒有帶夠，多虧你們那個隊的馬司務長照顧，臨行時，還給我補足了買飛機票的錢。回來後，我給他寄去了，你回來時，他沒有向你說什麼嗎？」

我看了看他那狡猾的臉，心中暗暗佩服他的臉厚功底，便立即按馬大炮的囑咐，很誠懇的傻呼呼地搖著頭。

到此時，他才明白，過去在其他人身上使用奏效，並得到好處的手段，卻在我這裡放了瞎炮。面不改色的對我宣佈：「關於你的右派問題，是由我校落實政策辦公室來辦的，至於你六〇年所判的反革命一案，要經過重慶市中級人民法院處理了，我已將調查材料和結論轉給了他們，你只能去找他們。」

如此看來，要我到這裡來，純屬是這鄭樹動的三十斤索取的需要。因為無論去落實政策辦公室或去中級人民法院，都無需來這裡轉一個彎。而平反以後工作的具體安排，恐怕更不是重大保衛處所能決定得了的。

於是我心裡暗自慶幸，幸好沒有按他開出的三十斤見面清單，費盡心機去一一備齊，再路遠迢迢的帶到這裡來當面交給他。

但是，轉而一想，重大保衛處畢竟是我平反的第一個環節，也是具體的落實者。其他環節，還不都要根據鄭老頭的最先意見辦理？這個意見有多大份量我一無所知，所以，我在他面前怎樣做才不失誤，我還沒有主見。

「喏，現在我就帶你到學校落實政策辦公室去。下面的事是他們負責的。」沈默幾分鐘以後，鄭老頭一面把我剛才交給他的材料還給了我，我下意識的看了看他的表情，心裡想著，我的到來肯定讓他大失所望，便跟著他走出了保衛處，向饒家院走去。

黨委辦公樓，學生時代一向被我們看成是神聖不可侵犯的機關，它決定著我們今後的政治命運，實際上也就決定著今後一生的命運。入學三年，我就從來沒有到這裡來過，生怕在這裡被問住，節外生枝的自找麻煩。

我被鄭老頭帶上了二樓，走進了一個寬敞的屋子裡，進了屋，按照室內的辦公桌判斷，在這個辦公室裡辦公的人員足有二十餘人。每一個辦公桌之間間隔的地方放著凳子，大概專供來訪者和正在等待結論人的座位，所有辦公桌上都堆滿了各種卷宗。

聽說自去年開始，這兒每天都要接待上百人次的來訪者，他們都是等待或辦理各種甄別手續的人。所以，這兩年來，這兒成了重慶大學最忙碌的地方。

後來重大黨委書記高書記告訴我：「解放三十年來，這麼一個總員工不到四千人的學校，就有四千人先後在鎮反、肅反、三反五反，反右運動、社教、文革運動中挨整，現在平反了，問題一下子全都擺了出來，黨委的壓力一下子增加了幾倍。」

我不禁想到，運動一來，為了政治的需要，把學校這種培養人才的搖籃，變成了按政治需要製造人整人的監牢，現在，又因新的需要將抓進來的「鬼」放出來。這忙碌的黨委在做什麼不是很清楚嗎？說中共對文化的摧殘，對教育的褻瀆，在這裡證據齊備。

鄭樹勳把我引到辦公室中間的一張桌前，那桌後坐著的是一位年紀大約四十多歲戴眼鏡的女士，像是從系裡抽出來的老師，交待了幾句便獨自離開辦公室下樓去了。

從她年齡上判斷，當年也是一個與我年齡相同的學生，她知道中共捉鬼放鬼的內幕，完成「糾錯」嗎？

等我坐下後，她從辦公桌抽屜裡取出一式兩份登記表來，在上面填寫上編號後遞給我，一面向我發問道：「你就是機造六零七班的學生孔令平嗎？」我確認以後，她便吩咐我用鋼筆公正地把表格填好。

我接過那表一看，表的名稱是「重慶大學落實政策人員申請表」。心中對這「申請」一詞頗反感，暗想道：把我們這些無辜的學生當年捉弄夠了的中共，而今又因政治需求予以平反，怎麼會要我們填上「申請」的字樣？好像是因受害人主動「申請」，才有今天的「平反」。

尤其在該表首欄中，首先要填寫：「當年劃右的主要依據」。

二十多年間，我的申訴不下百次，卻沒有人理會我，反而在各種場合下威脅我，說我在為反革命言行狡辯，該罪加一等。想到這裡，我望了一下面前這位女士，心中的氣想借此向她發洩。

想起當年曹英們組織的批鬥小組，對我這個什麼都不懂的普通學生，使出那麼卑鄙手段，按他們事前編好的罪名，不惜四天四夜不准我睡覺，捏造馬開先與我見不得人的「醜聞」，並要我在精神錯亂時認招；把「攻擊中國共產黨領導」、「誣衊黨的各項方針政策」的種種屎盆子統統扣在我頭上。

現在，是要我將這些完全莫須有的罪名重新羅列一遍？還是恢復這段被中共的暴力扭曲了整整二十三年的往事真相？

痛斥縱然可以使我所受到的怨氣得以釋放，但自我接觸鄭樹勳以來的種種跡象表明：中共在給平反留下被稱作「反右是必要」的尾巴，反而要求我將當年扣在我頭上的屎盆子，重新認可並對冤屈製造的元兇表示「謝恩」，我豈能就範？

過去無緣無故而遭迫害的無辜者何止千萬，但有志以自己遭遇的冤害留下親身經歷，告誡後來者的卻不多了。我想就是粉身碎骨也要濺始作俑者一抹污漬。我要作專制暴政的見證人，犯不著為一欄的填寫感到困惑。

想到這裡，我便在這一欄中寫下了兩個字「出身」。這樣，既如實地反映了我的遭遇，也說明當年相當多的人僅因家庭出身被劃成「右派」的，這既吻合毛氏初衷。同時執行平反者也較易接受。

她看了我填的表，目光長時間的停在「當年劃右的主要依據」這一欄內。

正好，鄰近辦公桌上幾個廿多歲的年輕人圍了過來，他們多少帶著點好奇心向我詢問二十三年前發生的事，從年齡上判斷，當年他們還沒有出生。看看他們臉上掛著天真，想到告訴他們當年發生的「反右」經過，興許會有利於他們手頭正在辦理的案件儘快落實。

我在追述往事時特別提到了馬開先，講完了這些過程，我希望他們能幫助我找到馬開先，因為重大黨委一直拒絕告訴她的下落。

正在這個時候鄭樹勳回到了辦公室來，他吩咐戴眼鏡的女教師，取出預先早已列印好的「重慶大學機械系黨委辦公室」簽發的「紅頭文件」，鄭重其事地向我宣佈：「經校黨委落實政策辦公室反覆查核，報經黨委批准，現在對你在一九五七年劃為右派份子的處理作出了改正，這是改正通知書。」

我從她手上接過那份「紅頭文件」那上面這麼寫著：

「查一九六〇屆，機造七班學生孔令平在五七年整風期間，曾出於幫助黨進行整風的動機，對黨的政策提出過一些意見和看法，在這些意見中由於受當時社會右派思潮的影響說過一些錯話。但仍屬於教育問題，不應當以此作為向黨猖狂進攻的依據劃為右派份子，現在為糾正反右擴大化的錯誤，特予以改正，對他本人恢復被開除的學籍。」

所有「改正」通知書都千篇一律這樣寫的。

中共用這輕描淡寫的套話了結「冤案」怪輕鬆的!!西方人講人權，中共視為無稽之談。既然當時是我「說了錯話」「做了錯事」當受教育，怎麼處置都說得過去，充其量是「處置」不當，中共何錯之有？

只可惜，又要當婊子又要立牌坊。明明對無辜者屈打成冤、偏要打著「平反冤假錯案」招牌：拿到世界上去誆騙人，我怎會同意？

不料那鄭樹勳卻從一旁插上話來：「你看，你還有什麼意見？」他那胖臉上有一種說不出的詭秘。他也許真以為，二十三年的煉獄已把我們全都變成了隨人戲捏的麵團，今天面對這樣的「改正結論」會感激零涕！

但他看出了我的反感，心中已明白，便把臉一沉，搧風點火的說：「你這個人認識上就是愛鑽牛角尖，吃了幾十年的虧還不見大改，你想想這次平反，校黨委下了多大的決心，排除了多少干擾？既體現了黨的政策光明磊落有錯必糾，又體現了對犯錯誤同學極大關懷和人道主義，來之不易啊！你還不快向系的黨組織表示感謝嗎？」

他一面說著，一面向那戴眼鏡的女士送去諂媚的一眼！

我狠狠的白了他一下，冷笑著說道：「這二十多年多虧我年輕命大，還沒有被整死！能活到今天也不容易！不過，今天我是來拿平反通知書的，你們不是『糾錯』麼？如果我還保持著人的羞恥心，我為什麼下賤到向害我的人認錯的地步？」

由於激動，我猛然的站了起來。

此時我的臉一定是鐵青的，捏著「恢復學籍通知書」的手顫抖著。

那戴眼鏡的女士看見我那可怕的神情，怕我一怒之下將它撕掉，連忙從我的手裡將「通知書」奪了過去，連連說「現在這通知書還不能發給你，只給你看看並讓你簽上意見的，等到你的原案平反後我們才能給你」。還告訴我，重大經過一年的調集檔案，核實材料工作已結束，現在已申報重慶中級人民法院，今後要催就催法院了。

第一次回校「落實政策」只好空手而歸了，我站起來看到鄭樹勳正在那裡赫赫奸笑。由於我缺乏冷靜沒能按捺對他的憎恨，不顧一切同這「惡棍」撕破了臉！提著手提包，出門下樓，憤憤的走出那圓形的石拱門！走出黨委辦公樓，忘了怎麼走出校門趕公共汽車了。

在車上，滿腦子還在翻騰在落實政策辦公室裡的那一幕。

回到蔡家醫院整整兩個小時後，心中仍未平靜。鑽進了樓下我那間停屍房前的臨時住處，往床上一躺，什麼話也不想說。

母親見我從重大回來情緒非常不好，到我的房間裡，輕輕問我是不是遇到了什麼麻煩？我只是搖頭，並沒有回答她。那晚上，我連飯都沒吃就睡覺了。

第二節：衙門口前的「上訪者」

經重大以及那汪禿子的「教育」，令我更加明白：對落實政策不可抱任何不切實際的幻想和奢望，反而還要提防著這些心存詭意的鬼蜮，玩弄各種伎倆、設下種種圈套。中共的政策，是統治者任意揉捏的麵團，我們這些初生之犢，糊里糊塗坐監，現在又被莫名其妙平反，各級衙門在捏這個麵團時，是絕不會考慮受害人二十多年傷害的。

我忽然想到了自衛，便從我的行李中，將馬大炮轉交給我的，鄭樹勳那封勒索信翻了出來，就燈下寫了一封給孫起孟的信，告訴他承蒙他的關照，我才得以回到母親身邊。並且把鄭樹勳這封信一併寄去。

過了幾天，情緒慢慢穩定，重大方面既已答覆我以後去催促重慶法院，只有了結我一九六〇年「反革命」一案，我才可能得到一份工作，並得到至今還押在蔡家派出所的戶口簿，也才可能得到我因生活需要的糧票、布票、油票。我還要繼續活下去，我還有未完成的事業，一切都還剛剛開始。

十二月二十日，我去了在下半城的重慶中級人民法院。

這一天十點鐘，我才到了位於南紀門的重慶法院門口，如果我不是必須從這裡領到我今後的「活口」。我是寧死也不願上這閻王殿來的。

它高高聳立在半山之上，儼然以掌握生殺大權藐視著在他下面的重慶老百姓！我走到門房門口，一個披綠色軍大衣的值班民警，向我索要介紹信，我說：「我是來催辦落實政策的事，也需要介紹信嗎？」

他回答說：「我怎麼知道你是誰？這是對犯人進行審理宣判的機關，不允許誰向裡面亂竄，如果你因催促案件而來，那也應當持你們單位開具的介紹信，說明你的身分以及事由。你一無所有的往裡面鑽，找哪一個處室，找誰都不告訴我，我也沒有辦法向裡面通報啊！」

此話有理，上次在重大，我為什麼就沒有想起開一張介紹信？

在學校和法院兩個機關，如何呈遞公文，我還是第一次遇到。回想當初南桐法院由誰審理我的案子，我就一直沒有弄明白，也從來沒有人向我明示過。

糊里糊塗的在供辭上簽字畫押，被辦案人當成麵團，捏出了十八年徒刑，我還蒙在鼓裡不知道，這幾乎要了我的「命」，到現在，我那十八年徒刑由誰判的我都不知道。

唉，年輕時代的我簡直是一個迷路羔羊。向預審人員預先放置的陽謀套子裡鑽，等到殘酷的監牢使我猛醒時，我已經被關死在無產階級專政的鐵籠中了。二十年裡我想從這個陽謀的圈套裡退出來，是多麼不容易！

想到這裡，我便把我的名字以及學校和原來的案情，向那守門人作了一個簡單介紹。他聽後拿起電話筒一連撥打了幾個部門，回答都說，對我的案件他們不知道。我無可奈何的向那高聳在幾十個石梯上的「閻王殿」望了一眼。

他見我一臉的焦慮，便建議我最好到市委辦公大樓的信訪辦公室去瞭解一下，看看像我這種案件該通過什麼渠道來問？

我就這樣，在這道衙門面前，被守門人理直氣壯的踢了出來。

也罷，去市委見識見識，看看落實政策的門檻裡大小衙門水有多麼深？

當我到達七星崗時，正是吃午飯的時候，我在附近的小麵館裡胡亂地吃了一碗麵，就來到了市委正門。兩個全副武裝的軍警把我攔住，我心中暗忖：這裡才是重慶老百姓的真正閻王府。

我還是二十三年前來過，二十三年前，為了向當時的市委呈訴情況，便將我在大鳴大放期間，與母親的全部通信，送到這裡來。我哪裡知道，這對於陽謀來說，劃成右派本不需要什麼證據，只需家庭出身就可以了，二十三年後，我再次來到這裡，深深痛悔當年我的天真和糊塗。

兩個兵將我擋在傳達室裡，那裡面值班的老頭告訴我，專管平反冤假錯案，是統戰部下設的「信訪」辦公室。並指著那距正門兩百公尺的一個小巷，說沿小巷進去便是信訪接待辦公室，我便向那小巷走去。

還好，這一次總算沒有碰到什麼盤查和障礙，進了裡面，辦公大樓的門卻緊閉著，它的面前一條大約五十公尺長的走廊中，長條凳子上早已排坐著二十多個人，一看就明白，他們是在等待那兩扇緊閉的大門打開。

我看了看手錶，時間還不到一點鐘，按照機關辦公在下午兩點鐘的常規，還足有一個多小時，便問起那排坐在最前面的女人，她說她是今天早晨七點鐘就來了，一上午才接待了十幾個人，等輪到她，已經到下班時間，只好繼續再等兩個鐘頭，等到下午再說。

我望著這些候在走廊裡，排著輪子等候接待的人，他們大多上了年紀，為了「信訪」不惜餓著肚子在等。

看著長長的隊伍我開始躊躇起來，要是按照最前面那人所說的，上午才接待了十幾個人，那麼，下午未必能將排在這裡的人全都接待完，白等一下午，空手而歸，不如趁早離開。

但是路遠迢迢從北碚到這裡，空手而歸未免遺憾。既然來了，且看看情況再作決定吧。

坐在我前面的兩位老人，一位白髮蒼蒼，看上去已是七十多歲的老太太，再前面的便是一位滿臉皺紋年過六旬的獨臂老頭子，從他們滿臉的愁容和疲倦神態看，像經過一場戰爭後，等候在市政廳門外，排著長隊等著撫恤的死難者家屬。我聽見那獨臂老人正在向老太太傾訴他的遭遇：

「解放前，我是水上派出所的員警，幹我們這一行的，兵荒馬亂年代為一家人生活，誰又完全沒一點靠山？那段歷史我早就在解放初就交代了。那時我只是個小小水上員警，無非是幹了點水上緝私，船到碼頭作些檢查之類的事。憑我熟悉水路、精通技術，當了幾十年的水手，那算什麼特務？」

「文革一來，新來的革委會主任，把我當員警的事重新翻出來，逼我承認解放前當過特務，把我送到學習班裡關局子，唆使我的老婆和兒子不認我。」

「我說：『你們對我的歷史已經查了多次，現在還要我無中生有亂招一通，是什麼居心？』那當官的說我頑抗，開除了我的工職，把我送去勞教。」

「在勞教所裡，一面對我用刑，一面逼我承認當過特務，左手被打成骨折，又不給我醫，直到我的傷口化膿爛了長了蛆，才送勞改醫院。醫生說：『送來晚了，只有截肢還可以保我的命。』我的手就這樣廢了一隻。」

走廊上所有人的目光都投向了他，他說著將那空蕩蕩的左手袖管，用右手揀了起來讓大家看，繼續說道：「上個月航運辦公室的人跑到勞教場，說要落實我的政策，現在查明我確實沒參加過特務組織，所以要恢復我的政治名譽。但這十年來家沒了，老婆嫁人了，我已是殘廢人，兒子也不願收留我，我到哪去安身？所以我向他們說，我不能空得個平反的名份等死，給我一間房子吧。

可那整我的局長說：『你已經退休，給你退休工資就夠了，你一定要回長航現在能幹什麼，何況現職的人都還沒有房住，我又拿什麼給你？』他們打殘了我，就這樣撒手不管了，誰來服侍我的下半生呀！」

說到這裡他嗚咽著哭了起來。

大家聽著，沒有人開腔。在座的人哪一個都有一本心酸帳，像他這樣的受害者在中國這個年代處處都是。有誰來管這些被歷次運動弄殘了的老年人？

當年因執行單位對各種受害人草率處理，

今天，這些受冤者，不辭萬里行乞，赴北京上訪，死在路途上的人多的是。沒有人去統計這個冤孽深重的數字……

看著他那樣子，我又聯想到我的母親，她也同樣因為年事已高，被整她的單位所拋棄。至今還留在蔡家醫院，受那裡欺侮過他的人喝斥，虐待。

心中還在翻騰，又聽見那位七十多歲的老太太接著開始念叨起來：「我就這麼一個獨兒啊……」

她第一句話，便使我聯想到魯迅筆下，《故鄉》中的主人公祥林嫂。那是她剛滿五歲的兒子被山裡的狼叨去以後，逢人便要訴說的話。雖然面前的她，比之祥林嫂蒼老得多。而且從她那身打滿補丁的棉衣看，她比祥林嫂的遭遇更慘。

且聽她說道：「文化大革命中，我兒單位，八一五的頭頭，硬說他是『老保』，還捏造說他過去還參加過啥子七星黨，便把他抓起來關進黑屋子裡。我聽到後，人都嚇傻了。我就這麼一個兒啦，我跪在那個姓曹的面前，請他看在我這孤老太婆份上，高抬貴手，饒他一碼。沒想到，我那脾氣剛烈的兒子卻從關他的黑屋子裡逃了出來，唉！」

老太太陷入了沉思，停了一下繼續說：「我看到他，叫他趕快跑，哪裡曉得，他卻去找那個姓曹的『算帳』。當場還打了起來。那姓曹的當下便叫派出所把我兒抓了起來，硬把他說成反革命行兇報復，抓進了監獄判了十年徒刑，把他送到新疆勞改。從此以後，我兒就再沒有回來過……」

「現在，托鄧爺爺的福，我兒寫信回來說他的案子平反了。既然平反了，那就該回來呀！我都已快八十的人了，身邊又沒得其他人，跑這個地方都跑四次了，每次都喊我等！可是，我們這些老人能等多久呀？我的兒呀！你又為啥呀？真的老娘有個三長兩短，連個收屍的都沒得……」

邊說她嚶嚶的哭出聲來。然而在場的人沒有任何反應，好像麻木一般。人間的荼毒，有時比野獸更殘暴，奪去她兒子的不是狼，而是與兒子共事的人。

那些主持平反冤案的官僚們，從沒想過，二十多年那麼多冤案牽及到多少個家庭？這成了久積的社會腫瘤，平反多成過場，使這腫瘤越來越大。

今天坐在長廊裡的二十幾個「代表」，就同全國千千萬萬的冤獄受害者一樣，好像是一些奉了特大赦令的「罪犯」親屬，彼此間除了陌生竟找不到相互安慰的話，當然更談不上同仇敵愾了。

若以個人身份，跑到共產黨本市的最高衙門來求解脫和赦免，「平反」必定流產，路遙遠兮，前程漫漫。

我正思考著，長廊裡一陣騷動，看我的手錶已是下午兩點半了，「唔！遲到了。」我下意識的喊了出來。可那兩個年輕人卻絲毫沒有顯露出一點內疚，而是一臉的傲慢，大搖大擺地從這二十幾個上了年紀人面前穿過。

偏偏求訪者中有幾個低三下四，向兩個從他們面前過去的人點頭哈腰。好像自己原是來乞討似的，那兩個年輕人卻像來施捨什麼一樣。

當辦公室的大門打開後，長廊裡等候了幾小時的人群全都向門邊湧去，只聽見那排在前面的人不斷地嚷道：「喂！排輪子，不要亂，按次序，不要亂。」好一陣子的推推搡搡排成了隊，不過已不是坐著而是站立著。

我看見剛來辦公的年輕人不緊不慢的放下公事包，取過了自己的茶杯，走到裡面泡了茶才坐下，從為首大約五十歲的女人手中接過遞過去的材料。

那女人叨叨的敘說自己的丈夫、兒子和被抄家的經歷。好像一個溺水已久的人幾經沉浮後，才抓著一根救命稻草。

不料，還沒等她敘說完畢，那年輕人便顯

得不耐煩了，不屑的說：「後面的人還多！你把話說簡短一點。」一面打開材料，沒去聽她的哀哀陳訴。看完材料，拿出登記表，截斷了對方的述說，一問一答的在那上面填寫了信訪人的姓名、性別、年齡及事由等等。

寫完後便向求訪者說：「你這個案子應去找×法院。」那女人馬上說：「我已經跑了十幾次了，每次都叫我等，落實政策以來我等了兩年了，這案子拖到什麼時候才能解決啊？」那接待人並不理她，拖長了嗓音喊道：「下一個！」

我看見她那帶著深深不滿的表情，遲遲不願從座位上站起來，等到這個時候，今天她整整等了七個小時了，中午還沒有吃飯，原想有一個積極的結果，可惜這裡仍把她當成皮球，踢回她不願再去的法院衙門。

我深深同情她的飢餓疲憊，只見她在那裡悶了幾分鐘，無奈的站起來。那一瞬間，她剛剛的座位便被排在她後面的上訪者佔據了。於是，又一串新的急促的敘述，將女人送出了辦公室的大門。

第二個上訪者，幾乎重複著他前面那人的過程：嘮叨，填表，接待人向他說應當去找××機關，所不同的，這個上訪者提出請信訪辦開一張「介紹信」！

可接待人以譏嘲的口吻回答他：「我憑什麼給你開介紹信？憑你的材料，憑你的口述？我們信訪辦公室對你的情況在沒有確證時，根本無法下結論，所以你只能找基層，他們既負責你的案子，他們才瞭解你的情況。」

結果，在求訪者反覆要求下，那接待人才寫了一個曾於某年某月某日，來過市委信訪辦的證明，塞在信訪人的手中。

看到這裡，我已經完全明白，連這種重慶市最高的衙門，依然的同其他單位一樣，將這些可憐的上訪者當成皮球，從這裡踢出去。

明白這種結局，我便不想再在這裡挨那年輕人一腳，便提著我的帆布書包，決然出列，向那圓形的石門走去，自動的被「踢」了出來。

第三節：草菅人命的中級法院

比起上次去重大的「上訪」，這一次簡直就是徒勞而返，官場在辦理「平反」時就有這樣的艱難。平反的漫漫歷程就這樣拖下去，這對於上了年歲的人可是一件最殘酷事啊。

回來後第二天正是星期六晚上，同母親同室而住的鄭醫生和丁醫生都回家了，宿舍裡就剩下我們母子倆。點起煤油爐，煮好麵條，母親知道我兩次上訪的過程，見我悶悶不樂，便述說起為落實我的政策，她花費了一年半時間的馬拉松「上訪」過程：

「我去重慶大學，正是去年的大熱天，我一連去了三次，每一次都叫我等！那時天太熱，為了防暑每次中午我就吃一牙西瓜。

幾個年輕人看見我這麼大的歲數了，動了惻隱之心，勸我不要再跑了，說中了暑倒在馬路上就麻煩了，有問題只要寫封信來就夠了。我去南桐法院前後跑了六次。最後一次，我在下汽車時摔倒了，還是被好心的路人將我扶到醫院去，幸好還沒出大事。

那法院的一個老吳過去也是右派，悄悄的告訴我說，現在辦事就是這樣，當事人再急，辦事人絕不會急，一直等到上面來了文件，『火候』到了，再大的案子也一風吹。他勸我不要再跑，跑出病來還不是自己吃虧。」

聽到母親的這段話，我心裡非常不安，當時我急著早日出獄，沒有為她的安全多想，萬一她真的在這種馬拉松長賽中倒在路上，那可是我一生都無法原諒的罪過！她可是這世上我僅有的親人了。

現在這樣，連肥皂票都要占她的，我怎不慚愧，所以明知在中共官衙裡跑，變成皮球被人踢來踢去，我還得硬著頭皮被人去踢。

我的平反，果然拖到了一九七九年最後一

個工作日。十二月二十八日醫院書記通知我：下午重慶法院打來電話，要我在第二天上午，去重慶法院刑事偵察二處領取判決通知書。

拖到一年最後一天，官僚機關的辦案夠拖延的。

十二月二十九日，我第二次來到重慶法院，走上那臺階，走進辦公室，一個姓丁的年輕人接待了我，並把一張紙遞給我，這不禁使我想起，二十年前在南桐看守所，一個中年人把一張同樣大小的紙，遞給了我。

我就這樣被兩個辦案人，在監牢裡殘酷地戲弄了整整二十年，這種殘酷遊戲真是絕古今之未有。

我沈住氣一言不發的從那小夥子手裡接過這張紙，坐在那木凳子上閱讀起來：標題〈四川省重慶市中級人民法院刑事判決書，七九（六〇）刑上申字第五八號〉。全文如下：

申訴人：孔令平，男，現年四十二歲，江蘇鹽城縣人，大學文化。原系重慶大學學生，一九六〇年八月因反革命罪被南桐礦區人民法院（六〇）刑字第六九號刑事判決，判處有期徒刑十八年。孔不服提出上訴，經我院（六〇）刑上字第五八號刑事判決書，維持原判，駁回原判，本人不服反提出申訴。現經本院再審查明：孔令平自一九五七年五月至一九六〇年一月，先後書寫的日記詩詞，沒有擴散，並作過交待，在此期間還向我黨政機關投遞信件等，均不構成反革命罪，原以反革命定罪判刑不當，應與糾正，本院特判決如下：一、撤銷南桐礦區人民法院（六〇）刑字第六九號刑事判決書，和我院（六〇）刑字第五八號刑事判決書。二、宣告孔令平無罪！本判決為終審判決，當事人不得上訴。

一九七九年十二月三十日

好一個草菅人命的「判決」。就這樣，從一九六〇年至一九七九年整整二十年的生死劫難，被重慶法院輕鬆的用三百多字劃上了句號。

就這樣，我，一個普通中國老百姓的生命在中共「革命」運動中，被任意蹂躪和摧殘達二十多年之久，待我們奴隸不如。「反革命」一詞，像一個麵團一樣，在他們的手裡捏來捏去，玩著：「有」、「沒有」的詞眼，將法律猥褻得比兒戲都不如。

我憤怒喊道：「整整二十年你們睡醒了不是？在獄中一開始我就一再申明這是一個假案，你們全不理會，二十年來我寫的申訴百餘封，你們裝聾作啞，今天若不是上面有政策，你們還會矇下去，你們哪像辦案的機關？」

那姓丁的漠然看著我，一臉無奈，他知道自己也是一個任人使用的槍手。面對這個二十來歲的小夥子，我心中萬丈怒火又怎麼發洩？

一六一九年，美國一位叫詹姆斯頓的白人，從荷蘭奴隸販子手中買下了二十個非州黑人，帶回美國充當奴隸，從此開始了美國黑奴的歷史，他們的吃苦耐勞和繁衍，使他們漸漸充當了美國建設的主力，到一九七〇年黑人已超過七十五萬人，其中奴隸占七十萬。

由於基督教的傳播和深入人心，一八六〇年林肯任美國總統，於一八六四年發佈解放奴隸宣言，黑人為爭取社會平等進行了百餘年可歌可泣的鬥爭，最有代表性的，便是牧師馬丁・路德・金恩提出的黑人民權鬥爭。一九六四年美國國會通過了《民權法案》：美國國內的公共設施實行種族歧視，被視為犯法。

在中國，毛澤東用階級鬥爭實行變相奴隸制，把人為分成紅五類、黑五類。中國倒退了幾百年，今天這種遺毒遠沒徹底肅清，我們這些黑五類，應向金恩學習，發動中國爭取民主和人權的鬥爭，牢牢記住：在中共統治下我們的權力只能靠自己去爭，天下要靠自己去闖。

此時的我，不是當年如羔羊般的馴順者了。就在那小夥子要我簽字的那張紙上，我留下了：「本人對本案保留繼續申訴的權力」十四個字。

第四節：區統戰部的官架子

這天下午，我回到家裡，母親告訴我，被蔡家派出所扣押了兩個月的戶口簿，今天也由醫院的王書記送來了，不過母親補充說：「蔡家派出所對王光明講，要你寫一個檢查交到派出所去。」

我回答道：「別理他。」在我的眼裡，這是一群騎在百姓頭上的政治痞子，現在同他們多說一句話，都有損我的自尊。

然而，一九八〇年的元旦，對於我們母子倆，畢竟是渡過二十三年劫難，死裡逃生後重逢的第一個元旦，可惜，媽媽當年想得太絕，將原先的照片全部燒掉了，現在只有在頭腦裡留著他們的遺像，寄託對他們的紀念了。

恰好，那一天下午，小妹和范山也來了，他們帶來了一塊豬肉和糍粑，我們忙碌到晚上十點鐘，按照中華民族的傳統習慣，將在春節才吃的團年飯，提前到了一九七九年十二月三十一日晚上，就在我那間臨時房間中擺下象徵性祭品。一縷香煙迎接我的父親、外婆和弟弟「回家」團年。

我為他們盛上了飯，擺上了酒，然後跪在地上祈禱他們的在天之靈。默默懺悔我對他們的不孝。特別是我摯愛的父親，他是我們全家中最早進入天堂的人。

元旦一過，我就帶著重慶市中級人民法院的「刑事判決書」；鹽源縣法院的刑事判決書和重慶大學關於我右派的改正書，到北碚區委統戰部要求他們根據政策，安排我一個「對口」的工作，並處理我的「善後事宜」。

統戰部長姓賀，用一副不冷不熱的面孔接

待我，給人官氣十足，架子不小的印象。像這種人既不會對被害人以同情，更不會考慮被害人的困難給予應有的解決。他看過我遞給他的「平反」文件後，叫我去樓下的接待辦公室去找吳慶華。

這吳慶華頭髮花白，大約五十多歲。我向他說明來意後，他打量著我，從抽屜裡取出兩張表格遞給我，我接過表格一看，那是兩張「落實政策人員登記表」，中共的統治，唯獨這種文牘式的檔案材料建立得十分細密，凡涉及人事調動，不管跑那一個衙門，毫無例外的拿出這種標題不同、內容一樣的表格來。回重慶僅三個月，跑了重大、法院和中共市委，就填了三次這種表格。

當他看完了我給他的那一疊材料和我填寫的表格後，問道：「你是重慶大學機械系的學生嗎？你也知道的，根據中央及省委文件的精神和規定，落實你的政策是由我們區統戰部負責的。不過，我們的權力和範圍有限，所以，希望你本著向前看的精神來對待我們對你的安置。」

吳老頭明白貫徹共產黨的政策，必令我大失所望，所以預先給我打一針預防針。我正等著他的下文，他突然口風一轉，先行發問道：「先說說，你想幹什麼工作？」

在毛澤東暴政時期，向國家輸送建設人才的大學已紛紛關門，幾十年來技術人員的枯竭，連中共的上層官員也驚呼「人才難得，人才貴寶」。所以我不但不應成為統戰部難以安排的包袱，簡直是用人單位力爭的「缺貨」。然而，這位吳老頭向我推薦了北碚區屬的幾個街道工廠。

國營廠和集體廠，待遇和地位大不相同。這又是中共領導下的怪象：國營、部屬大工廠的工人，優於地方國營企業裡的工人；省級企業又比市級企業優越；市級企業又比縣級優越；縣級又優於街道工業。當工人也要分貴賤，講運氣。

工人被劃分出等級，體現了「國家」對企業的「分別對待」，在資金，設備原材料十分匱乏的條件下，先滿足直屬中央的大企業，然後層層降格。輪到那些處在最底層的街道工業，不但生產舉步維艱，工人們連最低工資收入都難以保障。

「可不可以考慮將我安置到北碚境內的北碚機械廠或是紅岩機械廠？」我請求道，我已經是中年人了，在求職時當然要選擇，這兩個廠說不上好，只是比較正規一點，生活待遇也相對穩定一點。

「啊！那可不行，這些工廠是市屬的單位，我們區委是沒有權力向這些單位安置人員的。」吳老頭斬釘截鐵的回答。

「但是，根據中共中央有關的檔案中，沒有規定我們的就業安置非由區一級來安置。那上面只有：由哪一個單位處理仍由那個單位安置的規定。」我竭力忍耐著，既要揭對方在誑騙我，又不好同他爭執，因為這是我來找他們。

吳老頭冷笑道：「如果你有依據，那麼你為什麼不去找重慶大學，偏偏要跑到這裡來？」對方果然耍賴了，我明白，「平反」的門檻之外，還有「尋找」工作的門檻，對於我們這些從地獄裡爬出來的小鬼，在共產黨的衙門下要想順利生活下去，還不知道要爬多少門檻?!

我看了看面前這個老傢伙，又聯想到鄭樹勳。我想離開鹽源時，就該聽從他的吩咐，像背十字架一樣，將他所需要的三十斤貢品一斤不少的從鹽源帶回來，也許現在我不至於在這裡犯難。

可我仍書生氣十足，滿以為只要獲得「自由」，在這個經歷十年文革浩劫，「人才」奇缺的社會中，哪有求不到職業的道理？

沉靜片刻，吳老頭終於又拿出另一個辦法，改口說道：「區屬的企業你既不願意去，那麼你去中學教書怎麼樣？」吳老頭的這個建議倒真的反映了當時的社會需要。

不過，這是一種政治的需要，須知一九六六年為了摧毀政敵，學生成了毛澤東的政治別動隊。而今新的中共官僚，上自鄧小平，下自官復原職的中共大小官吏，哪一個沒有嘗過「紅衛兵」的拳頭？剛從別人踏著的「一隻腳」下爬起來的中共「新」當權派，沒忘記當年紅衛兵的厲害。

對待多年「傷失」理智的學生，不論是清華大學的蒯大富，北京大學的聶元梓，還是遍佈全國，成千上萬的中小學生，可不是簡單動用員警就能制服得了的。弄得不好，這些被毛澤東調教多年的造反「小將」們，一旦被毛澤東餘孽所號召，造起反來是絕不好收拾的。

能走上課堂約束學生的老師，一時的「奇缺」起來。我在鹽源時便知道，為了籌集農場子弟小學的師資，不僅從管教人員中抽人，還從就業人員中過去教過書的人（例如魏朋萬）叫去當老師。

蔡家場的幾所學校中將教師子女以「頂替」名義，請去濫竽充數登上講臺的人就更多了。然而，社會風氣既已被毛澤東破壞到這種程度，將老師當作最低賤「臭老九」的遺風依舊。教師不但在待遇上低於當時社會上的其他職業，在人格上得不到起碼的尊重，他們依然受到學生任意侮罵，甚至家長可以到學校替孩子苛責老師，好像老師是他們雇傭來的保姆。

對於我個人，「老師」這個職業，卻有一層與別人所不同的隱痛。我的父母原來都是忠厚老實的「老師」，他們曾在國難當頭時為中國新文化做過貢獻，結果，父親慘死囹圄，母親遭受右派橫禍。雙親之痛使我發誓，絕不重走父母的老路。報考大學，絕不填師範，出了校門再不回頭走進校門。

中共不能寬容「教書匠」，在我心裡留下的傷痕沒有癒合。想不到在落實政策的名義下，要我去接受這個我早已不願幹的工作，於是我十分果斷拒絕了吳老頭的「安置」。我的理由很簡單：「專業不對口，學非所用」。

第一次初訪區委統戰部就這樣無果而歸了，帶著怏怏不快的心情，我回到蔡家。母親聽完我去區委落實工作的經過後卻說道：「共產黨的組織原則你是清楚的，既然統戰部的意見要你去教書，你不妨考慮一下。重慶市第二十四中學，就在蔡家，是一所規模很大的學校，有高中部、初中部，離這裡也不到一公里，隔家也近，要不你抽個時間去那所學校看看，也好作準備。」

我看著她那多年生活重負壓駝了的背，面對那張滿布皺紋的臉，想到她好不容易盼了二十多年，才把自己唯一的孩子盼回來了，當然是盼他常伴身邊，再不離開。可是她怎麼就忘了在中共統治下為辦教育，不但使她耗盡了畢生精力，還使她飽受了二十幾年的苦難？

對她的勸告，真不知怎麼對答，只好含糊回答道：「你不是從小就叫我不要走教書這條路嗎？要不然，我再回一趟重大，按政策我該由重大落實善後處理，看看他們拿什麼主意？」

第五節：第二次回重大

一九八〇年一月，我第二次去了重大，在公共汽車上我在想：去重大找誰呢？本來，我的案子既已由重慶法院改判，那麼按方式理應去法院落實我的人身賠償和善後處理，我這一趟該去市中級法院找那姓丁的小子，但我單槍匹馬的能去找法院評理麼？那裡有關於冤假錯案的處置規定嗎？

中共統治下的大陸是一個只有獨裁者政策，卻無法律可依的地方，執政者可以隨心所欲的頒佈政策整人，以後，新的人上臺又興另一套政策；在這種不與人民約法三章，也不受人民約束的獨裁統治下，有評理的衙門嗎?!

於是我便想到當年負責處理我們右派的人事處主任宋殿賓來。聽母親說他因為愛人出身地主，在文革中受過很大衝擊，坐過牢，掃過廁所，有過與我們相似的經歷，興許他會良心發現，現在會作出與當年完全不同的處理。

於是我再次回到重大，在學校傳達室詢問宋殿賓的住所。那門房告訴我，他在文革時離開了學校，現在在楊家坪的市衛生學校任黨委書記。我要尋找的當事人還沒有「官復原職」。

但是，我既又一次來重大，總不能白跑一趟。按照守門人的指點，在大校門右方的一排兩層樓住宅中，找到老校長金錫如的家。

學生時代，除全校性大會上在主席臺上見過他，後來在一九五九年的五一節，在南桐叢林小學聽他宣講摘帽政策外，我還從沒對他進行任何私人拜訪。

此次來訪又沒預先通知他，似乎很唐突。心裡準備好了見面怎麼開口，便登上了那排房子二樓樓梯。

他的房門虛掩著，我輕輕地扣了一下門，不一會兒，從右側的臥室裡面走出一個背略微駝，個子高高的，大約七十歲左右的老人。他見到我便問道：「找誰？」我從他沙啞的北方口音和長形的臉上喚起了當年的回憶，這便是中國著名的動力專家，名噪中外的金錫如了。

只是我不相信堂堂大學校長住得如此簡陋，家裡也沒有一個負責通報的保姆或秘書，疑惑地向他問道：「金校長在家嗎？」他取下眼鏡，仔細端詳了我好一陣才回答道：「我就是，你找我有什麼事麼？」看得出他正竭力回憶面前站著的我，只是相隔二十多年，加上他年事已高，在數以萬計的學生中，一時無法搜索到我這倒楣學生的影子。

我向他鞠了一躬，自報了姓名後，便跨進了客廳。客廳的面積大約十來平方公尺，靠窗的平櫃上堆著厚部頭精裝書，放得很亂，好像主人剛剛查閱過資料，沒來得及收拾。兩張單人沙發中間隔著一個茶几已經很舊，茶几上堆著紙筆，零亂放著。牆上掛著的幾幅對聯上滿佈了灰塵，兩扇通臥室的門關閉著，裡屋靜悄悄的，不知道住著多少人。

當我在沙發上落坐，開門見山的將我的經歷和來意講出後，他的臉上顯得十分礙難，恐怕像落實政策這一類問題，在我之前還沒有人來打擾過他，因為這種事，實在與他毫無相干。

一九五九年他帶領學校到叢林煤礦「慰問」下放幹部工作組，僅僅是受黨委的指派，履行公務而已。今天事隔二十年，對於當年反右和現在的平反，他恐怕很少過問，對突如其來我的造訪，簡直不知所措。

聽完我的自述，立刻回答道：「啊！我已退休多年，對學校和行政方面的事，已完全脫勾了，據我所知，你的問題應當由重大落實政策辦公室解決的。」停頓幾秒後，他又說道：「關於你想找個合適的工作嘛，我現在正受民主同盟的委託，籌畫在涼山地區辦一所職工大學，正需師資，你不妨再過半年與我聯繫。」

聽到他這話，我對他的善意指點表示感謝，但對他的推薦我已來不及考慮了。當我站起身來，突然從左面的那間臥室裡，傳來了一陣男孩哭聲。

他連忙去開那門，裡面的床上正睡著一個形體殘缺的，大約已有十七八歲的男孩。因患有先天性小兒痲痺，至今生活不能自理，原來這便是他最小的兒子，剛才因為睡著了將尿撒在床上，醒來不見「保姆」，而發出啼哭聲。他趕緊去替孩子更換衣褲和床單。

此時我才注意到，他的腰間紮著一條圍腰，好像正忙碌著家務。不好過多糾纏他，便起身告辭。

看到這位聞名中外的老教授，堂堂重慶大學的老校長現狀如此，便知道十幾年文革將知識份子怎樣作賤。不過，此時顯然不是細說詳談的時候，匆匆告辭，結束了第一次也是最後一次的拜訪……

走出金校長的「家」，看表已是十一點半鐘，走出校門，在門口的麵攤上吃了一碗抄手，想到此時去拜望當年的系主任錢企范正合時宜。記得一九五七年校園裡鳴放剛剛開始，我曾為了勸止馬開先離校而陪她一起去過他家。當時他住在後校門松林坡的專家別墅裡，而今二十三年過去了，他是否還住在原處？便去門房詢問傳達室的值班人員，他們告訴我，他現在住在濱江馬路的家屬區。

在一幢底層低出馬路的四層樓房裡，我終於找到了他的家。

我想從松林坡的別墅搬到這裡來，一定是文革的「功勞」，只是不知道當年他受了怎樣的衝擊？

沿著濱江馬路，在一處石梯下面走到底樓，叩響一扇木門後，出來開門的是一位五十歲上下的婦女，她在門口攔住了我說：「錢老師正在午休，沒有要緊的事最好不要打擾他，你有什麼事嗎？」她打量著我。

我猜想，她一定是錢夫人了。於是我說：「我是錢主任五十年代的學生，自我離校後二十多年沒有回過母校，今天因為路過重慶，特地來探望他的。」

她聽說後，將我讓進了門裡。這是一間大約只有八平方公尺的小書房，那窗子正好開在馬路的下面，這同當年他那個松林坡別墅的小會客廳實在無法相比。

屋子裡面，書櫃已將小書房占去了一大半。臨窗下面，安放了一個課桌和一張靠背椅，使人感到了主人的清苦。桌上的檯燈，桌面玻璃下面的許多舊照片，都使人想像出魯迅筆下的三味書屋。

那玻璃上已經覆蓋了一層薄薄的灰塵，想來是河風將窗子上方馬路上的灰塵，隨意撒在上面的。

女主人等我坐定，才告訴我：「錢老師因患腦血栓多年，記憶已完全喪失，現在行動不便，基本上像一個癡人。所以，一般情況下我們都拒絕想會見他的人。」

聽到她這個介紹，我又環顧了一下這間狹

小簡陋的小書房，想開口向女主人發問，他們是什麼時候從松林坡搬到這兒來的？但馬上轉念一想，這肯定又是主人一段辛酸的經歷，何苦去勾起她對不愉快往事的回憶呢？

正在此時，裡屋的門打開了，一個一頭花髮的老人扭曲著身子，拄著拐杖，趔趄的出現在門檻上。女主人見到他，趕緊跑過去將他扶住，我也沒有顧及自己作客的身分，走過去幫著她將他扶上裡屋的木床上坐好。

此時，我才注意看這位當年風采綽約的錢主任，而今枯槁的臉比那金校長還要瘦老。他正用手死勁地比劃著，好像竭力想說出積鬱在心裡的話，卻始終不能說出口來，臉因激動而歪斜發紅，看到這淒慘的形狀我好不難受。

問到了張可治老師，他可是當年與黃錫凱先生齊名的中國著名機械理論家、重大機械系的臺柱子教師。不料，女主人卻告訴我一段想都想不到的往事：

文革期間，有一天下午，機械系的幾十個學生，將他帶到團結廣場升旗台後面，那片高出地面兩公尺的草坪上開批鬥會。大家在七嘴八舌以後，幾個惡作劇的學生便強迫他爬在地上學狗叫！還拿著一條教鞭，命令他學狗在草地上爬著轉圈子。

圍觀學生嘻嘻哈哈，忽然一個學生說他屁股翹得太高，是翹尾巴，不問清紅皂白，一記耳光，將他那六百度的近視眼鏡打落在地上。

可憐這張教授教書把眼睛弄成了高度近視，眼鏡一被打掉他便成了「瞎子」，急得他爬在地上滿地的摸，團團轉，越發逗得圍鬥他的學生們哈哈大笑。

此時天已黑下來了，張老師的眼鏡也不知被誰藏到哪裡去了，他還在那草地上一味瞎摸。圍觀的學生卻一哄而散去食堂吃飯了，只留這睜眼瞎子還在那裡亂爬亂摸。不知不覺他爬到了那草坪台的邊上，從那兩公尺高的崖邊，一失足，頭朝下跌了下去，當即一命嗚呼！

文革時我早已離校，對文革中校園裡種種暴行，雖有所耳聞，卻沒有親自體會過。

今天，我本意想會往日的師長們，為我指點求職的門路。沒想到，卻從他們身上上了文革一課。親身經歷文革浩劫的錢教授，剛才表現出的想說又不能說的那份痛楚，不知寫下來沒有？有多少人像季羨林寫牛棚雜記的回憶錄？現在他只能仰著花白的頭仰天向蒼天傾訴了。

當我拜別錢老師，走在通往後校門那濱江馬路上時，我再次回想起當年我在這裡徘徊的情景。帶著幾重傷感重遊故地，很想見見久違的故友，尋訪一下當年在叢林煤礦一起共渡右派煎熬的同學。

便折轉身來向著民主湖方向走去，因為我聽說，當年從廣元壩生還的右派，現住在我們求學時的男生第二宿舍。

當我走近這座已破舊的「學生宿舍」時，那熟悉的門窗再次喚起了我二十三年前的追憶。故地重遊如像惡夢，彷彿又聽見那窗戶裡面傳出的口號聲，夾雜著隱隱哭泣聲。我用力揉了揉自己的耳朵和眼睛，看得分明，那窗戶裡此時飄出來的是一縷縷白色的蒸氣。

大樓的側門，當年宿舍朱紅漆門已變成黑色，兩頭上樓的樓梯被亂七八糟的桌椅雜物堆滿封死。只是過道依舊，從打開的門裡望去，原先每間只有十二平方公尺的房間，隔牆已被拆掉，現在變成了二十多平方公尺的大房間，改作了住家戶。

走進樓來，見過道上排著一式的爐子，過道中間放著盛餿水的桶，餿水的酸臭與爐中溢出的煤氣相混合，令人特感難受。這裡成了二十三年後，保下自己一條命，獲平反回校的當年右派同學的家。

我在中間的樓梯口上，碰到的第一個當年難友，便是當時地質系四年級的王智山，因為他是調幹帶薪讀書的學生，是當年我們這七十幾名極右學生中年紀最大的一個，今天他已五十多歲了。

一九六〇年春天至今已整二十年，當年赴南桐一起勞改的七十六名「右派」至今剩下生還的不到二十人。

這二十年的煉獄對任何人都是「脫胎換骨」的，何況這張不經老的臉皮？如果這些分別了二十年，當年共患難的同學乍然相逢於路上，肯定會被當作不相識的路人而失之交臂。

幸好在這裡，在一個明知故友的故地，所以即便是臉皮已皺成了疙瘩，但只要框架尚能識別，一定還會驚詫的認出來。

此時他正從過道中間的的樓梯口上走下來。手裡拿著布袋，看樣子是要上街去買米，當我們面對面相碰，目光相接良久，他的眼裡便泛出了驚詫的光，失聲喊道：「孔……孔令平，」接著便緊緊握我的手，拉著我重新上樓，將我「迎」進了他的「家」。

過道裡的煤氣，使「家」的環境很糟，但無論如何這「窩」比起南桐煤礦或廣元壩的集中營來，便有天壤之別。這裡至少可以自炊自煮，有一個妻子廝守，在身心困乏的時候，可以休養補充。

王智山的愛人看上去挺老實，像北方的中年農婦。我在他那間二十平方公尺的房間裡入坐，沒多問這些年來的生活和工作，卻先談當年在叢林煤礦一起渡過的拉板板車，運坑木、燒焦炭，偷地瓜的令人心酸往事，因為那雖然苦不堪言，卻是烙在我們心上共同的傷痕，這些傷痕是無法褪去的。

他告訴我六〇年我被捕入獄後，叢林溝所剩下的右派師生除少數的回校復學，其餘留下繼續改造的四十多人被押往廣元壩農場，在那裡繼續充當名義上不叫勞改的勞改犯。

集中在廣元壩的幾個老師因抗不住飢餓和高強度勞動，先後死在那裡。所以到了一九七八年原先七十六個發配南桐的師生，只剩下二十多人出了鬼門關。

我從王智山家裡出來後，又去隔壁的江明

遠家和附近的王澤庸家。

在江明遠家，正巧陳興國跑來了，這陳興國是當年「楊治邦投敵叛國」案的檢舉人，在當時的「右派」圈子裡，留下了「出賣」同學的惡名，不久前楊治邦投敵叛國案得到平反。使我立即聯想到因吃毒蕈死於甘洛的楊治邦，便把他的故事講給他們聽。

一九五七年的「右派」無論從素質，政治見解，都是一些被毛澤東生拉活扯充作階級鬥爭的犧牲品。根本不存在、更談不上同共產黨「平分天下，輪流坐樁」了。所謂有組織有計劃有綱領的向黨進攻，全是毛澤東的揑造。

當年被劃為右派的人，充其量對中共的霸道進行了批評，絕大部份對中共存有幻想，在這個「群體」中，經過共產黨煉獄後才開始分化，相當部份人拋棄了幻想，堅決反對毛澤東獨裁，成為民主的自覺追隨者，其中最優秀的人物，在反抗暴力鬥爭中光榮獻身，例如陳力、張錫錕和劉順森，是我們的驕傲。

當大家七嘴八舌談到雷繼堯的時候，講到他在叢林甘當王懷壽的耳目時，大家發出一片噓聲，連陳興國都指責他幹的缺德事。十八年後，他因在教職工中非法集資第二次進了監獄。算老天長眼給他應有的惡報。

以求職為目的，我第二次回重大，對老校長、老系主任、老右派同學的拜訪，雖沒有解決我當時的問題，卻意外聽到文革中社會上和學校發生的真情實況。

第六節：政治需要

母親為了擺脫蔡家場這被人踐踏的處境，爭取按中共檔所規定的條款重回托兒所。八零年元旦剛過，她便親自去北碚將她準備了好久的「禮物」，送到北碚托兒所去。

這天我見她一個人坐在屋裡一聲不吭。便問她是不是生病了，她搖搖頭，老半天才嘆氣告訴我上午去托兒所的經過。

蠻不講理，毫無同情心的托兒所領導，以母親年齡大，即將退休為理由斷然拒絕了她的請求。她辛辛苦苦製作的教具和伏燈寫成的教材被拒收。

當年劃母親為右派的時候，就因為她生性倔強，雖身受歧視，但對無德無才的團支部書記卻常流露看不起的情緒。今天又不屑於逢迎拍馬，不善於走後門，教育局的「領導」無視她的正當請求。

小小一個區教育局，和它管轄下的托兒所，便是當時社會的縮影，當官的絕不會根據母親製作的幾件玩具和撰寫的幾本教材，在工作條件、生活起居、住房、待遇等等方面按中共平反冤案的規定，給她起碼的安置。

這事發生後不幾天，臨近春節的一天上午，醫院黨支書王光明，走到我住的那房裡來，向我說：「有兩個教育局的人在我的辦公室裡找你談一件事。」我心裡很詫異、區教育局與我素無關係，我既不認識它的任何職工，也沒想過要找他們談母親的事，他們找我又幹什麼呢？

進入王光明的辦公室，我見裡面坐著兩個人，一個瘦瘦的大約五十開外，另一個大約只有二十多歲的年輕人，兩人等我坐好後，那位老頭開門見山的說：「你已經回來四個月了，統戰部已將重慶法院和重慶大學對你的平反材料給我們寄來了，我們今天是代表區委專門來對你的工作進行落實的。」

他一面自我介紹道：「我叫羅士進，是區教育局的政工股幹部。」

此時，我心裡已經完全明白，聽那姓羅的叨叨不絕的講教育與四化關係的大道理，頌揚教師是人類靈魂的工程師，當老師是一件光榮的職業等等後。最後說出教育局的人事決定：將我安排到二十四中當教師。

他說：「你的母親經過了這麼多年的冤屈，好不容易將你盼回來了，你回到北碚蔡家場同母親團聚，體現了黨的人道主義關懷。這也是你們母子倆期盼了好多年的，我們根據區委統戰部的意見，周密考慮後才做出這個決定的。」

聽他左一個「照顧」，右一個「團聚」，使人肉麻，我本想就母親的落實政策，要去教育局找他們的，沒想到他們自己跑上門來，這些人一肚子壞水，母親在這裡受了二十年折磨還不夠，現在打起我的主意來了。

「我的母親花了那麼長時間製作了幼兒的教具，編寫了你們正緊缺的幼兒教材，跑到教育局來向你們苦口婆心講情，要求你們能按政策規定，調回教育局；再說她現在年事已高，這蔡家場交通極不方便，這個醫院員工長期欺侮她。

你們不但不考慮有關規定，也不顧及她的困難，反而以她將退休而拒絕她的要求。現在你又跑到這裡來，貓哭耗子，想把我們母子倆永遠栓在這偏僻的鄉鎮上。我老實告訴你，這個二十四中我是不會去的！」

我一口氣把對方的真實意圖當場戳穿，好像出了一口惡氣。

當面戳穿了假面具，來人自己也覺欺人太盛，心裡歉疚，屋子裡暫時沈默了。正在這個時候，母親從外面走進來。

那羅士進畢竟是政工幹部，明知自己虧了理，滿臉堆笑的向母親說：「你和兒子，受了不少委屈，我們都理解，但是托兒所安置你也有相當困難，現在住房是所有安置單位最感緊張的事，他們不想本單位多一個快退休的人。落實政策中你們有氣，還可以向我們身上出，我們又去向誰發洩？這都是四人幫造成的，所以大家還要本著向前看的精神，才能解決問題。」

我望著他，知道他不過是奉命辦事的辦事人員，我也沒有必要找他出氣。沈默片刻，他便向母親說：「你老人家還是勸勸你的兒子，總不能老是賭氣。再說，拒絕區委的安排，老是呆在家裡不工作，也對你們沒有好處。如果你兒子現在願意到二十四中報到，我建議工資可以從一月份開始拿。現在中學就差這樣的受過正規教育的大學生。至於你對這樣落實還有意見，可以通過組織方式再行調整。」

我們送走了羅士進後，回到母親的寢室。我再次望著放在母親床前那一紙箱的兒童教具出神，母親從事了一輩子的教育工作，想不到我們母子到了今天這個時候，還要為自己的工作而焦慮。

老秦

第二天，正巧來了一個病人，上到二樓來，口稱是來找母親的。看他滿臉的鬍鬚，頭髮蓬亂，精神非常憔悴，身上穿一件灰色打補丁的棉衣，很髒。母親很客氣的接待了他，一面向我介紹這個「病人」的歷史和遭遇，這是一個同母親有過相似命運，共過患難的蔡家「黑五類」成員。

他姓秦，二十三年前，同母親曾經一起在北碚煉鐵廠接受「強制勞動改造」，那時他才二十多歲，原藉是蔡家地區土生土長的人。

一九五七年曾是北碚區農貿公司的一個「幹部」，就因出身地主、口風不慎，反右時被扣上沒改造好的地主子女和右派雙重帽子，同母親遭遇相似，凡倒楣事都有他的份：運動一來，當「主席」，運動一過，便充作廉價勞動力。

北碚鐵廠解散後，他先於母親調到蔡家供銷社，接受「監督勞動」，當搬運工。

一九七一年，他在表兄幫助下，討了一個家住鎮供銷社不遠，蔡家的殘廢農村姑娘為妻。因為他必須一大早起來為供銷社下苦力，下午又匆匆在下班後趕回家忙自留地，實在受不了，便主動放棄了「公職」回家當「農民」。

他今年五十多歲，看上去已是六十多歲的老頭，常常傷心的說：「每天在地裡勞動，分不清灑在地裡是汗水還是淚水，要不是看在兩個孩子這麼小，我真想一死百了。」

風裡雨裡掙扎到今天，除一個茅草屋，連床好棉絮都沒有，兩個孩子大的只有七歲，沒錢上學輟學在家，打一點豬草，小的才五歲。妻子是一個殘疾人，除了餵豬便什麼都不能做。那個年代農民的日子比搬運工還苦，家裡靠他一人賺的工分，不夠四口人的基本口糧，平時開支是拿不出一分錢的。

一九七八年好不容易他盼到了平反的那一天。不料他除了得到供銷社給他一紙「糾正右派」的通知書外，公職卻沒有恢復，也沒有工作和工資，於是他拿著文件跑重慶市委、跑四川省委，像乞丐一樣排在長長上訪的隊伍中。

時間花了兩年，除了跑路給他留下幾千元車費的借債，給他頭髮增加幾處斑白外，一無所獲。

中共北碚區委統戰部冷冷的回答他：「當年你是自願離職的，而不是組織上開除了你的工職，所以不存在恢復工職的問題。」

供銷社的黨委書記翻著白眼對他說：「你自己要辭職，我們有組織規定，如果你硬要求恢復原來的工作，那我們就只好請示上級怎麼處理吧？」從此以後，他要再上訪，都只得一個簡單的回答：「回去等著吧！」

時間就在漫長的等待中過了一年又一年，眼看兩個孩子因窮無法上學，妻病不得治療，除我的母親在他來醫院看病時給他一點接濟，很少有人理他。

母親對我說：「只要你用心觀察，他那形象就像油畫『受難者』中將頭伸向蒼天的老農。看到他的遭遇，想到世上比我們更慘的人大有人在，我就感到已沒有什麼可求的了。」

老秦的到來和離去，對我產生很大的震動，全國處處一樣，到處都會碰到這些落難者，所有獲得平反的人，都吃盡毛澤東的苦果。既然平反是自上而下的一種施捨，有它的政治目的。落實到具體的人，工作也好，待遇也好，豈會超出共產黨的恩賜？也不會讓受害者擺脫當奴隸的命。

老秦走後，母親勸我說：「我看，你就不要固執了，他們是什麼都做得出來的，就像收拾那姓秦的那樣收拾你。橫加一個抗拒組織安排的帽子，事情就麻煩了。」

接連幾天，我心裡被落實工作的煩惱攪成一團亂麻，壓抑的心情需要釋放，便將自己關在我所住的那間病房裡，從牆上取下那把從鹽源帶回來的二胡，獨奏起來。

空山鳥語，空山鳥語，我可是連小鳥也比不上啊。在中共天下裡，我們只是一群關在籠中的小鳥而已……

正在這時，護士小陳在我窗下喊道：「快去糧店領過年的花生和糯米。」這提醒我，回重慶的第一個春節悄然而至了。

第三章：一段教書的日子

按照中國民俗，臘月二十九是祭祖的日子，明天就是這個日子。不過，文革時期，民俗被誣為封建殘餘而一掃光了。今天，母親同宿舍的人都已回家過年，整個樓裡冷清清的，只剩下幾個病人和我們娘倆，儘管比在獄中好，但仍感到孤伶伶的，心中正懷念死去的親人，中午胡媽來了。

小妹仍像上次那樣，提著竹籃跟在她的後面。見面以後，媽媽像待孩子那樣，忙拉著小妹給壓歲錢，一邊問：弟弟怎麼沒有來？

胡媽回答說，「他們的爹還沒到家，范山去火車站接人去了，抽這個時間，把給你們留的過年貨送過來。」

說著，從小妹手裡接過籃子，取出準備好了的臘肉和湯圓麵，並說，「明晚團年飯，乾脆你們娘倆到我家，同老頭子一塊吃。」母親答應，倘如鍾老也回來了，我們初三來鄉下，母女倆便告辭回家。

第一節：走人戶

第二天除夕，鍾治淵沒有回來，因為我和

母親在四川沒有其他親人，所以就把范家當作自己的家。按民俗我和媽媽初三去了范家。

這患難結下的乾親家，住在蓮花大隊中部一個土山崗上，距醫院兩里地。在山岡的埡口，泥牆圍成的瓦房群裡半隱在竹林之中。門外是一口大約兩畝多地的池塘。我想，范山姊妹倆為母親送來的小魚，多半就出在這池塘裡了。

當我和母親在山埡口露頭時，范大叔正在房邊的自留地裡辦菜，看到我們走來，連忙向院子裡喊道：「山，乾媽來了！」胡媽聞聲從圍牆的門裡走了出來，她栓著圍腰，正在餵豬。我看見她走到門邊的剎那，小妹緊跟在她身後，但她並沒有跟著母親走出門來，而是閃了一下又縮了回去。

我們走上埡口，范大叔迎著我們走來，當我們走近他，伸出手去的時候，他侷促地搓了搓滿手的污泥，口裡歎聲的說道：「髒！髒！」這是一個身體結實的老人，雖年過花甲，但那矯健的步履頂有精神。

聽母親說他因為「解放」前當過一貫道點傳師，所以「解放」後不久就被抓起來判了五年刑。刑滿後一直留在勞改隊，監獄把他的耳朵弄聾了，平時不大與人交談。至今二十多年過去了，他依然是一個「刑滿釋放犯」。可是從他那樸實憨厚的老農型臉上，實在無法同中共宣傳中，對「一貫害人道」所宣傳的陰險狡詐嘴臉聯繫起來。

我和母親在胡媽和范大叔的陪同下，跨進門檻，一股農村特有的豬餿酸臭撲鼻而來，門裡的左面豬圈裡睡著兩個剛剛從集市買回來的仔豬。

胡媽走進裡屋，忙著洗手，並從碗櫃裡取出早已準備好的湯圓麵，和芝麻花生拌的「芯子」，放在臨窗的木桌上搓著湯圓。這屋子既是他們的灶房也是他們的飯堂，柴火就占了整個房間的四分之一，灶邊堆著從後山坡竹林撿回來的竹葉，鄉下人的節儉，恐怕世界其他國家都少有。

小妹忙著將堆在裡院的柴火撿了幾根進來，用柴刀劈開，然後劃上火柴將已經放進爐膛裡的亂葉敗草點燃，並且向灶上的鐵鍋裡摻水。做完這些便坐在柴灶口外的小凳上，給爐膛裡不斷的添加那些樹葉。

我突然從那爐膛裡射出來的紅紅火光中，看到她那張充滿青春少女的臉，那是一張很美的臉。

不一會鐵鍋裡的水燒開了，胡媽將搓好的湯圓下鍋時，媽媽連忙招手說：「剛吃了早飯不久，就不要煮那麼多了。」胡媽笑道：「過去你到我這裡來，我也沒東西招待你。今天，我們櫃子裡有的是糧食，哥哥今天又是第一次到我們鄉下作客，你們都不要見外，今天這湯圓一定要吃夠。」說著取過一個大碗將已經浮起來的湯圓舀了一大碗，吩咐小妹遞給我。

我連忙起身道謝，一邊說：「我哪吃得了這麼多啊！」范大叔卻笑道：「鄉下人沒什麼招待你們的，湯圓吃夠，你不要見外。」說著自己拿起一個大碗滿盛了一碗，坐在我對面與我對吃起來。

這可是二十三年來頭一次，范大叔的直率和真誠，胡媽的熱情，小妹略帶羞澀的拘謹，都濃濃洋溢著農家的天倫之樂，讓我和母親溶化在中間，分享他們的快樂。

我們邊吃邊聊，話題當然是「昔不如今」，這可不是共產黨報紙上像宣傳「舊中國」那樣，向老百姓「灌輸」的，實在因為昨天的飢餓在農民心中留下的傷痕太深，所以自然而然的談昔今對比。

胡媽指著廂房裡的兩個用竹席圍成的糧囤，告訴我，去年一年土地包產到戶以後，三個人的土地足足收了四千斤糧食，幾乎是過去公社集體生產時所分得口糧的三倍多。她說到這些不禁嘆了一口氣說：「過去哪裡是人過的日子？今後希望政策不要再像過去那樣，農村人有口飽飯吃就知足了。」

說到范大叔的工資，都花到范萍姐弟倆讀書上了，經濟上很緊。她說：「我就因為沒有讀過書，所以臉朝黃土背朝天的過了一輩子。城裡人不種莊稼照樣有口糧吃，鄉里人累死累活種地，只圖填飽肚子，這吃虧就因為沒文化。所以，今天我們把家庭所有收入都花在兩個娃娃讀書上了。」

說到這裡她又千叮萬囑的嘮叨開了：「哥呀！你是大學生，你的文化了不起呀！范萍是你妹妹，正在二十四中初中三年級，明年升高中，正在關鍵時刻，今後呀，就拜託你多多費心幫助她，讓她初中畢業，無論如何也考個中師什麼的；有個出頭的日子，不要像她娘那樣，當一輩子睜眼瞎，守一輩子窮山溝……」

吃罷午飯後，母親提議，胡媽和小妹同我們一道去作坊溝，向當年救助過她的老朋友拜年。

母親介紹說，這作坊溝在二十年前是蔡家場「赤腳醫生」點，蔡家醫院成立之初，便將這裡暫作臨時的門診室，為解決吃水困難，醫院院長決定自己打井，當時母親剛從北碚來這裡接受醫院的監督改造。

醫院給她的工作，除當時全院誰都不願幹的清潔工：燒鍋爐、消毒、打掃院內院外，一天下來已累得精疲力竭，晚上還要強迫她加班掘井。給她每天劃定的加班任務不完成不准睡覺。

強迫勞役很快摧垮了她本來十分虛弱的身體。時值隆冬，我的弟弟在黃桷坪電力學校讀書沒回來。有一天大清早，住在附近的田大媽起來打水煮早飯，就看見打霜的地裡，打井工地上躺著一個人。

她忙走過去一看，認得是醫院的那個最受人欺侮的方老太婆，見她躺在那冰凍土地上已不省人事，奄奄一息，便高聲呼喚她的大兒子，趕快把母親背到她家裡的床上。

田大伯連忙把屋中間的火盆加了一個樹疙瘩，燒了一盅薑湯，一邊用火暖和她凍僵的身體，用薑湯灌進她的嘴裡。好一會兒，母親才慢慢醒過來。

母親暈倒在井邊的事已過去十五年了，從那時留下了善根。

後來母親每提此事，都誇田大伯大媽的為人，說：「要不是田家老兩口，她恐怕就凍死在作坊溝的打井工地上了。」從此，母親就認了這個異姓「姐姐」。凡是過年過節，一有機會她都要到這裡來作客、拜謝恩人。

今天是第一次帶著我給田家拜年來了。

田家的宅院，四周用葡萄架和竹條圍起來一片土壩子，乾打壘土築牆，瓦房後面是一片茂盛的竹林。當我們一行四人從馬路上走到那通向院子的田坎時，一隻小黃狗汪汪的向主人報了信。

屋裡的主人，一位花白頭髮，大約六十多歲的大娘走了出來，一見是我們，飛快地迎上來，一把拉著媽媽的雙手連連的喊「拜年！拜年！」聽母親說她比母親大兩歲，但那矯健的動作顯得比母親年輕。

這一天天氣晴朗，葡萄老藤上已開始有了芽苞，我深深吸著田園新鮮的空氣。母親從提包裡取出了兩件衣服來，這是她在蔡家百貨店，專門給田大伯大娘買的過年禮。

我們圍坐在葡萄架下，大媽打開話匣，叨叨述著往事：

她說：「當時醫院那個叫劉巴的多次向我說，方堅志是壞人，貧下中農不要被她的表面可憐樣所蒙蔽。可我告訴她說：『你們年輕人還是積點德，你們也是要老的，欺侮一個孤苦伶仃的老人要不得。』後來那女人還向我們大隊書記說我同情右派，書記問我，我卻回答他：『他們也講個天地良心！那老方平時又沒招誰惹誰，憑什麼欺侮人家？』」

親人相聚，無話不說，看看太陽西斜，我們起身告辭，結束了一整天「走人戶」之行。臨別時，田大伯囑我：「你媽那些年吃了不少苦，你今天回來了，一定要守在她身邊，不要像你弟弟，到今天也不知道哪裡去了。」

說到弟弟，當年從電力校畢業被下放農村，開始就在這裡落戶，至今田大伯的兒子還保存著弟弟當年使用過的農具，這麼十幾年了，弟弟下落不明，每提到他，母親都很傷心。

第二節：二十四中學

大年初五的上午，醫院開始上班，母親在掛號室裡剛剛打開掛號室小窗口，窗外站著一男一女兩個年輕人，他們向母親詢問道：「請問孔令平老師在嗎？」母親抬起頭來，詫異地盯著他倆；兩人面孔很熟悉，只是一時記不起是誰來。

心中暗自尋思；兒子到蔡家場才四個月，哪裡相識的年輕朋友？便發問道：「你們是哪個單位的，找孔令平有什麼事嗎？」那女青年回答道：「我們是二十四中的教師，今天奉校領導的委託，專門來找他商量工作的。」

我在王書記安排的「招待房」裡，接待了兩位二十四中的來客。來人主動自我介紹，男的叫李興全，女的叫韓澤紅，兩人都是數學教師，上學期放寒假之前，數學教研組組長周興在安排下一學期的課時分配時，發生了激烈的爭吵。

按教育局的「命令」，二十四中初中部增招了兩個班，卻沒有增派相應的教師。增加的課時，硬分攤到原有老師的頭上，當時老師們的課時負擔已大大超過規定，加上教師們的抵制，學校教務處只好用減少學生周課時的辦法來解決。

結果這事不知是哪位學生家長向區教育局反映了，二十四中的領導被狠狠批評了一頓。所以，從下學期開始，只有將所缺課的課時分攤給任課老師，數學老師每人平均每週增加了四個課時。

小韓老師哭喪著臉訴苦道：「經過這麼一

加，我每週就要承擔三十二課時的工作，也就是說，每天要在講臺上足足站五個課時以上，幾乎天天都要上聯堂課。在課堂上一站就是一上午，我們女同志最怕連站一上午，上學期我就發生過上了一上午課，走下講臺昏倒在教室門口的事。」

「算算看，每天上五小時的課，加上備課、改作業，每天都要保持十二小時的工作量。這哪裡是在教書，簡直在拼命！我們年輕人可不想早死，如果下學期真要強行加課，我就只有請長假一條路可走了。」

教研組長周興只好請何校長來解決。這何希廉因作風霸道，聞名蔡家地區，人稱活閻王。後來大概因為文革中被衝擊過，坐了九年「牛棚」，打掉了他的霸氣。四人幫被打倒，他官復了原職，總算領了些教訓，說話做事收斂些。

當周興把他請進數學教研室時，他滿臉堆笑，帶著他多年難改的奸笑向大家說：「大家的辛苦我是知道的。對我校缺乏數學老師的事，我向區教育局多次反映了，但現在教師正缺，教育局也苦於無人，加課時的事，實在希望大家能諒解。」

說到這裡他瞇著眼睛，帶著討好的口氣說：「不過，最近教育局告訴我，一個家在蔡家場的落實政策人員，原來是重慶大學的學生，一九五七年被劃為右派，現在正等落實政策，就在蔡家場，他母親在蔡家醫院，你們都認得。如果你們哪一個能把他說來頂你們的數學課，那麼，我就答應：誰說服他就減少誰周課時五小時，你們看怎麼樣？」

被超課時工作量壓得喘不過氣來的老師，誰不想有人來分擔一下過重的負擔？何希廉今天把招人進校，用減少課程的條件交給了任課的老師。

何校長反右時整過不少的老師，被整的老師心有隱痛，現在，凡是他出面去請老教師，都會以年事已高相拒絕，迫使他想出用老師去請老師的絕招。

兩個年輕人也清楚，但無奈事已至此，經過全教研室討論，便公推了兩個年輕人到醫院來試探一下。

我聽了他們講的故事，兩個年輕人眼睛裡那請求援助的眼神，馬上聯想起重大一行時，那錢主任的愛人所講的故事，想到被毛澤東摧殘的臭老九可憐狀態，也想到那些同樣被害的驕橫一時，一無所學的年輕孩子們的可悲。我可以置當局的硬派軟騙於不屑一顧，但我卻不能無視這些被害師生的請求。

想到這些天來，母親的勸告，心中一直被攪得很煩。當然教師也是一個神聖的工作，只因為這些年累受摧殘，地位低微，待遇菲薄，才無人問津。

為使我的生活儘快走上正規，結束目前這種心神不定狀態，我還有許多事要做，不能老在謀職上空費時間。

既如此，不妨去二十四中當一段時間老師，在我熟悉情況後，再另作他圖，於是我爽快地答應了兩個年輕人的請求。

小韓老師把眼睛睜得大大的，教育局都無能為力的事，他倆竟沒有花上十分鐘就輕而易舉的敲定了。感到最沉重的工作壓力一下子便得到了減輕，連連向我表示感謝。我把他倆送出醫院的大門時，他們一再的和我握手道別，李興全還叮囑我，生怕我變卦。

第二天他們又高高興興地給我拜年來了，這一次他們從自己的書包裡取出了一包兩斤重的白糖說：「學校領導委託他倆給我拜個晚年，這白糖是學校春節發給全校教職員工每人一份的過年貨。」說著又從書包裡取出一本高中一年級的數學教科書，和一本數學參考資料以及兩個備課本、一支鋼筆。

周興正等著消息，一聽說我已經答應任課，當即便安排了工作。

由於我初上講臺，還有一個熟悉過程，暫時把高中一年級一、二班的數學課交給了我，周課時總共十六節。我申明：「我沒有上過課，怕不能勝任。」

李興全卻說：「你別謙虛了，像你們這樣五十年代的本科生，現在正緊缺著呢！怎麼說你比那些文革期間鬼混出來的師範生，強上百倍。」

我就這樣，在脫離了數學課本二十五年之久，因流放而荒廢了二十三年學業的老學生，未經師資培訓，出獄後一步就跨上了「高級中學」的講臺上。

好在，我在中學求學中數學和物理基礎很扎實，加上在鹽源時，為郭川小的兩個小子補習功課，尤其是我對工作一貫很強的責任心，不會「誤人子弟」，把教書當作只拿薪水的手段。

下午范小妹和弟弟來了，提著的菜籃子裡裝著一籃子雞蛋，那是胡媽平時積攢下來的。

當她聽到我要去二十四中教數學時，高興極了，當下就跑回家將書包提來，她已初中三年級了，她說：「數學和物理從沒聽懂過，一上課，課堂裡亂哄哄的，大家各講各的話，老師也不干涉。老師是頂班的，恐怕連他自己也沒搞懂，講起來讓大家坐飛機，眼看初中就要畢業，這麼下去，還能學到什麼呢？」

經她這麼一講，我想起每次胡媽的囑託，便答應專門為她從初一的課程開始補習，這樣我也好熟悉整個初中的數學和物理教材。從那天開始，她每天都帶著書包和一顆渴求知識的心，到我所住的病房裡同我一起做作業。

學校開學前兩天，按校方通知，我去二十四中報到，行政辦公室的總務主任辦理了我的入校手續，並在靠學校北端的松林坡教師宿舍裡，給我安排了一個單人房間。

第二天，我便正式搬到了二十四中學的教員宿舍。在邊僻蔡家場，有了一個可以遮風避雨的安息窩。

雖說地處邊僻，但校園卻是滿不錯的，足足有五萬平方公尺的校區被濃濃的綠茵覆蓋，周圍被農田所包圍，東面臨著一個高聳的懸岩，山下便是從北碚通往重慶的公路。

一幢四層的教學行政辦公樓位於中央，兩幢三層的教師宿舍樓分別位於南北兩側，掩藏在叢林中，加上學校前方大約八千平方公尺的操場，整個學校相當大，抗戰時期，這兒原是國民黨駐軍建立的一所軍需學校。

抗戰勝利後，國民政府就將這裡改成一所國立中學，取名戰國時期燕國的賢士樂毅。其中含寓著培育求賢的宗旨。真的，它的優美的環境自蓄著一種陶冶學生情操的魅力，那山林的氣息，又含著隱居求讀的氣氛，這真是一處難得的求學聖地。

可惜，這樣聖潔美麗的校園，卻被中共糟踏了。

在風雨吹打之下，早先軍校建築黃色的粉壁從泥牆上剝落，房樑被白蟻蛀空，連同泥牆倒塌成一堆堆廢墟，不知什麼時候建的教學樓，像無人管理，窗檻破損、桌椅殘缺。那片寬闊的操場上長滿了一人多深的茅草，好像一片荒蕪的草地無人清整，校舍中的石板通道上長滿了青苔。

走進教學大樓，二樓開始是初中的教室，一大群孩子在整個的教學樓裡狂奔亂吼，不時傳來玻璃被砸碎的響聲，和桌椅倒地發出的沉悶衝擊聲，令人心神不寧。上課的鈴聲響過後，大樓裡傳來的雜響仍沒有間斷，一直要等到十分鐘以後，走廊裡才漸漸的安靜下來。

我在第一天並沒有課，教研組的周興，建議我去聽一下高一年級三班的劉老師所上的數學課。

高一年級的教室基本上在三樓，那走廊上的秩序比二樓稍好一點，當我走進劉老師正在上課的四班教室時，頓時被亂哄哄的課堂弄得頭腦發脹。

只見那五十開外的劉老師在講臺上，聲嘶力竭的叫喊！不時的還在用手裡的教鞭，拍打著黑板，可是無濟於事。已經是十五、六歲的孩子，講話的講話，互相打鬧，調笑不停。有的往前面座位上的學生背上，貼上一張畫著烏龜的紙，引起後面學生的譁然大笑，還有兩個女生在合拍唱歌，這哪裡是課堂，簡直就是頑童的遊樂場。

我深深為講臺上上了年歲的劉老師感到難過，想他苦心備了一晚上的課，全給這些不懂事的少年踐踏了。

一堂課下來，劉老師的授課技巧我是一點沒學到，腦子裡卻想著，明天我上高一年級二班的課，第一個動作該是整頓這遊樂場般的課堂秩序。

晚上，當我想到白天所看到的亂哄哄的課堂秩序後，無心備課，便聚在李興全的宿舍裡，同隔壁幾位老師一起聊天，那話題從簡單的身世介紹開始，接觸到學校現狀，大家無不為紛亂的教學秩序而煩惱。

唯獨只有李宏老師，最無所謂。他是接他父親班來教化學的，他的父親曾在文革時被趕出校，最後死在憂鬱之中。他說，他決不會像父親那麼死心眼，上課時，學生不聽，乾脆便停下課來給他們講故事。

「反正學校的任務就是管著這些孩子不出校門，不到外面惹事就好！」他無所謂的說，只有對文革遺風無可奈何的人，才用這種自欺欺人的辦法對付學生，這倒合符統治者的要求，當然，這不是教書育人的態度。

在文革中這所學校並沒有逃掉厄運，原先一位資格最老的數學老師羅某，在一九六八年因忍受不了學生們的打罵，在王家大院裡懸樑自盡……

晚上十點鐘左右，聚在一起的老師們已散去，各回各的宿舍。我獨自走下樓來，心情極不舒暢。

自己冤獄半生幾乎喪命，在監中我自比奴隸，平反並未澄清是非，冤屈舊帳遠未了結。而今命運還操在他人手上。我對在這種邊遠學校，管束頑劣少年的差事，心中憤憤不平。想著想著，便獨自向那棵教學大樓門口最大的老槐樹走去。聽學生們說它已有百年歷史，是這裡百年變遷的見證人。

一邊走，腦海裡還在不斷湧現白天所看到鬧哄哄的課堂。聽那百年老樹在寒風中瑟瑟作響，似乎正在述說那漸漸遠去的故事。想到在獄中那麼苦的環境中，仍以讀書為樂事。那可真是：「舊書不厭百回讀，熟讀深思子自知。」

當年，為了保存一本書不被鷹犬搜去毀掉，我曾絞盡腦汁藏書於瓦礫、草垛，拼著命來保護那被當局蹂躪的知識。卻沒想到，生在如此優美環境下，如今的孩子們竟視知識為糞土，視讀書為蠢事，毛澤東你的罪惡滔天。

第三節：在課堂上

今天是我上課的第一天，為了建立良好的上課秩序，一上課堂便與全班同學約法三章：課堂上不許喧譁；不許看小說，做與本課無關的事；所發的作業必須完成。

這個班的四十名學生，果然被我特殊的上課風格和嚴肅態度所震懾，沒有出現我在劉老師課堂上所見到的喧嘩吵鬧，這使我相信孩子畢竟是可塑的，只要教師作風嚴厲，對事認真，沒有政治流氓的干擾，文革攪亂的學風仍是可以扭轉的。

怕只怕執政者的頑劣，視教育如敝屣，教育只當成粉飾社會一團糟的遮羞布，以此唬弄世界。用「教育興國」欺騙百姓，用改善教育環境和教師地位的空話來欺騙社會。今天只要看看教學設備的簡陋，教師素質的低下，教師地位的卑下，便知道中國教育事業今天難以康復。

上第二堂課，按照教學大綱上的安排，仍是複習初中的數學：解一元二次方程，按照寒假備課時準備的題目，寫在黑板上準備叫兩名學生上黑板來做，其餘的在黑板下面做，然後就黑板所做的訂正評講，指出常常容易錯解的地方。

於是我在點名冊上隨便點了一個叫周雲的學生，可連喊了兩遍卻沒有答應，我向教室裡環視了一下，發問道：「周雲同學來了嗎？」全班的人一齊把頭扭向了後面，那裡有人發出了頑皮的笑聲。

遲疑了好一陣，一個坐在最後排座位上，個頭高高的男生，滿不在乎的站了起來，既不答應，也不走上黑板。

這時，坐在第三排座位上的一個臉蛋圓圓的男生，傻裡傻氣的說道：「老師，他是啞巴！」課堂上頓時哄堂大笑！我聽出這笑聲中譁眾取寵的味道。厲聲的向他喝道：「我沒問你，你多嘴什麼？」

哄笑的課堂嘎然靜下來，那孩子沒料到這位剛來的老師竟當堂給了他一個沒趣，不甘示弱的向那站起來的男生嘻皮笑臉的吼道：「周二娃，你有本事不站起來！」這一挑逗，那周雲果然撲通一聲坐了下來，課堂上又是一陣笑聲。

沒想到這才第二堂課我便遇上了難堪，我看出那坐在第三排的圓臉孩子，一定是這個班的最有影響的調皮生，如若不堅決回擊這種公開挑釁，今後，我就休想在一個較為安靜的課堂上講課。於是毫不猶豫的喝令他站到講臺前面來，課堂的氣氛頓時又靜下來。

估計按過去的慣例，恐怕沒有老師對這調皮生的挑釁回擊過。那圓臉的孩子也許沒料到，這種在平時根本就不當一回事的「小玩笑」，會遭到如此嚴厲的制止。這種出乎意料的處置，他被怔住，乖乖的從座位上站了起來，態度雖然仍那樣傲慢，但畢竟不敢對抗，站到黑板跟前後，課堂又恢復了安靜。

課堂裡所有的孩子正在注視老師的態度，窺探老師的水平，這時會因處置不當掀起軒然大波。抓住這個肅穆兩分鐘的氣氛，我開口說道：「你們想過沒有，是誰讓你們在這裡讀書的麼？你們想過沒有，此時此刻，你們的爹媽正在面朝黃土背朝天的在地裡揮汗勞動嗎？他們省下了辛苦掙來的口糧，將賣豬、餵雞的錢，省吃儉用捨不得花，卻積攢起來給你們繳學費讓你們讀書，容易嗎？難道他們把你們送到這裡來，是讓你們在這裡上課做遊戲，頂撞老師，調皮搗蛋嗎？」

我停頓了一下，用眼睛掃過那站在黑板面前學生時，我看見了他臉上多少顯示出無可奈何的沮喪，我的態度在他身上發生了抑制作用。

於是接著說：「如果你們的家長同意你們到學校來鬼混，那我想，何必到學校來自尋約束呢？如果你們已不願讀書，你們完全可以不進課堂，在課堂外不是自由得多麼？何必坐在課堂上自討苦吃？」

課堂一片沈默，看樣子，我的話，至少給仍在懵懵懂懂的少年們一個思考。我堅信，如果我能恢復這些孩子們的理智，便能有效的整頓課堂秩序。

「如果你們不是到學校來鬼混的，還真想學到一點文化知識，今後也還有一點對生活的理想和追求，那麼，我還要告誡你們，古人說得好：『少壯不努力，老大徒傷悲。』你們不可以跟著那些混日子的人鬼混，你們還年輕，正是少壯時期，從現在起就抓緊時間還來得及，如果你們要荒廢自己的學業，到頭來會很後悔，不但辜負了你們的父母，也對不起自己的生命。」

我繼續的說下去，我注意到有人在用心的記著筆記，有的把眼睛盯著我，從他們眼神裡可以看到他們接受了我的話。

下課以後，我把兩個學生喊到辦公室裡，詢問了兩人情況。那圓臉的孩子叫楊福，他說他的家裡父母都是農民，周圍的親戚朋友中，除了有一個表哥考進大學外，其餘的沒有一個人是靠讀書混出個名堂的。

反而他的小叔和堂兄是從來沒有讀過書

的，但做生意發了財，還有一個叔伯長兄，幫人開汽車挺闊氣，也沒讀過書。所以他得出結論，讀書實在是傻瓜幹的事，與其有時間浪費在讀書上，不如去學做生意。這就是他的「人生經驗」。

當我問他：「那你又為什麼要來上學呢？」他說：「那是爸媽逼他的，像我們這樣的蹩腳學校，一學年下來，沒有一個考得上大學，最後還是回農村。」讀是這個命！不讀也是這個命！所以他便選擇了不讀書。

我實在沒有理由來反駁他，但我聽到了幾乎所有學生都這麼說！二十年後當我在一次偶然中，在北碚街上看到燈塔建築公司所打一則廣告，上面竟寫著：總經理楊福先生，我才好奇的打聽到，這當年的調皮蛋，竟然現在成了擁有千萬資金的建築老闆，並擁有兩處別墅和小轎車，這就是殘酷的生活。看來，在這個社會中，教師簡直是最沒有出息的職業。當我問到周雲時，他很直率地告訴我，除了他同意楊福的觀點外，他現在沒有值得擔憂的。他父親就是附近蠶種場場長，他早已安排了兒子的工作，說好了，中學畢業，就任蠶種場辦公室秘書兼小車司機，所以到學校來讀書，只是為了拿一個高中畢業文憑。

他說：「我會開車，現在最吃香的就是開車的。」他說的完全是實話，當時一個窮教書的，無論在收入和社會地位上，都無法同一個汽車司機相比。我這才明白，他所以在課堂上對我裝啞巴，是因為他根本就看不起講課的我。

在他的人生中根本就沒有求知、求理想這種想法，有幸於他父親的權位既給他的前途打了包票，他還有什麼「理想」可以追求呢？這種社會裡產生的特權階層，壓根就把教育當成一種裝飾。

他中學畢業後，我就一直沒有看見過他，但聽到學生們講到他在蠶種場開小車，而且，看見在他的小車上，經常有年輕的女孩子坐在上面與他打笑調情。

後來我在教育某些孩子時，他們會用周雲的例子反駁我說，「什麼讀書，前途光明，再用功也頂不上像周雲那樣有一個好父親。」

這使我無話回答。

嗚呼，中共提倡人為的階級劃分，因黑五類而受踐踏，因紅五類而成新貴，已現端倪矣。今天，出身好而平步青雲的「太子黨」，應運而生。看來，真正懵懂的不是這些孩子而是我了。

嗚呼！教育照這樣發展下去，社會豈不被徒有一張空文憑，實際上是文盲的群體所充塞？何況中共的老德性，吹牛撒謊已是習慣。只苦了「教育」這頭飽受摧殘的老牛，又套上了「四個現代化」的枷鎖，拖著「實用主義」這沉重的破車。

當世界的知識每年按等比級數在猛烈增長時，中國教育肯定也是「突飛猛進」增長。例如大學生每年增長的數量中，定會把相當大比例「文盲」「科盲」泡沫般充數。所以在中共專制主義領導下，振興教育是絕對的空話。

第四節：天下靠自己去爭

聽田大媽和胡德明向我介紹，在我還沒有回來之前，母親在這所醫院受夠了這所醫院品格下流的員工欺侮。這不僅是中共劃分五類實行「階級鬥爭」的結果，也是醜陋中國人最惡劣的品性——欺弱畏強。

我的母親個性並不軟弱，但她是一個多年從事教育，有相當涵養的人，怎能同滿口髒話，作風橫蠻的造反天棒相對？加上她多年失去兒子和親人，孤身一個老太婆，又怎經得起無產階級專政野蠻的壓力？所以，從旁人眼裡看，她是太軟弱太可憐了。

我剛回到她的身邊，因為我熟諳中共統治下的中國社會人性多有淪喪，弱肉強食這種動物低劣的品性尤為顯著。所以我常常滿身芒刺保護母親，醫院的下三濫們都畏我三分，母親在我的保護下才相安無事。就是那些對母親一貫欺侮的人也一改老態度，表面上至少是客客氣氣的。

去二十四上課之初，既要複習數學知識，寫教材，加上忙於整頓教學秩序，所以一連就有兩周沒有回家。好在，我的努力立刻收到了好評。學生們的家長已有口風，傳言二十四中來了一個大學教授，教書頗為內行，課堂上清風雅靜，既有此評，算是對我的鼓勵。

天氣日漸暖和，帶在身邊的衣物已到了換季的時候，所以，我選擇了一個沒有課的上午，八點鐘為拿幾件夾衣回了一趟醫院。

我剛跨進醫院的大門，便被醫院後院裡傳出一陣女人的喝斥聲驚住，那聲音尖聲吼道：「方堅志，我身上沒有錢，今天伙食團的菜你自己去買！」

那命令的口氣令我震驚，這女人名叫何玉，醫院伙食團的炊事員，今年才二十歲，頂老漢班來的。大致因為從小受文革風氣的習染，不但好吃懶做，工作極不負責，唯獨長著一張尖刻的臭嘴，擅長潑婦罵街。

我來醫院這半年多，便經常聽見她同院內的病人爭吵。所以無論是醫院的職工還是病人對她頗有微詞，給贈了一個「小刁婦」的雅號。

今天聽她剛才的這麼一喊，使我首先感到刺耳的是，她用輕蔑的口氣直呼其名，吆喝年齡比她大三倍的老人。何況買菜是醫院伙食團定在炊事員份內的事，怎麼現在命令起掛號室裡忙得不可開交的母親去做？

倘若這事發生在幾年前，母親尚被全院職工監督勞動的時候，這種年輕人對母親呼奴使婢的口氣倒也聽慣了。而今，六十三歲的母親雖入過中共的另冊，但也是中共為她平了反，怎麼還被呼喝？

於是我停住剛剛上樓的腳步，此時那何玉並沒有看到我，還在一個勁的狂喊：「方堅志，我先給你說好，今天中午沒有菜吃是你不去買造成的，如果大家要罵就罵你！」

這一天正逢趕集，來醫院看病的人特別多，我看看掛號室裡正忙得不可開交的母親，根本無暇顧及她，這小刁婦明明是喊給醫院職工聽的，奇怪的是竟沒有一個職工勸阻這蠻不講理的女人。

今天我只好親自殺殺這刁蠻女人的歪風了，否則母親在這所醫院休想安渡晚年。主意打定，便向後院走去。正在歇斯底里吼叫的她，沒料到這時我會突然出現，見我滿面怒容向她走來，預感到不妙，嘎然停止了叫嚷。

「買菜明明是你的事，你有什麼資格去叫一個老太太代你去做？」我劈頭責問她，語氣充滿了怒氣！她一時答不上話，頓時感到難堪極點，趕緊折回身，縮回廚房去了。

但她馬上覺得當著這麼多圍觀的人，就這麼縮頭，一聲不吭也太輸面子，何況她所呼喝的是大家呼喝慣了的右派老太婆。別人能呼喝，為什麼她就不能？於是便使出家庭婦女罵街的本事，吼道：「赫！你管得著嗎？醫院的事關你屁相干，你管得著嗎？」

我立即竄上臺階進了廚房，向她喝道：「你搞清楚點，今天不是你橫行霸道的時候了，你這種不明道理，不懂禮貌，沒有家庭教養的人，就得好好地管教你！」說著抓住她的手怒喝道：「你今天非得當著大家說清楚，這買菜究竟是誰的事？」她見我氣勢洶洶，生怕挨打，終於不敢吭聲了。

正在這時，王明從院裡鑽了出來，走進廚房便問道：「你們吵什麼？」在他眼裡，我和母親向來只能埋頭幹活，規規矩矩做奴隸，平時連說話都不敢大聲，今天哪來這種囂張氣焰？

便向我正色道：「你是知識份子，是知書達理的人，有話好好說嘛！怎麼同我院的炊事員在廚房大吵大鬧，當著這麼多人，氣勢洶洶像打人的樣子，未免有失你的身分。」

他的話為本已理虧，無言以對的何玉壯了膽。立刻大聲的說：「書記，你看他好凶，憑啥要他來管我們醫院的事？又憑啥來教訓我。」

圍觀的人喧嘩起來，七嘴八舌各有評議，二樓窗口上也探出許多身子來。看來，醫院職工這種蠻不講理，對母親任意喝斥欺侮，根子還在這書記身上。對付這些兇惡的下層官吏，還不能憑吵罵，當著這麼多圍觀者只能講理！

於是我把臉轉向他問道：「你是醫院的頭，請問，我的母親究竟現在幹什麼工作？」這王書記將問就答的說：「這個，我們已根據政策，為她平了反，恢復了幹部職務，現在是醫院的出納兼掛號。組織上把經濟大權都交給了她，足見對她的信任，她本人表示組織上對她的安排很滿意，不信，你問問她。」

我又追問道：「那麼請問伙食團買菜的工作該由誰做？」這意外的追問使他沒有轉過彎來，脫口回答道：「那當然是炊事員的事！」

「既是你安排給炊事員的事，你的炊事員無理的把份內工作，像呼奴使婢一樣叫一個年齡長她三倍的老人去做，這像不像話？」

圍觀者驟然間哄鬧起來，喊道：「不像話，那小刁婦一貫不像話！」我指著掛號室高聲喊道：「大家請看看，今天趕場，那麼多的人看病，這何玉卻要喊別人做本該由她自己做的事這叫什麼？」大家的視線集中到門口的掛號處，那兒還排著一排長長的隊伍，圍觀者又是一陣哄鬧，一陣對何玉的苛責。

那王書記見到這種形勢，已極不利醫院方，連忙向何玉喊道：「小何！你為什麼叫方老師去買菜？」何玉見眾怒難犯，畏怯的說道：「沒有把錢交給我，我拿什麼買？」

「你沒看見她忙著嗎？你為什麼不去向她取錢？還在這兒喊什麼？」那女人像洩了氣的皮球，從地上揀起剛被她扔到院子裡的背兜，上掛號室取款買菜去了。

王明打發那女人走後，看看院子裡圍觀的

人漸漸散去，便向我不冷不熱的說道：「你看，醫院的職工都是很聽話的，有什麼事，不要動不動和他們吵，你也是當老師的，更要注意影響。」

我看著他那張圓滑的臉冷笑道：「醫院這種隨便欺侮老人的作風，本是你們醫院的傳統。今天要不是碰上我，那何玉非逼著我的母親去買菜！」

中午下班後，母親回到寢室搖頭嘆息道：「歷來就是如此，在你回來之前，炊事員到我的辦公室來，動不動就把菜背兜往我面前一摜。那時，我只有忍氣吞聲駝著背兜去買菜，有時耽擱了時間還要挨罵。」

第五節：對母親的歧視

母親受到的多年歧視和壓迫，至今還在繼續蹂躪她的心，她怎麼能安心在這個醫院呆下去？幾次三番請求調出這個醫院，其實只想圖一個清靜的晚年，夠可憐了。但是她仍像一個叫化子那樣，被政策落實單位一次又一次的當成皮球踢來踢去。

我在二十四中任教以後，母親便積極籌畫能在蔡家醫院分得「家」所必需的房子。鄒銀雙的婚事告吹以後，我的安家便成了她最關心的事。

中國人傳統的觀念，不孝有三，無後為大，我雖被冤獄奪走了青春和戀愛的黃金歲月，剩下的就只是娶妻生子的大事，「房子」便成了母親需要迫切解決的頭等大事。

眼下醫院正在原來兩層樓的基礎上加高一層，以解決職工的住房要求，兩年前，這個擴建工程開始實施時，也是母親改正右派落實政策之始，黨支部書記，曾指著加高樓層的圖紙向母親保證說：「我們醫院像你這樣身兼數職，又要掛號，又要作出納，又要負責全院工作的報表，真是難得，我們缺不了你，現在按工齡排，你的工齡也是沒人能同你相比的，這一次分房無論從道義上，還是政策上，你當之無愧的排在分房的第一名！」

眼看著一天天修好的房子，耳聽書記的甜言，她盤算今後的新家規劃，心想能在身前了卻這樁人生大事。然而，她低估了，對她多年的歧視依然存在。

中共統治三十年來，老百姓普遍沒有休養生息的窩。近年來靠恢復農民單幹，老百姓肚子在逐慚填飽後，安家的「窩」便空前緊張起來。

農民住在簡陋的茅草屋裡，還有一個可供遮風避雨的立足之地，城市居民住房的匱乏堪稱為世界之最，據當年重慶市統計，城市居民每人住房面積平均不到一平方公尺。

一個三口之家有一間十平方公尺的小屋已相當不錯。幾世同堂共擠一間或幾家擠住在集體宿舍，中間用布遮擋一下的情況相當普遍。在毛澤東淫政下，城市裡的「吉普賽」人，長期在政治運動中耗盡自己的精力，沒有國家的投資和計畫，誰都不敢在「國有土地」上擅自修建自己的「窩」。

毛澤東駕崩，中共新的統治者，提出撥亂反正口號，庶民們為了爭這些破房爛屋，發生打架鬥毆、殺人縱火事件層出不窮。

儘管國務院頒發了一個國企職工分配住房的條例，規定單位分房按職工工齡進行打分，再按分數高低排隊分房。但這個條例一到各級基層黨組織手裡，便徹底變樣，掌握住房分配大權的基層黨棍們，運用自己手中的分房大權，或公開串通，或暗地交易，他們現在又成了搶住房爭待遇的強手。

一幢住房從剛剛開始平地基開始，一場圍繞分房排隊的爭奪戰就明裡暗裡展開了。這種爭奪戰是世界上罕見的中國特產，準確說這是共產主義牛皮吹破後，赤貧者如夢初醒的爭搶。這種蠻不講理，手長心黑之風一直延續到今天，在利益分配上，此風要一直延續到專制政體徹底解體的那一天。

新房建成後，便成立由支部書記「掛帥」的分房小組，按照本單位中勢力大小和利害關係制定分房辦法。按小組成員意見塞進「貢獻大小、在本單位工作的時間、業務水平、職務高低」的條款。以體現小組成員利益的打分辦法。任何單位所執行的分房條例，與國務院規定按工齡打分的辦法根本是兩回事。

共產黨一貫有「保密」的規定，凡是黨的政策、會議決議，老百姓是不能過問的。這一條被分房領導小組利用得很好，他們把本該由職工討論決定的分房條例，和打分辦法當成了黨的「絕密決定」。

膽小的醫院職工，事前沒有人探問分房條例，就由醫院的領導和掌紅吃黑的職工在「暗箱」中，任意塞進有利於自己的私貨。

按照當時流行的規矩，蔡家醫院為分配新的房子，也成立了王明為組長的分房領導小組，然而，分房條例卻遲遲沒有公佈，蔡家醫院首次住房分配，充滿了詭秘，四十幾名職工預先都不知道分房辦法是怎樣制定的。

分房時，到了公佈結果的時候，即使是錯誤的也成了既成事實，這樣的單位，奉行欺善怕惡這個處世法則，成了無可救藥的現象。

然而，老實巴交的母親，吃了二十多年的虧，還在輕信王明給她灌的迷魂湯，認為許給她優先照顧的保證，無論從哪一個角度都不容懷疑，雖然她一輩子都在受共產黨的騙。在建房中有人悄悄告訴母親，王明是騙你的，但她還是將信將疑地相信了王書記的許諾。

她扳著指頭算，四十多名參加分房的職工中，工齡在二十年以上的僅只有五個人，這五個人中她排在第一，新的一層樓一共建了二十間房間，第一梯隊的五個人每人占兩間房還剩一半……

蒙冤二十三年，她一直住在廁所旁邊，一個有起碼人性的人，不會做出再剝奪她正當分房權的事。

然而在分配落實住房的前一天，分配的辦

法仍然沒有公佈。提前幾天，她已在原來住的三人房間裡收拾好自己的行李，把那些裝衣服的紙箱子和破爛捆好，一心一意等著搬進那盼了不知多少年的，一個像模像樣的「家」。

因為我從未見識過分房子的事，不知道這分房中，有那麼多的詭計，也從來沒有見過分房條例和分房方式，不會想到掌權者在那裡面塞進那麼多暗算。加上我剛剛才接手高中的數學教學任務，連日正在加班加點的熟悉教材，對於母親分房的事情並未充分關注。

直到星期天我回家去，母親告訴我，下周星期三醫院就要分配新的住房了，等要我回來搬東西時，我才問母親：「搬進哪一套房子？」她搖搖頭說：「還沒有公佈呢。」

星期三上午我請了假，當我跨進醫院大門時，便聽見樓上人聲嘈雜，一股股的灰塵從樓梯口上直灌下來。我捂著嘴連忙奔上二樓，只見那醫院職工的家屬們正忙著往三樓搬東西。忙跨進母親原先住的那間「病房」時，只看見屋子已是空的，滿地的廢紙破布、空瓶，人卻不見了。

母親的紙箱和木床已經搬走了。不是說要等我回來搬的嗎？我正感到詫異，急忙又抽身向三樓跑去，炊事員秦國秀的兩個兒子正在把一口大木箱抬上樓去。過道上到處都塞滿了紙箱、罈罈罐罐。

好不容易擠上去，在一個屋裡找到了母親。只見她正坐在那堆搬上來的橫七豎八紙箱面前發呆。我環顧了那屋子，只有東北方向那垛牆上留一個窗子，偏偏那窗子的外面便是過道，平時因為要過人所以根本沒有打開。所以，只要進了屋便成了四面不通空氣，不見陽光的「口袋屋」。

我忙坐到母親的身邊向她詢問這是怎麼一回事？母親木然的看著我，講述了剛剛發生的「分房過程」。

原來，直到昨天下午，分房領導小組的人，才把每個職工這次分配住房的決定，張貼在樓下的佈告欄裡，母親這才知道，這王書記花言巧語向她許諾讓她滿意安渡晚年的，也是她盼了一輩子的「家」，竟是一間四面不通風的口袋屋。

這位道貌岸然的王書記已消逝得無影無蹤了，反倒是分房小組的人向母親發出最後通牒，必須在明天之內將所占的病房騰出來。

這天晚上，她整整一夜沒有闔眼，想到自己的命苦，想著共產黨給她帶來那麼多災難，整得她家破人亡，她被迫害，被欺騙，為共產黨作了半輩子奴隸，受了大半輩子的欺侮，至今還在受人欺侮不覺潸然泣下。

第二天她還想等兒子回來後，再與醫院交涉，所以遲遲未搬動。誰知，早上剛剛上班，護理室的四名護士和傳達室的小張，五個人奉命一齊擁入母親住的那間病房，不顧母親的反對和制止，便將她打了的背包、紙箱全部搬進三樓「分配」給她的那間屋子裡。

恰是：「南村群童欺我老無力，公然抱茅入竹去……」

她就這樣被連哄帶逼地搬進了分配給她的新居，……直到十七年後，她逝世時都再沒有給她一間遮風避雨的房子，使她臨終抱恨而去。

我聽到她這麼一說，便走了出去，對整個樓層巡視了一遍，整個樓層的十套二十間住房都已被佔據。位於西南面的兩套兩面凌空的房子，已被工齡未滿八年的院長李德富、會計許曉龍佔據。另一套則已堆滿了家什，是給即將赴任的副院長留的。所有通風好，光線也好的的房子，全被醫院裡大小幹部們搶佔一光。

直到此時，醫院領導們為策劃新房而挖空心思，暗中私自交易並隱瞞一年的私分方案，終於才公開。以王明、李德富為首的分房小組，完全沒有按工齡分房的原則，而是利用職權將本該由大家公開評分的房子私自瓜分了。

對老百姓公開掠奪和霸道、欺騙仍是中共執政的慣技。我們忍受了二十多年，看慣它在

「無產階級」的革命幌子下，幹的對善良百姓的公開搶掠。眼前發生的只是一個小小鄉村醫院，在住房分配時所表現的強盜行為。

當然，這種既要搶人又不准被搶者出聲的作法，早就被我領教，並預先告誡母親，然而我卻沒想到人心會那麼壞!!

此刻我已按捺不住這種被騙、被辱的憤怒，衝上樓去，找王明討公道。行政辦公室裡，王明不在，只有李德富心神不定的坐在那裡。不時把頭抬起來，從窗子裡窺視著樓上的動靜顯得心虛，見我滿面怒容的衝了進來，心中早已明白，便從坐椅上站了起來。

「你們醫院這一次分房子是根據什麼辦法？」我一進屋並沒有向他打招呼，覺得沒向他大吵大鬧已是很客氣的了。

面對我的責問他自感心虛，他參加工作才七年，在醫院第一次分配住房時就搶在母親的前頭，畢竟有點說不過去，不敢像王明那樣說什麼「這是我們醫院內部的事，你們家屬無權過問」的蠻不講理的話。

「你是講你母親分的住房吧！」他沈住氣，有準備的回答道：「她的工齡是全院最高的這不假，我們已對她進行了特殊的照顧。分給她的房子，不當西曬，不受風寒，還是整個樓層裡面積最大的一間。」睜眼說瞎話是黨棍們的擅長，決不會因此臉紅。

我立即向他喊道：「既然這麼好的住房，我娘就同你調換吧！你們把一間四面不通風的口袋屋，光線和空氣最差的房間逼她搬進去住，你們還有人性和良心嗎？再說，我也回來了，你們憑什麼把她放在單身職工的檔次。你們不怕她上統戰部去告你們嗎？」

我憋足了一肚子氣提出：「所有的人統統從所占的住房搬出來，直到弄明白了以後再來重新分配。這是最起碼的辦法。否則，我們不會答應的。」

李德富自覺理虧，心裡很虛，怕我指責身為一院之長，竟公開搶奪老職工住房，當著全院職工不好交代，正陷於尷尬語塞時，王書記突然從門外走了進來。李德富看到來了解圍人，便退到自己辦公室去了。

王明聽到我的責問，板著面孔回答道：「你憑什麼推翻分房小組集體確定的分房方案，你又憑什麼說我們按單身職工的標準對待你母親？本院的職工像游再郁、蕭信芳都是有家的，她們都只分了一間，你也不想想全院這麼多人，人人都要分房，這點房子怎麼夠分配？現在已經優先解決了你母親的房子，還有什麼不滿意的？」

看來他早有準備，想繼續維護他一手遮天的地位。職工的權利和公道在他的眼裡，一直就有桿他自認為必須維護的「秤」，這次分配住房就是用這桿秤稱出來的。分房必須抹良心，這就是他悟出來的「黨性」。

他剛才列舉的蕭信芳是一個才廿多歲，才參加工作的護士，按工齡分配怎麼也輪不上她，就因為她是中共黨員，丈夫又在本地的供銷社供職，仗著這小小的背景，她能堂而皇之與六十歲的母親爭房。

王明給她安排的房子，就在母親的隔壁，並與母親共用僅三平方公尺的「廚房」。這蔡家醫院當時僅只有五名共產黨員，除王明本人而外，其餘四人全都分了房子，這些人全是工齡不滿十年的「年輕人」，按正常的工齡排隊，他們沒有一個人夠資格在這住房緊缺條件下，與工作一輩子的母親爭奪。

我問道：「我想向你們請教兩個問題：第一，你們憑什麼不按國務院按工齡長短排隊分房的規定，兌現這次住房分配？第二，你們為什麼沒有一個分房條例，供每一個分房的人評分，並預先張榜公佈？」我提高嗓門，因為我注意到門外被我們的爭吵聲吸引，圍攏的是全體住院病人和全院的護士。

在這種場合下不爭是非曲直，不僅在這一次分房母親受欺侮，今後她恐怕仍會處在抬不起頭的地位。上一次因為伙食團買菜，我已經同這個一手遮天的人物較量了一次，我不會放過這一次，我知道母親的處境是要靠「爭」才能改變的。

王明也注意到，在這麼多圍觀者的場合，敗在一個剛剛刑滿的勞改釋放犯手上，他的威信怎麼說都要掃地了。所以他的聲音帶著明顯的以勢壓人，故意挑撥說：「分配住房不僅要憑工齡，還要根據家庭人口的數目，你母親就一人要占兩間住房，全院的職工也不服。」

這真是睜眼強辭奪理，母親的老伴鍾治淵在德陽，退休後要回蔡家場安居的。這是他故意抹掉的事實。而我就站在他面前，難道也要被他抹去麼？何況我已四十二了，馬上就要安家，都要靠母親分配的房子才成。何況，當初把我安置在二十四中的教育局，口口聲聲要照顧我們母子團聚，沒有住房，「團聚」的許諾豈非空話？

當我一連串的揭穿「落實政策」的假面具後，王光明居然說：「你的住房應由二十四中解決」，理由是我是那所學校的員工。

看樣子，像母親這樣老實忠厚的人，豈有不被他的花言巧語所矇騙？至於教育局對我的騙人鬼話，我壓根就沒有把希望寄託在他們身上。

我知道，要爭取較為寬鬆的條件，除了靠自己鬥爭，不會從天上掉下餡餅來。而王明眼看我當著這麼多人面，被一個過去踩在腳下的右派指責，怎不惱羞成怒？於是使出黨棍蠻不講理的本領，把桌子一拍，喝道；「你是幹什麼吃的，你要明確自己的身分，你沒有資格干預本院的內部事務，有話也輪不到你在這裡責問我們。」他聲嘶力竭叉著腰，狂怒已使他不顧一切，我看到這是一個同派出所汪禿子一個模子裡倒出來的，這種人表面兇狠可怕，心卻是虛的。

在政治上未佔優勢時，除欺哄、詭詐，別無他法。尤其對死纏他們針鋒相對的人更沒了招數，不甘示弱的我也拍著桌子，回敬道：

「你瞞著大家私自分房，一手遮天違背政策的規定，我可以去區委告你。」

這一逼，他氣得臉色鐵青，渾身發抖接連拍著桌子吼道：「出去，滾出去！」幾名年輕的醫護人員在李德富的帶領下，一邊勸著，一邊推著我，將我攔出了辦公室的門外。門「乒」的一聲關上了，這時門外過道上圍觀的人們，七嘴八舌的議論開了。有的圍著我，紛紛訴說蔡家醫院過去欺侮母親的事。

我走到後院的天井裡當著上百名圍觀者，朝著辦公室的那扇窗子扯開了嗓門，痛痛快快地聲聲斥責著。這不是罵，蔡家方圓十里地，誰人不知道這蔡家醫院對我的母親和出身有些不良的人，多年來的歧視和虐待？現在是當著蔡家街的居民，替我母親控訴她十幾年受到的欺凌和冤屈的機會。

此時，我聽見了辦公室傳出來大聲吼叫電話的喊聲，那王明拿起話筒正聲嘶力竭的吼道：「喂、喂，是蔡家派出所嗎，請你們馬上派人來一下蔡家醫院，這裡有人正在鬧事。」

那喊聲分明是喊給我聽的，眼看著「階級鬥爭」喊不應了，鬥爭會也不開了，往日欺壓五類份子那套辦法沒用了，今天要想繼續維持自己的霸道，只好求助於員警了。越是想到他還在用昔日對付我們的一貫手段——綑綁打罵來封我的口，我越是更加起勁地吼開了。

此時樓上搬家的人，紛紛探出頭向下張望，也不知道王明打的是假電話故意嚇唬我們，還是那姓汪的自從在戶口簿上討了個沒趣，對王明報來醫院剛剛發生的事，袖手旁觀了。

我站在天井裡整整數落了幾個小時，仍未見一個民兵，或員警之類的人走進醫院「維持秩序」。直到我的母親走下樓來，勸我回屋去時，我才慢慢離開那裡，院子裡圍觀的人才漸漸散去。

我被母親勸進她的「新屋」，但氣還沒有消，當即我就主張把母親的東西搬回她原來住的那間病房，索性一不做二不休，把事情鬧大一點，最好鬧到市衛生局，甚至市委去，把母親為落實政策，要求回到北碚的正當要求通通捅出來，看看這區委和區衛生局該如何處理？看看這蔡家醫院仗勢欺人的作風該助長呢，還是該遏制？

但是，善良膽小的母親卻依然抱著息事寧人的態度，她說「忍著吧，不就是為了一間房子嗎，退後一步自然寬，能住下就算了，我們總會看到這些人遭報應的時候。」

在母親看來，這天下是共產黨的，哪裡都是共產黨說了算。母親這種忍讓，使醫院的人在她生前繼續欺侮她，以後幾次加工資升級都儘量的卡她。晚年移居北碚，直到她逝世，她連一個養老終生的窩都沒有!!

中國人的「忍」可謂一種傳統美德，勸告的人編了忍字的歌訣，寫成警語字幅，張貼在家家戶戶門口的牆上，我向來認為這同勸人向善的「百過格」，用委屈來求眼前的平安，則終究得不到平安。

「忍」固然在某些場合，是反對專制主義在策略上的一種需要，但無原則的忍，就變成向統治者的妥協。

相安無事，有時恰恰是中國專制主義施行霸道政治的需要，立足在這個世界民族之林中的老大中華民族，受發達國家民主思潮的衝擊已快兩百年歷史，然而專制主義政體還在中國大陸上巍然不動，其原因之一就是專制主義扎根於被壓迫民眾所積沃「忍」的土裡太深。

毛澤東統治二十八年間，中國人民屈從冤獄和慘無人道的奴役；在刺刀下把嘴封起來；在獨裁者製造的遍地餓殍中，寧可忍受啃樹皮草根，茹毛飲血的生活，不敢奮起反抗，還以固守自己祖宗所留傳下「忍」的遺訓為美德。

想我二十三年像畜牲一樣忍受皮鞭抽打，除怒對中共的奴役，在語言上表達憤怒外，也只能適可而止，今天我除了還是忍氣吞聲與母親擠著，「團聚」在口袋屋裡外，還能搬石頭打天麼？

我不幸的眼看中華民族在未來的日子裡，還將忍受特權階層剝削，眼看他們貪污，荒淫無恥，窮兇極惡騎在勞動者的頭上作威作福。忍受著道德淪喪所造成社會各種醜惡現象。眼看賄賂猖狂，盜賊叢生、賭、毒、嫖的毒害而無所作為；中國的專制狂和中國人的忍讓，相輔相成危害著這個古老民族。

忍，誠然少了不少眼前的麻煩，卻因此犧牲了公理，犧牲了老百姓保護自己的人權護身符。

忍，助長了掌權者的猖狂，不忍者會因奮起反抗而遭到獨裁者的屠殺，所以才會有「小不忍則亂大謀」的智者警句，和「忍得一時之氣免得百日之憂」的傳世名言。

現在我悟出了橫掃四舊的毛澤東，把忠孝仁義批得體無完膚，對這「忍」的名句格言卻沒觸及的原因。

從那以後，每天早上，各家把爐子一起提到那僅一公尺寬的走廊裡逞威，頓時濃煙夾著令人窒息的煤氣，便會從各家的門縫裡竄進屋去。因為沒有出氣的窗口而留在屋裡瀰漫盤旋，常常嗆得母親咳嗽不止。

而我也只好跟著被迫在這間屋子裡結婚生子。

倒是與我們隔壁的蕭信芳，充份利用了母親的忍，擴大著自己的地盤。

兩家人共用的廚房，基本上被她的鍋、盆、碗佔據，她的丈夫用供銷社的車，成天來往於蔡家鎮所轄的基層政府之間。物資局倉庫，農機站及至武裝部，派出所都有他的熟人和朋友，那間屋子裡幾乎天天賓朋滿坐，熱鬧非凡。

晚上九點一過，樓下面響起汽車喇叭聲後，不一會，便有一群人跟在男主人的身後，上樓後便擠進那屋子裡，少不了兩件事：搓麻將，喝酒。那三平方公尺的廚房頓時煙火滾滾，在油煙夾煤氣之中，一盤盤的炒菜端進那小屋去，頓時猜拳行令之聲響震整個醫院大樓。

吃飽喝足後，便在香煙燎繞之中，鋪開了麻將桌，稀哩嘩啦的總要鬧上一整夜。住在隔壁的母親被鬧得無法睡覺，被迫只好天天吃安眠藥。

第二天起身打開房門，本想買一點豆漿之類的早點，可那走廊裡，卻滿地堆了空酒瓶和沒洗的油鍋，菜盤以及魚、鴨、雞的骨頭。

至於廚房更是堆得連腳都插不下去，根本就別想進廚房。小心翼翼的把這些杯盤端開一個剛剛插得下腳的小空間，走進去，將自己的小煤油爐好不容易從廚房的角落裡清出來，躲進自己那口袋屋裡，放在那個沒有丟掉的小方桌上，點燃了火，重新過著在二樓病房裡自炊自食的獨居生活。

那廚房已被她完全霸佔，母親組建一個小家的美夢，終於破滅了。

由於長期的監獄生活，我的身體很虛弱，稍不經意咳嗽感冒是經常的事。為了改變這種狀態，在二十四中任教以後，我摸索出規律的生活習慣，因為那裡樹木茂盛，空氣特別好，每天清早六點鐘按時起床，接著便圍著操場，堅持兩千米的長跑。晚上保持著一個獨自靜靜思考和回憶的習慣。準備著寫出我一生的經歷，用事實抨擊黑暗統治。我和母親在落實政策中所受到的不公正和歧視，在客觀上起著鞭策我的作用。

中共改革開放時期，在經濟上實施改良，而政治制度仍然奉行毛澤東那套，人民要求把暴君焚屍揚灰遭到拒絕。對中共欺壓我們的種種霸道，只好奉行「忍」。

恰好，二十四中這種遠離鬧市的偏僻環境，給我提供了回憶和思考往事的條件，同時也提供了忍的空間，我開始實現早已定下的計畫，寫了許多回憶片斷，為我今後長篇記實的撰寫，作了準備。

第六節：我的初戀和婚姻

我在二十四中工作安定後，婚姻便成了我個人首先要完成的大事，然而，結婚首先要戀愛。在封建時代，那時中國人在男女授受不親和舊禮教的束縛下，婚姻以媒妁之言，父母之命來決定。看孔雀東南飛、梁山伯與祝英台這些民間廣為流傳的故事，戲中悲劇人物往往觸動我。不過，導演我的悲劇，正是當年抨擊封建制度的中國共產黨。

大學裡那段因反右鬥爭釀成的冤魂戀，成了我剛剛踏上人生的一場噩夢，我知道當年演出這種悲劇的人遠不只我一人，好多人自殺，好多人殉情，又好多人被逼著走上不歸路。

但是我沒有死，生命從冤獄中延續下來，婚姻和愛情也延續了下去，直到今天。由於我特殊的遭遇和不甘屈從命運的擺佈，使我的婚戀故事，充滿了傳奇和悲哀——

一九七九年，四十二歲的我回到蔡家場，冤獄好像決定我此生只能接一個老婆回家過日子。

同鄒銀雙那場「見面散」的戲演完後，結婚對我只留下延續後代的使命，可是我生性倔強，硬要把快死去的愛情拽回來，老天又把一段孽緣賜給了我……

中共統治三十年來，一面空喊消滅城鄉差別的口號，一面為鞏固它的統治，實施了嚴密的戶口管理制度，人為將國民劃為城市和農村兩類，農民在生活條件和勞動條件上都比城市的貧民更苦，城裡的一個職工再窮，好歹每月也有二十多塊錢的工資，就是沒有工作，吃糧按居民供應也有「保障」。

農民起早摸黑，還得自己掙口糧，常年勞累不得溫飽，形成中國社會的最窮困的階層。農村這種低下地位，成了中共統治者，關押不服從其統治的「五類」份子「大監獄」，每次政治運動，都要把相當一批人下放農村，作運動的懲罰，獨裁統治有意製造並擴大了城鄉差距。

惡毒的是，為了防止飢寒交迫的農民向城市逃荒，中共的政權機關加強了戶口管理，一旦發現流入城市的逃荒者，便被收容和勞教，其生活條件的惡劣甚至比勞改更差。

農村人口和城市人口這種人為差別，造成了中國社會的公開等級，農村人要落戶城市，除了嚴格的審批還要交高額的戶口費。

農村女孩子為了擺脫又累又苦的農村，老夫少妻的家庭悲劇層出不窮。這樣的家庭沒有愛情基礎，說穿了這是另一種形式的買賣婚姻，是中共製造的社會不公平產物。

一九八〇年我和母親的工資加起來總共每月一百五十元，在低收入的蔡家平民和貧困的農村中，我和母親算是蔡家地區的「富人」。加上當年國營單位的職工老來退休後，直系的後代有頂替父母崗位的規定，我的母親眼看就要退休，誰能成為她的兒媳，便有可能獲得進這家醫院工作的機會。所以我的條件，對蔡家場的貧民和農村女姓，是有誘惑力的。

當時向我母親提親的人並不少，只是她們中屬於街道居民的，都是傷偶或離異的二婚嫂，而且都帶有孩子，在計劃生育年代，要和她們再生一個孩子是不可能的。

沒有結過婚的女孩子，要嘛在外地已經有了男友，要嘛是十八歲以下還沒有到結婚年齡的少女，到了法定結婚年齡難說不會變卦，更主要的是，這種單純從經濟利益考慮的婚姻，無異於買賣婚姻而暗藏悲劇。

在我的心目中，未來的伴侶要有相當的文化水平，同時應當不妨礙我的寫作，所以對伴侶的選擇有了要求，可是冤獄註定我今後建立的家，會出現許多不幸。

「片斷」的第二個讀者

我寫完第一本「片斷」時，第一個讀者就是我的母親，她在讀完後，老淚縱橫，並在篇末的扉頁上，留下這樣的話：「看了我的孩子這本用血和淚寫成的『片斷』，情真意切發人深省，想起那不堪回首的往事，一頁一頁再現其間，我的心也隨之振動。」

這期間范小妹已經初中畢業升入高中，仍留讀二十四中，因為她已經長大，不便再寄居母親那裡，她的家距二十四中太遠，只能寄宿學校，晚上上自習時，她常到我的宿舍裡補習功課，久而久之她對我晚上的寫作引起了關注。

有一次，她很天真的問我：「哥，你晚上常常深夜還在寫東西，看你寫東西的樣子，好像什麼都忘了，心裡也很傷心的樣子，有時邊寫邊流淚，你在寫什麼呀？能給我看一下嗎？」

小妹在我母親身邊生活多年，對母親的不幸很同情，加上她出身農家，對農民的處境，有切身之痛，不公平的社會現實，使她萌生了對現實的反感。雖然她根本不懂政治，在信仰的領域尤如一張白紙。

我想我寫的「片斷」，會有助於年僅十六歲帶著探索來認識社會的她，所以我答應了她的要求。我只告訴她，我寫的「片斷」是中共絕對忌諱的，所以我暫時還沒有拿給任何外人看，請她看後不要向任何人張揚。

她便在我的辦公桌上翻開了這些「片斷」，她是繼我母親的第二名讀者。讀著讀著很快她由好奇變得嚴肅，漸漸雙眉緊鎖，看得出她的內心已進入我所描述的境界。兩小時過去了，我已將第二天的課備好，她仍在專心讀著並不願釋手。我輕輕拍著她的肩說道：「夜深了，明天再看吧。」她才如像從夢境裡初醒，閉上了眼睛好像在回味片斷裡的情節。

好一會，她才抬起頭來，眼裡綻出一陣很奇特的光，是一種極為柔和的光，我曾接觸過這樣的眼光，低下頭，輕輕地說道：「你寫得真好，像詩，像歌！我差一點都要哭了！」說時，她又抬起頭來，這一次那眼裡分明噙著晶瑩的淚。

我情不自禁伸出雙手，輕輕地摟著她那紮著小辮子的頭，一面掏出手絹，為她擦去已經奪眶而出的淚，我的心中立刻有一種說不清楚的暖流在竄動，她把頭靠在我的手臂上，靜靜的聽得到我的心跳……

那以後，她見到我總有一種異樣的眼光，偶爾兩人的眼睛在課堂上碰到一起，她總會低下頭去。大約過了兩個星期，她的弟弟在中午時到我的宿舍裡告訴我說，「姐姐病了，請你向他們的班主任請一個假」。

那天下午正逢我沒有課，吃過午飯，便專程去了她家。

從二十四中到她家，足足要走半個多小時，穿過正街和通向廣場的一段機耕道，途中全是田間阡陌小路。今年春節期間，第一次同母親一起到過她家，這一次我是第一次單獨去她家。時值九月中旬，正是收割中稻的季節。

繞過她家門口那池塘，見圍牆上的小門半掩著，走近小門，我在那門上扣了兩下，裡面並沒有人應，於是便輕輕推開門，走過豬圈向那灶房屋走去，灶房裡堆滿了曬乾的玉米桿，我向通向裡院的小門望去，院子裡堆滿了玉米棒，胡媽正在忙碌著。

再向裡屋望去，裡面一共三間臥室。最裡面的一間，放著一張古式的大木床和糧食的圍囤。靠著外面的兩間小屋，各放著一張小床，一間屋子裡放著一張極陳舊的木櫃，一間屋子裡放著一張桌子。沒有粉刷的泥牆上貼著發黃的報紙，已剝落下來吊在那裡。范小妹正面牆而臥，我進屋時她並沒察覺。

抬頭望去，春節時吊在屋樑上的燻臘肉已經沒有了，這比我在鹽源時詹大娘的家好不到哪裡去，看來，胡媽辛勤一生將五個兒女拉拔大，卻落得一貧如洗，這便是當年中國普遍的農家。

我的單獨作客，是胡媽沒有料到的，見了我，比春節那一次還要熱情，連忙招呼我坐下，並馬上走進裡屋，取出一隻裝著白糖的瓶子，給我泡了一碗糖開水。當時，白糖「憑票」供應，農村裡是不分配白糖的，所以白糖很稀貴，糖開水是農家用來招待貴客的「飲料」。

小妹被母親的動作和人聲所驚醒，翻過身來已查覺到是我來了，便坐起身來。我走進了她的房間，用手摩了一下她的額頭，果然很燙，便從衣兜裡取出帶來的阿斯匹靈片。

她的母親正忙著燒火弄飯，說一定要我吃了飯再回學校。

屋裡只留下了我們倆，看她臉色青黃，頭髮蓬鬆好像很憔悴，但仍保持她少女的光彩。此時睜大著一雙發紅的眼睛，直直地盯著我，流露出一種樸直的羞澀。我輕聲地問道：「頭疼嗎？」她點了點頭，問道：「哥，你這麼忙還過來……」

我端著那盛糖開水的碗，拿著感冒藥，遞給她叫她吞下。因為窮，鄉里的人偶感風寒，極少找醫生開藥，一般的就只有靠自己身體的抵抗力了。吞下藥片，我便教她躺下，給她蓋好被子，輕聲說道「吃了藥，好好睡一覺，發身汗，就會好的。」她順從地躺下，兩隻大眼睛卻盯著我，好像有一種難以啟口的話從那眼裡向我傳遞。

不知是一種下意識的衝動，還是人們稱作的「情」在作用，我彎下腰，親了親她那發燙的額頭，那一瞬間就像有一股電流，從我的身上流進了她的體內。

她緊閉著眼睛，體驗著那種感覺。

為了讓她安睡，我起身走出了她的房間，去幫胡媽弄晚飯去了。

吃過晚飯，已下午六點鐘，我便起身告辭。臨行前囑咐胡媽：「發燒病人胃口不好，熬點粥給她吃，我拿來的藥一定要按時服下。」說完，便站起身來，向裡屋望了望，沒料到，她已穿好衣服坐在床沿上，見我要走，便走出屋來一定要送我，說：「天快黑了，那田坎路不好走，我帶你走上面那堰溝鋪的石板路。」

見她已不像剛才我來時的面容，精神也好多了，顯然是剛才吞下的藥力發揮了作用。床前已換下了一大堆衣服，畢竟年輕，出了汗，燒也就退了。她一邊說，一邊梳紮蓬亂的頭髮，重新紮好了小辮子。

「不行，你還在發燒，就是燒剛退也不能敞風，否則病情要反覆發作的！」我反對道。然而她卻走到我的面前抓起我的手，放在她額頭上，我感到那帶著汗跡的額頭確實已經涼下來了。她固執的說：「我在床上已經躺了一整天了，現在全身的骨頭節都睡痛了，我也想出去走走，活動一下身體。」見她執意要送我，我推遲不過，便囑他多穿一件衣服，胡媽拿出了一件夾衣給她穿在外面。

走出木門，天色已經暗下去，但沒有風，於是她走在前面領路，我跟在後面，一前一後的出了木門，轉過一個彎，便踏上了那用石板鋪成的堰溝小道。

走出不遠，小道伸進了一片茂密的竹林。走進密林中，我們倆便被包圍在綠色的竹林中。夏末的黃昏，竹林裡蒸發出一種清新的氣息，這是我倆第一次在野外單獨相處，好像進入了一個只有我倆的二人世界。

我聽得見走在前面，僅一步之隔她那心臟裡發出的跳動聲。

我忽然覺得，如果此時，她突然停下腳步，回過頭來只消深情地凝眸望我，我定會立刻將她緊緊地擁抱在我的懷裡，那種我原先以為永遠都不會再屬於我的愛情，突然奇蹟般的降臨給了我。

然而，她沒有這樣做，我也沒有這樣做，我們之間始終保持著一步之隔的距離，我們雙方都在用理智約束著自己，因為她太年輕了，一個高中學生，年僅十六歲。而我已是四十二歲的中年人了，而且是她的老師和義兄，中國古老的道德理念，發生了強烈的制約作用，我們都應當自重……

我倆穿出竹林走出堰溝，前面便是蔡家廣場的出口了。

在暮色中，我還來不及向她叮嚀，「等病好了以後，再來上學。」她便已經站在溝上，向我揮了揮手，扭過身去，迅速消逝在暮色籠罩的竹林中了……

不過，感情像一頭脫韁的小馬駒，衝擊著理性的約束，帶著與范小妹初戀的感情，我向母親表示過，我要娶她為妻，但是受到了母親的反對。

逆緣

在二十四中，近百名教職員工中，與母親有過相似遭遇的一共有八人。其中，外語組的王基敏老師和已經退休的鄭修老師，與母親交往最密，雖然處在兩個單位，但處在同一蔡家地區。

過去，「公社」開批鬥會便將她們聚在一起遊街，批鬥，加上兩位老師常到醫院看病，親眼見到醫院職工對母親的欺侮，同病相憐，結下了患難之情。

我到二十四中後，她倆又是我的鄰居，除了常常給我燒開水、弄飯，提供生活上的幫助，還常向我介紹，當年蔡家場和二十四中打手的「赤色」暴行。兩位老師最關心我的便是婚姻，她倆比誰都替我的婚姻著急，主張找一個能配得上我的，最好也是教師的人作女友。

正好住在我的對面，一位高中政治教師名叫徐樂生的，正為他的表姐尋找對象。他的表姐叫劉啟建，在蔡家地區的衛東中學任語文教員，年齡比我小七歲，已經離異，但無子女。

有一次，蔡家地區的中學教師在二十四集中學習，王基敏和徐樂生便商議，將這位劉老師介紹給我，在那次活動結束的當天下午，由王基敏撮合，我和劉啟建就在徐樂生的房間第一次相見。

她中等個子，五官也還端正，據說也有一段因家庭出身發生的辛酸經歷，受過「勞教」，並與前夫離異。

第一次見面，留給我的印象說不上好，也說不上有什麼致命的缺陷，只是感到她與人交談有意無意流露一種不順眼東西，講到文革年代，眼睛老是愛翻白眼，兩手還在空中舞動，以幫助她表現出某種「造反」的意態，那揮手說話間，不時叉腰的動作，像從當年的紅司令那裡學來的。

這種動作，大大傷害了她那女姓應有的風韻。

恰恰我的弟弟就是被造反派殺害，我對文革的狂熱深感痛恨，從她身上折射的那種陰影，除讓我反感還憑添了一層防範的隔膜。我這種先入為主的成見，已把她拒之門外了，我完全沒有與對方戀愛的初衷。所以，當王基敏問起我第一次見面的印象時，我只是笑了笑，把這個初次相見的印象埋在心裡，並沒有說出口。

大約過了兩個月，她第二次到她的表弟處來取一些語文教參書，王、鄭兩位熱心的老大姐抓住這個機會，主動當起義務紅娘。把我們單獨地關在她表弟的房間裡，我們倆作了第一次交談，我們不僅各自介紹了自己的「遭遇」，還介紹了各自的「家庭」。

她的父親劉學理，年輕時就讀於國民黨成都軍校。抗戰時期，原國民政府川東峽防局行政長官盧作孚，曾聘他擔任北碚市的民政局長兼城防長官。一九四九年九月中共軍隊佔領重慶，身居北碚區城防長官的劉學理開城迎共，北碚遂和平「解放」。劉學理也成了國民黨「起義投誠」軍官。

不過未到五年，這些本想僥倖自保的人們，一個個被實行了無產階級「專政」：房屋被沒收，家被洗劫，劉學理被劃為反革份子，受到三年的監督勞動管制，淪為無產階級政權下一個赤貧的黑五類。

劉學理五個子女中，劉啟建是老三，自從父親被管制，她才七歲就要帶弟妹。稍大一點，便在垃圾堆裡揀二煤炭，拾破爛，沒少受鄰人和同學們的歧視，但她卻因天性的軟弱，從不敢對加給她的不公正表露反抗。

中學畢業後，因為家庭出身，使她沒能考上大學，但卻幸運的當上了小學教師。在她二十四歲時，被西南農學院馬列主義教研室，一個姓王的講師看中，雖然那姓王的比她整整大了十幾歲，並拋棄了他的前妻。結婚使她得到一種新的虛榮，做大學講師又是黨員的妻子，使她感到社會地位膨脹了。

據她自己講，為了裝扮自己體面的家，她不顧工薪條件，追求高檔的傢俱和擺設，寧可負債，向她的學生家長借錢，向兄弟姊妹借錢。借的錢越來越多，背上的債務越來越沉重，為了躲債，她不得不欺騙上門討債的債主，學會了向債主施以小利來減緩債務壓力，並趁文革期間，學校財務的無政府狀態，將學生交來的學費挪用還債。

於是債主的公憤和無產階級高壓的專政，毫不手軟的將「詐騙」和「貪污」的雙重罪名，扣在她頭上，就因為大約幾千元的債務和幾千元的挪用，她被關進了西山坪勞動教養營，由當時北碚軍管會處以三年的勞動教養。而那位王姓講師，在判處她勞動教養的宣判大會上，向法院起訴離婚。結果姓王的講師拋棄了她。

三年勞教期滿，她回到老父親的身邊，在她再三懇求下，教育局把她發配到離北碚二十多里大山上的這所學校，「繼續」當她的老師，那可是一所無人願意去的學校。

我們談完，已是七點鐘了，吃過晚飯後，看天空上月明星稀，一輪上弦月已懸在半空中。她執意要回衛東中學，說明天還要上課。鄭修並不勸阻，只是建議我一定要護送她，王基敏叮嚀道，「燈塔那一帶地勢荒涼，文革期間公路上夜間行劫搶人的事累有發生，所以你一定要把她送回學校去。」

經過一下午的交談，我對她還沒有任何好

感，我們雖有相似的家庭出身，經歷也有相似之處，但對於中共的專制政權，她的認識卻與我完全不同，由於相似命運而產生的同情，並沒有讓我對她發生愛憐。但耽誤到這麼晚，也是為了我，我總不能眼巴巴看著她一個人摸黑冒險去走那山路。

我們一前一後走出蔡家場，沿著通向燈塔的馬路上走去，兩旁齊人高的玉米林黑聳聳在月光照射下，好像路邊預先埋伏的不速之客，會突然從那裡竄出來，用刀和棍棒比著我倆，心便仆通仆通地跳了起來，彼此都緊張的窺測著茂密的玉米林並不說話。

我緊握著一根打狗棒，走到燈塔鄉的十字路口看看手錶已是晚上十一點了，月亮已經開始偏西，光線漸漸暗下來。

當我們走上到衛東中學那段山坡小道時，突然一隻山耗子，從路邊的草叢竄出，從我腳下竄過，驚出我一身冷汗，她在田坎上搖晃起來，好像要跌進田裡，兩手一張便拽住了我的手，為了替她壯膽，我也就緊拉著她的手，走過了那段田坎。

同女人牽手，是我劃成右派後整整二十四年來的第一次，三更半夜的在一片荒野之中，這原是很浪漫的事。然而當時處在緊張之中，我卻什也沒有感覺出來，只覺得背上泛出一陣陣的冷汗。

走完田坎，她才掏出了一支預先準備好的手電筒，依靠它，邊用棍子驅趕著藏在草叢中的毒蛇。最後總算到達了沉沉靜睡的學校大門。

校門口的兩條狗向我們狂叫起來，狗的吠叫驚醒了守校的工人，當木門打開時，我們總算舒了一口氣，將她送到了校門內已完成了我的任務。

於是我轉身告辭，然而她卻堅決不允。來開門的校工是一個四十上下的女工，兩個人一齊勸我等到天亮再回去，因為太晚了，周圍荒山野地，即使沒有盜賊也要碰上野物毒蛇，再說此去蔡家十里路，少說也要走兩三小時，何必冒此危險走夜路。在兩人苦苦挽留下，我不得不改變回返的主意，跨進了校門。

這裡地處偏僻，起居十分不便，比起我所在的二十四中條件還要差，這就是給曾勞教過的劉啟建一個安置！比那供銷社姓秦的又似乎好多了，總算還有一口飯吃。若不是現在「教師」奇缺，在這種誰都不願來的邊遠學校急需補充，恐怕她連這麼一口飯都沒得吃的。

在入過另冊，從地上爬起來的「五類」中，劉啟建算幸運的。

學校很小，這裡原是一家地主的宅院，四周兩公尺高的圍牆圍著一群泥木結構的瓦房，院中兩棵大黃桷樹，顯得非常的清靜。

她忙著把我請進了她的房間，房間裡收拾得挺乾淨，在一張桌子上擺著一個煤油爐，滿桌堆著蛋、米、醬油、和鹽糖之類的東西，她在同那位開門的工友商量一陣後，走進寢室，點燃了煤油爐，安上了鍋，倒了許多油。

我說別去弄了，天已經這麼晚了何況我也不餓，但是她並不聽我的，一面說：「在王老師那裡，我根本就沒吃，她弄的那菜連油都不放怎麼吃？」聽到她的話，一時答不上話來，只好默默的看著她弄「飯」，只見她在碗裡，打了整整八個雞蛋，然後往已經燒燙的油鍋裡倒。

八個雞蛋，我還真沒看到過這種吃法，那年月雖已經什麼都能買到，雞蛋也並不算貴，但畢竟還是非平民食品，整整八個油煎荷包蛋也夠出手大方的。

沒出十分鐘，兩碗麵弄好了，每碗麵上放著四個黃澄澄的荷包蛋，將其中一碗，端到我面前，那時我一點都沒胃口，又不好推遲，於是順手拿起一個小碗，夾過一個荷包蛋和半碗麵，心中暗想，這女人不像一個受過苦的人。

吃過麵條已是下晚兩點半鐘，距天亮充其量還有三個小時，我就留宿在她的床上，她到守門的校工那裡住了。

當我鑽進那白紗紋帳裡，一股濃烈的香水味向我撲鼻，好像鄉巴佬初進了大家閨秀的閨閣，迷迷糊糊地一點都沒有睡著。腦子有些紊亂，好像缺乏條理。這是我第一次同一個初識的女人半夜結伴同行，並且寄宿在她的床上，這肯定因為東方人的習慣與西方人完全不同，別說這種沒有愛上對方的情況，就是已經熱戀而沒有結婚，也不允許發生這種性突破，腦子裡很奇怪，自問是不是這就是大陸人的要女朋友？

然而不管怎麼說，我這一夜印象深刻，尤其對她那種瀟脫大方，感到非常的格格不入。管他的呢，還沒有確定任何關係，我想……

夏天的早上五點鐘，天已拂曉，我忙著起身，一夜幾乎沒睡，頭昏沉沉的，好像生了病。好在今天星期天，我得馬上趕回蔡家場，在母親那裡睡上一天。

劉啟建已經起床，如昨夜的那般熱情，忙著給我端上熱騰騰的洗臉水，並忙著去煮豆漿，不過事前已說好，天一亮我就走。她和那女工一再挽留，我被拖到了七點鐘，還是獨自走出校門，臨別時她一再叮嚀我，下周星期六再到衛東中學來相聚。

當我匆匆忙忙急步趕回蔡家醫院時，已是上午九點鐘了。平時按照慣例，周末我都是回母親那兒住的，昨晚一夜沒歸，自然引起她的追問，我便把昨晚發生的一切，一五一十的告訴了她，母親很不以為然的說道：「沒見過這種女孩子，初次見面就要留人住宿的。」

我連忙解釋，那確是因為天太晚，加上夜半更深，路上又有狗、蛇，獨自回來確實不安全。她只是囑咐道，下個星期天千萬不要再去了！我點頭答應了母親。說心裡話，劉啟建在我心裡沒有任何位置，當時我心裡真愛著小范。

自古以來被活活拆散的情侶，總是歸於「無緣」。一聲天意難違的悲嘆，也不知結束過多少恩愛情人的生命，其實認真思索每一個悲劇的後面，必有一雙導演悲劇的黑手。《梁山泊與祝英台》、《孔雀東南飛》這些名戲也不知賺了多少善男善女的眼淚，然而並不因一曲梁祝，隨蝴蝶翩舞，使現實中新的梁祝不再發生。

儘管《羅密歐與朱麗葉》以憤怒的控訴，痛斥中世紀貴族們帶給人們世仇的災難。貴族們用相互拼殺，來繼續世仇，甚至酋長的親生兒女，也不能不為種族仇隙雙雙殉情。而我們這個社會，殘酷的階級鬥爭，與中世紀專制的野蠻相仿，難道反右運動殘酷地粉碎了我和馬開先的初戀，同中世紀的故事在本質上有什麼不同嗎？當年因為階級出身而被強行拆散的戀人還少麼？

而在今天，造成我中年未婚，難道不是這場殘酷階級鬥爭悲劇的延伸麼？偏偏老天在將一個聖潔少女賜給我時，當我們真心相愛，卻受到世俗的阻撓。於是我愛情的第二幕悲劇，便毫不留情的降臨給我。

後來在好心的王基敏、鄭修以及其他老師的撮合下，我聽從了母親的勸告，屈服於市俗壓力，狠心地割捨了同小妹的初戀，身不由己的帶著傷感，同意和劉啟建結婚。

毛澤東時代，這種悲劇太多，兩個受害者，因缺乏彼此瞭解和相互包容建起的家，充滿吵架，這樣的不幸豈止我一人。殘酷的事實證明，兩個不相愛的人結成的家，不僅雙方是痛苦的，最後必然破裂，我的晚年註定了鰥居，而受害最大的莫過於孩子……

結婚那一天自己弄了幾個菜，請了熱心我們這婚事的王老師和鄭修，買了一些糖果，吃飯以後去蔡家相館拍了一張結婚照，就這樣沒有舉辦任何儀式，悄悄的我們就在母親那間小屋子裡度過了新婚的第一夜。

後來劉啟建逢人便說，我和媽媽太吝惜，一千塊錢就打發了一樁婚事，想起來確實寒酸。我和母親平反後，靠自己這點工資白手起家已經不容易，再說，我對這場婚事充滿了無奈。

范小妹我幾乎沒有和她往來，今天突然聽到我結婚的事，一定心裡很痛苦，而她的倩影、笑聲卻縈繞在我的耳際。

果然，結婚還沒有一個星期，我們就為在哪裡住，發生了矛盾。按照我的意見，我們三人都應當住在蔡家醫院，我不可能因結婚而拋下母親不管。平時三個人在三個不同的單位上工作，倒也算了，遇到星期天和放假，三個人往哪裡聚？三人住在一間口袋屋中，安上兩張床，且不說擠，沒有活動空間，拉屎拉尿怎麼說都極不方便。何況，婆媳同住一屋，本來就有悖於中國民間規矩。

三個人既不願擠在一間屋裡，劉啟建重新恢復了她的習慣：星期六就回北碚同她的老父親團聚，而我也像以前那樣，星期六便回蔡家醫院與母親團聚。

分居成了我同劉啟建「蜜月」期的奇怪現象，這個剛剛建立起來的家就出現破裂的危機。這難道不是這小小醫院黨支部的壞心眼造成的麼？不是中共二十三年迫害結出的苦果麼？

第四章：母親擺脫了傷心地

一九八二年春天，母親正為「落實政策」而心煩時，接到北京中國民主建國會中央委員會寄來的信，孫起孟告知媽媽，她的來信已轉給重慶市工商聯合會和民主建國會重慶市委，請他們協助解決母親落實政策的善後事宜。

第一節：劉老先生相助

四月一個星期天的上午，醫院的門衛突然來說：「方老師，樓下有一個姓劉的來找你，他坐的是一輛麵包車，看樣子好像是市裡的幹部。」

母親跟著走下樓去，來人大約六十多歲，身著中山服，腳上穿著一雙布鞋，此時正站在大門邊上，面容極為和善。母親打量著他，在腦子裡竭力思索著，對面前站著的他感到陌生。一面向他走過去，一面詢問道：「您找我嗎，請問有什麼事嗎？」那人立即謙和的向母親自我介紹說：「啊，我姓劉，在農業局工作，請問您就是方老師嗎？」母親詫異地點了點頭。

此時那停放在大門石階下那輛麵包車司

機，從車裡伸出頭來，高聲的喊道：「這是我們的劉局長！」母親終於恍然大悟，連忙說道：「啊！劉局長，劉老先生，劉昆水先生，我早就聽說過了，北京的孫老師給我來信中介紹您的，沒想到您親自跑來了，請吧，請樓上坐！」

對方回應道：「唔，不敢當的，我今天是因為到北碚農業局檢查工作，順路來看看您的，孫老師囑咐過我了，要我盡可能地照應您。」他一面上樓，一面講明自己的來意。

我站在樓梯口迎視著他。回重慶以來，這是我見到第一位市裡的局長。那外表似乎在哪裡見到過，或是在什麼小說裡讀到過的，但我卻說不上來。

上得二樓，面對本已很狹的過道兩旁，雜亂地堆著破紙箱，爛木頭和煤炭，他皺起眉頭好像在說：「怎麼會這個樣子？」當走進母親那口袋屋，他摘下了那副深度金絲眼鏡，瞇著眼睛，露出一種走進貧民窯洞的那種酸澀感，小心翼翼跨進了門，屋裡的濁氣，使他下意識地捂著嘴巴。

走到緊緊關著的窗子下面，重新戴上了眼鏡，試圖去打開那窗戶。正好，許小龍的母親從那窗前走過，使他縮回了伸出的手。接著他又回過身，反覆掃視著這間被兩張床鋪占去，只剩下一條過道的小屋，似乎明白了一切。

母親並沒有介意來人在觀察什麼，熱情的張羅著請客人坐在床鋪上，然後從廚房裡端出剛剛泡好的花茶，向他遞了過去。那劉局長忙站起身來，謙恭地接過茶杯答道：「唔，別客氣了，方老師、孫老師接連給我來了兩封信，托我關照您的，我也因為工作忙沒能抽出身來。」他第二次重複了來意。

接著問：「最近醫院工資改革了吧，他們給你加了幾級？」眼裡露出一種關懷的眼光。

「唔，工資嗎，按調資檔規定，像我這種二十年從沒有升過一級的人，應當在本次連升三級，但是醫院調資小組的人說，我的工資已是全院最高的，再說已經超過退休年齡了，動員我自動的拿出一級來，照顧那些業務上的骨幹，我也沒有什麼意見，所以最後上報時，我只升了兩級。」母親回答他。

劉局長聽到這裡，不停地皺著眉頭，中國人怕硬欺弱已是風氣，被欺侮的人是明也欺，暗也欺，到處都一樣，今天他已看到這個醫院不僅在住房分配上，在提升工資上對母親的欺侮，他還沒來得及深入瞭解平時母親是怎麼忍受周圍人對她歧視的。

「孫先生要我能幫助你，調整一下生活和工作環境。」他終於說出了來意。「我也沒有什麼辦法，民建雖說是民主黨派之一，卻連調動一個人也是無能為力的。我已就此向區統戰部聯繫了好幾次，他們說眼下沒有好的去處。

我看這樣吧，民建重慶市委已報教育部核准，準備在今年暑假後辦一所財經學校，中國要搞四化，沒有經濟管理人才是不行的，你看在這所學校裡增設一個以培養幼兒師資為目標的專業，由你出任這個專業的負責人怎麼樣？」

劉局長的坦白和開門見山，顯示了他對民建全國主要領導人孫起孟盡責盡心了。母親的眼裡露出了感激的眼光，她那渴望已久離開這野蠻無理，欺侮她、傷害她的蔡家醫院，總算盼到了。

這不是由中共的基層組織衛生局，教育局，落實政策名正言順解決的，而是由中共的一個小「夥計」以私人交情的辦法解決。中共對如此不光彩的解決，連看都不屑一看。不過對於母親來說，問題總算解決了。母親早在抗戰時就創辦過中學，一個教育部門的老前輩，被中共踐踏成這樣。現在他仗著民主建國會幫助，才逃出眼前這人間地獄。

「這樣吧，你儘快地辦理退休手續，爭取暑假就到工商聯來準備夏季招生的工作。我已經為你安排了住宿，你就安心在財經學校發揮晚年的餘熱吧！」他說完，便站起身來，告辭道：「今天我還有許多事要辦，所以不能再多給你說什麼了，好在今後來日方長，到重慶以後慢慢地說吧。」

我看著兩位老人緩緩下樓的身影，母親一直把他送到他的麵包車上，熱烈地握手道別後，還站在那裡目送那車消失在場口轉彎處。

我心裡一面替母親感到高興，她終於擺脫了這個令她傷心的地獄，也替母親擔憂，她已經六十五歲了，要單獨地在市中區獨自開闢一個天地，她能勝任嗎？尤其是，為什麼一個堂而皇之的民主建國會，對中共這種落實政策欺人太甚的作法，不敢直接提出來明正言順加以解決？而是想出在一個與幼稚教育毫不相干的財經學校，辦一個師資培養班的辦法來解決？

六月份暑假到來，母親按照劉先生的吩咐辦理了一切手續，打點了自己的行李，把自己的隨身行李裝成了兩個大包，在我親自陪送下離開了蔡家醫院。當我們雇了一輛運貨的人力三輪車，離開醫院大門時，除幾個與母親保持著友好關係的護士外，沒有人知道母親上哪兒去。當我們離開了那場口的汽車站向三溪口行去，母親連頭也沒有回。

從一九六一年，她被強行在這所醫院接受「監督勞動」至今，整整受了它二十年奴役和歧視，在她身上沉澱的傷痕怎麼也無法消褪。

我們到達市區的下半城解放西路的重慶市工商聯合會，已是下午五點鐘了。工商聯接待室裡走出了四個中年人，將母親的行李接到一個歐式三合院裡，母親被臨時安排在招待所樓上住下了。

一位二十多歲的小夥子，熱情地為母親搬行李，介紹工商聯的情況。他自我介紹說，他叫李重生，是工商聯的伙食團長，劉局長特別吩咐他對母親的生活起居進行關照，今後有什麼事只需喊一聲小李就行了。

母親從這個小夥子的樸實語言和憨厚的態度中，感到在蔡家醫院二十多年來從沒有過的親切。

今天對年過六十五的母親，有一種背井離鄉的傷感，但很快被周圍和睦的人際關係所沖淡。從今以後，也許有一段較為舒心的生活，記載在她夕陽的人生之旅中了。

第二節：解救范小妹

中共建政三十年來，一面空喊消滅城鄉差別的口號，一面又為建立統治秩序實施了嚴密的戶口管理，將國民劃為城市和農村兩類。農民在生活和勞動條件上比城市平民更苦，城裡一個職工再窮，每月好歹有幾十元工資，吃糧按城市居民供應也有保障。農民起早摸黑，常年勞累不得溫飽，成了中國社會最底層的階層。

農村這種低下地位，成為毛澤東關押、奴役「五類份子」的大監獄。每次政治運動，都把被整的人「下放農村」以示懲戒。

文革以後，到一九八八年十年光景，從二十四中學校畢業的高中學生，累計三千多人，考上大學僅只有十餘人，在一九八二年到一九八五年連續四年中竟沒有一個升入大學的，學生在學校混了幾年以後回到農村去，只消一兩年便把在學校所學的東西忘得一乾二淨，並變成農民。

就在這樣的氛圍中，一九八二年，范小妹在這所學校裡「混畢業」了，她要算在她的同學中最勤奮的一個。

但是無論她本人付出多大努力，她的母親寄多大希望，我對她付出了多少心血，她同她同年級的兩百多學生一樣，只能在高考的榜上名落孫山，她只好回到蓮花大隊的家，同她所有同學一樣，接受回家當農民的命運。

隨著畢業，原先的理想變成了泡影，前途一片茫然，呆在家裡又怎麼解決生活的壓力？她偷偷地哭過，我明白，她那白紙般的心靈難以渡過面臨的歷程。而她的旅程，是一條充滿文革留下來的欺騙、搶劫、危機四伏的路。擺

在她道路上的荊棘是她難以預料的，也是她的父母和我難以預計的

她的母親和范大伯商量後，決定讓她高中畢業，到德陽九五汽車廠去學一門手藝。范大伯是該廠的退休職工，按照政策規定就業人員沒有讓子女「頂班」的條件，這又是一種偏見和歧視。

她將離開的前一天，突然跑到學校來，懇求我讓她帶走我寫完的兩本「片斷」。我體會得出，那「片斷」帶在她的身邊，就意味著我在她的身邊，她說「片斷」上所有的句子，都會在遠行的途中，響在她的耳際。

就這樣，她像一個在大松樹林裡到野地採磨菇的小白兔，懷著惴惴不安踏上了遠程的路。

那天早晨五點鐘，天還麻麻亮，在牛奶場的大門口，她的母親提著一大包衣物，同她一起搭乘了牛奶場去火車站送奶的卡車，當她俯身在車上接過我遞給她的書包時，我看見她的眼圈紅腫，眼眶裡充滿了晶瑩的淚珠，我心裡一陣酸楚，淚水奪眶而出。

卡車緩緩地開動起來，她站在車尾，一再招手，一邊抹淚，一直到消逝在轉彎處的茫茫晨霧之中。

一周以後，也就是六月七日，我收到了她的第一封信，那上面寫道：「平哥你好，現在，我獨自一人到了德陽，一個人關在屋子裡頭昏目眩，想到你對我的關照，心裡就痛，我沒考上學校對不起你對我的一片真心。現在，我真有點後悔，想到我還是不該離開你們，我看穿了這世界的欺詐……」

第一封信的到來，使我陷入了一連串迷惑之中，她為什麼一個人關在屋子裡？為什麼看穿了這世界的欺詐？難道這些話隱含著一種陷阱？更令我奇怪是信上沒有落下地址，讀這封信越感到一種不祥之兆，她此刻在哪兒呢？

七月中旬學校剛放假，母親和我、劉啟建便坐火車到成都，再改乘北上的火車到德陽並

在黃許車站下車。

德陽九五汽車廠前身，是重慶新建勞動工廠一部份，遷川西而建立。它坐落在寶成鐵路旁，同鹽源農牧場一樣，就業隊是就地滿刑的「勞改釋放犯」充實的，就業人員一方面繼續受殘酷壓迫和剝削，另一方面又是一個混雜的集合體，這兒有受迫害的政治犯和受到傷害的老百姓，也有流氓、騙子、殺人越貨的強盜和妓女。管理它的監獄管教，多半是貨真價實的無賴和惡棍。它的東邊靠著黃許車站，川西平原的靈氣，使這裡風景宜人，然而同大陸美麗的土地一樣，秀麗的山水掩蓋不了這片土地的罪惡。

到了九五廠，我們很快見到了范小妹和她的父親，聽她的哭訴，短短兩個月的經歷，在她稚嫩的心靈上扎下了無數的毒刺。

出來幾個月一無所獲的回去，闖蕩生活的美好幻想不但破滅，還要重新回到那破屋裡聽母親沒完沒了的嘮叨？準備著像母親那樣，在分給她的土地上勞碌一生，留在黃許鎮上吧，又怎麼能應付周圍人群無休止的騷擾？

在中共「改革開放」的年代裡，無數同她一樣的農村少女，在向城市游離的過程中經歷幻想破滅，痛苦徘徊的歷程幾乎是相似的。她們經過生活的摔打，因處在弱勢，只好出賣自己的肉體和良知。一些人變成了城市的妓女，販毒的犧牲者，詐騙新的參入者。

這些不幸的遭遇，成了這個時期駭人聽聞的市井故事。雖然他們都知道，毀滅別人的人，自己必將被毀滅的道理，然而他們在毀滅別人的同時，並不願接受自己也被毀滅的嚴酷現實。

不過，范萍就幸運多了，我告訴她，目前地處農村的學校嚴重缺少師資，估計十幾年內這個矛盾無法解決，就在蔡家的幾所邊遠學校都在請代課老師，工資雖不高，但也夠一個人的生活了。只要肯鑽研，肯吃苦，走上講臺並不是一件太難的事。如果她願意從事這項職業，我願為她提供輔導。建議她暫時到邊遠的學校代課，再看今後的情況來尋覓新的就業機會，總比在社會上瞎撞強多了。經過我這麼建議，她決定跟著我們回蔡家場去。

從成都返回重慶，在母親那裡住了四天，我就和范萍一起回北碚，將她送回她母親身邊，母女相逢酸辣苦澀自有說不盡的心裡話。

這一段初闖社會的經歷給她多深影響，她雖沒說，但從以後她一直避諱提起這段遭遇，知道給她留下了一生難以消弭的傷痕是很深的。

回到蔡家場後她安下心來，聽從我的意見，就在附近的中小學代課，雖然代課的工薪十分薄，但也夠她個人餬口了。

第三節：峨眉遊

當我們從黃許坐上回歸成都的火車時，三天來在這裡碰到的種種不愉快終於結束，解救范小妹的成功，雖可以告慰我，但她回到重慶是逃出了一個罪惡深淵，還是失去了一個求職的機會，是好事還是壞事？要等今後下結論。

我們在回歸重慶之前，按照原訂計畫，便是遊覽川西壩子的名剎古寺。

記得我們在杭州居住的三年裡，隨父母遊於西湖，我特別喜歡天竺、靈蔭兩座寶寺。現在還能想起每當我走進那林蔭覆蓋的寺前小路，就被隨風吹來的香煙和隱約的頌經聲所吸引，彷彿已進入了一個神靈居住的仙境。

走進大雄寶殿，一股天地靈氣會使我肅然起敬，不由自主雙膝便跪在那高大威嚴的如來尊者腳下，清理自己浮燥妄動的心。次數多了，靈蔭寺的老主持便認識了我們。

有一次，他撫摸著我的頭，對母親說，「阿彌陀佛，這小施主人面善，我觀他與佛有緣，他有善根哪！好自尊重吧。需知，從善者得善，無緣者舍之，全憑自己的造化了！」當時我睜大了眼睛，揣摩他話中的意思。

外婆是常年吃素的，在她開導下，我常用零花錢去賑濟沿街行乞的殘廢人。

而今三十多年過去，回想在獄中逃過幾次殺身大劫，便以為是佛的救助。我自悟此生苦不堪言，歸結於種有惡因。所以在我的內心惡念有一念之差，幹過蠢事後，都必在事後加以懺悔。友人勸我在大難後，看破紅塵，從此遁入空門，求得解脫。

只因畏懼修行之孤單，於是雖有從佛的意願，卻仍徘徊空門之外。不過我是報應論的信徒，所以我在佛祖面前坦露心扉不敢隱瞞，抱定萬事隨緣的意念。

遊歷名勝，閱覽中華千古文化乃國人之共同心願，總想親身體驗暴政對我中華文明之破壞。所以在菲薄工資中省積了兩年，以供旅行路資和生活所需。

同行四人中，各懷著不同的心情難以敘說。母親抱定求孫的宗旨最是虔誠，劉啟建心裡在想什麼她沒有吭聲，范小妹在經歷了這場歷時兩個月，初逢社會的驚嚇正在反思，所以很少說話。四個人複雜矛盾心理作用下，使這次旅遊帶著說不清的味道。

乘車從成都出發，抵灌縣後，中午時分，我們在縣城一家小飯館裡吃過午飯，便徒步從灌縣城向青城山攀登。時值盛暑，我們沿著石板路，一階一階向上走去。幽靜的小道兩旁濃密的林蔭之中，蟬聲纏綿，像唱不完的迎賓曲，起勁為遊人鼓勁。到了長生宮，參天的大樹已將酷暑擋在幽徑的外面，氣候十分涼爽。

三十年來母親是第一次出遠門，畢竟年紀大了，能夠徒步十里已很不容易。懷著新鮮感，她一路上詢問所到處的小地名，以及這些地名的由來，說明她對美好生活仍懷著渴望的激情。

將到天師洞，那蓋定集仙橋的濃蔭，使古道特別幽暗起來，空氣變得壓抑，彷彿許多的精靈聚集在橋洞中，把世間的仇殺、冤恨，統統擠到橋的入端處，我相信有意上得此山求清靜的香客們，會從這裡找到新的靈感來。

如果有在政壇上叱吒過風雲的政客，或在戰場上顯過戰功的老將，雙手沾著他人鮮血的人，一定會在橋下的淙淙流水中，洗淨身上的血污。

人生驕娃和失意者，當回憶自己一生所造下的孽債，在此領悟萬事皆虛仰天長嘆之餘，所剩下的只有在玄虛的妙境之中，生出悔恨二字來。我看見那些長跪在天師靈麾下的，不但有善男善女們，還有面帶凶相，似有過嗜血經歷的頑凶。那兇惡的毒魈，口吐毒霧在用權欲、財欲迷竅著人的良知時，將醜惡不斷灑向他們。

當我們快進青城山的山門，在夕陽的斜照下，仰視上清宮闈的蒼穹，俯身去拾掇那些刻在石碑上的經文時，我的心被古代的聖靈洗滌。在巨大的香爐面前，凝視那一縷直衝太極之巔的香煙，我的心溶解在那嫋嫋直上的青煙中。

天地漸暗，太虛之中，萬物伏地，唯有瑟瑟作響的晚風，給人清涼的爽意，四周是那麼肅穆。突然間，一記宏亮的鐘聲，使那些聖靈腳下山谷裡，還在胡撞亂蕩的惡鬼，也心驚膽戰規規矩矩，伏聽天尊講那懲惡揚善的訓誡。

當夜，我們就求宿在上清宮玉皇尊者的腳下。

第二天天剛拂曉，西邊山腳下剛現魚肚白，我們用過寺廟的齋食，四個人緩緩下得山來。走出數百米外，我還在一步一回首，從不同的遠近再次仰看太虛之巔，一再聆聽從那上清宮裡傳出山來的隱隱鐘聲。此時我感到遺憾的是，忘記了帶上筆記本，沒有記下那雋刻在石碑上的碑文，但我一路還在咀嚼昨夜青城山頂元始天尊的佈道。

從灌縣縣城出發，繞著環山路蜿蜒十餘里，去二郎廟。西元前二五六年正秦始皇統一六國，舉兵韓趙之際，蜀郡郡守李冰率領蜀地百姓，深溝作渠，低灘圍堰，分洪成功。原來這蜀地，雨季淋淫，水患橫溢；日出驕陽，千里乾旱的地方，從此旱澇保收。

川西平原十三個縣，從此成為天府寶地，兩千多年涓涓流水不斷地灌溉著這千頃良田，長年使這裡的大地披著碧綠的盛裝，一年四季五穀豐登。

二郎廟前蜿蜒的山路上，老百姓和遊人沿路供著不絕的香火，李冰父子的塑像目光炯炯，二千年凝視著眼前這都江堰，好像在講天經地脈，又像關照著他腳下的子孫。一路上進香的善男善女絡繹不絕，他們所供奉的香火是中華民族居安思源的寄託。

他們雪亮的眼睛裡有一桿稱評人間善惡的公平秤，他們絕不會忘記給他們創造幸福的先人，也不會忘記給他們帶來災禍的混世魔王。無產階級專政在這裡所造下的罪惡，他們都銘刻在心間，謹記著這歷史。

九江東去，佛法西來，我們乘車南行，傍晚到了樂山。第二天一大早，我們懷著虔誠的心，來到凌雲寺前那百丈巨佛的腳下。舉世聞名的樂山大佛，初建於唐玄宗年代，直到唐德宗才修成，歷數十年之久。

當我從大佛腳下，凝視三江口，向外望去，江水浩浩蕩蕩。岷江、青依山、大渡河三種顏色不同的河水匯聚在此，合成一體，清濁分明，其景甚壯。傳說當年三江在這裡初匯，惡風兇悍，濁浪排空，常將航行到此的船隻無端的沖去觸礁，沉沒江底的木船無數。

當年有真人騎獸而過，對當地的父母官說：「此水怪出沒作怪所致，欲止此怪，須面三江而建一如來尊者的石雕巨像，以作鎮怪寶物。」說畢，當江一指，一尊巨石，傍山而出，遂驅獸而去。

當地父老鄉親向真人焚香跪拜，便以此石為本，大規模的修鑿從此而始，前後凡經九十年，大佛雕成，佛高七十一公尺，比世界最大的阿富汗佛還高出十一公尺。建成以後，果然咆嘯不安的三江匯口從此風平浪靜。

如來的石像，為航行在他腳下的船夫保駕護航，從此水怪再也沒有肆虐過往船隻。於是，人們從懸岩絕壁上，下到石佛的腳下，沿著佛身兩側和對面的山路鑿出石梯小道。最寬的地方也只能容兩人上下，並沿著石梯小路，在岩壁修出數百小石洞，其中雕供著上千尊小石佛，其工精美。

唐代佛教盛興，天子的兄弟玄奘曾出西域西遊取經，吳承恩所撰《西遊記》，將神和魔怪寫成身分各異的故事。這樂山大佛成了遺留至今的盛唐古跡。

可惜那時這些小小偶像，既沒被當作珍貴的文化遺產予以保護，卻在一夜之間，被毛澤東指揮的「千鈞棒」統統搗毀。為了樹他的皇權竟可以不尊重他人的信仰，可以在一時興起，而毀掉千年文化，連這些小佛像也未倖免。

我牽著母親沿著那石梯緩緩向上登去，此時我才看到在我身邊山崖上的小石像，竟找不到一處完整的，我立刻回想到在鹽源的馬鈴薯地裡相遇的冷軍，當年講的革命行動中一個細節，紅衛兵破四舊的瘋狂，使小石佛無頭缺肢，這些殘骸現在依然很淒涼地立在這裡，訴說當年毛澤東的惡行。

毛武斷的說宗教是虛妄的，其實剝開幻想的外殼，宗教不但反映了人們的善惡主張，還反映了他們對罪惡的一種揚棄。古時的工匠，能在懸岩絕壁上刻畫這些栩栩如生的石像，反映了他們內心的千變萬化。

坐落在凌雲山頂的一片寬闊的石板平臺上，東坡樓就立足在這裡，據看守人介紹，蘇東坡生前的大量詩文真跡，都珍藏在樓中的「文苑之華」裡面。文革把這裡當成橫掃封資修的重點。東坡先生生前的手跡被洗劫焚毀，至今許多散失的文物已去向不明，東坡樓受到空前破壞。

這次親眼看到那些已空蕩蕩的文苑書櫃，便對過去口口聲聲標榜，保護祖國文化遺產的黨棍惡吏窮兇極惡臉嘴，看得更清。

再行五里，便是烏龍寺了，據說這是樂山地區最大的佛家寺廟，當我們向它走近，就被那些隱沒在密林之中的梵院寺廟，和遠遠傳來的香煙和肅穆氣氛所懾住。進入山門前的小道，進香的香客背著香袋錦囊，雙手就已經合十，精神漸入佛境，絡釋不絕進得山門，四大金剛威嚴的守護著山門口，再向裡是維陀護法。彌勒在大雄寶殿門口挺著大肚子，笑迎八方來客。

進入大雄殿，十八尊羅漢於過道兩側依次排列，其相貌迴異，佛經中對它們都有過詳細的解述，這些形狀怪異的尊者，維護著殿堂裡的莊嚴和清淨。千羅萬幃中，那大雄寶殿的最高位置上，至高無上的阿彌陀佛威嚴的高倨其上。

少年時代，中共教科書，將佛教同其他宗教，一道歸併於毒害人民的精神鴉片。將佛教徒，說成是一群靠鬼話來矇騙百姓的寄生階層。中共利用執政的權力，強迫僧侶還俗，將寺廟的田園宅地荒廢了，搗毀了。使那些「泥菩薩」陷入了幾十年滅頂之災。

然而這樣做的後果又怎樣呢？共產黨的整個統治在無神論的天地裡，為所欲為，因果沒有輪迴，善惡沒有報應，精神上失去約束的人，藉口掃除舊社會的污泥濁水，把人性說成是資產階級的，把道德說成是虛偽的。於是人類好不容易累積起來的宗教文化全被毀滅。人和人之間赤裸裸仇視外，便一無所有了！

而今人們才開始反思，開始頓悟，思想家們終於明白剝奪了別人，其實也就剝奪了自己。植根於人民之中的宗教信仰，實在是社會道德的一種補充。既不能破壞，也無法破壞。

廣大農民把這些年所受到的災難，歸之於得罪了天地眾神，於是在民間，那些為防止災禍的天地君親師牌位重新供奉了出來，最終還是召回了曾被社會擯棄的神。相反，共產黨的信仰危機卻出現了。儘管中共目前仍然想用霸道的方法，讓人們接受他們的那一套，結果肯定適得其反。

我之所以篤信因果報應，根本上因為我是一個受壓迫的弱者，監獄中所受殘酷的壓迫啟迪了我，往往我用命中注定來解釋所遭的惡果，更容易解釋我面臨的厄運。生活樹立起來的信仰是不能用唯物主義來替代的，中國大多數從毛澤東暴政下過來的人，大抵都會有這種切身的體驗。

此刻我被那高大阿彌陀佛的莊嚴所折服，從他那身後的靈光中受到啟迪，真誠地懺悔我一生中的罪過，心中雜念也收斂起來。

汽車到達峨眉山腳的報國寺已是中午時分，在那裡的餐館裡用過中午飯，從報國寺乘車抵達清音閣，已是下午五點鐘了，清音閣底谷的泉水清涼宜人。從清音閣沿著陡峭險峻的山路通向雲霧重重的金頂，一般年輕人只消一天時間。然而我卻要攜著老母親一步步艱辛地向上攀登，至少也要花三倍的時間。

我們決定歇腳，在這裡留宿一夜養足精力，準備第二天攀登。

第二天一大早，我們同在這裡過夜的遊人一道，開始了第一天的登山旅程。在導遊的指點下，我們這一支向著白龍洞方向前進。山間小道走起來很崎嶇，但另有一種樂趣，每過一處的寺廟，不論大小，我都會虔誠的禮拜，讓繚繞的香煙把我包圍。

到達洗象池，金頂距我們已經不遠。天色已晚，住在洗象池的大客房裡，準備明天一早，登上峨眉山巔看難得一見的「日出」和「佛光」。

這夜正逢我四十五歲，三個人將我圍在客房中，大家祝我生日快樂。劉啟建還專門的買了一瓶精裝的文君酒，四個人都不喝酒，只是登山三天來大家都感到腰酸背疼，借酒驅散高山的涼氣和疲勞，每個人斟了半杯酒，酒一下肚，心裡熱辣辣的，似乎有了醉意，為了第二天登金頂，大家早早入睡。

第二天一大早，為了趕看日出，我們在早上五點鐘便起身向峨眉山之巔進發，因為光線黯淡，走在山路上高一腳低一腳，我看到母親走路特別的艱難，問到她才告訴我她腳上打起了泡。

這麼長陡坡中，她能在我的攙扶下，一步步登上山來已不容易，此時一來怕天黑道路不平，在她精力不濟時跌倒，二來也趕個早，別因她步履艱難，延誤了觀日出的時間。就在洗象池外，我為她雇了一個專門背旅客的「背夫」，我仍怕背夫因天色未明出事，便緊緊跟在後面，叮囑小范和劉啟建儘快跟上。

六點半鐘，我們終於登上了天下名秀峨眉山之巔的「金頂」。

平目望去，一輪紅日在雲海中噴薄而出，整個山頭已被朝霞染紅，如蒸汽如棉花的白霧，已經退到腳下，將下面的人世與我們隔開。

金頂海拔三千一百公尺，西望天府平原，北瞪貢呷山脈，當紅日一出，頓時氣清雲朗，一目望去，窮極宇宙。只那白霧阻斷的千溝萬壑，好像仍不能看破。忽而，一片白雲從南邊急速湧來，頓時四周茫茫四裹，咫尺之內朦朧朧朧。一會兒從北面掃過來一陣輕風，將白雲捲去，好像誰一聲號令，先前的白霧漸漸退去，再細看那兀立的群峰，青翠碧綠，一個個隱隱地站立在在溝壑深處。

當山腳下的霧漸漸退去，就留得幾朵游浮於山峰之間的彩雲，若那雲頭上站立的是仙人，告訴人們，今天群仙又要在這裡聚首，那朵朵白雲上下飄動像是神仙在磋商。快樂無過於那些無拘無束的神仙們，他們今天的聚會是巧合，還是預先有約？

此時我睡在寬闊的草坪上，一如睡在軟綿綿的雲端。好想縱身躍進那浩翰的雲海中，去洗洗這二十多年地獄留下的積垢，再學學那些快活自由的神仙，超脫自己，讓我的心不再積鬱和憂慮。

仰視藍天，品味著無窮天籟的奧秘後，我俯身去撫摩那突兀而立的山崖，被那些附在懸崖壁上的山花吸引。紅的，白的，黃的，星星點點地分佈各處，一叢一叢到處都是。她們向朝聖者招手致意，在山壁上發出清脆的笑聲，平添著絕處的生機，令人收斂對絕壁的恐怖。

就在那靜得可怕，連山禽走獸都無法攀登的絕處，她們也會在那裡吟唱山歌。這些大山裡的天使，敢在懸岩絕壁上與萬神共進野餐，這是那些在溫室中芳香迷人的玫瑰，永遠不可及的，她們自由屹立在山崗上，留芳在天地中。

再往下滑移，我的目光便停留在那崎嶇小路上義務的佈施者，那是些為進山拜佛的人鋪路修橋佛家俗家弟子。他們在自己鋪路的兩端，擺著對求過者佈施的木匣，那上面寫清了鋪路化緣人的姓名。

我明白了那山間的小路，原出自他們的一鋪一墊，那上面留著他們的汗水和虔誠。看到他們從遠處背來的一石一土，我深深為他們的努力觸動：只有邁過艱難歷程的人，才更加珍惜平坦大道，他們除了用對佛的虔誠去感動那些同樣虔誠的佈施者，相互間全憑信仰的力量在溝通。

再看那一路上的朝香者，有瞎了眼的，有斷了腿的，有失去雙臂和已經耆耄的老人，結伴著趔趄在那險惡的山路上。

「苦海無邊，回頭是岸」，既是他們的信仰，又是他們對虛妄者的規勸，他們之中必經歷過人生苦海，來領受佛的勸勉，求得一個善果。

至於那一路上花花綠綠的少男少女們，匆匆而過，是不會理解的。他們同我少年時代一樣，在沒有受過生活的煎熬時，是不會領悟佛所指點的迷津。

忽然一個背著遊人的背架，在那崎嶇小道上慢慢地蠕動，一位力夫，皮膚黑黝，滿身泥汗，雙顴突出，青筋暴突，汗水像雨注傾瀉著他的小腿，向上蹬的雙腳也不知在這懸岩山間打過多少顫，那背架上的遊人，那些走到這裡欲上不能的遊人，就靠著他的「鐵背」「銅腰」，得以飽覽金頂的風采，而一家人的生活便靠他這種賣命下的苦力掙來的錢。

我知道這裡沒有人比他更苦，需知他腳上的任何閃失，都會讓他滾下萬丈懸崖粉身碎骨，那背架上背的老人或殘廢倒不說了，竟然也有的打扇賣俏的公子哥兒和打扮妖豔的少婦，他們哪配進入這靈山佛境？如果佛有靈氣，會怎樣的處置這種人間的不平？我不知道但我相信。

我們在金頂照相，遊覽，流連往返，直到下午四點鐘，一團白霧將它團團籠罩，看樣子像要下雨的樣子，我才扶著母親向山下回歸。我們從十八拐下行，天色將黑，我們無心賞玩遍山的猴群，終於趕在天黑之前進入白龍洞。

第二天我們回到清音閣，從報國寺乘車回成都的時候，我們這次歷時八天的峨眉山之旅，便告完結。

八天留給我們的除了疲勞，便是心理上的寄託，我筆記本裡夾著的野山花，便是我最好的紀念。有時候，我真把自己也當成了在這險峻人世中的野山花，然而我心靈的透白還不能像野山花那樣的公開，我的「片斷」，我的回憶錄，便是我透明心靈的吶喊，但它們也只能掩藏著，否則我就連這一點空間也要失去。

逗留成都期間我想趁此再訪故友，一九七九年我回重慶後，一直陷於「落實政策」的奔波，有空就把精力放到「片斷」的撰寫，竟沒同陳容康和張錫琨的大哥保持經常聯繫。此時當我再尋西城大菜市，那兒正在拆遷，老陳的窩棚不知搬到哪裡去了。問到解放中路一二六八號，乾脆就沒找到這個地方。於是從此斷了同他們的聯繫。

我到成都前後四次，第二次是十六年前，即一九六六年春天，被鹽源農場的獄吏們押著來成都「參觀」，既要無端的殘害百姓，又要讓受害人唱頌歌，這便是近代專制主義的醜惡心理。那次成都展出的全國五十二面大寨紅旗巡迴展出的圖片，就是在花會期間在青羊宮裡展出的。

然而在那次參觀中我回答當局的是一篇：〈從南滾龍溝這面紅旗看大寨精神〉，令鹽源農場的管教當局瞠目結舌，我將「大寨精神」與「大躍進」聯繫起來，得出「勞命傷財」的結論。因為文章的全部依據均出自毛氏自己拿出來自吹的東西。

而今往事過去，故地重遊，當我尋找當年參觀大寨圖片的展廳，卻沒有找到。問到青羊宮裡的遊客他們都搖頭，中共已對這「大寨」絕口不提了，遺憾沒有清算，糊里糊塗地不了了之了。

去杜甫草堂，這裡已經培修。當年詩人窮居惡臥的故居，記述著一個傲骨清風的偉大作家到了晚年拮据度日，終老他鄉的經過，不禁令後人為之傷懷。詩人當年的心懷，今人又有幾個具有這種情愫？後人將宋的陸遊和清的黃庭堅共祠一堂於此，號稱三聖堂，以表達後人對偉大宗師的緬懷和敬仰。

歷史對於那些敢於抗拒獨裁統治的作家，幾乎安排了同樣悲涼的一生。這使正直的作家難以保持文壇的神聖。隨時俗，無聊文人多的是，有的是統治者奸佞的吹鼓手，有的以迎合市俗們庸俗的口味。將一些污濁的垃圾充塞書刊，純粹不以觸動統治利益而苟活。

然而，歷史又將那些偉大的作家供奉在文壇正位上，使後人永遠紀念那些敢於秉筆直書的文學專門家。這證明人心追求光明，正義依然是社會的主流。

武侯祠，我是第一次來拜謁，提到它，我總是同那篇偉大的唐詩聯想在一起：「承相祠堂何處尋，綿官城外陌生生……」東漢末年天下大亂，一代奇才諸葛亮輔蜀漢後主，以三分天下平息大亂，得到一個休整社會的三國時期。

近代的一些政治家包括趙紫陽也曾在這裡抄錄下一些史家的名文匾錄，我想人心嚮往和平民主這種共同的追求一定會決定中國的未來。

從七月二十日，我和母親、劉啟建三個人在菜元壩乘火車到成都，到八月十日回到重慶，整整二十天的成都、峨嵋之旅便結束了。

行程的回眸，所見一幕幕交織在我的心頭，錯綜複雜，尤其是一路上，到處都可以看到毛澤東時期破壞的痕跡，當年我們在監獄中備受獨裁統治的煎熬，而我的國家卻在暴政中被蹂躪，大陸至今仍那麼貧窮，不正是獨裁的傑作麼？

當火車載著我們四個人回到重慶，帶著不同心情一齊回歸，我在想，什麼時候我會心情舒暢的再重遊峨嵋，看到她變得燦爛美麗？

母親仍暫住市工商聯的招待所，距火車站僅僅只有一里之隔，我們決定暫時在母親的住處休息幾天。

她到重慶財經學校已有一年多了，靠劉昆水先生支持以及周圍那些與她有過相似遭遇的同事幫助，她開辦的幼兒師資班已經招了兩屆學員，這些人畢業後充任了工商聯在市內所辦的各地幼稚園的老師，受到好評，解決了當時奇缺幼兒師資的景況。

由於母親心情比過去開朗得多，她的面容紅潤，身體健康得多了。她每每講到李重生夫婦對她的照應充滿了感激之情。她告訴我說，四個月前她得了一次急性腸炎，腹瀉不止，人也幾乎虛脫，全仗重生把她背上背下，送附近醫院搶救治療，才使危險過去，幾天就恢復了健康。

後來，由母親作媒，重生娶了媳婦。我們在工商聯短短暫停的幾天，就得到他們夫婦倆熱情的照應。母親每談到這段晚年的流浪生涯，她都顯出一種幸福感。可見在蔡家場的二十多年間，蔡家醫院的「造反派」對她的傷害有多深。

「四人幫」垮台，鄧小平粉墨登場，為清除毛澤東死黨的政治需要，藉全國大規模平反冤假錯案，對各民主黨派許以相互監督，共存共榮的諾言。使已進入棺材的各民主黨派有了還魂的機會，保持這些黨派的名稱並在政府的席位上占著一個頭銜，例如各級政府機構中保持一個「副縣長」「副市長」的職位，各級人民代表大會和政協都給一個副職。

但這一打一拉，因為出手太重，實際上早使小夥計懷上了鬼胎。言行哪敢違背坐在主席位置上的大哥？那曾在建立民主黨派初期有過的為民請命的陽剛之氣早以殆盡，實足變成了專制主義黑幕的遮羞布。

第四節：第二次落實政策

像我這種既不沾親帶故，又沒有重禮相贈的書呆子，要想毛遂自薦正大光明講我的學歷和專長，那就準碰軟釘子，若靠我的騎術我就一輩子也找不到馬的，好在我心裡明白，我的調動除靠上級硬壓是沒有別法了。

一九四九年父親將我們全家寄住北碚後，我們全家就從此時開始，在無產階級專政的地獄裡經歷了長長的煉獄，一九六二年外祖母在飢餓焦慮中去世，已戴著右派枷鎖的母親，在當局強迫下帶著十八歲的弟弟，悽悽惶惶從北碚街上「流放」到偏僻的蔡家場。

經歷了漫長的三十五年，直到一九八四年我們這個重新組成的家，在各方支持下才從蔡家場重回北碚。

（一）重回北碚

一九八四年七月我還守在應屆高中畢業生考試的考堂裡，從報上得知市裡由重慶人事局牽頭，組織了一次規模空前的「人才交流會」，我決定去撞一撞。

正逢暑假，我便專程去了重慶大學，我因獲悉當年劃我們為右派的朱批人—宋殿賓已

「落實政策」官復原職。這位宋書記在文革時期，因妻子張大珍被劃地主份子，撤去衛校黨委書記一職，並交農村監督勞動。

中共重慶市委，責令他在愛人和黨籍間選擇，這位宋殿賓因不忍拋棄愛妻和兩個幼小的孩子，拒絕黨委離婚的「忠告」，因而被打成重大的第二號走資派，削去重大的所有職務，還將他貶到衛校去接受革命群眾的監督。

派給他的工作就是打掃廁所，從此整整十三年，在廁所邊將孩子拉拔大，自己也親自嘗到了共產黨整人運動的滋味，對當年無緣無故由他朱批打入十八層地獄的右派們，才產生惻隱之心。

當一九七八年母親找到重慶衛校，請他為我當年冤情作證時，他便寫了材料，使重大落實我的政策時，減少了不少麻煩。

一九八三年春天，母親在重慶財經學校工作僅一年半後，劉昆水創辦的財經學校因為經費上的困難，決定裁減最初設置的專業。

工商聯的頭頭，對母親長住招待所也表示了異議，說母親佔用的是工商聯用來招攬客商的經營性客房，從來沒有住過本單位的職工。劉昆水和母親商量結果，母親決定辭去財經學校的工作，於五月份重新回到蔡家場。

劉昆水為了表示他的歉意，專門用配給他的黑色伏爾加轎車，送母親回北碚，並親去北碚區委統戰部，請求他們考慮在北碚為母親安排一個工作和住所。

蔡家場本來就是一個偏僻的小村鎮，八十年代初，在橫貫小鎮的馬路上只有幾架由農家裝的手扶式來回奔跑，充作小鎮的運輸車，雖然它那令人耳聾的巨響和濃濃的黑色廢氣令人煩躁，街上的居民也生活在廢氣排出的濁氣中，但居住在這裡的居民習以為常了，手扶式成了鎮上人唯一代步工具。

唯一溝通蔡家場和北碚的公共汽車已破舊不堪，雖說從蔡家場到北碚的車票僅僅只有一角二分錢，但窮苦的蔡家居民也要算著來，能搭上手扶式的就是再危險都要擠上車，他們把命看得很賤。

除此外便是北碚物資局的幾輛綠色解放牌，以及燈塔鄉的八四五廠過路的東風牌卡車，蔡家那十字馬路上很少看到小轎車之類的「洋車」。

當母親乘坐的轎車，從場口向蔡家醫院緩緩駛近時，蔡家街上所有的街民都投以好奇的目光，他們心底裡在嘀咕：不知道又是市裡的哪一個重要官員來視察了，萬萬沒想到車裡面坐的，竟是過去被醫院整得人不像人，鬼不像鬼的方老太婆。

黑色轎車在醫院的大門口停下來，母親從車門裡走出來時，正好王明站在門口，他一直眯縫著眼睛注視著從場口向醫院緩緩開來的這輛轎車，心裡產生著各種猜想，卻完全沒有料到這是專門送母親回來的車。

車停穩後，從車門裡走下我的母親時，這位王書記用笑臉向母親迎了上去。一面喊坐在掛號室裡的小曹和藥房裡的小李，要兩個年輕人趕快去提從車上下來的兩包行李，醫院裡的護士都出來迎接，一時熱鬧得很。

我接到母親回到蔡家醫院的消息，從二十四中趕回醫院時，母親的房間裡聚著小陳、小周和王書記。王書記正在吹捧母親在落實政策以後，如何煥發出「革命的青春和活力」。

他當著母親的面說道：「自從你走了，我們才知道你起的作用，你移交的三個工作，掛號、出納和伙食採買，現在是交給三個年輕人在管，要他們任中兼一點工作都不幹，而且還幹不好，上個月出納就錯了三百元錢，這麼一對比，才顯示你老人家才是我們醫院的老黃牛了。」

兩個年輕人不高興的看了他一眼，顯出很不屑的樣子。他對母親另眼相看，是因劉昆水的關係，還是經過對比的確改變了他原來的偏見？但想起兩年前他在母親分房時的那副臉嘴，對比現在，使我產生一陣陣噁心。

據他本人介紹他的母親過去是要飯的，當孩子的他，常跟母親拿著打狗棒沿街行乞，看來他真的「根正苗紅」，是共產黨的真正依靠對象。可是為迎合我們，常把攻擊共產黨掛在口上。

不過我心裡倒是生了警惕，大陸人生活在這種人的管理之下，可要十分小心，切切不可以隨便附會他，以免在莫名其妙時從遭「禍從口出」之難。

當時北碚區政府正在組織力量編寫北碚地方誌，為此專門組織了一個修史小組。從圖書館和文化館抽人收集材料，母親就被定為修史工作組成員，在編寫工作地騰出一間小屋供母親臨時居住。後來她又在衛生界朋友的幫助下，長期居住北碚，擺脫了蔡家醫院這個囚禁她二十多年的人間地獄。

騎馬找馬，是劉老教給我的方法，但要調出蔡家的路，還得自己去找，到北碚統戰部去了幾趟，我說我的母親既然已經到了北碚，那麼當初將我安置在蔡家的理由已不存在。統戰部的老吳卻說：「你看吧，在我們的管轄區域和許可權範圍之內，有哪個現存的單位空著位子來安插你？你最好自己找單位吧！」

一九八一年，宋殿賓回到重慶大學「官復原職」，他的夫人也調到了重慶大學，只因我在二十四中，並不知道這個消息。直到我回到重慶大學，講明重慶市人才交流的幾個要求，請重大黨委為我進一步落實政策時，才找到宋殿賓。他當即叫我去找重大的校長張文澄。

同我們一起劃為右派份子的張文澄，原是西南政法學院的團委書記，一九七八年獲平反後，一九八一年接任重大黨委書記。按宋殿賓指出的路子我找到張文澄時，他正被任職為重慶市人民代表大會常務委員會主任，並且正在辦移交手續。

張文澄熱情地接待了我，他一方面要我去找重大的第一副書記高某，對我重新落實政策，一方面打電話給市委宣傳部，由他們出面對我的工作重新安排，不過市委宣傳部說他們沒有辦法強行的安排我去哪一家工廠，建議我自己就在北碚地區確定一家最滿意並願意接納我的單位，再由他們出面調動。

我本人是學機械的，能夠吸收我的對口廠，在北碚地區恐怕便是地處區中區的重慶農用汽車廠了。湊巧這家工廠的黨委書記彭季灰的愛人周生碧，正是當年母親工作的北碚托兒所的共青團支部書記，此人正是當年劃母親為右派的負責人。

後來的二十餘年間，除了我和我母親被劃為強迫勞動的「專政」對象，剩下一個七旬的外祖母和一個年僅十四歲的弟弟，都因黑五類，受盡生活折磨和精神迫害。

二十五年過去了，冥府帶走了我可憐的老外婆和稚氣的弟弟。

現在我的母親找到這位周生碧，請她出面向她的老公推薦接納我進入這家工廠時，在良心發現下，當即表示接受母親的委託。

就這樣，我在張文澄、宋殿賓的幫助下，重大校方重新做了對我個人的改正決定，除換掉了一九七九年發給我的肄業證，補發了重慶大學的正式畢業文憑，確定了以一九五八年開始計算我的工齡，還專門加了一級工資。

當我一手拿著張文澄給重慶市教育局長的信，在得到市教育局批示後，責成二十四中立即放人，又拿了市委宣傳部和重慶市人才交流中心的批覆，到重慶農用汽製造廠，換得了由該廠廠長親自簽署的調動令，我的調動就在短短一個月內辦妥。

（二）搬離蔡家場

我很明白，對我個人的落實政策的進展之快，全因毛澤東淫政之下共產黨的分化，沒有對宋殿賓的十三年懲罰，沒有張文澄再次復職；沒有孫起孟和劉昆水這些從地獄裡活著出來的民主黨派人士相助和周生碧的良心發現，我這麼一個無名小卒憑什麼說調動就調動了？

我算「右派」中與命運抗爭的一個特例。

工廠的勞動人事部門雖有許多調進調出的事，但工廠管理者並沒有引進人才的熱情。自從政府提出人才交流以後，超編的企業形成了一套自己的規矩：求調人首先要得到本單位頭頭的點頭。其依據除了行政的安排，便是廠長指令，根據從後門湧進來的親朋關係，掌權者進行著權力交易的平衡。

求調人若沒有很硬的「後台」，在調動時，必須準備給工廠人事部門送上一份滿意的禮物。一切擺平以後才能談調動。至於調進的人，是否合乎工廠發展的要求，那是只有傻瓜才會擺在第一位。

所以，沒有關係的人要調進一個企業，提著調令和檔案來人事科，科長會坐在太師椅上接過介紹信，連看都不看就塞進了抽屜，不屑的回答你：「等領導研究後，再通知你。」你若急著問：「要等多久？」那科長必會冷冷的答道：「辦事得有個過程，這工廠又不是為你辦的。」

當我提著檔案袋到重慶農用專汽製造廠到廠長辦公室報到時，接待我的黨委辦公室周主任，接過介紹信後，滿臉堆笑，熱情表示對我歡迎。他說：「新上任的廠長李友正缺得力的幫手，只是眼下工廠還相當困難，所以不能解決你的住房問題，請你暫時克服一下。只要工廠一有起色，什麼問題都好說。」

據說這位周主任原來是新任廠長李友的姐夫，李廠長的姐姐是中共北碚區委的組織部長。我一來就碰上了這種與地方親上加親的裙帶關係，知道這本是中共基層組織多年形成的關係網，同這些多年吃黨飯的人是沒有什麼共同語言的，以我為人耿直的秉性難於適應，所以還是對他們回避為上。

所以我從進廠的第一天開始，就像孫悟空撞進了玉皇大帝的蟠桃會一樣，應付著眼花繚亂的新環境，適應它，幹我自己想幹的事。

由於農用汽車廠沒有房子可分，搬家前我

同劉啟建商量好，暫住在天生橋她的父親的舊房子裡。

我們的家便於一九八四年八月底搬離了蔡家場，經歷了整整二十五年，家破人亡後，只剩下母親和我，費盡周折，我們才重回北碚街上。

就在我們舉家遷到北碚不久，接到劉昆水先生寄來的信，這封信仍寄到二十四中，由那裡的老師轉給了我。在這封信裡再度重複我騎馬找馬的老生長談。

母親在北碚區參加的編史工作已告一段落，又碰到了當年在北碚煉鐵廠一同接受監督勞動考察的患難之交，原衛生局的一位右派科長李秀貞在衛生局申辦了一個為病人就診的門診，取名縉雲諮詢門診。

母親在李秀貞的邀請下，參加了這個門診所的組建，並在正式掛牌營業時，擔任門診的掛號和財務工作。這個門診集中了北碚地區有相當名氣的老醫生，他們除了醫術，還保持著較良好的醫德，所以，求診者門庭若市。

第五節：盧文南

這年年底的一天下午，母親在下班回家的歸途中，與一個拖著板板車，穿著襤褸的中年人邂逅相遇，當那名漢子走到母親身邊，突然把板板車停了下來，並且呼喊「媽媽」時，她才認出對方來。

原來他是二十年前我弟弟的電力學校的同學，名叫盧文南。他的母親原是西南師範學院圖書館的一名工作人員，一九五七年被劃為右派份子，與我的母親在北碚煉鐵廠一同接受「監督勞動」。一九六二年母親從煉鐵廠調到蔡家醫院時，她仍留在北碚煉鐵廠。

盧文南與我的弟弟在電力學校畢業後，兩人同時下放蔡家農村，在同一個生產隊落戶，算得上黑崽患難之交，只是盧文南生性比弟弟更懦弱。當一九六七年弟弟貿然離開蔡家場時，盧文南卻因害怕沒有跟著去，免去了一場殺身之禍。弟弟一去不返，盧文南隨即也離開了蔡家場，從此以後，兩個孩子便與我的母親失去了聯繫。

現在突然出現在媽媽面前的他，頂著一頂破草帽，遮著那張冷得鐵青的臉，瘦削的身子在寒風中瑟瑟作抖。認出他時，母親幾乎驚叫了起來，蔡家一別已經整整十五年沒有看到這孩子了，而今見到他如此狼狽，不但十分可憐他，還勾起她對失蹤多年小兒子的思念。

弟弟失蹤當天，母親曾到他們住的那間小茅屋裡找到他，問起弟弟去向，盧文南根本不知道。而今站在面前的他像一個被人遺棄的乞丐兒，心中好不心酸，一面叫他把板板車停在路邊，牽著他的手問他媽媽現在哪裡？

文南只是搖頭，好像有許多苦水堵在心裡不能吐出，母親牽的那手正在發抖。看看時間，已近六點，天正黑下來，便在附近麵館裡給他叫了兩碗炸醬麵，一面仍不停地詢問他住在哪裡、母親的近況以及他現在如何謀生？

盧文南在那麵館的長板凳上坐定，兩眼直楞楞看那灰色的大街，那形態使母親想到魯迅筆下的閏土，向他提問，他依然一聲不吭。等到兩碗麵端上小木桌，他並不謙讓，狼吞虎嚥地吃了起來。看他那餓極的樣子，母親心裡想著自己的兒子，說不定現在也像他一樣，潦倒地流落在不知哪個城市哪條街口？

第一碗麵已經下肚，文南臉上也由青色泛出了一點紅暈，精神似乎也恢復了一些，才慢慢地講話：他的母親已於前年死於肺癌，當母親撇下兒子而去時，留給他的唯一遺產，便是幾十年來母子相依為命，所住文星灣半山坡又矮又潮的破瓦房。

破瓦房幾十年來沒有變化，那裡是北碚區的貧民窟。留給文南的兩間破瓦房還是解放前他父親購置的遺產，那時父親在國民政府裡當雇員。

「解放」以後，共產黨以他的父親歷史罪

抓捕了他，那時文南僅只有八歲。後來母親好不容易通過民政部門，謀到了一個在西師圖書館擔任管理員的工作，勉強維持母子倆的生活。沒想到一九五七年他的母親被劃成了右派，從此更大的災難便降臨到他們娘倆頭上。

把兩碗麵吃完，盧文南繼續講自己的遭遇：母親獲得西師平反後，並沒有回到原來的圖書館工作，說她已到了退休年齡，所以給她辦了退休手續，每個月發給她三十元的退休金，母子倆就靠這點退休金維持著活命。

盧文南多次去找電力學校和街道，要求給一份能糊口的工作，但是他們說你是一個弱智，什麼都不能做。母親多方托人，始終求職無門。

後來媽媽單位工資改革了，物價也跟著飛漲，幾次退休人員增加的工資抵不上猛漲的物價。一九八二年基本生活物價漲了兩倍，而她的那點退休月工資卻仍只有五十多元，生活一天天更加貧困，由於長期的營養不良，母親終於病倒，因缺錢上醫院，只找了小巷裡的遊醫抓了點草藥，聊以應付。等到她大量咳血時，已經難以起床，醫生診斷說她得了肺癌。

母親眼看自己將不久於人世，為了給自己的孩子求一條生路，掙扎著從床上爬起來由兒子攙扶著到街道辦事處，請他們可憐他們母子倆的悲慘命運，無論如何在她死前為自己的孩子安排一個職業，以求謀生，哪怕是掃大街，或拉板車當苦力，只要有口飯吃怎麼都行。

在那個年代裡，街道辦事處之類的中共下層機關，如果沒有特殊的人際關係，又無靠山可傍，就憑那一貧如洗的臉嘴，誰會伸出同情和援助之手？憨厚的盧文南依然眼巴巴守著家門口，望著過路行人發呆。

帶著垂危的病體，母親最後一次到區委統戰部去，請他們為孩子安排一個工作。統戰部的官員說：「你現在提出來的，已超出了中央落實政策的範圍，我們已經無能為力，但看在你得了重病和你的兒子的具體困難，我們仍在考慮怎麼來解決，你還是回去等著，一面靜靜養病，一面等一段時間，今後還是由街道的辦事處來具體解決吧。」

於是把「球」重新踢回街道辦事處，這麼一踢，不但無助於文南困難的解決，還得罪了街道的頭頭。等到盧文南再度找街道辦事處時，那街道辦事處的老頭昂著頭，鼻子裡哼著冷氣，冷笑道：「你也不掂量掂量，自己究竟有多大的能耐，還想跑到上面去告狀，老實告訴你，萬丈高樓平地起，像你這樣的問題，還得靠基層。」

按照下鄉知青返城的有關規定，當年他也該由街道或民政部門在城裡安排工作，也不知什麼原因，那時他就沒有搭上返城知青的車，從蔡家回來便是一個無業遊民，在貧民窯中，混到四十歲了，連吃飯問題都解決不了。

打著光棍的盧文南，眼看母親病得奄奄一息，卻無錢無力將她送進醫院。最後幾天，守在西師的衛生所裡看著她閉上了眼睛。同他一起辦理喪事的是他住在合川縣的一個姑媽。

母親草草安葬後，按照國家統一規定，還有十個月的退休金作她的安埋費，他悄悄的把他母親的骨灰，安葬在松林坡的一棵大樹下，就守著那大樹，癡癡地過了三天三夜，他希望與死去的母親，這麼永遠相倚的陪伴著。

母親去世後，盧文南失去了生活來源。姑媽幫助他領出了所有的撫恤金，叫他去河邊的碼頭做點小生意，開始他早出晚歸，挑著籮筐做點河邊菜販子打出來另賣的小菜生意，不料他因為人呆板，不善於觀察行情，小菜賣不出去爛掉了，把本也虧了，只好另覓生路。

看他形同乞丐的樣子，產生了惻隱之心的一位緊鄰老大爺，給他找了一架破舊的板板車。每天他便拖著車替附近的商店運點貨得一點報酬，過著飽一頓餓一頓的日子。每逢自己生活過不下去，幾頓沒有飯吃的時候，他都要跑到埋葬他母親的大松樹底下，默默在那裡哭泣。

他講到這裡，傷心地哭了起來，天已黑了，街上的路燈早亮了，看見他精神振作了一點，估計是兩碗麵的效果，母親還要給他再下一碗時，他卻擺擺手，依然呆呆的坐在那長凳子上面，望著沉沉黑下來的天空發呆。

兩個母親遭遇如此酷似，成了她們結下不解之緣的原因。

如此又沈默了一段時間，母親關切問他今後有什麼打算？不料這一問卻猛扎了他那根埋得很深的神經，他忽的從木凳上站了起來，好像在用力掙脫鉗著他喉嚨的無形鐵鉗。眼睛裡閃出一股怒火，悶聲地喊道：「反正活不下去的那一天，就用我的一條命去換他們的兩條命，也賺個對本，值得了。」

聽得出這是鬱積在他內心醞釀了很久的打算，帶著以命抵命的決心，用砸碎這吃人世界的最後一搏來結束自己的生命。不過他要同歸於盡的是誰？是街道辦事處欺他太甚的「頭」，還是在他腦海裡無時不在浮動的魔鬼？然而他咬著牙再不吭聲了。

母親心裡明白，越是沈默，這孩子就越處在「風蕭蕭兮，易水寒」之中。在這個吃人不吐骨頭的年代，就不知有多少被欺凌的弱者，積蓄著仇恨，隨時都會被引爆。搶劫、殺人中有多少出自悲傷？社會沒有引起關注！是故意漠視這些現象，還是社會有意回避這些？

現在母親完全相信，這個小時候性格內向，從不多話的人，並不是一無感覺的癡呆。那心裡可是鬱積了隨時可能讓人粉身碎骨的一團復仇怒火。既毀滅自己，也消滅對方。

為了拯救這孩子，她想撲滅它。想到這個孩子的危險和可怕，連連叮囑他看在他母親在天之靈份上，千萬不可造次，一定冷靜處理，何況天無絕人之路，總有一天他會得到母親的保佑。

臨分手時，母親打開皮包取出五十元錢塞進了他的衣袋，並且把我們住的地址抄給了他，關照他，今後如果遇到什麼克服不了的困難，就到天生橋來找我們，叮囑他堅強地活下去，看看這個世道還會變成什麼樣？

聽罷母親這一段敘述，感到對這個以強權欺凌弱者的社會，光同情盧文南的遭遇，是無濟於事的，今天連在報紙上公開為之呼喊不平的自由都沒有，這種不平何以消弭？

像街道辦事處的頭們的惡棍，誰又能動他一根毫毛？就是他們做出販毒，聚賭、窩匪藏盜，逼良為娼這些危害公眾的事尚且無可奈何，何況像盧文南這種只能歸錯於「落實政策」不力的悲劇，就更難解決了。

我自然想起了劉昆水老先生，一來，他本人有過類似的遭遇，對盧文南現在的處境不可能無動於衷；二來他身居重慶市的要職，作為「父母官」請他為一個在反右派運動中受害者的遺孤作主，向民政部門反映，促使北碚地方官，給盧文南安排一個可以維持生活的工作，並不是一件難事。

雖然這兩三年來，我個人請他幫助，另找一個專業對口的工作，被他用「騎馬找馬」搪塞了毫無結果，但像盧文南這種需人救命的事，他該不至於拒絕。

出於這種估計，於是便提起筆來，為這件事專門的向他老人家寫了一封信。兩周以後，便收到了他老人家的回信，信上說，他正在開政協會，工作極忙，所以只在會議的空歇時間抽出時間，回答我給他提出的問題。

我想他能認真閱讀我的信，並及時答覆，是中共各級組織不可能辦到的。懷著一種敬意細細讀信，那信的前半段講共產黨的人事安排，奉行逐級管理的原則，接著便說他個人無權越級給任何人安排工作，甚至於連自己的子女，他也從來不為他們安排做什麼。

在申明他本人許可權後，點出像盧文南這樣的情況，只能由北碚的民政部門根據街道辦事處的具體條件來處理。

讀到這裡我心頭納悶起來，這劉昆水的清官原則本是無可非議的。問題是，我向他提出了一個有違中共政策的難題，要他破例「違背」中共「組織原則」，作一樁好事，竟關上了門，怪難為他的。

其實眼下無論哪一級中共官員利用關係胡來的事還少麼？難道他沒有看清當前官場的腐敗？他可以不為自己的子女著想，那自有巴結他的下級妥善代勞，但對這個生存受到威脅的盧文南，他怎麼也不能推卸仗義執言的天責。為了保持「清廉」和奉公守法，連道德正義良心全都可以一古腦兒丟掉麼？

需知盧文南的遭遇是中共一手造成的啊。他像站在貪官衙門口的一個乞丐，被擋了出來。即使那坐在官衙位置上的青天大老爺，過去也曾經是乞丐的同伍者。但中國人的品性就像洪承疇被努爾哈赤所俘，關在滿人的天牢裡說過的一句話：「漢人在危難相共時是一條龍，而當共同的危難消失後，就是一盤散沙。」

想到這裡，心潮陣陣上湧，便提起筆給這位先生寫了回信，那信上除了替文南這位無辜的受害者再次吶喊，呼喚正義和良知，並痛斥北碚地方官吏的麻木不仁。聰明的劉老先生當然讀得出這辛辣的指責實際上包含了他本人。尤其是信的結尾，還從當時正在流行的電影《七品芝麻官》中，錄下了其中一段老百姓通街吟唱的歌詞：「當官不為民作主，不如回家賣紅薯」。

作為晚輩，我絕無指責長輩的惡習，更何況一個已為中共入過另冊的人，我更要小心講話。何況在舉目無親的重慶市，我們就這麼一位在我們身處逆境中，給我們多少幫助過的市一級政府官員，更不願隨意傷害了他。

然而，我還是這樣的把信封好，交到了信箱裡。這大概是二十年煉獄中，注入我秉性中那種橫眉冷對當權者的東西，使我失去了對自己的約束力。一筆瀉下，覺得自己心中被壓抑的折皺得到舒展，而不顧及後果了。

母親在得知這件事後，曾責怪過我：首先

因為造成盧文南目前這種困境的畢竟與劉昆水毫無關係。對罪魁禍首無可奈何，卻去責怪一個同情我們的人，畢竟是非顛倒了。

再說劉老先生是受孫起孟先生所托，看在師生之誼上，對母親給了力所能及的照應，這在當時社會風氣日益敗壞的情況下，已算是盡心盡力了。現在反倒為盧文南的事，被無端指責不如回家賣紅薯，是失禮了。

何況明知他雖掛著官牌，卻並無任何實權，對盧文南這樣涉及中共的敏感事件，更要看坐在「主席」位置上共產黨的臉色辦事，他的回信正反映了小夥計的軟弱，所以不該對這位善良老人橫加指責。

劉老先生從此以後就再沒有給我寫過回信，我們之間將近三年的通訊友誼，就這麼結束了，也許他是真正生氣了，也許他理解我的心情，不願與我一般見識，主動停止這種爭論。我至今回想起來，給他的信中很尖刻的話，不過是把他當作一個長輩，當作執政黨的夥計來要求罷了。

過了幾天母親收到了他的回信，提到了我給他的信中指責當官不為民作主的話，忠告我吸取過去的教訓，不可以滿身長刺去恣意刺傷他人。也罷，話不投機三句多，想劉老作為長輩大可不必這麼小氣，過於拘謹的做人活得夠累。

我雖窮，住的是破瓦寒窯，天天奔波勞累。但卻不為五斗米折腰，見人矮一頭，能時時保住心中這塊自由的福田。而他當他的官，進出轎車，住別墅，但心裡未必舒坦。後來在一九八九年天安門民運中，集中表現了「小夥計」缺乏自信和自尊的難堪。當然，在這個時代，劉老絕對是一個好人，一個直不起腰板的民主人士。

至於盧文南，後來碰到了縉雲門診的那些老醫生們，當母親向李秀英等人介紹了他的遭遇，門診部便從門診收入中湊了點錢，盧文南就在大家的資助下做起了小小的百貨生意，在滿街琳琅滿目的攤位上，佔據了一席之地，維持著自己的清貧生活。

第五章：中國特色的社會主義

在《血紀：從反右到文革》裡我已將「無產階級專政」在中國大陸實施的真相記錄下來，從中可以看到，勞改隊是一個法西斯集中營的遠東版。

史達林之所以在蘇聯推行「國家所有」，那是為了要建立一個與獨裁政權相適應的經濟基礎。毛澤東仿效蘇聯，在中國建立一個適應高度獨裁國家的經濟基礎，這便是中共國有制的由來。

同蘇聯一樣，毛施行「國有制」二十八年，不但無法超越經濟發達的「資本主義」世界，連本國老百姓的吃穿都解決不了，數千萬中國同胞為共產主義的試驗白白付出了幾千萬人的生命，作為基礎的經濟，最終裁判了「公有制」的淘汰。

在這一集裡，我回顧了鄧小平「改革開放」的過程和結局。鄧部份順應客觀規律，捨棄「共產主義大鍋飯」，知道「白貓黑貓能逮耗子的就是好貓」。但是這一過程依然保存了「獨裁」衣缽，它走向了另一極端——本來，現在大陸社會中與公有制並存的民營企業，以其各方面的優越，令人信服證明，代表私有制的民營經濟優於獨裁專制的國有制。

但是鄧小平的「改革、開放」，是將共產黨騎虎難下的「公有制」變成統治者的「私人佔有制」，這與自由競爭而發展起來的「私有制」，具有本質的區別。中共主張的「私有」，是竊取權力者少數人的私有，帶有對社會財富的掠奪性質。它恰恰加劇了社會的矛盾。

這樣來認識鄧氏的改革開放，才可從「中國特色」的現象中，透視這種新的奇形怪狀體制產生的尖銳矛盾，這是一種用「中國特色」包裝的統治集團佔有制。它與資本主義所奉行的自由經濟完全不同。

私有制的生命力發源於競爭，沒有競爭，私有制只能萎縮。事實告訴中國的權力握有者，中國可以實現的進程應當是：先從取消專制制度開始，才有「改革開放」的實施，俄國已這樣做了。那麼中國的改革又怎樣呢？

下面我客觀地把這個轉型過程記載下來，並預測它的未來。讓我以親身經歷看看這個過程，看看它的後果吧。

第一節：進入工廠

在進入重慶農用汽車廠之前，除聽到這家工廠不景氣的傳聞，對那門上掛著的大牌，門衛森嚴的表象究竟是怎麼一個內幕，我一無所知。只因我當初要求調進這家工廠時，在統戰部幾次碰壁後對它產生了好奇。

第一次進這家工廠，原是去勞動人事科報到的。當我走進那黃色的辦公大樓，找到勞人科，並從那位勞動人事科長手裡接過履歷表填寫時，正好碰到了一件奇怪的調動糾紛。

當事人是一位二十來歲的女工，正哭喪著臉糾纏著這位科長。這位年輕女士原是北碚區法院的民事庭庭長的侄女，她本在河對面玻璃器皿廠當一名玻璃製品的磨花工。因為家住北碚市中區，嫌每天趕輪渡上班太不方便，便扭著她的伯伯，要他在北碚市中區的工廠中為她安置一個工作。

農用汽車製造廠的好幾位職工是法院的家屬，這位庭長也不知從哪裡打聽到，金工車間正準備向外招聘兩名萬能磨床的磨工。便私下打電話託了當時任廠長辦公室副主任的老同學，對方立即找人事科長商量，將兩個準備從外面調進的磨工名額讓了一個出來，私下商定「成交」後，就向她發了調令。

像這種法院利用國有企業安插私人子女的事，極為平常。一方面國有企業的工人拿的是國家發的工資，調進人不過是在國家付的工資名額中多造一個，工資雖薄卻是鐵飯碗。由於交通便利，所以誰都削尖了頭往這裡鑽。

再說滿足法院提出的要求，還可以巴結政府的權力部門。因此調進來的人再沒用，工廠再人滿為患，依然很快可以成交。這種調動大家給取了個名，稱做：「走後門」，成交雙方叫：「關係戶」。

而我在勞人科偶然碰到這位女士，卻發生了一點小小曲折。當她被金工車間的李主任帶到萬能磨床上時，她終於說出她是磨玻璃的工人，從來沒有見過龐大的磨床。更不知道怎麼開動這個龐然大物，不知道怎麼來操作它。

李主任哭笑不得，只好將她退回給勞動人事科。然而一切調動手續已經辦完，生米煮成了熟飯，這位「關係戶」已成了農用汽車製造廠的正式職工。

那林主任只好再次出面與生產庫房商量，那兒可是一個容納閒人的最佳場所。不過生產庫的編制總共十二人，現在由於各種後門戶，容納了整整三十個人，主任說既然早就超編，再加一個也無妨。

大陸上的「走後門」配以各種形式的賄賂，成為這一時期國企的主要人事原則，也成為國企管理者貪污的來源。國有企業馱著人員臃腫的包袱，在商品經濟來潮之初便迅速「累垮」。重負荷成了國企倒閉的原因之一。

我填寫好履歷表交給這崔科長後，他通

知我說：「黨委辦公室的周主任，請你去一趟。」並且將市人才交流辦公室的表交給我帶上，悄悄告訴我說，這周主任是新任廠長李友的姊夫，你的工作要由周主任安排。

第一次同周主任見面，他告訴我，李廠長為將我調入這家工廠，暑假中就教育局放人，連續跑了許多次。李廠長才上任，正缺得力助手，所以你進廠後希望能全力支持他。聽這話，心想到了一個新環境，我的德性恐怕要改一改才能適應，可惜該怎麼改，我卻不知道。

按照周主任安排，第二天，我便被安排去總工程師辦公室上班。

從黨委辦公室出來，今天還有大半天，我可以仔細看看這個很難調進來的工廠，究竟如何的廬山真面目？

站在工廠大門口，我仔細辨認了工廠的位置，認出這兒正好是我初中一年級求學的實驗中學所在地，算來那是三十年前的事了。當年，實驗中學搬到毛背沱與兼善中學合併，改名為重慶第十三中學。

現在工廠大門還依稀看到當年實驗中學的舊貌，這幾年隨著城區改建，雲泉路和雲天路半圍了整個廠區。廠房十分破舊，中心地帶的山包上立著一幢黃色大樓，大概是抗戰時留下的歷史遺物。黃色大樓下方整個廠房分佈在四周，全是泥夾牆結構，因長年雨水浸蝕變成危房，很像一些戴著灰色破氊帽的苦力，匐匍在四周。

廠房之間按照天然地形，彎彎曲曲寬窄不等的過道上，散亂的停放著仿蘇製吉斯卡車，有的車身已生滿了鏽，這是當年取名為北泉牌的農用汽車。幾幢廠房黑漆的鐵門敞開著，從那黑漆鐵門走進去，黯淡的光線中機油和霉氣的氣味迎面撲來，令人感到窒息。

只有衝壓車間光線比較明亮，有幾台像樣的沖床和油壓機，其餘的車間，冷作、工具、金加工、裝配幾乎都是五十年代的舊設備，在黯淡的燈光下有氣無力的運轉著，斷斷續續發出尖銳的金屬切削聲。

走進一個車間，工人們躲在黑角落裡吹牛、打牌，只有車間辦公室和技術組的辦公室還亮著燈，我看了看手錶已十一點鐘，距下班還有一個小時。

走出車間，轉過廠區，沿過道朝工廠大門走出。

從圍牆外的馬路向市中區方向走，過了雲天路右轉，朝車站方向去便是雲泉路，圍牆外的房屋漸漸多起來，不過那些房屋破爛不堪，過去從這裡路過，並沒有留意。

今天帶著瞭解工廠的目的，我才仔細看清楚，那房屋像是當年抗戰難民築起來的貧民窯，有些牆體已經垮塌，房頂上鋪著破碎的石棉瓦。

想像的到，住在這裡的主人在風雨交加時，最提心吊膽的便是整個房子會在風雨中垮下來。好在這些鴿子棚背靠在工廠的圍牆外，相互依靠著免得被平地的大風捲走。

走進一處門窗像樣的窩棚前面，向一位正坐在門口的老太太詢問，她回答道：「這一片爛屋子都是農用汽車廠的職工宿舍。」

那周主任所說的許多人削尖了腦袋往裡鑽的工廠，職工們竟住在這些破窯子裡度日，一絲後悔的念頭拂過了我的腦海。

當初離開二十四中時，老師們都說我這下終於擺脫了二十四中那窮地方，調到這麼一個市屬單位，好比從糠兜跳進了米兜，現在看來這裡除了在地理位置占著交通方便的光，少走些蔡家場的爛泥路外，並無其他優勢。

其實暴政之下焉有福地?!我現在暫住天生橋劉啟建父親的家裡，那住房也是危房。半邊的房樑已垮塌，地上常年潮濕，平時屋裡散發著霉氣，一到雨天，整個腳下就沒有一處是乾燥的，別說孩子，連我常住下去也會受不了。

我是階級鬥爭戰場上活出命來的難民，能尋個遮風避雨的地方就不錯了。

按照周主任的安排，第二天我便去總工程

師辦公室上班，總工辦就在底樓，從正門走進過道的最盡頭，我被帶進那間排著六張辦公室的屋裡。這時因為沒到上班時間，辦公室裡面還沒有人。

五分鐘後，總工程師王重夾著一個皮包來了，他是王庸的五哥，又是重慶大學先我們三年畢業的校友。在總工程師室丟下皮包後，他便來我們辦公室安排了我的座位，並帶我領了一套繪圖儀器。當人到齊後，王重介紹了辦公室其他五個座位上的人。給我的任務是協助和統計全廠各車間的技術革新。

第一天上班，辦公室幾乎所有的人都在看報紙，我卻忙碌著收拾那些剛領到的東西。打開抽屜，把領的那些資料和筆記本，繪圖儀器放進去，便打開資料看起來。辦公室裡很安靜，除了翻動報紙的聲音，便是喝水聲，誰也沒有同我打招呼，使我感到十分陌生。

大約過了半個小時，靠窗子坐在第一個座位上，年齡已五十多歲的女人，開始說話：「也不知道雲泉路那兩幢的房子方案出來了沒有？這一次大家要盯緊一點，不要讓總務科再像上次那樣塞了私貨……」她喃喃自言自語。

坐在她後面那個年齡與我差不多的，臉上長著絡腮鬍的男子接了嘴：「總務科上周就把這次分房的方案訂好的，只是那姓馮的還遲遲不公佈，又不知他在搞什麼鬼！」

「明天就要公佈分房的第一榜名單了，我是盯著了，我幾輪都被擠掉，就看這一次有沒有我的份了。」坐在最後面的那位頭髮花白的老頭說道，全辦公室看上去他的年齡最大。「如果我再分不到，那麼退休以前再也沒有我的份了。」原先辦公室的安靜頓時被熱烈的討論代替。

大家討論的就是我昨天所見雲泉路上兩幢新建的樓房，從大家的討論知道那兩幢房子只修了五層樓，一共才四十套。全廠一千多號人，盼了快兩年了，現在就眼巴巴盯著這四十套新住房，怎不緊張？如果按照工齡排隊，這辦公室所有的人恐怕都有份，就看誰手長、關係好了。

我聽了很久，已聽出他們談論的無非是：有分房資格的老職工雙眼緊盯著總務科，想方設法保住自己的資格不被意外的關係戶擠掉；沒有分房資格，便會利用有利的人際關係，千方百計地擠掉那些已排上號的老職工。

估計自己分新房無望的人，就把眼睛盯著那些將要騰出來的舊房上，以各種理由來調整自己原本太擠太潮濕太惡劣的住房。

總之各自打著小算盤，至於為什麼今天大家都在住爛房子，怎麼才能讓大家都住好房子，卻無人提到。

想到這裡，我回過頭重新看了看辦公室的其他五名同事，論年紀除了坐在我前面的那一位女士還只有三十歲左右，其餘的人都是四十以上的人。而且能在這個辦公室裡工作的，大多都具有大學學歷，可是他們看問題的深度，對問題的態度一點都不比文盲大老粗的工人高。

且聽那在臨窗座位上，臉上長滿絡腮鬍的中年人提高了嗓門吼道：「老子工作二十多年了，這個工廠怕沒有幾個敢跟我比的，現在一家三代六口人還擠在不到二十平方公尺的爛棚子裡，幾次分房，都被那般白毛的關係戶占去了，這一回再分不到房，老子全家就搬到李友家裡去住。」

那最先引發討論的老大姐，也不甘示弱：「老娘到這廠來足足幹了十八個年頭了，如今娃兒都長大成人了，一家五口還擠在那牛毛氈破房子裡，前年分房，第一榜，第二榜都有我的名字，獨獨落實最後一榜時，我的名字卻被刷掉，這次再刷掉，我絕對要問個憑什麼？」

她的話音剛落，坐在我前面的那位年輕女士，喊道：「你們曉不曉得李友的那個小舅子馮西，這一回排的分房人員中就有他的名字。」這話像點了一把火似的，點燃了整個辦公室。

「怪不得李友叫馮西當分房領導小組的組

長，他才來工廠幾年？他憑什麼上了榜？大家盯緊點，這一次如果他憑西分到房子，我們到李友家去鬧。」絡腮鬍吼道，然而那老大姐朝絡腮鬍壓低嗓門說道；「輕聲點，隔牆有耳。」

她指了指對面的那間曬圖室，然後轉過身朝那年輕女士問道：「劉茜。你這消息可靠不可靠？」那年輕女士被這麼一追問心裡老大不高興，悶聲回答道：「你不信等後天張了榜就明白了。」

絡腮鬍卻並不理會老大姐的提醒，站起身憤憤的吼道：「真他媽缺德，這麼大的工廠，一千多職工一大半就住在爛棚子裡，苦苦等了許多年，眼睜睜地看到這兩幢新房子，又只有四十多套，李友那傢伙，還想拿去照顧他的小舅子。」

說到這裡，坐在後面的兩位，嘟噥著說：「這個廠啊，連當一個班組長都會利用手裡頭的那點『權』，往私人腰包撈，李友當廠長了，正該他撈的時候！」

正在這個時候門口閃過一個人影，那老大姐咳嗽一聲，辦公室剛才熱烈的討論便突然的中止。果然門口走進一個大約二十來歲的年輕姑娘，她便是對面曬圖室的描圖員，走進來問道：「你們有誰有圖或資料要描、要抄的？」沒有人理會她，於是她便走出門去。我後面的那位告訴我：「這就是李友的侄女，安在總工辦專門當耳目的。」

這李友仍是我的初中同窗，大學以後又走著很順的路，遭遇與我大不相同。三十年後，又在這童年相聚的地方再次重逢，今天怎麼才一上臺，便陷入了「後門」的各種是非中，成了眾矢之的？

我既進了這家工廠，也希望工廠興旺，真如大家所說這種狀態，別說等三年五載，就恐怕一輩子也別想「天下寒士皆歡顏了」。

便想把聽到和看到的與他本人交換看法，讓他明白面臨的諸多不利，希望他能趕緊調整自己的做法和作風，把工廠組織得像樣一點，迅速改變目前這種一盤散沙狀況。

李友住在雲泉路上一個三合院裡，那院裡一共兩幢五層樓房，每一套住宅都有成套的寢室和客廳廁所，算是當時這家工廠最好的住宅。

主意打定後，便在一個中午，在街上吃了一碗小麵，看看手錶距下午上班的時間還足有兩小時，便向三合院走去。

走進三合院的門口，問清他住在進門左手那幢樓的四樓上面，找到他的住所，敲門卻一直沒人應。我懷疑他是不是在家，後悔當初來時該在辦公室通知一下他本人，也不至於空跑一趟。

緩緩地走下樓來，在二樓樓梯口碰到一位中年職工，向他詢問李友下班後回家沒有？對方答道李友是否回家他沒看見，但肯定他一家人都在，上午看見他的母親上樓，剛才他的大妹還來過。

於是我又折轉身重新去敲那閉著的門，仍沒有動靜，我又繼續敲下去，反覆三五次，那門手終於搖動了，門輕輕的開了一條不到一公分的細縫。

「你找誰？」那聲音是從那門縫中擠出來的，聽去是一個中年婦女的聲音。「我找李廠長，我是新來的，是李友的老同學，」我回答道。

心中已十分彆扭，怎麼明明屋裡有人，敲了這麼久的門才來答應？這種無禮的「神秘」使我頗有看法。門裡面有了響聲，好像是悄悄的對話，又過了一分鐘那門才慢慢打開了。「請進吧」，黑屋裡傳出的仍然是那女人的聲音。

我朝門洞裡望去，黑黑的什麼也看不清楚，我不安的剛舉步，「噢，請換拖鞋」那女人在洞裡發令道，我接過了遞過來的拖鞋換上，跨進了門，門重新在我的身後被關上。隨即，「啪」的一聲電燈打開了。

一間略微講究的客廳呈現在我眼前，抬頭

望去，那兩邊的窗戶被厚厚的窗簾遮蓋得嚴嚴實實，心中正思考這位老同學，為何在大白天把自己關在寓所裡？

客廳裡正對大門的長沙發上坐著三個人，一位頭髮已經全白的老太太，緊靠著她身邊坐著一個約十五歲的男孩，旁邊還坐著一個大約三十多歲的中年人，從年齡上判斷，眼前四個人沒有李友。

剛才開門發話的女人戴著金絲眼鏡，四十歲上下。此時，她很有禮貌的指著右側一個單人沙發說了聲「請坐」。

沒見李友，我心裡又生了疑惑，難道這位老同學今天中午沒回家？我見過不同層次的人，以這種神秘方式接待客人的，好像在哪篇偵探小說裡有過描述，雖然很尷尬，卻又充滿好奇。

於是我一面坐下，一面再次自我介紹道：「是這樣的，我是剛剛從蔡家場一所中學調來的，想找李廠長隨便聊聊，他在家嗎？」

話音剛落，只見左側的寢室門簾動了一下，一個戴著黑邊寬鏡框眼鏡的中年男子，閃身從裡面走了出來，向我伸手，握手致歉，那臉卻是冷冷的，缺乏熱情，也許因為我是空著手來的，有違世俗規矩。

我從沙發上站起身來同他握手，他一面示意我坐下交談，一面解釋道：「真對不起，不知道是你來了，所以遲遲沒有開門，你不知道這家工廠有多煩人，這幾天就為了兩幢剛剛修好的職工宿舍分配給大家，全廠鬧得烏煙瘴氣，這幾天不管中午休息，晚上睡覺，只要我在家就有人來找，全家雞犬不寧。」

我打量眼前這位西裝革履的「紳士」，人變到這種程度似乎有些可怕，本屬於人性本能的東西，不知為啥丟失了。他邊說，邊從茶几上的水果盤裡取出一個梨子遞在我的手上，繼續解釋道，「我被纏得沒法，只好將妹妹請來，對付這些成天纏我的人，凡在休息時間來找我的，一律說我不在家。」

他向方才放我進來的那位女士點了點頭，算是自我介紹了。隨即他指著坐在沙發上的老太婆和中年男子介紹說，這是他的母親和小舅子。

我朝那中年人看了一眼，猜想在辦公室議論的馮西大概就是他了，接著主人又詢問道：「聽舅舅說，你安排在總工辦，手續辦完了嗎？」我遲頓了一分鐘，剛才我進門前，所存下的映射還在回映，一時腦子裡還在那黑洞的房門口徘徊。

更主要是，兒時的同學相隔這麼久，不管現在的身分如何，同學之誼總該放在相見的第一位，因為童年的情誼最能喚起激情的。三十年相別，初次相逢且不說多麼驚喜，也不會板著面孔，擺出上級對下級的那副臭架子來。

心裡面的這點隔閡，已將我來之前準備好的話吞了回去，一面口中應付著他說道：「噢！手續已辦完了，並且上了兩天班了。」

「有住的地方嗎？我們工廠目前最緊張的恐怕就是住房了。」

「暫時只好在天生橋的老丈人家擠著住了。」

話說到這裡，便覺得再也沒有什麼好說似的，很為今天空手而來感尷尬，這些年中國人到別人家裡是不興空著手的，更何況是剛進廠的人到廠長這裡來，本來抱著看見老同學既聊家常，再將兩天來所見所聞婉轉講出來，結果見面竟弄得這麼僵。看到對方大概因為心緒煩躁，再去說些他所不願聽的話，弄得對方反而不高興，而適得其反。

那沙發上坐著的人盯著我，更感到渾身不自在，如此尷尬了幾分鐘，我便起身告辭，他也沒有任何挽留的話，站起身來，關照道；「老同學了，今後你一定要支持我的工作，有什麼情況我們常常通氣，你個人有什麼要求也儘管直說，凡我能辦的，我一定盡力去辦。」

客套話一邊說，一邊去開房門，最後叮囑我說；「以後你如果要來，在預先沒有通知我時，就要按約定的暗號敲門，暗號是這樣的：＊＊＊我們就知道是自己人來了。記住了吧。」

我看著他那寬大的眼鏡框裡透出一種令人猜不透的眼光，不自然的點了點頭，便出得門外，穿上自己的鞋趕緊離開……

剛走完那樓梯，見兩個氣沖沖的中年人向那扇已緊閉的門走去，然後使勁地敲那房門，可那門靜悄悄地一動也沒動，直到來人沒趣的走開。

我下了樓梯，一邊走，一邊還在回味剛才所見到的廠長，感到今天實在不該空手到來，自覺唐突，對這位千餘職工的頭，怪僻的神秘頗感不安，預感到今後，怕難以同他相處，心中未免泛起了一陣失望。

我們一家從蔡家場遷居北碚以後，劉啟建還暫留在衛東中學，我和母親以及兩歲的兒子，暫住岳父的私房中，我的母親和老岳父都已是年過七旬的人，母親又在縉雲諮詢門診上班早出晚歸，不到兩歲的兒子只好托鄰居劉大媽帶。

可是不久，劉大媽的外孫出世，本想請母親出面送去北碚機關托兒所全托，但看看不到兩歲的孩子就離開父母單獨生活，於心不忍。再說，托兒所也不可能在學期未了中途收插班生。經過與本廠托兒所商量，暫時把兒子送到那裡去上日托班，從那時候起，我每天都五點半摸黑起床，在街上打回牛奶煮好後，再叫醒兒子餵了奶，便急匆匆地把他馱在肩上去上班。

從天生橋住地到工廠相距兩公里，而且通公共汽車，但是上下班那車的擁擠實在駭人，公共汽車一來，等在站上的乘客，並不排隊，而是一擁而上爭著搶座位，擠上車以後，坐著的都是精強力壯的年輕人，別說我這種抱著孩子的人，就是單身年齡偏大的人，也常常在上車被擁擠人群推倒跌傷。同時趁著擠車的混亂，扒手十分猖獗，像我這種經歷二十年監獄見過許多竊賊的人，也會在擠公共汽車時，遭到洗劫。

第一次從蔡家到北碚來，身上帶的三十元錢被扒一空，還是向駕駛員說了許多好話，才免交了車費。後來我吸取了教訓，上車時只帶著一元錢的車費，但即使只揣了一元錢都會被扒去。

偷扒成風，有兩個原因，一是老百姓太窮，無業遊民生活無著。二是文革遺風，道德淪喪，搶劫殺人已成普通的事。「打砸搶」既成為執政者認可的「好得很」的革命行動，不但不加以制止反而加以提倡，文革晚期刑事犯罪，便成了社會上令百姓心寒的公害。

中國老百姓長期生活在亂世，對文革業以形成的社會陋習已經習慣，加上處於弱勢狀態，事不關己別自找麻煩，是老百姓最常用的明哲保身態度，即使對眾目睽睽下的行兇搶掠也視而不見。

擠公共汽車，既有受傷和被扒兩大危險，加上住地到工廠不過兩里地，所以我就不再去湊那坐車的熱鬧。每天一清早讓兒子喝過了牛奶，自己一邊啃饅頭，挾著帆布的工作包，馭著兒子，冒著清晨的寒霧，匆匆地走上公路，趕在上班前把孩子送到工廠的托兒所，再匆匆趕往黃色大樓。

時值初冬，每天早上這一趟就得弄我一身熱汗。好在我勞動慣了，權作早上鍛鍊身體，開始時還覺得太緊張，過了一段時間漸漸形成習慣也就無所謂了。

到了下午五點半鐘下班，我又到托兒所接出孩子，依然地把他馭在肩上，當然回家就沒有上班那麼緊張，抓著兒子的小手，慢悠悠的往回走，一邊還問他今天阿姨教了他那些兒歌，跳了什麼舞？搬著指頭數數能數到幾？有時還教他背唐詩，在我的肩上響起，「鵝、鵝、鵝，曲項向天歌……」

那日子雖很累，但與天真可愛的孩子朝夕相伴，換來的天倫之樂讓我忘掉一切。有一次托兒所流行腮腺炎，孩子被傳染了，喉嚨和臉腫得胖官似的，晚上還發燒，整夜啼哭，我就把他抱在懷裡輕輕地哄他，給他講故事，唱兒歌直到睡著。那一周我幾乎整夜沒睡覺，我可是快五十的人了，硬撐著，終於自己也得了病，咳嗽不止。

但我想到在鹽源時，得了病還要被抽打趕上山去，便無所謂了。依然一早起床生爐子打牛奶，然後馱著孩子，冒著寒霧，急急的往工廠托兒所趕。

有時路上碰到同廠的職工，逗著我馱在肩上的兒子，有意無意地向我發問，「老孔！這是你的孫子吧。」其實兒子也好，孫子也罷，這是命中注定的，也是中共給我造成的，既是命中帶來，我都認。

第二節：鬧嚷嚷的達標

一九八四年，重慶農用汽車廠正處在發財的時候。在那汽車特別缺的年代，只要有生產許可證，裝上四個輪子，一個發動機，再裝上一個車身，再蹩腳的汽車都能賣錢賺錢的。

剛從飢餓中活出來的農民，從三自一包的土地上收穫了糧食，基本上解決吃的問題以後，便把眼光轉向城市裡掙錢的「副業」。跨出家門的農民盯上了在馬路上來回奔跑的汽車，十分羨慕坐在駕駛室把鼻子翹上了天的司機。

擠在手扶拖拉機上冒著翻車危險的農民，夢想自己有一輛普通卡車跑運輸，用不了一年就可以擠進中國第一代的萬元戶。然而要走這條致富的路，可不比養雞養鴨投入飼料的小本買賣容易，他們手頭至少得有幾萬元買車的錢，這對剛剛吃飽飯的農民，好似海市蜃樓。

正好就在這一年的十月，國家銀行向個體農戶發放了低息貸款，凡持有地方政府的證明，所有的農戶都可以貸到他們所需的錢，那些做著「運輸」發財夢的農民，終於得到了一個實現夢想的機會。

排著長隊在國家銀行貸到款的農民，匆匆背著錢袋，擠到有卡車出售的工廠或商場，農用汽車廠平時十分冷清的銷售部窗口下，很快排起了長長隊伍，過去很少人問津的農用車，一時變成了緊俏貨，車庫裡停放的車早已售完，那停放在車間過道上，遍體銹蝕的將報廢車被爭搶著。

有一天，我見一個背著錢包的農民，正將一個上了車正在發動的人從車上拉下來，並大聲喊道：「這車我已交了預付款，是我要的。」那被拉下的人跳下車後，氣勢洶洶向對方吼道：「我剛才交了錢，是這位大哥叫我提這輛車，你憑什麼攔我？」他用手指著不遠處站著的發車員。兩個人互不相讓，抓扯著，像公雞打鬥似的直著脖子。

這時那發車員走了過來說道：「我可得給你們說清楚，誰要我不管，這車交給你們發得動，開得走，成色雖然舊了點，可是你們自己爭著要的，今後出了問題別找岔子，說什麼品質不好要退車的話，我一概不認！」

那已拿到車鑰匙的農民，連忙從他那剛才裝錢的帆布包裡取出一包精裝的「大前門」來，向發車員遞過去：「大哥，你說哪兒的話，這車我是要定了，現錢現付，整整六萬元，你是開了票的，現在冒出這個人來，你給評評理。」

發車員接過香煙，對著那搶車的農民吼道：「誰收你的預付款，我可沒聽說，你還是乖乖的去排隊吧。」發車員的裁判，看來是那包「大前門」煙的作用。

「不，大哥我上個星期就來了，就怕到款提不到車，專門找段科長預約好的，就是這台車，你不信，段科長還在辦公室可以當面對質。」搶車的農民摸出了打火機，打起了火，向那嘴上叼著「大前門」的人遞過去，還想竭力的挽回敗局。

我環視了一下周圍過道上平時排列著的車已經騰空，地面上留下了幾灘機油和從車身上剝落下來的鐵銹，再看看這台兩人爭搶的車，藍色的漆已經發白，底盤上的黑漆已經鏽蝕，少說也是在露天存放了一年的。這樣的車開上路，沒有人能保證它不拋錨，再碰上這些初學駕駛的黃司機，今後難保不會扯皮。

「算了吧，這車已是人家的了，你還是另外再買一台吧，段科長既與你有約在前，他一定會安排的，說不定你買的比這台車好得多。」中間人最後作了裁定，搶車的農民只好提著脹鼓鼓的錢包，向著銷售科辦公室走去。

看來農民搶購卡車的熱浪正在這家工廠盤旋，隨著這股搶購風，原來只值五萬元的農用車，一路價格節節攀升。僅銷售科公開亮出的牌價，以增收購置費，手續費，附加費等名目，兩個月就上漲到七萬一台。

有的農民剛剛才從庫房接過手的車，便會有人以高出買車人兩千元的買價，從他的手中把車接過去。有人盯上了這汽車轉手買賣的生意，一輛車轉手之間便可以賺到兩三千元。這年代，以「萬元」作致富的標準，轉手之間不費一點氣力便能成萬元戶，可謂小暴發戶！

李友可是交了好運氣，汽車的緊缺，為汽車製造廠創造了比其他機械加工廠優越得多的條件，在他上任時碰到了這機會，如果指揮和組織生產不失誤，這家工廠可以在一年甚至更短的時間改變虧損局面，由一個職工住爛窩棚的窮廠變成名符其實，人人羨慕的富廠，可李友在想什麼呢？

他首先對本廠生產的汽車頒發「汽車供應券」，這本來就是從共和國的票證學來的，對供不應求的產品發供應券是大陸的常規。然後在廠長常務會議上作出決定，以對外聯繫業務的需要為名，為他和負責銷售工作的副廠長每人提供了幾張汽車供應券。

這個決定立刻引起了其他副廠長的反對，「狀」告到了新上任的黨委書記那裡，為了擺平這件事，李友決定給每個廠級幹部也發幾張汽車券。

廠長們暫時擱平了，卻將剛剛卸任不久的廠長殷某的紅眼病引發了，於是他一面暗示李友，要求重新分贓，一面指示他的兒子殷老大，到每個廠長那裡，私下以每張附加價格收買這些汽車券。

在殷老大軟硬兼施之下，給廠長發的汽車券被他收買了一大半。膽大包天的殷大公子，將這些收來的汽車券加價，在離廠門不到五十公尺的地方，出賣給那些排在隊伍後面，又急於求購的農民。一張汽車券，在殷老大轉手之間，便憑空賺了幾千元。一個倒賣汽車券的黑市交易市場，就這樣在工廠大門的側面公開的營業了。

這段時間，中國已形成了專門從事倒賣為業的特權階層，並且還形成了一個以這種官方為背景的倒賣市場。掌握了物資的特權階層使倒賣合法化。老百姓給這種一經轉手，就得到巨額利潤的「爺」，專門起名為「倒爺」。

經這些倒爺之手，控制著剛剛起步的市場經濟，控制著國計民生。

開始，倒爺成立公司，經政府批准正式做起了生意，凡百姓緊缺的日用品，大米、食油，甚至肥皂火柴，後來發展到成噸的鋼材，汽車、彩電，那生意越做越大，公司也越來越大。這一切只需要一個先決條件：「批條」。

「批條」只能由各級官吏開，大倒爺靠大官得到大買賣批條，小倒爺靠芝麻官得到小買賣批條，中國特色的社會主義，就靠了這種不受大眾監督的政體，成了貪污的溫床，「倒爺」們的樂園!!

這一時期，對於汽車彩電等等國內緊俏物資的倒賣，已成了「讓部份人先富起來」的原始積累。像殷公子做點北泉汽車票的小買賣，確是小巫見大巫，消息證明，到了一九八五年已有軍隊替走私貨護航保駕，保駕的走私貨已由百貨發展到槍械、毒品，且發展趨勢驚人。

面對十分嚴重的投機，貪污，腐化墮落，中共各級政府不時抓幾個替罪羊，在向全國的小倒爺們打招呼的「宣判」大會上，真正的大倒爺便是大會的主持人。他們依然架子實足的在電視節目上，振振有辭的作著振興中華、維護社會穩定的報告，摘幾頂奴才的花頂戴給百姓做做樣子。

在這樣的大好時機下，老同學召開了廠長會議，我們辦公室的王主任開會回來傳達說，企業要立即進入三級「達標」驗收，現在全廠人員必須緊急動員起來，全力投入這個中心工作。從那時起工廠的廣播裡天天宣傳這個中心工作。

所謂「達標」是指工廠在管理水平，生產能力，職工素質，利潤指標達到國家對企業三級的要求。

達了標的企業在國家貸款，更新設備，職工宿舍申報和增加工資，獎金發放上有諸多好處。而本廠這種萎靡不振，工人們幹活磨洋工；辦公室裡看報紙，喝茶和吹龍門陣，都必須在達標運動中統統克服。

在獎金的刺激下，在一再講明三級「達標」關係大家切身利益的鼓動下，一場我從未見識的「運動」，便在工廠沸沸騰騰開展起來。

總工辦在這次「達標」運動中是全廠核心組織之一，大家忙碌的搬出過去制定的工廠管理條例，在市機械局派出的臨時工作小組指導下，按當時市機械局認可的江北機械廠的管理「本本」，進行「整改」：抄寫他們的工廠方針，從管理部門的設置以及職能的確定，到各種原始記錄的存單和報表，無不連夜連晚的進行騰寫、印製。

最困難的是，必須趕緊補上從來沒有做過的原始記錄和報表，例如，設備利用率，原料消耗率，工時利用率，以及成本核算的原始資料，原來是根本沒有的。我們的任務是要讓驗收工作組在驗收時，可以根據這些「原始記錄」，來核實工廠是盈利還是虧損。

根據原料和配件的品質檔和製造過程的現場記錄、檢驗報告，來證實生產出來的都是名符其實的合格品。在幾天內憑空仿造江北機械廠的藍本，偽造記錄和單據，便成了我們的中心工作。

這本是中執政的法寶，毛澤東就是用欺騙和偽造愚弄百姓整整二十八年。鄧小平講「實事求是」是講他繼任的是一個爛攤子，用一窮二白，以否定毛澤東的形勢大好。但是為了愚弄民眾，這欺騙作假的傳家寶卻一直沒有丟掉。政府部門如此對付國際輿論和老百姓，企事業單位如此來應付政府，相沿成習，不用怕「一經查出，國法不容」。

只是所有的記錄，單據法票，檔要前後一致，有名有據，這編假偽造的工作量就不小了，為了保證在規定的「驗收」時間內按時拿出來，廠長辦公會議作了硬性規定，凡在規定時間內拿不出這些「假」證據的，一律扣除獎金。

於是，所有的職能部門從經營辦公室，到車間負責統計的人員，動用了所有的人手，加班加點趕製這些「驗收」依據。這段時間，辦公室裡平時喝茶吹牛的現象收斂了，連工會，黨委辦公室，這些平時閒得無聊的部門，也被組織起來成為「督戰隊」，不分白天黑夜參加了這場「戰鬥」。

整整忙碌二十多天，各辦公室常常終夜燈火通明，一般的都要加班到晚上十二點，這可苦了我這個既當爹又當媽，又工作的三位一體的人，除了白天加快了接送孩子的腳步，晚上加班時，我只有臨時的把孩子託付給隔壁的劉大媽。好心的劉大媽也樂意幫這個忙，靠了他才解了我二十多天的加班之憂。

正當全廠準備迎接達標的驗收準備工作正酣之際。有一天晚上，大約已是一點鐘了，突然從總務科傳來了一陣嘈雜的人聲，聽去像有人在打架，又像有人偷東西被人抓獲。

不到半小時，一段頭號新聞便在黃色大樓裡傳開了。下去的人在總務科的辦公室門口看見，三個老工人正在抓打著小舅子，有人在廚房裡找到了一根繩子，準備將他就地捆紮起來。而辦公室的燈光下面，站著一個披頭散髮的女人，看熱鬧的年輕人，一眼就認出了那分明是財務科的核算員。

一個小時後，值班的紀委書記，叫開了三合院李友的宅門，將這個醜聞告訴了他，並且講黃色大樓已因這件事鬧得沸沸揚揚。尤其是總工辦，要求當場將二人扭送到派出所。李友不得不立即召開全廠職工大會，將舅子撤職，並將他開除工職留廠查看，至於那女人只能嚴辦了。

第二天下午，全廠職工大會在農汽廠後院大壩召開，老同學在會上痛罵小舅子在全廠驗收定級的關鍵時刻，做出這等破壞驗收工作的蠢事，並將對二人處理決定，當眾宣佈。第二天以廠長辦公室名義，向各職能部門和車間發出印刷好的處理決定，以示他秉公執法的決心。

正愁悶之際，機械局來了電話，通知他，工廠驗收工作組，決定在國慶日後，進廠驗收。

國慶節剛過，廠辦工作人員身著清一色筆挺的西服，站在工廠的大門邊，震耳的鞭炮聲，迎接著幾輛從雲泉路上徐徐開來的轎車，大門左側立著一塊足有兩公尺高的巨幅標語上寫道：「熱烈歡迎上級領導同志光臨我廠指導工作」。

正對大門的黃色大樓房簷下掛著二十多米長的紅幅，上面寫著：「全廠職工行動起來，以實際行動和飽滿熱情，迎接我廠達標驗收的順利完成」。

銷售公司的門口仍排著長隊，但已經增設了幾間接待室，買車的用戶可以在那裡休息洽談價格，並簽訂合同，辦理提車手續。工廠門前的那個「黑市」被廠的保衛臨時驅散，不知到哪裡去「暗箱」操作了。

黃色大樓已打掃乾淨，粉刷一新。會議室重新換上了新的辦公用具，各車間的泥牆上都被「整容」，用石灰水重新粉刷，雪白的牆壁上貼著紅紅綠綠的標語。所有的辦公室都把各自的職能條規，框在鏡框中掛上了牆。

所有的車間大門、過道、辦公室打掃得乾乾淨淨，並在牆上和剛剛添置的玻璃燈箱裡，貼上各種工種的操作規程，勞動紀律和安全條例。

三級企業是一個什麼樣的狀況，驗收的評分怎麼打？怎樣演完這場驗收戲？這對於剛剛進廠的我全都一無所知，而且我敢說憑我的直覺，就是這家工廠的大半老職工也絕對弄不明白。

大家擔心塞給驗收組的那些趕製和偽造出來的「資料」，會不會被明眼人識破？使二十多天來的辛勞功虧一簣？

大家心裡明白，工廠依然是一個月前的那個設備陳舊，管理渙散，編制超員，工人消沉，產品低劣的老樣子。只是老叫化子臨時的換上了一套新裝而已，它的本體無論如何都無法達到「三級」所規定的那些標準。工廠所以出現短期的興旺，純粹是國家向農民發放貸款促成的，與報表上、資料上顯示的資料、記錄，風馬牛不相及。

至於驗收工作組嘛，都是些經過局裡挑選的處理「假材料」的好手，他們對企業上演這種假戲非常熟悉。何況那些手冊，報表、擺得清清楚楚，驗收的標準又統統上了牆，那是氣氛極好的舞臺。

餘下來就只要廠級領導工作「做到家」就行了，經過廠長工作會議研究，驗收開始的那一天，廠級領導全體出動，隆重接待驗收評定小組的全體人員，安排最好的賓館和最好的伙食。對於娛樂，驗收過程中，都分派了小姐相陪。加上對驗收組成員，準備了一份不薄的紅包，三級達標萬無一失。

驗收工作組進廠的第一天下午，老同學主持了一個場面熱烈的歡迎會，當時還沒有攝影機，廠部的五部照相機和廣播室的答錄機全部出動，第二天便從廣播裡傳出了李廠長主持歡迎的致詞，那聲音高亢而樂觀：「工廠近兩年來，由於形成了一個團結務實的領導班子……」

他介紹著自己的工廠，但我的腦海裡，立刻浮現出他同所有副廠長的貌合神離的實況，這種關係成因於制度，他們不必為工廠的生死而過慮。所以從名義上講，他們與工廠的頭是「平起平坐」的。動輒可以指責企業的「法人」，但又絕對無權控制他們，貌合神離便是工廠中必然的廠群關係。

那李友繼續在喇叭裡喊道：在領導班子，實幹苦幹和務實精神的帶動下，全廠一千三百職工擰成一股繩，扎扎實實推行了工廠方針和基礎工作，推行一系列行之有效的工作方法，有力促進了職工的生產積極性，……一連串八股式的廢話，見於報紙，聞於廣播，實在是浪費聽眾的時間。

接著是編了一大堆謊話：「我們的職工每天都滿負荷工作……今年迄今為止已裝車八百台，預計年內將突破一千台大關……在年產量達到五千輛的能力時我們會把上級驗收組的領導們，再請來為我們廠驗收二級達標。我們一定會完成黨和人民交給的任務！」

李友的結束語激動而有力，坐在前排位置上的王主任說：她看見他那時對著麥克風的臉通紅通亮，在一片熱烈的掌聲中，他帶著微微的顫抖，坐到了自己的座位上。說他在公開的撒謊，其實也不全是，例如職工們滿負荷工作，加班到深夜就講的這兩個月來的實情。

不過，這加班所幹的事是絕不能公開的。工廠年產究竟多少，誰也沒有核實過，估計也是事實，就是說今年這横財到來時也才出車一千台。按正常的利潤，每生產一台車三千元，每個職工每人平均只有零點七台，年收入二千元，平均每月一百五十元，有什麼好炫耀的？

可惜即使這樣容易的計算，也沒有人去算過，靠正常收入來算，今年工廠的利潤總共不到三十萬，何來兩百萬的利稅？這一點，銀行也是容易計算的，然而兩百萬的收入肯定是勝券在握，否則老同學也不會在那裡吹大牛。

至於老同學最後的豪情壯語，純屬自我欺騙。然而國家向農民的貸款能堅持多久？在高額利潤的誘惑下，有多少工廠都會擠到農用卡車的生產行列？農用汽車廠的內部管理竟如此空虛，空虛的管理能把這種高利潤支援多久？老同學難道沒有想過嗎？

我一邊聽李友的演講，一方面暗自為他捏一把汗，他果真在玩著自欺欺人的勾當，須知古人言「志」：「不煉金丹不坐禪，不為商賈不耕田，閒來寫盡青山賣，不用人間造孽錢。」然而今天「吹噓」又是中共習以為常的作風。想想它的開國宗師當年如何在貧弱的中國土地上，向世界吹噓實現了共產主義？

歡迎會開完，第二天驗收組的成員在廠部指定人員的陪同下，忙著在各職能部門和車間翻閱那些「資料」，抽本廠人員詢問，核對有關的記錄、照片、報表，整整忙碌了三天，基本的分數都打出來了，李廠長又雇了豪華旅遊車，安排驗收組所有工作人員去大足、統井等附近的旅遊景點「放鬆」了三天。

一周以後，驗收組圓滿完成了這次驗收工作，只等幾天以後，由機械局正式根據評分結果發文，認定農用汽車製造廠經過「嚴格」的企業達標驗收，正式成為市級合格的三級企業，工廠也升級為標準的國有企業。

李友為此，召開了全廠「達標暨歡送市驗收工作團」的大會，廠門口響了半個小時的震耳欲聾的鞭炮聲中，機械局的局長將企業正式命名為市三級企業的證書交給了李友。隨後。李友驅皇冠轎車跟在市達標驗收組的轎車後面，開出了工廠的大門，結束了長達兩個月

「緊張」的驗收鬧劇。

然而，在這兩個月裡越演越烈的工廠內部矛盾，在工作組剛剛離開就迫不及待的爆發了。第二天，李友以總結達標為名，在廠部會議室召開了廠務會議，他一開始就用咄咄逼人的語氣，公佈了這次達標中各職能部門的扣分值。

總工程師下管的六個部門除總公辦外還有設計科，工藝科，檢驗科，計量科，資料室，本來就是達標檢查的重點，需要應付檢查而偽造的圖紙，工藝檔和品質記錄數量最大，因圖紙工藝檔的錯誤和不當最多，所以扣分多本是正常的。再說總工辦是廠長最得力的助手，李友對他應更多加幫助才對。

然而小舅子的醜事一直令他耿耿於懷，加上平時矛盾日積，使李友借驗收小結機會，當著全廠所有職能部門訓斥王重疏於職守，說總工辦人浮於事，超編超員，無事可做。說王重千方百計把廠裡的漂亮女孩子調進描圖室，並且說他幾次路過總工辦時，都看到王重同描圖員摸摸打打。

當著全廠中幹的羞辱，使王重惱羞成怒，當即拍桌而走，退出會場以示抗議，整個辦公大樓為之一震。事情鬧到這個地步，雙方都向機械局告狀。

王李二人的矛盾，已經表面化。老同學利用自己的權利派自己的侄女安排在描圖室的用心，是人人共知的，李友為緊俏的農用車設置車券；並以「便於工作」為名為自己私分汽車券的事，被王重聯合其他副廠長成功的將到嘴的肉拖了出來，使李友心中結下一個大疙瘩。

當然，廠級的頭們何止王、李二人之間的勾心鬥角？在日常工作攤派，安置「後門」，形成自己的小山頭。在收買和刺探對手的隱私，各有自己的親信，八名廠幹八仙過海，對工廠巧取豪奪，早已不存在開誠佈公了。

老同學在向驗收組，吹噓工廠「擁有一個團結務實的領導班子」，實在令知情者聞之嗤鼻。

第二天老同學將我叫到了他家中，詢問王重在驗收達標過程中有哪些言論？我說什麼也沒聽見，老同學臉色很不好，我是絕對不願意夾在兩人中間當一方的槍使，古人有戒：「諍臣杜口為冗員，諫鼓高懸作虛器」。

想到在兩人間，難以應對這種無聊內訌，第二天我便主動向王重請求調離總工辦，到金工車間幹點實事。得到王總同意後，便遞呈了請調報告。於是，我便以一名普通技術員的身分調到了車間，脫離了總工辦這個是非場所。

走進金工車間的第一天，我就注意到牆上張貼的那些應付驗收的東西已經撤去，打掃乾淨的地面，重新是鐵屑、垃圾滿地，那剛剛粉刷的牆壁，又被霉氣和廢機油所污染，失去了光澤。

九點鐘，我在車間主任陪同下，走到技術室門口，只見那左邊的鉗臺上圍著三四十個工人。一個中等個兒胖胖的中年人，正站在一米多高的鉗臺上，眉飛色舞的向圍聽的人公佈剛從財務科透出來的快訊。

「昨天下午，財務科又給機械局開了五萬元支票，財務科說，那是李友答應的驗收諮詢費，嘿！這些機械局當官的，工廠虧損的那一段時間，鬼都看不見一個，這幾天，工廠的大門都要遭這些人擠爆了，你們數過沒有，驗收那天，工作組開來的轎車就是五輛，他們剛下車，李友就點頭哈腰把他們接到泉外樓賓館，中午在縉雲餐廳開宴會，喝得醉醺醺的，晚上還要請跳舞，你們算算看，旅遊、吃喝、加上紅包，這些龜兒子，又從我們身上刮了幾萬塊走？」

經他這麼一煽，人群議論紛紛，有人說：「機械局已經許下的，這次企業達標，李廠長年終就要分到一萬元獎金。」有人說：「這次達標驗收的最後一天，李廠長，在小車子裡一次就塞給帶隊每人三千元……。」

當他發現張主任在聽，胖胖的中年人解嘲

的喊道「張主任，這次驗收你分了幾千？向大家坦白坦白。」那張主任笑了笑說道，「陳左派你在這裡亂說，總有一天要遭李廠長炒你的魷魚。」

然而那胖子卻越說越起勁，繼續用大喉嚨壓倒大家的聲音說：「昨天早晨，稅務局的所長帶了兩個稅官來，說工廠前幾年虧損，免交了稅錢，今年盈利得把這些老帳還清。李友怕他這一攪，會最後影響達標的結論，趕快把那所長請到泉外樓去，也不知悄悄塞了好多包袱才擺平。

殊不知那稅官剛走，銀行又來找李友，要他把去年欠交的利息一併交清，李友又趕快應付銀行。這兩件事還沒有辦完，那重慶日報和四川日報的記者，又在廠長公室等他，說要採訪他。我看哪，採訪這個寶器還不如來採訪我陳左派，那李友上臺幾天，洋相出盡了，小舅子又不給他爭氣。」圍聽者嘩嘩大笑。

我忽然想到這幾天銷售科的緊張狀態，他們因為缺貨脫銷。一再向生產科和車間催促生產進度，便下意識向裝配後轎工段望去：車間大門左邊的落地車床前面，堆著一大堆制動鼓，工人還在那裡悠然的抽菸。三台磨床和五台銑床的周圍全被堆積滿地的毛胚零件阻塞著。兩名女工，好像在那裡打毛線，前方排列的二十台C六一四和C六一二車床，只有幾個床開亮了電燈，那裡面堆積著雜亂的工件。

再往裡看，三台搖臂鑽床前面除了堆積的毛胚也沒見一個人影。而車間最深處兩台滿身油污的座標鏜床前，則由堆成小山一樣的差速器殼堆得難以插足。

在微弱燈光下，機床似乎因為年事已高又很累，靜靜的躺著不願意啟動。車間的左邊一排鑽床旁邊堆滿了制動器、後轎軸等等零件，點著燈卻不見幾個人影。一看上班的人幾乎大半集中在胖左派所站的鉗台周圍。

看看手錶已經九點半鐘了，張主任催道：「喂，上班已經一個半小時了，該動了，還圍在這裡吹什麼牛？」人群才開始慢慢的離開，一個年輕的小夥子，一邊走一邊嘟噥著：「急什麼？反正只有那麼幾個錢，這幾天天天加班……」另一個附和道，「是呀！幹活的是幹活的，撈錢的是撈錢的，不管你幹出多少來，賺的錢還不知道流到哪個的腰包裡去了？」

一個女工，拉著他的夥伴催促道：「周燕，你還不快把你的床子趕快調好，昨天你整整一天停了機，一個制動鼓銷子也沒有車出來，鉗工等著要裝的，今天你再車不出來，這個月的獎金，全要被取消了。」

那被催的女工卻吼道：「你別裝積極，前天晚上加班你跑到哪裡去了，是不是又去那皇冠舞廳找那姓何的，小心我告訴你老公剝你的皮。」於是兩個嘻哈打笑地拉扯起來，向車間左邊那排車床走去。

原先黯淡的車間，開始亮起來，幾台洗床開始有氣無力的運轉著，工人們慢慢地回到自己的車床前，或鉗臺上去，一天的工作算是啟動了。我回過頭去看看技術室前面的鉗桌上，那剛剛口若懸河發佈「快訊」的胖子，還坐在鉗桌上同幾個老工人繼續在講這個月的獎金分配。

看到這樣鬆散的工廠，又一次使我後悔，但這年頭，到哪個單位，哪一個地方還不都一樣？看今後怎麼發展吧？於是提起裝著繪圖儀器和記錄本的帆布包，隨著張主任一起跨進了技術室。

那屋子裡光線極暗，迎面一股霉氣向我們撲來，仗著那辦公桌檯燈我看清了，屋裡放著三張辦公桌，裡面的牆和門對著的地方，兩張辦公室桌前已坐著兩個人。只有左面牆邊的辦公桌是空著的。

我們進去時門對面的那一位轉過身來，張主任向我介紹說，他叫黃祥老師傅，看上去他的個子很矮，但非常結實，年紀與我相近，在總工辦就聽到關於他的介紹，知道他是工人出身，由技工提拔起來的技術員，頗有實幹精神，是我今後長期合作的夥計。而另一位姓張，原是部隊轉業到地方來的技術員。

張主任出去以後，我在剩下的那張辦公廳室上放下帆布包，打開抽屜，三個又肥又大的蟑螂在裡面亂竄。抽屜也生霉了，我一邊從屋外打了一盆水，洗擦著生了霉的辦公桌，將帆布包裡的繪圖儀器，一邊往裡放，一邊擔心的說，這些儀器和書會不會今後霉壞，或被蟲蛀咬？

黃師傅向我介紹說：這屋子是靠山修的，與地下室差不多，已二十多年歷史，修房子時他才進廠，每到下雨那牆上就滲出水來，當時正是災荒年間，國家沒有錢，在車間旁邊傍山搭個磚柱棚臨時用著。

我又抬起頭來看，屋頂蓋的石棉瓦，有幾處已經破裂，看得見那裡漏出來的光縫，於是我指著那光縫問道：「下雨天不漏雨麼？」老黃回答道：「這石棉瓦，早已老化，後勤科的維修工也不知來了多少次，他們說那石棉瓦是整塊式的，要換就得整個屋頂都換，只好將就著，等到工廠掙了錢，把車間重新拆掉，可惜，重建新車間的話，已二十多年了，我的頭髮都等白了，工廠一直窮得連廠裡的環廠道路都修不起。也不知道哪年哪月才能看到新的車間在這裡重新站起來。」他說時聲音裡很悲觀，這可是在這裡土生土長的人對工廠前途的估量。

「工廠今年賺了那麼多錢，李廠長不是提了一個工廠技術改造的方案麼，改造各個車間可是這個方案的第一內容。」我說道。

然而黃師傅卻說：「你別相信他的話，那根本是不可能的，拆了車間又搬到哪裡去？何況這錢賺到哪裡去了？李友這個人，我已同他相處多年，他能幹得出什麼好事？除了安置他的親親戚戚他還能幹出什麼來？」

黃師傅介紹的李友為人和業務能力，大致與總工辦所介紹的情況相吻合。

然而，福星高照，一九八四年農用汽車製

造廠當年實現了一百萬利稅，不僅順利達到國家對三級企業這個指標，為李友塗上了一圈光環，在全國普遍的經營不振，虧損嚴重的國營企業中，鶴立雞群的脫穎而出，榮登四川省一九八四年度四個盈利大戶的光榮榜，李友碰上了最得意的時光。

那些正為國營企業的困境，弄得市政府的官員一籌莫展的時候，記者便抓住了這個典型，頻頻來廠採訪，大量報導農用汽車廠的「事蹟」，以及不知道怎麼拍出來的照片，把這家工廠吹得上了天，不但突破了重慶範圍，還突破了四川省的範圍，好名好利的李友豈可放過這人生一世，只此一回的風光時日？

他頻頻地和藹可親接待著所有來訪的記者，李友的巨幅照片見諸重慶日報、四川日報以及經濟日報報端。而他的長篇論述，在經濟日報的顯著版面登載，農用汽車造廠一九八四年底醉醺醺地蹣跚在農民搶購汽車的春風中，而李友卻駕著這搶購的春風，名利雙收。

然而，正當這位四川企業的明星每天出入各種招待會，酒醉半酣同來訪者、上級和政府官員合影留念時，全廠幾乎所有的職工，從「財務快訊」中知道，工廠每天都把發橫財得來的錢，通過李廠長等「領導」的手，大把大把的塞給那些對工廠毫無貢獻，甚至是些與工廠毫不相干人的口袋裡。

那被獎金激起的興奮，迅速地化成牢騷和唾罵，人們指著這段時間進出廠門的小轎車罵道，又是一個「吸血鬼」來吸我們的血了。

國營企業的所有權是不明確的，大家說工廠是廠長的，這太荒唐，因為工廠真是廠長的，他能將自己的錢隨便亂撒麼？他能對工廠混亂的管理置若罔聞嗎？他能自欺欺人做表面文章麼？

國營企業的大鍋飯分配是使職工怠惰的溫床，是千真萬確的，表現之一便是職工借各種渠道從生產工人向著科室和庫房管理「擠」。偷懶的工人被管理者督促時，反唇相譏的回敬道：「你再積極也只是個工頭，你有本事去叫那些坐著小轎車，吃得嘴角流油的人幹活嗎？」更惡毒的人當即咒罵道，「你看你那熊樣，只會欺侮我們這些窮工人，在當官的面前你自己照照自己，還不如一條狗。」

被罵的人只能張口結舌，久而久之，車間主任也講，「得過且過，何必多得罪人自討沒趣」，無論生產任務有多急，每天早上必延至九點半才開動，平時斷斷續續地勞作，每天工作時間一般不會超過六個小時。哪怕工廠再好的效益不能刺激生產積極性。這便是大陸中國的國有制企業。

正當農汽廠銷售正旺，產品脫銷，十二月底，總裝車間卻傳來了停工待料的消息，因為缺車輪鋼圈，看看已經裝好的底盤卻上不了輪子，底盤因此中斷供貨，總裝車間停產。黃色大樓的生產調度會，爆發了一場激烈的爭吵。

管生產的副廠長在生產會議上責問經營廠長，說道：「你怎麼連汽車走俏，汽車零件也會跟著走俏這點常識都不懂？為什麼不理生產科第三季度提前預報的採購計畫，造成這種缺鋼圈的事情發生？」

經營廠長面對生產廠長的怒容，明白在目前狀況下停工待料，就像行軍打仗斷了糧草一樣嚴重，他會因此被扣獎金，甚至降職撤職。所以連忙解釋說：「因為對零件漲價因素估計不足。其中漲得最快的是鋼圈，與今年年初相比價格漲了一倍，如果在五月份按生產科所報計畫採購，那麼，資金投入就會大大超出預算。李廠長預先就打過招呼，凡是超出的資金必須經過他批准，所以我們把採購鋼圈壓了下來，請示李廠長的結果。

他指示說：『到今年年底還有好幾個月，估計年底時價格會回落，等到十一月份再買不遲。』這麼一決定，鋼圈就沒有按生產科的計畫採購，殊不知等到十一月，鋼圈非但沒有降價反倒來了個缺貨，再高的價也買不到了。」

一般說，責任追到法人身上就告終止，李

友又是走紅人物，日理萬機情有可原。何況這「估計」誰又能算得那麼準？

生產會議兜著圈子整整吵了一天，毫無結果，責任者一個也沒有找到。所有參與生產、供貨、技術各部門都可用恰當的理由，將責任推得一乾二淨。雖然他們心中十分明白，如果工廠是為自己在生產，那麼無論哪個部門都有辦法克服這種事發生。

生產會議最後只能責成供應科，趕快派人到全國各地去搶購，過年也不許休息。商場如打仗，對於瞬息萬變的供應市場，誰又能料到農汽廠會因一個零件，而眼看千載難逢的大好賺錢機會白白丟掉。

過細想來，這位連汽車緊俏時該多多備貨這點能力都沒有的老同學，怎麼配帶領這千餘職工在商海裡去拼殺？他是否知道在自由競爭之下，商機都抓不住的人只有淘汰出局？

眼看那些提著錢袋，焦急等在銷售科窗口下的農民，聽到幾天內無車供應的消息，早已成了熱鍋上的螞蟻，帶著失望匆匆散去。

他們可等不起，私人貸款的利息並不會因為買不到車而免付。春節時期運輸黃金時節，他們巴望買到一輛貨車，拿來搞運客運貨，把賺的錢儘快抵償這筆「貸款」，於是背上錢袋連夜起程到省外搶購卡車去了。

這位老同學的危機感和緊迫感還比不上這些普通農民。農用汽車製造廠在脫銷情形下，因缺汽車輪胎鋼圈，元旦將要到來的時候放假三天。

在農汽廠有史以來的「大好形勢」下，每個人只領到五十元的過節費，卻要拿五十萬去賄賂鋼圈廠的廠長！

李友被鋼圈的事擾得心煩意躁，但看到他的巨幅照片仍照登在重慶晚報上，在那畫面上，他微笑著向全市全區拜年，代表農用汽車長恭祝大家一九八五年元旦快樂發財，心裡便心安理得下來。我卻對他笑容可掬的照片發愣，難道他真失去了自知之明，不明白他所管的這家「明星」企業多麼混亂和虛弱嗎？

一九八四年在熱鬧和爭吵中過去，鞭炮聲迎來了新的更加熱鬧的一九八五年，按傳統的中國民俗，舊曆臘月三十才是一年的年底。元旦過後，年關在爾，所有職工的眼睛都緊緊盯著年末獎金的分配。

沒有幾天，勞人科關於一九八四年末獎金分配的紅頭文件，下發到車間和科室，黨委書記馬兵根據機械局頒發的文件精神稱：「要打破平均主義的傳統作法。」所設的獎項和每個獎項的金額規定，獎金按發放的係數「拉開距離」。如果現有工人領到的係數為一，那麼凡屬廠級幹部的負責人，包括黨委書記、工會主席、幾個副廠長獎金係數規定為四，中層幹部及車間主任係數為三，技術人員和一般幹部和工人中的班組長為二，第一線的工人為一點五，勤雜工為零點八。

廠長的獎金是工人的四倍！但馬兵還嫌不夠，接著又拋出一個各部門負責人，兌現承包合同辦法，對於完成任務的廠長，職能部門和車間負責人發給額外的承包獎。這樣一來，廠級的頭頭們可從一九八四年年末分配中得到六千元的獎金，車間主任也不低於三千元，而工人只分得三百元，於是這距離在年終獎上就拉開了足足二十倍。

同時他還拋出一個名額占全體職工百分之五的「先進」指標。被評上先進的人當年工資增加一個序號。獎金分配、承包兌現、評選先進三大年終分配辦法，頗費了馬書記一番心機。這敏感的分配方案，以職代會的名義，由勞人科正式發佈。

胖左派迅速站到工廠門口，當著做工族們吼道：「工廠是工人的，廠頭們白天坐在辦公室裡不勞動，還要藉開會出差公費旅遊，吃吃喝喝全是我們工人的血汗，而工人們成天埋頭在車間裡幹活，到頭來一年辛苦，我們掙到的獎金只有他們的二十分之一，這叫飛起來吃人，這裡還講不講理？」

勞人科辦公室為年末獎金分配鬧得烏煙瘴氣，可惜再怎麼鬧，獎金的分配仍按紅頭文件規定條文執行，工人們也只有吵吵架，充其量說些：「老子幹得再多，還不是替別人幹。」「老子巴不得停產，大家都不要得那錢。」磨洋工，上班遲遲不動工，提前下班，懶懶散散。

別以為工人們會團結起來聲討這些「吸血蟲」。工人們發發牢騷是可以的，遇到具體的利益衝突，照樣可以自相廝殺，這都是文革的遺風。

馬兵正是看中了這一點，那百分之五的先進推舉，自然成了工人間相互指責的導火線，因為這百分之五的先進是與當年工資升級掛起勾來的，工人們在提名上相互攀比，車間到處是推選「先進」的爭吵聲……寧可使生產停下來。沒有選上的人說：「讓評上先進的人去做。」

這樣鬧了幾個月。在大鍋清水湯長期泡慣了的國營企業職工們，本就習慣於低工資這種「平均」所營造的寧靜，現在被馬兵們擾亂了。

權利在手的工廠經營者，在中共「一部分人先富起來、拉開差距」的掩護下，故意放縱貪污。掌權而不受監督的中共，使工廠管理者腐化，他們羡慕資本家的富有。認為富裕是人當然的追求，不必追究怎麼致富。然而，靠權力致富這種共產主義效顰，恰恰成了公開的掠奪。

按照工廠的規定，進廠不滿一年的職工，獎金是要打折的，但我在車間主任那裡還是領到了三百元的年終獎。我才進廠，還不知道同人比較，但這筆獎金是我在學校幾年所得獎金的總和，加上進廠五個月發的月度獎總共五百元，夠買一台「福日」彩電了，鄰居們羡慕我走了好運，調進了一個「好單位」。

年三十的那天下午，我在電影院門口的人群中碰到了李友。又碰上廠辦的黃色伏爾加轎車從左面公路上開來，我遠遠看到那輛車就在李友身邊停下，滿面紅光的馬兵精神抖擻地從車廂裡走了下來。

他身著黃色皮大衣，提著裝有保險鎖的高級提包。一下車便迎著李友向他伸出的手緊緊相握。在一片「辛苦了」的客套話聲中，兩人互道問好並拜了年。

馬兵是奉廠務會議決定，專程派往南京汽車製造廠乞討鋼圈底盤的「欽差大臣」，今天上午才趕回來過年。只見馬、李二人肩並肩向廠門走去，那馬兵還不停將嘴湊到李友耳邊，好像密告不容他人聽見的秘密資訊。我的心中又是一陣納悶。這麼緊急的採購件竟沒有帶上採購部門的人同行，令人疑心。

與馬兵幾乎同時外出的工廠生活廠長蕭足，據說是為籌集即將動工的油漆車間的廠房，和已經批下來的三幢職工大樓的木料，專程去西雙版納等地採購木料的。

油漆車間的技術改造是李友在驗收達標時，向市驗收工作組和上級主管局提出來的。他要求工廠今年實現盈利的三百萬全部留在工廠，作為他上任提出來對工廠實行技術改造所需資金。

為了在主管局換得信任，他曾起草了工廠技術改造近期和遠期發展規劃。在這個「規劃」中提出了一個改造油漆車間、衝壓車間、金工車間、冷作車間和總裝車間等八個技術改造項目。

這個誇誇其談的技改方案，當時曾贏得重慶市主管局的喝彩。由於這個計畫，李友被提名上了四川省一九八四年度的四大明星企業廠長的光榮榜。在四化口號下，有多少趙拓應運而出啊！

我判斷，這樣的計畫是當時最時髦的假大空產物。因為以後的實踐證明，計畫提出既沒有市場需要為根據，更沒有工廠所能承擔的物資、資金為依據，單憑一個突然因國家向農民發放的貸款而暴富怎麼可能實現？

至於李友心裡打的什麼算盤，是用農汽廠發橫財的機會贏得中共當局的好感，還是另有圖頭，自會在不久之後暴露。不管怎麼說，一九八四年工廠發橫財掙來的三百五十萬盈利，全部留給了工廠作一九八五年技術改造資金投入。

根據一九八五年度李友技術改造規劃的第一項目——改造油漆車間，老同學趁熱打鐵，啟動了重慶市的媒體在各種報紙和廣播瞎吹，說這是迄今為止，前處理容量最大，自動化程度最高的，除塵效果在全川最好的一個車間。在油漆車間掩護下，新的職工宿舍大樓同時啟動……

三幢職工宿舍，各七層，共七十八套住房，其中二樓三樓全是「工程師住宅」，共十八套。每套建築面積近一百平方公尺，每套三室一廳，一廚一廁，是當時北碚地區的廠長們都沒有住到的最豪華住宅。

竣工後，搬進去住的第一戶人家當然是李友，當我和工人們一樣，還在為遮風避雨的陋屋發愁，老同學卻嫌那三合院的兩室一廳欠氣派。他打的這個算盤，可比馬兵在獎金分配上的主意高明多了。

三幢大樓預計投入百萬，然而破綻還是被基建科的楊科長識破了，他說：「按照李友提供的三幢住宅的房屋設計要求，這一百萬恐怕只夠修一幢大樓。」

與此同時，去雲南採集木材的蕭副廠長，被人發現，買回來的近二十個立方的木料，運回北碚時並沒有在大白天正大光明的返回本廠，而是深更半夜，開進了天生橋附近的一個竹木社壩子裡卸下了。過了兩天，又派車到那裡向竹木社「購回」。

這種奇怪的過程立即被胖左派抓住，他們私下從竹木社採購人員口中證實，兩天後從竹木社買回工廠的木料，價格竟然高出了雲南價格的兩成！這種倒賣使他把五萬元撈進了自己的腰包。

聞到這貓膩味，胖左派並不甘心，再深入的向竹木社打聽，由運木料的司機證實，在購木料期間，利用派去運木料的卡車，從途中的威遠鐵廠將幾十噸生鐵運到重慶倒賣給鐵作社，估計從中至少又獲利五萬元。

問題迅速傳到了工廠紀律檢查委員會羅書記那裡。那羅書記竟然不作調查取證，而是將這件事全部的抖給了蕭副本人：「有人反映你在雲南運木料時，與竹木社勾結，經過竹木社的倒賣，從中牟利，請你講一講這是怎麼回事？」

後來案情發展，我都是聽說的，不想在這本書中佔據篇幅，只想說羅書記正式的提訊蕭某，蕭某被追急了，最後兇相畢露說：「我勸你還是知趣點，不要再追了，追下去這個工廠所有廠長書記沒有一個脫得了手。」羅書記自覺棘手，他明白不能再追下去，案子在他手裡便不了了之告了終結。

那時倒手買賣已經在國內成為風潮，大官大倒，小官小倒，正名曰：「做生意」，搞活經濟，似乎於經濟發展有利。倒的錢也不知道滾出多少利，最後都落進了中國特色倒爺們的腰包。

社會主義先富起來的「階層」，便從這些手段中一步步累積起來。倒得不好，暴露了，受到查處（以後叫雙規），充其量只是一個撤職查辦的行政處分，何況倒爺們互相有千絲萬縷的關係。

不久傳來消息，說某地銀行負責人，因收不回向農民發放的貸款而受到追究，看來中國特色的社會主義在摸索中又遇到了問題。銀行不可能向農民持續發放這種難以保證收回的「風險投資」，農用卡車也不可能長期由幾家農用汽車廠獨家生產。

然而在諸多不利條件下，最不該因缺件而影響生產的因素，首先起了作用。因為輪胎鋼圈遲遲不到位，在短期的發財季節裡，八五年一月份的產量僅僅只有十八台，二月份裝車實際上只完成了十二台，三月份也只完成了三十台，三個月裝車總和不及正常情況下一個月生產量的一半。黃師傅氣憤的說：「這點產量，別說是發獎金，恐怕供一千人喝水都不夠。」

然而，人生一世幾回才逢得風光的機會？該出風頭的時候還得抓緊機會。春節剛過，全廠便抽出一天，整隊到油漆生產線的工地上，那天正好起了大霧，佈置在工地周圍的彩旗在大霧中隱隱飄揚，黨政工團敲鑼打鼓的捧場來了，也不知道從哪兒來的一群記者，背著照相機在大霧和彩旗中穿梭。

今天選了個黃道吉日，定為給油漆車間奠基剪綵的好日子。李友態度嚴肅的主持了這個儀式，他發表了工廠未來四年中美好的規劃，他的演說依然那麼富於詞令和感情。四面的照相機照例又對準了他，發出一陣咯嚓咯嚓的響聲……可惜，光陰並不饒人，農用車走俏的大好時光，也是老同學躊躇滿志的歲月，像箭一般倏忽而過。到了四月份，所缺的鋼圈和其他總成的供應源源不斷地跟上，生產也開始恢復正常時，唯獨排在銷售科辦公室窗下等候「提車」的隊伍卻悄然地消失了。

有人說是農忙季節來了，買車的農民要趕著回家種糧食、插秧。有人說是我廠生產卡車的品質常出問題，所以買車的人都跑到其他生產廠家去了，農用車在短短一個月的時間便由脫銷變為滯銷。

但是，既是「明星」廠長，豈甘束手無策？更不可能露出半點慌張，為了挽回即將到來的危局，他必須擺出一付胸有成竹、穩紮穩打的樣子。於是他立即在銷售公司召集了緊急工作會議，短短的開場白以後，便從皮包裡取出了一大紮的材料，打開後，攤在與會者的面前。

那是些用戶一大堆關於品質投訴的複印件，以及幾十封用戶的檢舉信。那上面指名點姓告發銷售科的工作人員如何無禮地謾罵顧客，如何變著花樣逼著用戶掏錢請他們進高級餐館，送高級香菸和高檔名酒，以至於錢。

廠辦秘書小吳一邊讀著這些信，李友兩眼盯著這些在汽車走銷時，動輒就在顧客面前甩牌子的「驕子們」的反映。今天他是來抓替罪羊的；李友把滯銷的第一板子打在銷售公司的段經理身上。小吳剛剛把選擇出來的信讀完，老同學故作憤怒，責令銷售公司經理老段對這些用戶來信作一個交代。

然而老於事故的段經理，可不是隨隨便便可以抓來的替罪羊。工廠短期爆發時廠長一舉一動他都看在眼裡，誰才該負這個後果責任他心明肚亮。那時，廠長吃飽喝足名利雙收。現在工廠走下坡路，卻要他不明白的承擔所有的責任，他當然不會聽人作弄。

他不緊不慢從夾子裡取出一疊三包服務的記錄和用戶來信，從容地朗讀起來，那上面不僅記錄著用戶剛剛才接手的新車子，在路上就發生諸如煞車片沒有調整好，使制動抱死，剎車失靈；因為線路接錯，而使全車線路燒壞線；因汽缸油路不通，而使發動機活塞卡死等等。大家一聽都明白，這些問題是裝車件的品質低劣，供應品質保證體系沒有建立的原因。

於是整個會議將責任從銷售公司轉移到產品品質。段經理把滯銷的原因歸結為產品品質的低劣，以及生產部門和品質部門和供應科的失職。然而供貨廠家和檢驗科長又在會議上出示了檢查報告和記錄，證明各種品質問題早已記錄在案，並且上面批著「不准進廠」的檢驗記錄，只是因為脫銷和缺貨，由李友在不合格的判決書上簽上，「此批放行，下不為例」的批示。

問題又重新追回到李友身上，廠長主持的廠長會議就這樣玩著踢皮球的遊戲，從早上八點鐘，一直踢到下午三點鐘，整個會議室被香菸的濃煙包圍著。所有部門負責人，都起勁把球從自己門口踢到其他部門，誰都不承擔責任，誰都對挽回滯銷的禿局提不出任何可行的辦法。

像這樣的扯皮工作會，十年一貫如此。我看見老同學在香菸的濃霧中顯得焦頭爛額，工廠發財時風頭出盡，如像過眼雲煙般恍然而去？他曾在半年前聽到的後果，竟這麼快降臨了。他看著面前正在猛踢足球的人，哪一個沒在工廠發橫財時沒沾過光？而現在又有誰能替他分憂？

他腦子裡浮現著滿壩的「藍地毯」，庫房堆積著數千萬元的零件積壓，面對財務科長哭喪臉，第一次感到給全廠職工發工資的擔子這麼沉，他在考慮怎樣從明星廠長的位子上體面退下來了！

反過來一想，虧損出現使他混不下去，充其量將他另調個地方，重新東山再起。於是他又鬆了口氣，現在該思考如何找客觀原因體面的退下來了。於是，他從濃濃的香菸菸霧中抬起頭來，打起精神作了小結，在對各部門各打二十大板後，發出了一道責令限期整頓的指令。

然而他迴避了因輪胎鋼圈缺貨造成的停產。也不提各部門的頭們如何用公款吃喝玩樂，對於汽車券的倒賣和蕭副倒賣材料隻字不提，對馬兵過年前提走的五十萬就像沒發生一樣，他知道，提及這些眼下很敏感的問題會引火焚身。會議毫無結果散去。

正當農用汽車製造廠開始虧損滑坡之際，一個由馬兵簽發的勞動人事科〈關於一九八五年度農用汽車廠調整工資的決定〉的紅頭文件在全廠下發。按照當時機械工業部有關企業職工調整工資的條款規定，企業只有在當年獲取利潤以後，才可以按照所實現利潤的一定比例用來增加職工的工資。

由於連年虧損，農用汽車製造廠的職工已經整整三年沒有升過工資了，據黃師傅告訴我說，北碚市民有一段時間曾評說，在菜市場上為兩角錢一斤的毛毛菜，同菜販子爭得面紅耳赤的都是農用汽車製造廠的工人們。物價飛漲而沒有相對收益的農汽廠職工們，都把目光集中在工資升級上面。

牢牢掌握工廠管理大權的馬兵們，不顧工人們的反對，下發了由他親手制定的一九八五年工資升級辦法。

這個辦法把全廠職工按崗位和業績劃分了四個等級，廠級領導和對工廠有「特別貢獻」的人列為第一等，可以在本次調資中晉升七個「半級」；中層幹部和有工程師相當職稱的列為第二等，在本次調資中可以升五個「半級」；第一線工人列為第三等，本次可以升四個「半級」；勤雜工、清潔工、庫管人員列為第四等，本次晉升三個「半級」；同時規定凡是無故曠工，不服從分配，有過違法行為受過拘押的將視情節減少升級的數目。

老同學在職工代表大會上說得很漂亮，他說，現在是在企業獲得大盈利後的豐收季節，也是大家分享勞動成果的季節。

而工人們則一針見血的說：掌權的人哪一個不是在任職期內往自己的腰包撈錢？暗地裡要撈，走後門，倒買倒賣，收回扣，權錢交易花樣百出！公開的更要撈，獎金要多占，住房要多占，升工資要多升，否則一個人當了幾年廠長，不明不白的「富」起來了，今後查起來也有個依據。

中央既有政策，所以在利益上，職位越高心也越黑。以經營副廠長李德為例，他的妻子是財務科長，女兒是工會幹事，女婿是總裝車間工段長，在本次調資中，全家共增加了二十二個半級，而工人中的生產骨幹在本次調資中只增了四個半級。兩種家庭，經過這麼一調資，增加的工資就懸殊了五倍。

工廠的貧富分化過程大抵正反映了全國的兩極分化過程：仰仗權力而富有，無權無勢則貧窮。不義之財是臉厚心黑得到的，然而恰恰也加速了這種制度的解體。

一場爭奪升級的大戰又一次被點燃了。能運用關係與權力掛鉤的，則幹著偷雞摸狗的勾當，不能講關係的就憑吵罵和拳頭來挾持各級調資領導小組。科室之間，車間之間，人與人之間幾乎都放下工作，互不相讓的打「爭級戰」。

這種白熱化的爭奪，一直延續了兩個月。在吵架語言的流利和用辭的刻薄方面，我素來以為四川人堪稱全國之冠，這罵街尤其是城市平民家庭婦女的「長項」，這是一種以使對方當眾出醜所產生的威懾力，壓迫對方讓步的方法。

我所在的車間計畫員王某和庫管員周某便是全廠聞名的吵架能手，兩個人就憑著一雙利眼和揭人隱私的利嘴，使車間裡的人誰也不敢輕視她們，就連車間主任在爭執時，都要讓她們三分。論年紀她們還都只有三十來歲，一個車工，一個鉗工，正是生產第一線幹活的「骨幹」，但是，在全廠「向第二線轉移」的熱潮之下，她們就憑著自己的潑辣，向張主任提出安排二線工作的要求。

開始，這位車間主任對兩位潑嘴提出的要求採取緘默的態度，結果被王、周二人抓住私下安排過車床在夜間幹私活的幾次「違章」事件，一陣冷言風語，迫使這位主任對她們策略一下。許諾了兩人從鉗工班和車工班退下來，一個安排去做「計畫」工作，另一個則安排為車間的工具庫管理員。

國有企業的職工對於調資的認真，遠遠超過對工作的認真。因為工資級別決定了一個人長期的收入水平，一次調整和升級在毛澤東時代幾乎十幾年不會遇到。鄧小平時代開始，工資經常調整，但是因為過去留下來的窮困使升級特別敏感，工廠的調資向來採取平均主義。

幾年前工具車間，就發生過這樣一件事，因為一個工人的病假超過了工廠的規定，在調資時少調了一級。雖然這一級區區只有四塊錢，但那工人卻以「一輩子」為藉口，提著磚頭去找主任評理，當場用這塊磚頭，猛擊對方的頭部，當即昏死過去。工人被拘留，他的家屬就到這位主任家裡坐著要飯吃，嚇得這位主任在外躲了一個月，後來就辭去主任的工作不幹了。

馬兵四級劃分的辦法保證了廠各級管理層的利益，他心中十分明白，因為生產工人最苦，因不滿而發生的越規行為也最多，所以他指令把調資的總金額劃到部門，矛盾因而下交。崔科長自然明白馬兵的意圖，金工車間在得到勞人科所劃的升級方案以後，不敢怠慢，便將分到的名額又攤給了班組。

車間對所分到的級別落實到人頭時，對照檔算的級別與勞人科調撥的級別差了兩個級，與勞人科再次核對，問題恰恰出在兩位新近才從第一線下來的女工身上，工廠管理在編制上極為混亂，計畫員本歸於幹部的名額，但若從工人轉崗時，兩個人既不屬於幹部編制，又不屬於一線定額工人。她們只好委屈於少升一級了。

兩人找車間主任說：「工廠已有三年沒有調資了，這三年裡兩年零十個月都是在第一線幹。現在才幹了這麼一個多月的庫管，怎麼在確定升級時，把她們當成了勤雜工？」車間明知公開照班調資方案，一定會大鬧一場！於是，把他們向勞人科一推，要她們直接去找勞人科理論。

兩人商量好了，就去找勞人科崔科長，崔科長明白兩人的來意，還沒有等她們開口，就把馬兵關於這次調資定級的辦法拿給她倆看，王秀根本就不去看那檔案，吼道：「那馬兵從西雙版納轉業回來才幾年，就想欺侮我們在這裡土生土長的老職工了，他在這次評級中升了七個半級，而我們才升了兩個半級，你把馬兵叫出來，我們評評理。」

黃色大樓裡兩張利嘴尤如兩挺機關槍，整個樓裡迴盪著女人的尖聲叫罵，所有的辦公室都打開了窗口，伸著頭向勞人科指指奪奪，罵聲隨處可聞，勞人科處在責罵包圍之中。

馬兵挺知趣，在自己的辦公室裡給李友打了一個電話，請李友幫忙調停。李友勸說兩個女工回去，條件是立即給二車間增補兩個半級。

兩個女將得勝班師，臨走出黃樓還大罵崔科長，一場風波才平息下去，可是沒有一個星期，車間的張主任被解聘。但為了怕戰火再持續下去，張雖被解聘，但本次調整工資還是保留了他原來加的級。

升級的風波剛剛在金工車間平息下去，卻在工具和總裝車間重新點燃，工具車間一位姓黎的女工平時因為愛跳舞，住在單身宿舍經常深夜不歸，白天睡懶覺，遲到曠工多了，這黎小姐該被取消升級資格，不過車間主任知道這女孩不是好吃的果子，沒敢全部取消她的升級資格，只留下了一個半級指標。

殊不知黎女士將這件事與她相好的男舞伴通了氣，沒過幾天，車間主任在上加班回家的路上被一群來歷不明的人，圍在小巷裡痛打了一頓，幸好沒有被捅刀子，只是渾身青一塊，紫一塊的在家裡睡了整整十天。

廠部報了派出所，可是那兇手卻一個沒抓到，從此以後，這位車間主任，只好自認晦氣，再不敢行夜路，對以後的獎金再也不敢剋扣工人了。

總裝車間一位女工，因病假超過了工廠規定的時間，這次被取消了升級的資格，結果她想絕了，喝農藥自殺，幸好被及時發現，當即送醫院搶救，等她從昏迷中醒過來，對丈夫的第一句話就是要為她報仇。主任聽說，慌忙趕到醫院賠小心。

中國人的膽子像一根橡皮筋，有時氣壯如牛，有時膽小如鼠，十分脆弱。為升半級工資，可以拼命，而真正要拼命時，偏偏退縮了。馬書記一個調資辦法弄得全廠雞飛狗跳！

根據「上級」有關檔案，所謂按「貢獻」和「業績」拉大差距的原則，本就可以隨意解釋，誰掌權，誰都會站在確保自己利益的立場上。

對比起來，在「收穫」中搶得最高明，搶

得最快，也搶得最隱蔽的，莫過於我的老同學，對他最大的收穫，就是趁工廠發橫財機會，撈到一套一百平方公尺的高檔住宅。

工程師住宅樓的興建，是李友根據國務院檔案提出來的，當設計人按照這位廠長的意圖繪製了設計圖以後，財務處曾根據這個設計方案預測十二套工程師樓層，耗資之大，相當於整個住宅投資的三分之一，職工代表大會上，大多數人公開反對工程師樓，主張增加戶數，減少投入。

然而，李友心中十分明白，錯過這一次機會，以後恐怕再也不會得到了。所以，他再次利用權力，武斷做主，批准了工程師住宅樓的設計方案，並從原先用於技術改造的資金中硬撥出錢來，並令頗有「倒」爺經驗的生活廠長蕭副，全權負責三幢職工大樓的建築工程。

繼油漆車間動工後僅一個月，雲泉路上的三幢住宅大樓便開始了平填地基。

胖左派再次發表「快訊」，說蕭在確定住宅承包商時，從承包商手中得到了三套紅豆木傢俱的回扣，他除了給自己留下一套，也給李友留下一套，不過，當時在輿論作用下他沒敢接受，等到房子分到手，人們才發現，那套傢俱已放在他的客廳裡了。

用工程師的稱號，修的工程師大樓，主意是李友出的。大樓一修好，罵聲便跟隨著他走墨城而雀起。

就在八四年下半年至八五年上半年，農汽廠走運發財的好日子，也成了「後門」最擁擠的時間，由李友帶頭，工廠各級「領導」都爭著把自己的親戚或「關係戶」子女，巧尋藉口拼命往工廠裡塞。這些人沒有任何調動手續，就只要廠長們點頭，都可以從勞動人事科進入這家「肥得流油」的工廠。

僅我在的金工車間，在這段時間內招入的「工人」就有幾十人。這些「工人」進工廠後，又被陸陸續續調往各辦公室、後勤部門以及庫房。「後門」現象既已成為工廠常見現象，習以為常，連胖左派的「快訊」中似乎都忘記了這件事。因此，這家千人編員的工廠不到半年便增員為一千三百人。

改革開放年代初期的企業，由政府機關任命管理者，在階級鬥爭年代，窮得沒房住，現在他們發現真正需要的原來是房子，票子和兒子！於是他們便附在剛剛有一點血液流動的工廠血脈上，拼命貪婪的吸血。在所能伸及的範圍裡，用手中的「權」唯恐不及，伸出去的手唯恐不達。在這個中共懲戒貪官的辦法僅限於「黨內警告」的年代，正是中共大小官吏抓緊進行原始積累的大好時機。

在讓一部分人先富起來的綠燈下，大官大貪，小官小貪，利用掌權的機會，從上到下的貪污。中共各地官吏無不如此，國有企業更是如此。鄧小平為權力致富大開綠燈。到了一九八六年以後，中共上層才迫於日趨尖銳的社會矛盾，不得不對嘍囉們殺雞給猴子看。用中共上海市委辦公廳主任余鐵民案子的處理，在報紙上大張旗鼓的公佈，以收受賄賂三萬元，判處余鐵民無期徒刑。其實三萬元是當時高層官員的一筆數目極小的「外快」，三百萬、三千萬又算得了什麼！

到了十八年後，即二〇〇四年，中共自己公佈的數字，二〇〇四年一到十一月全國抓出的貪污賄賂瀆職侵權案子共三萬六千五百零九件，涉案四萬多人，增長之快數量驚人，僅僅披露的原溫州市副市長楊秀珠，一九九六年竟在辦公室裡用批示檔的形式一次就吞了一千一百萬公款。

僅據一九九三年全國紀律監察機關向全國公佈的資料，九十年代，共有三萬名地廳級以上官員，因貪污賄賂受到查處。從一九九〇年，全國檢察機關受理各種涉及高層的案件一百一十萬件，立案五十多萬件。

以我所在這麼一個千人工廠，掌權的管理者沒有不撈的，上面所記僅一年所見所聞，這種制度下吃虧的當然是工人。

不過在這「中國特色」的市場經濟底層企業中，蝨子們所吸的血常常面臨枯竭的危險。充滿貪污而脆弱的市場經濟中的國有企業，總是逆著那些做著橫財夢的蝨子們的意願，使他們的夢想在現實中變成了一串串的泡影。

正當這家工廠廠長們為升工資和營建職工大樓鬧得烏煙瘴氣時，八五年八月，經營辦公室便向廠長們傳遞當月虧損的報表。報表顯示，因滯銷而造成材料和部件在庫房的積壓已突破了兩千萬，而且當月已呈現了十六萬的虧損。

李友在得到這個報表後，馬上趕到經營辦公室，向全廠職工宣佈已經找到了扭轉虧損的辦法。相信眼前出現的這點小困難，一定會在不久之後得到克服。可惜，那些由一輛輛卡車編織起來的藍色地毯，每天都在將工廠虧損和積壓的噩耗，無聲地告訴給全廠職工。正是：「……枉費了意懸半安心；好一似蕩悠悠三更多。忽喇喇似大廈傾，昏慘慘似燈將盡……」

第三節：遭逢絕境的農汽廠

僅僅保持了半年旺銷的農用車，由於技術落後，產品質差，在國家取消了向農民貸款後變成了滯銷貨。到了年底，停放在工廠範圍裡已裝好的卡車已超過了五百輛，成了無人問津的積壓貨，地域本來不大的工廠實在停不下，還租用了廠外的場地。

密切關注本廠經營情況的銀行，早已向工廠的財務科提出了「質詢」，認為農用汽車製造廠再不打破滯銷局面，繼續的盲目投入，無疑會造成更多的積壓，工廠像這樣下去，後果不堪設想，所以只好停止注入資金。

老同學已明白，自己已經騎在狂奔的虎背上。農汽廠像一個陷入賭場的賭棍，發夠橫財後，隨之而來的是狂輸。賣不掉的農用車僅僅因為資金凍死，工廠就要承擔可觀的利息，為了減少虧損，最好的辦法就只有停止生產。

但這樣一來，工人領不到工資，一千多人

的生存面臨著威脅，工人們首先會到市政府請願，憤怒的工人會砸他的家，一切後果都要發生，當然也包括要到手的豪宅全都只好泡湯。雖然他大不了被撤職或調一個工作，但他經營的一番事業和利益全都沒了。這個時候他如坐針氈，他給農業局打電話，給各個在幾個月前熱銷的農機公司經理打電話，想辦法打開銷路。然而，那些熱銷時的酒肉朋友居然不接他的電話，有些連人都不知躲到哪兒去了……

胖左派的「快訊」卻因此發得更勤，把工廠的虧損及時的向大家公佈。從八五年年底開始，農汽廠的虧損就像滾雪球一樣越滾越大。

銀行首先將準備為職工調整工資的專用儲備金凍結了，理由很簡單，上級有明文規定，處於虧損期間的企業是不能調升工資的，於是吵吵嚷嚷的調資終於沒能實施，這是蝨子們始料未及的。現在，眼看大禍正在迫近，工程師大樓卻抓緊進度，儘量提前竣工成為李友最關注的事。

工人們在這個時候「團結」起來了，他們自發地組成了以曾元為首的調查小組，收集證據，寫成了馬兵、蕭足等人的材料，在這些材料中列舉夥同倒賣鋼材、木料，收受建築承包商賄賂，以及公款旅遊，吃喝玩樂的十大「罪狀」，並以聯名上訪的形式將這個材料送交市委。

在老黃介紹下，各車間準備到市府上訪的工人們找到了我。

我進這家工廠才一年光景，情況並不很熟悉，加上來廠時李友的友好表態，我一時還不好同他鬧對立，但我已經憑著我一年多的觀察，獲得了這家工廠一個輪廓的概念。在老黃介紹下，我把大家提供的情況整理出來，寫成上告材料。

然而，接到這個材料的市委信訪辦經過了一番「認真」研究，認為現在否定半年前還在報刊上發表「治廠經驗」的「明星廠長」，實在有點自己摑自己的耳光，何況，全國的工廠像農汽廠類似的多如牛毛。現在最好把這些收到的「檢舉材料」原本的交給馬兵他們，由他們自己來「正確處理」吧。這叫依靠基層，是中共又一法寶，否則全市上千個企業工廠，哪一個沒有這種烏七八糟的事？主管局這幾個人處理得下來麼？

我所代筆的材料，沒有逃出所有寄到上級機關的上告信所共同遵守的軌跡，一個月後便回到了馬兵的辦公桌上。看到這封材料竟是出自我的筆跡，老同學和馬兵感到十分意外。進廠一年半來，由於我的沈默，所以李友和馬兵幾乎將我遺忘。現在擺在他們面前的這些材料令他們震怒不已。

倘在毛澤東時代，投寄這類材料的，是五類家庭出身或本人就是五類分子，那麼輕則把投信人叫到辦公室裡訓斥一通，指責對方無中生有；重者召開批判大會，把寫材料的人抓到鬥爭會上鬥到低頭認罪「當眾消毒」為止，甚至根據材料摘章引句，申報專政機關立案偵查。

倘若是普通職工聯名上告的材料，則由基層黨組織逐個調查。凡檔案中有污點的人，立即傳喚，給以警告。就是「根紅苗正」的革命群眾，也要按組織方式，不能越級突然襲擊。「黨天下」之下，基本上不會有告發組織的材料越級寄到上級部門去。

現在形勢變了，黨內分裂變成公開，腐敗也一天天暴露，五類沒有了，批鬥會也不開了。

有一天，母親從北碚區府帶回了她的好友，北碚九三學社負責人倪爾雲寫給我的一封長信，那信上對我才從蔡家鄉下調進這個廠才一年光景，就同廠領導唱反調表示擔憂，她提到了我傷痛的廿年牢獄。

不久，馬兵正式在他辦公室裡向我「攤牌」。那一天，當我走進他的辦公室裡時，紀律檢查委員會書記羅志，黨辦主任王珍及金工車間書記幸才已經等在那裡了。看到這個

「陣營」，我立即想到我在當年反右鬥爭會的場面。

他輕輕咳了一聲緩和著緊張的氣氛，然後慢慢地說：「你是本廠的職工又是幹部，你應當熟悉幹部應當遵守的組織紀律，我們廠的確面臨著嚴重的困難，今天專門抽這麼一個時間，想聽聽你對工廠領導的意見和建議。」

我瞅了一眼放在辦公桌上由市裡退回的這份材料，平靜的回答道：「我向市裡寫的那份材料，是受託於工廠部分老工人的意見，如果你還有什麼不清楚的地方請你提出來。但是我認為既然是上告材料，那麼上級部門有義務替我保守秘密，派人作認真調查。

現在既沒有認真調查，又原封不動把材料轉了下來，這是什麼問題你們自己清楚。至於我所寫的這些材料雖不可能絕對正確，但那上面提供的事實和證據，我可以對它們真實性負責，但你們也應當對你們的行為負責。」

旁聽的人面面相覷，是啊，誰又能保證上告信上所舉的不會有錯？馬兵嚴肅的臉上迅速換成了笑臉，開始緊張而嚴肅的氣氛緩和下來：「哪兒的話，老孔，我們是想同你交換一下看問題的方法。」

馬兵滿臉假笑：「我認為你看問題陰暗面多了一點，主流卻被你忽略了。比方說：工廠今年的產值和產量都是建廠以來最高的，油漆的技改工程已經開始，車身面漆的起泡和品質會得到根本的改觀，職工的住房樓也是我廠建廠以來從沒有過的。工廠的一窮二白面貌一天天在改觀，看問題不要老看陰暗面。」

不看主流而看支流，這正是中共當年在反右派運動中打擊我們的主要理論武器。可惜，當年右派對共產黨的「攻擊污衊」不幸被言中，在二十年鐵的事實面前，後來中共給我們平反，正好證明了這點。於是我抬起頭來回答道：「既然你說看問題應當看主流，我就來談談這個主流吧！你如果是尊重事實的，那麼去年這個時候達標升級整套東西是不是假的？當然，你會說這是為了應付升級，不得不這麼做。那麼工廠靠一時的機遇，把汽車漲價說成是領導的業績，是不是也是假的？」

「就算天時地利贏得了一個能使企業發展的機遇，而工廠的領導卻不趕快加強基礎工作，在產品的品種和品質上下功夫，卻忙著在毫無貢獻的條件下搞升級方案，廠級幹部不論其貢獻，就憑職務拿高過工人十幾倍的獎金和升級，問心無愧嗎？平時你們有誰踏踏實實考查過生產怎麼在運行？有誰在認真的關心技術改進，卻在大報小報上吹噓工廠如何提高了產品品質是不是又是假的？」

我停頓了一下，看看馬兵今天招來的人不但沒有反感，還露出贊同的眼光，便繼續往下說：「內部的混亂幾乎無人過問，如果你硬要否定這些，說我寫的材料只看陰暗面，對工廠的成績肆意詆毀，現在工廠每月已經產生了十幾萬的虧損，從整個趨勢看，工廠的虧損已不可逆轉，一旦工廠虧損超過了破產的警戒線，工廠是要破產的。」

「到了工廠無可挽回的時候，恐怕全廠一千多職工便要打你的扁擔，你的職務未必能保住，到時候不但你的升級和住房保不住，恐怕更可怕的後果都會發生。現在不是追究我所寫的材料是不是誣衊，而應當把這些工人們反映的材料，當成警鐘嚴肅的加以對待，採取措施來挽救工廠了。」

「同時我還要建議你，你最好公開的把你批示的調資方案宣佈作廢，並主動將自己在這次調資中所升的七個半級，還給工廠，向工人們認個錯，也許還能贏得人心，有助於啟動大家一起止住已相當嚴竣的虧損勢態。」

我的話完結，辦公室裡沈默了，馬兵沈默了，不管他對我向市裡投書材料有多麼的反感和憎惡，今天他本想達到制止我的目的，現在也覺得考慮不周。他的沉思反應出他的尷尬。他原先精心安排的公開審問以求壓制不同意見的做法，只好到此收場。

工廠的不景氣卻無情地撩撥著這一千多職工，他們再也沒有像半年前那樣，拿著比工資還多兩倍的獎金，到市場上去秤燒臘打白酒。而是重新回到一年前那窮樣子，同挑擔進城的菜農爭分論兩。貧困激發了他們去市府上告的勁頭，然而我一點都沒有因此心中感到舒暢，相反的，焦慮籠罩著我，我所爭取進來的工廠，完全不是當初大家所羨慕的「米兜」，工廠的底子那麼薄，現在又眼看著它朝著破產的軌道猛滑下去，年近五旬的我，恐怕要借助於「落實政策」再跳一次槽就不容易了。

何況我明白在這片國土上，大家都在窮窩裡過，想尋找世外桃源是沒有的，特別是我年近五旬還寄人籬下，若要想從天生橋那又霉又黑的危房中搬進高樓大廈，恐怕就再幹上十年八載，等到我已經退休時都未必如願。

到了這一年的年底，胖左派發佈的廠部「經營快訊」已把工廠累計虧損六十萬的噩耗向全廠職工公佈了。各個車間又一次提前放假，關心工廠前途的中老年職工，到工廠來每天打聽情況。當他們走到工廠後面看到這一天天拔地而起的工程師大樓，不免又一番強烈指責，他們對這工程師大樓是竭力反對的。

面對職工的反對，李友笑著回答道：「眼看工廠富起來了，今後還要不斷的建房，而建造新房的檔次，只會一年比一年更高，到那時，難道低檔次的房子還要拆掉重建麼？」在他的力爭之下，建房便保留了原來的較高檔次的建房標準，建房預測資金的不足從油漆車間的資金去挪用。

由於資金枯竭，油漆車間已完全停建。現在工程師大樓已經矗立在地面上，李友面對的除了罵聲和爭吵什麼也沒有。這一次，胖左派站出來大罵馬兵和李友，說他們哪還像是工廠領導，簡直就像一群蛀蟲。

工程師樓已接近竣工，老同學十分清楚，全廠一千三百雙眼睛都盯著這五十六套新住宅的分配。除了這五十六套新宅分配，還會帶來五十六家遷居人所住舊房的再分配，這可是一件隨時都會帶給他煩惱和不安的頭等大事。

在他的幕僚策劃下，仍以勞人科紅頭文件的形式，向全廠頒發了一個〈關於六號七號樓的分配方案〉，為穩住全廠主要技術骨幹，讓他們在分房中站到自己這邊來，這個方案明確，凡工廠裡有工程師稱號的十二個人，都會分到一套「工程師住宅」，這一次，李友算是聰明一點，不再將自己的親友拉出來充當分房領導組的成員，而是將分房領導小組的權力，交給了素與他貌合神離的副廠長王泉，條件是許給他本次分房權。這等於將分房的矛盾，全部轉嫁到他的身上。

從十一月份開始，一場分房的明爭暗鬥，就在李友與王泉為一方與全廠一千多戶職工之間，勃然掀動了。每天分房領導小組辦公室門剛打開，等待的人擁進來以後，便是一片吵架聲。王泉雖然得了一套意外的住宅，但是他必須承受精神上的高壓和對付各種質問。

老職工在子女的陪同下，向他傾訴成古八十年的住房辛酸；中年職工逼著他出示本廠分房辦法的政策依據，列數鄰近廠礦是怎麼來分配住房的；魯莽的年輕人用拳頭和石塊警告他看著辦。他一時成了全廠的磨心，又是李友最恭順的奴才。可惜唯一能依託的李友卻用陰陽怪氣的態度使他為難。

老同學這些天是格外的小心，晚上從不出門，白天走過牆邊或屋簷下都要警惕的東張西望，害怕隨時都有一塊飛石從不知那個地方向他的頭上飛來。人活到這個份上才體會到當廠長的悲哀，這時他時時從心裡咒罵一年前把他捧成明星的政府官員和別有用心的記者。

十二月初，當整個住房已經粉刷和外部裝修，完全可以住人的時候，四十八套新房的分配名單以及五十六套舊房的「再分配」名單，在辦公室大樓下面的公佈欄中貼出了第三榜，在圍觀者的一片咒罵和怨聲中，王泉在辦公室裡，突然得到後勤科的報告，說有三家住宅，房門已經被下了鎖。

三戶人家不知什麼時候，已經神不知鬼不覺的搬了進去。他聞報不敢怠慢，立刻電話通知了李友，電話的這一頭氣急敗壞，而電話的那一頭卻冷靜如常。也許李友早料到各種可能發生的情況，或者明知而故作鎮靜。

兩分鐘後，保衛科長率領兩名保安，趕到了搶搬地點，然而面對搶佔戶的一家老小，誰也不敢動手！李廠長的指令是將搶佔戶拉出來，將他們的東西甩到馬路上去，但是哪一家在工廠都有三親四戚，師兄師弟。保安們誰都不是傻瓜，甘心為李廠長當槍手使。

在王泉親臨現場的督陣下，只有軟硬兼施，一邊勸說，一邊動手將搬進去人家的傢俱一件一件的又搬回原來住的窩棚裡，許諾在舊房子的調配中，給他們增加舊房的面積。

正當大家為分房而拼殺之際，農用汽車廠的虧損卻像下坡滾去的雪球，越滾越快，越滾越大，到了這一年年底工廠累計虧損已逾百萬大關，去年同期那種高獎金和名目繁多獎項的熱鬧局面，已經消失。工廠已經連續四個月沒有發一分錢獎金，為了過年，老同學七拼八湊每人發了三十元錢的過年費。

在年底召開的工作總結會議上，曾科長以質問口氣要書記和廠長就工廠在本年度工廠規劃實施情況，向全廠職工作一個交代。還就新建的職工住房大樓的建設和分配，提交職工代表大會專門進行「審查」的建議。

經過他的「點火」，到會的人紛紛向老同學責問起來，工作總結會變成了牢騷指責會，使老同學感到十分狼狽，一年前他在全廠年會上的自我陶醉已變成了沮喪。除夕的茶話會也取消了，只在食堂裡進行了冷清的「聚餐」。

為了防止意外，老同學像偷東西似的趕在除夕前一天，僱用幾個人，最先將自己的家從三合院裡，搬進了他籌畫整整一年的工程師大樓。搬完後他才獨自坐在寬敞明亮的大客廳裡，深深地舒了一口氣，慶幸自己平安喬遷。

這時候他感到了一種喪家之犬的悲哀，他真的沒想到他的好景竟轉瞬即逝了，剩下來的殘局該怎麼收拾，心中沒有把握。也罷，充其量工廠垮了，自己再調一個單位的想法又浮上腦際。無論如何，住房總算到手了。夜已深了，心裡特別的悶，信手推開臨街的窗子。

黑夜中，他似乎聽到樓下過道上腳步急促，意識到又有誰連夜在搬家，定睛再看，朦朧的路燈下，王泉和老婆，兩個兒子也像是做賊一樣的將傢俱朝剛剛分到手的房子裡搬。他鄙視的向下淬了一口唾沫罵道，「賊兒子，全是賊！」

一九八五年底，五十六戶人家忙著搬家，在第一輪競爭中沒有分到房子的職工，繼續地圍住分房領導小組的幾個頭，一面吵罵著，一面等到舊房子的再分配。王泉既然已占了房子便學著李友躲起來了，當然，無論是李友還是王泉，在工廠每一個角落都會聽到滿街對他們的責罵。

他們只能把自己的房門關緊，只當什麼都沒聽見。三十晚上，圍爐吃年飯的農汽廠職工沒有幾家沒在詛咒，他們把無錢過年，無房可遷的罪過。一股腦兒地傾瀉給老同學，以及與他並駕齊驅著農汽廠的同僚們。

然而在我的記憶裡，自回到重慶，沒有比此時更冷的冬天了，當時對於我來說最最重要的便是一榻之地，我沒有老同學的福氣，也不存在他那種有了房子還要圖更好房子的貪婪侈望，看到工廠如此糟，我只求一間乾燥一點的舊房子便心滿意足了。同這個工廠的工人們相比，我可是連舊房都沒有一間啊！

晚上我睡在那充滿霉氣的危房裡，望著頭頂上那已經折斷，隨時都可能垮塌下來的房樑，眼前浮現出全廠爭奪五十六套新房子的那亂勁，想到倘如在這一次舊房大調整中，再不爭得一間舊房子，我就可能流落街頭了。

何況我的這位老同學還在各種會議上一再宣稱，本次分房向知識份子傾斜。第二天，我帶著這個理由到分房領導小組去，請他們在舊房調整中給我考慮一間舊房。得到王泉的答覆令我感到寬慰，他說：「你儘管放心，我們一定會按規定處理好你提出的要求，使你滿意。」

可惜，我完全沒有料到這個答覆，夾雜著奸意。十天以後，在公佈舊房調整名單時，滿有把握的我竟沒有看到我的名字，開始我還不相信我的眼睛，從頭到尾再看了一遍，依然沒有我的名字。周圍的工人看見我焦急的樣子，有人給我打抱不平，他們都因為親眼目睹，每天清晨我馱著兒子上班的那種狼狽相。

於是我第二次跨進了分房領導小組的大門，王泉不在，大概他又避風頭去了，接待大家的是勞人科的崔科長，聽到我的責問以後，他翻著白眼回答道，「你進廠時不是親自寫過不要住房嗎？怎麼，親筆的諾言不算數？」

這一下子我完全明白了，我的住房問題是老同學和馬兵商量好了的整人行為。否則這崔科長怎麼歪曲我進廠時的本意？甚至還專門查了我進廠時的檔案。我回答他：「當時由於李友說，暫時沒有住房給你，等以後有條件時再解決這個問題，但是這種放棄住房作為進廠先決條件的承諾，永遠不能曲解為在工廠有房時，我也不要。

我一個落實政策的人，上無片瓦，下無立錐之地，你工廠有房時不給我，是存心給我為難吧？再說，你可以把我進廠時填寫的東西拿出來公開嗎？」

這麼一逼，「吹」科長開始那輕蔑態度收斂了，推說道：「我也是執行上面的意思，至於你填的表根本是不可能拿出來公開的，那可是在你進廠隨調的檔案裡存放的。」看來我給市委寫的信，確實給我帶來了麻煩。

我現在才體會到了什麼叫「收拾人」，什麼叫軟打整。比起不動聲色的老同學，比起年輕氣盛的馬兵，我遠遠不是他們的對手。但是事情既已經弄到這一步，我就只能迎戰了。於是我準備立即進城去市政府信訪辦公室找張文澄。

但又一想，落實政策我已經麻煩過他了，他當時毫不猶豫的給我開介紹信，給我調動開綠燈。現在又接而連三地為我個人的住房，再去找他，於情理上顯得過份，雖然同是右派，我不能為個人問題再給他出難題，何況我們素無交往，僅憑都是同一運動的受害者這點同病相憐之情。如此一斟酌，我便躊躇起來。

想到已經和老同學鬧翻，我給市委寫的檢舉材料還捏在馬兵手裡，倒不如把臉撕破，用二車間那王、周兩位女將的辦法，興許還可以奏效。何況在住房問題上我是無房者，再不力爭，我可是真要露宿街頭了。而老同學卻是高檔房的利益佔有者，我撕破臉鬧起來他肯定會心虛。

我決定去找他，然而一連幾天老同學好像駕了土遁，從農用汽車廠消失了。每天辦公室裡見不到他，夜晚去敲他那鐵門，沒有絲毫回應，鄰居說「李廠長從那鐵門的貓眼上就可看清來人，看來他躲起來了」。

我不得不寫了一封掛號信，交到了重慶市政府，一個月以後，區政協主席張××親自來到了農汽廠，對廠裡的住房分配進行「專題調查」。預先他就給廠工會打了一個電話，詢問到我的住房，希望他們妥善的處理。張主席的到廠觸動了工廠的神經，出來擋駕的是工會主席向雲。

向雲在工會的辦公室裡接待了張主席，並向他介始了一名至今三代人共居一室的一個老工人，以此證明工廠確實沒有房子分給我，這位老工人一家人分居兩處這個真相，卻被向雲隱瞞了，中共黨員沒有其他能耐，唯有這種編假說謊個個都是能手。

既已驚動了上級，又有張主席的調查，老同學知道情勢不妙，迅速轉舵，指示黨委副書記施安出面，將離廠兩公里以外，地處文星灣熊家院的危房群中，一名後勤雜工騰出來的一間大約二十平方公尺的危房打發給了我。

當我不久在廠門口見到這位老同學時，他故作驚訝的說：「啊呀老同學，你的住房我們早就考慮了，工具車間主任本次分到新房後，騰出來的兩間磚結構的房子，就是專門安排給你的呀。都怪那王泉太不會辦事，這家人搬出來空出來的房子卻沒有上鎖，便給另一個工人鑽了空子，擅自搬了進去。

我還為這事專門追查了王泉，現在那占了房子的工人，也趕不出來了，沒辦法，我們為你的住房，專門開了辦公會，研究了一個多小時，才決定把文星灣蔣老工人搬出來的房子，安排給你暫時住下，施書記給你落實好了嗎？」

我望著他那假惺惺的樣子，實在是太令人噁心了，要說他低能，可在玩弄兩面三刀和整人的戲法，卻不能同他相比的。但事已至此，心中在忿忿說，都就怪我自己瞎了眼，怎麼會鑽到你當廠長的這家工廠來！

同這樣的小人生氣真是犯不著。他見我沒有任何反應，假惺惺地說：「這幾天分房子真太亂，文星灣那房子如果已經騰出來了，那麼你要趕快搬進去，否則再被人占去，就不好辦了。」說畢他嘴角邊流露出得意的奸笑。他真還以為這樣收拾我，洩了他那卑鄙報復的私憤。

為我個人住房在廠裡攪起的風波，曾科長找到了我，從他那裡我才知道，這文星灣的破房子是農汽廠的職工都不願搬進去的，除離廠遠，上下班不方便外，那房子是一間漆黑的口袋屋，白天沒了電燈，就什麼也看不清。由於年久失修，每逢颳風下雨，多年的揚塵會像細霧一樣瀰漫整個房間。

更重要的是分房條例中有一條沒有公開的「內部規定」，凡有私房的，或廠裡所屬住房在主城區外的，一律沒有分配新住房的資格，文星灣屬於主城區外，所以我只要搬進去了，今後再不要想參加工廠新房的再分配。

我不禁讚嘆這位追求虛名，見利忘義，治理工廠毫無能力的老同學，將中共鬥爭的這一套兩面三刀，借刀殺人的鬼把戲操練得如此純熟！為了報復這一個「異類」，竟在住房的分配上玩弄了這麼多心機！

人心叵測，什麼事凡不涉及自己切身的少說為佳，但秉直的我永遠都改不掉我的老脾氣。粉刷一通，第三天便搬入了「新居」。

在那裡整整住了三個冬夏，那時我已半百年紀，從搬進去的那一天開始，我的三歲兒子，每天早晨六點鐘就被我從被窩中叫醒，匆忙的吃了早點就將他馱在我的肩上，步行兩公里，將他送到托兒所後，我又步行到工廠上班。

由於匆匆趕路，完成這種「苦力」後，我常常汗流浹背，再加上居住條件惡劣，原先監獄受到折磨，身體本來就多病，所以我三天兩頭的感冒、拉肚。命運折磨著我。

就這樣，我的孩子在我的肩上渡過了整整四年的童年，直到七歲他上小學，我們才重新搬了家，結束這段扛著孩子，早上「晨練」的生活。

好在，文星灣的老宅院裡雖窮陋，但鄰居卻十分的和睦敦厚，隔著天井，對面住的幾家人都是重慶棉紡五廠的退休工人。當他們目睹我的困難，孩子那麼小，我的年紀又那麼大，上班那麼遠，請不起保姆，實在照應不過來，有時家裡沒人的時候，又正碰上托兒所裡放假，孩子沒人照應，他們會主動的義務照看我們的孩子。

晾在天井裡的衣服，下雨了，他們會幫助我們把衣服收回來，上街買菜順便給我們帶些回來，這些細小的事表現出來的關照都深深打動我的心，讓我牢牢記著這些善良的鄰居。

那時，我們的住房靠近嘉陵江邊，我和孩子經常在星期天去河邊，捉蝌蚪和小魚，當春天到來時，我教孩子做風箏，去寬敞的河邊去放，我的心回歸到童年中去。

中國民眾的人性和互助，雖經中共摧殘變得冷酷，但在老百姓中她依然溫暖著每一個人，住在文星灣那破舊的大宅院裡，就像生活在一個大家庭裡。對面的劉爺爺和胖胖的劉婆婆，像親人一樣，關照我們並溫暖我們的心。「死猶未肯輸心去，貧亦其能奈我何？廿兩棉花裝破被，三根松木煮空鍋。」那時生活雖苦卻感受到人間的暖意。

而住進工程師宅的李友竊喜後，馬上就陷在矛盾之中，他的住樓是在缺資金情況下靠挪用油漆車間的專款建立起來的，遇到貪婪的蕭某，馬虎的工程品質很快顯現了出來。

新宅搬進去兩個月後，趕上第一潑春雨，雨水毫不客氣地從牆壁的裂縫中，滲進李友的客廳裡。雨水浸進了廚房，那從牆上浸出來的黃水流進了他的天然氣灶台，他把後勤科負責施工的人叫來責問，那人指著蕭足住的地方說他心太黑，吃的回扣太狠。

那施工員承認，地板和糊牆用的水泥全是次品。不過李友也只好背著蕭某罵娘，當著蕭的面還不敢吭聲。

繼八五年虧損一百萬之後，農用汽車廠從一九八六年開始，便以每月三十萬虧損的不可逆轉的頹勢，向破產絕境「大滑坡」。當然農汽廠是同一時期國有企業的一個，但卻是當時全國國有企業的一個縮影。

國有企業相繼在市場經濟的風浪中紛紛倒閉，中共把「工廠破產法」向全社會公開宣佈，被中共奉為絕不放棄的公有制禁區被打破了，我在的廠不到兩年時間便從全川盈利大戶，變成一九八六年四川省名列第三位虧損大戶。

工人們的上訪，使市政府不得不關注這個被他們捧紅的「明星」企業。機械局組成調查組到廠調查時，問到他們私吞工廠的隱私，大家緘口不言，使局裡派來的人莫衷一是。李友是他們瞎吹出來的明星，而今怎麼自圓其說？調查組只好勒令李友限期整改，止住虧損勢頭，否則只好對他「組織」追究了。

不過李友並不是沒看到今天這種結局，他也不是束手待斃的窩囊廢，在他任廠長時，供應一三〇底盤的南京汽車聯合公司，看準他的虛榮心，除在上任時特邀他參加南聯公司的年會，還特別將他的名字寫在董事會常任理事的名單上，在私人利益和個人虛榮心誘惑下，李友同南汽的接觸一直在秘密中進行著。

南聯公司為實現在西南建立銷售和組裝基地的計畫，以便打開西南市場，打算在重慶建立一家南聯集團的子公司。但是當時重慶政府出於地方保護主義的立場，一直拒絕將農用汽車廠變成南聯集團的子公司。

眼下看農用車滯銷，日趨嚴峻的虧損，加快了李友依靠南聯的步伐，他向重慶市政府建議，認為如能投靠一家大企業也未嘗不是一種上策。

南聯集團的董事會成員便帶著進一步接收這家工廠的決定，來到了重慶。當南京的客人剛剛走下飛機場，迎接「貴賓」的是李友和馬兵。

南京的貴賓一走，李友像被注射了一針強心劑，精神振作了許多。他隨即召開一系列的生產會議和經營會議，向與會者宣傳目前在市場競爭中，由於設備陳舊，技術落後，資金困難，農汽車廠很難存活，只有尋找與有實力的大企業合併，才能活下去。

正當他焦慮萬狀之際，卻收到了南京汽車公司董事會發來的請貼，要他參加一九八七年度的董事會新年團拜。他豁然心中一亮，明白這是一次將農汽廠歸併為南聯汽車聯合公司的一個絕好機會。他決定利用工廠法人的機會，抓住這一根從天而降的救命稻草，借南聯的資金和力量解脫捆在他身上的繩索。併入南聯後，幾百萬虧損一筆勾銷，工廠也可以引入南汽的品種和其他專用車技術。經過一夜緊張的思考，他終於破釜沉舟，準備迎接一場「地震」。弄得不好，他會因此而下臺並受到處份，弄得好，他會因此而解脫。

第二天他便從家裡打了一個電話到廠長辦公室去，說他去市裡開會。便獨自一人在家裡正式的向機械局某局長，起草了一份進入南聯的絕密報告，在這份報告中把工廠虧損的原因歸結為工廠缺乏技術設備的落後。現在為了扭轉這種局面，只有向國內有實力的大公司敞開大門，走聯合的道路。否則很難依靠自己落後的車型和技術走出困境。

同時，他拿出幾天前起草的向上級的報告，寫到工廠虧損的人為原因時，將責任全部轉嫁給馬兵和蕭某兩人身上。這兩個人原是他上臺時，由上級安排在他身邊協助他的臺柱子，在農汽廠發橫財時，許多撈私利的鬼主意都出自他們，因此成為他最好的密友。現在眼看厄運已至，他只能分道揚鑣了。

但這種在背後下刀的做法，終於點燃了一場內戰……，李友寫完報告立即進城到機械局，交給局辦公室秘書，隨即去了機場。

正當李友同南汽的主人碰杯互致一九八七年新年快樂時，他卻接到了機械局發給他的加急電報，催令他立即返回工廠，李廠長敏感到「召回令」中，某種不祥已經發生了。當他搭乘的飛機在江北機場著陸後，提著行李走出機場四處張望，卻沒看到往常在機場停車場裡場部派出的皇冠車。

這已使他不安起來，在機場電話廳裡他接通了廠部辦公室的電話，廠長秘書回答他，小車已經派出去另有任務，所以只好委屈他自己坐公共汽車回來了。

在汽車上他的思緒非常複雜，到北碚下車時，他想立即知道發生了什麼事，但沒有人來接他並預報情況，只好硬著頭皮匆匆步行回廠。跨進工廠的大門門衛只朝他點了點頭，好像並不知道他剛剛出遠門歸來……

匆匆走進辦公大樓，平時見到他畢恭畢敬的廠辦主任不知那裡去了，這才發現整個辦公大樓裡，除了過道上平時清潔的臨時工外，一個人都沒有。進得辦公室忙去翻日曆，今天是星期二不可能放假，他們都上那兒去了呢？

正躊躇間，辦公室桌上的那架電話鈴響了，接過話筒原來正是辦公室主任打給他的，叫他半小時以後，立即到廠部大禮堂開會。他的心中一驚，彷彿他的辦公室已四面布控，牆上全是竊聽器和攝像的鏡頭監視著他一舉一動，暗覺奇怪，那些平時仰仗著他開後門進廠的親戚朋友，和受過他的小恩小惠的人們，都到哪裡去了呢？誰把這裡發生的情況通告他一聲，也好讓他有一個準備。

看看牆上掛的那張中國地圖，在大陸那張海棠葉上，重慶相距南京那麼近。

拿起電話筒想向南京方面掛一個電話，卻沒有打通，這才想起臨去南京時，他已將長途電話上了鎖，忙去皮包裡翻找鑰匙，但轉而一想，事情還沒弄清，向對方告訴什麼呢？就是發生農汽廠已把他就地免職，這個南聯分司難道還能搭救他不成？

看來現在只能乖乖的按別人給他布下的路，硬著頭皮走下去了，於是便匆匆地離開了辦公室向大禮堂方向走去。

走進會場的第一眼就看見那個平時對他千依百順的廠長辦公室主任，正在會場的主席臺上忙著張羅，主席臺上機械局的高局長和曹書記已坐在主席臺正中，幾個副廠長坐在兩旁，連馬兵也坐在上面。心中已覺查自己陷入了陷阱，可惜為時太晚，硬著頭皮向前臺走去，那辦公室主任從左側的樓梯上走了下來，招呼著將他安排在台下落座。

直到現在，他終於明白了他所要面對的現實：主席臺上已沒有他的座位，他已被免職了。在無數雙含著敵意和渺視的目光逼視下坐落，把頭埋得低低的。

會議開始，氣氛嚴肅。主持會場的廠辦秘書宣佈全廠起立，唱國歌。他從座位上站起來，兩腿僵硬發直，依然保持著低垂頭的那種反省姿勢，有點像站在高高的懸岩上失足滑落下去的感覺。心中一陣緊張，也不知怎麼坐下來的。

耳朵卻緊張聽那喇叭裡傳出來的聲音，機械局曹書記不緊不慢的宣佈道：「今天我代表機械局向農用汽車製造廠的全體幹部和黨員宣佈機械局一九八七年第一號檔〈關於農用汽車廠的任免決定〉。」……李友聽得非常真確那一號文的第一條就是將他就地免職，卻一字都沒有提到他另調其他崗位的內容，這也是他始料未及的。

大概因為預先沒有充分的思想準備，他耳朵裡發著嗡嗡的長鳴。尤其使他痛心的是全場雀躍，歡呼聲中夾雜著十分熟悉的咒罵聲，有人喊道：「要李友回答他把工廠搞得資不抵債了，工廠關門了，我們的飯碗找誰去？」「不能就這麼一個免職讓他便宜地下臺。」「你不是在一年前還許下那麼多大話，今天要你回答我們，我們這些普通職工拿你怎麼處置？」

人們憤怒的吼聲使他無地自容。現在他完全明白了，兩年前自己被人抬得高高的，現在他已被狠狠地摔在地上。

他感到一陣陣的心慌，喉嚨裡一陣發癢，猛咳一聲，咳出來的竟是一口血。他終於徹底地崩潰了，癱在座椅上。當他的家人聞訊，將他扶出會場時，他的耳朵裡分明還聽到一個熟悉的聲音向他喊道：「李友，別裝熊，拿出你上報紙的威風來，別像臭狗屎。」那分明是總工程師的聲音。

從「政敵」嘴裡說這樣的話，本不奇怪，而今聽去是那麼挖心的痛。他想回答他：「你身為廠領導，難道出現這個局面你沒有一點責任麼？」但他實在沒有氣力說出來。

在家人的攙扶下，他不知怎樣跨進五號樓他家的那扇鐵門。「家」倒是挺氣派的，今天就連那套蕭副送來的紅木傢俱也擦得發亮。當著眾人受羞辱的那種感覺坐在家裡的太師椅上，變成了一連串的焦慮，兩年來體驗的「橫財」，會不會受審計部門和紀檢部門的清查和追究？

一會兒又在想，今後去工廠上班到哪一個部門報到？千萬別弄到總工辦或技術部門，那些人都知道他的底，自己隨時都是別人踏的對象。

當他的妻子催促他趕快換一件衣服去醫院時，他才猛然想起，剛才才咳過血，心裡一陣害怕，好像死神就在他房間的一個角落裡向他窺視，覺得喉嚨裡癢癢的，好像又有一口血要咳出來……

正當他被兩個早已等候在那裡的侄兒扶著走下五號樓的大門時，猛然聽見三樓的窗口鞭炮聲大作，他下意識地抬起頭來，只見那窗口正對著的陽臺上，吊著一長串正在乒乒乓乓炸響的鞭炮，那旁邊還掛著一幅長長的字聯，上書「送瘟神」三個大字，那分明是××工程師幹的事。

這人素來看不起自己，這次分房給了他一套自己一樣的住宅，意在安撫和收買，誰知道他並沒有感謝李友的恩惠，反而認為，李友不過是藉工程師們的名來拉攏他。所以在自己最窘迫時落井下石了，心中一恨，喉嚨一癢，又咳出一口血來。此時他才覺得虛弱得很，對人們這種公開的羞辱除了只有「忍」以外，連反唇相譏的力量都沒有。

這正是：「子系中山狼，得志便猖狂。金閨花柳黃，一載赴黃泉。」

關於對農汽廠人事任免的決定中，紅頭文件中接替他的是機械局一名姓孫的處長，同時還任命總工辦的副總工程師王桂林為常務副廠長。

黨委書記馬兵雖被免職，卻調到重慶市汽車公司擔任那裡的黨委書記，蕭副剛被調到北碚區鄉鎮企業局任了副局長，兩人明裡撤職實際上是升級了。尤其是蕭副，在鄉鎮企業局撈油水的機會更多了。

李友，則因為向上級參奏了自己的同行，破壞了「行規」，才落得替罪羊的處境。若不是他在市委裡的姊姊，說不定會落到想不到的泥潭之中。誰教他心太大，倘若他放棄了南聯的計畫，老老實實接受上級的保護，還不是照樣同其他人一樣，異地發財？而今他氣得吐血，擔驚受怕成為全廠笑料，是誰造成的啊！也許他真是被新聞界，捧得昏了頭。

其實在國有體制下哪有獨闖天下的奇才，靠吹捧鄧小平而發的全國著名巨富牟其中，最終以詐騙外匯罪淪於武漢監獄。自吹創業的天才，在中共炮製的社會主義市場經濟中，不過是為一定政治目的炮製出來的玩偶。

玩偶是沒有獨立人格，也沒有他們獨立生存的土壤，所有改革家都是依附於中共皮上的氣泡，像幻影一樣出現於瞬間，又消失在剎那。

不過，被這種「政策」作弄得最慘的，還是農汽廠一千多普通職工，按照銀行接到的指令，虧損的農用汽車廠的虧損額，早已超過了倒閉的警戒線，工廠已領不到職工的基本工資，只能按每月領取幾十元的「救濟金」。據銀行說，李友為了不准在他任職時就停產，結果積壓的農用車變成了一堆堆的廢鐵。

胖左派站在黃色大樓最高的石梯坎上對著全廠搖頭哀號道：「完了，農汽廠完了，我們也完了，工廠死了，我們就此等著流落街頭。」接著又指著黃色大樓大罵道：「你們這群敗家子，工廠賺了幾個錢，你們自己吃花不算，還要請客送禮，巴結記者，現在幾個錢被你們吃完了，你們卻像蝗蟲一樣飛走了。」

機械局新任命的「領導」絲毫沒有阻擋虧損下滑的能力，陷在廠後坡荒草泥濘中的農用車，依然靜靜的躺在那裡鏽爛，大家在唾罵李友出了一口惡氣以後，不得不重新回到嚴酷的現實中，我們已經有兩個月沒領到工資了。

在廠的生產經營會議上，個子矮矮的孫廠長像菩薩一樣，瞇縫著眼睛一言不發，那王桂林卻操著廣東腔的普通話，呱呱空喊著強化產品管理的空話。銷售公司在他的主持下開的會爭吵一陣，毫無結果的散會了，車間照樣死氣沈沈，金工車間聯繫了渝洲汽車廠，為他們加工車身覆蓋件……。

過年時，由於農汽廠不斷有人上訪市政府，他們怕年關之際，被逼的工人會在春節期間上街鬧事，為穩住危機四伏的國內形勢，維持中共控制下表面歌舞昇平的政治氣氛，市政府悄悄向銀行指示，農汽廠的職工總算領導到了一九八六年底所未發的工資。

然而一九八七年春節一過，工廠又是兩個月未領到工人的吊命錢。當工人們圍著新來廠長向他索要維持生計的基本工資時，這位上級派來的廠長兼書記竟然喊道：「你們向我要，我向誰要？有種的就不要向我要，我帶著你們搶銀行去。」

第二天，黃色大樓的正門上，貼出了一副打油「對聯」，上聯是「桂林貧（憑）嘴一副畫（話）」下聯是：「要搶銀行找有餘」，橫批「左右無路」，那分明是寫王桂林和孫余的「無能」。

農汽廠在一團死水中掙扎，到了這個時候，反倒有人替李友打抱不平來，公開說：「這是市政府的小人們搞的陰謀，如果南京集團兼併了我們，恐怕也不致於落到今天連飯都沒有吃的地步。」

曾元領著幾個老工人去找剛剛赴任的市委書記蕭秧了……

第四節：柳暗花明

事情既然鬧得市政府整日不安寧，新官上任三把火，蕭秧親自過問此事。一個「明星」企業才一年多就走到破產絕路，是新聞界要弄明白，想炒作一番的事，也該到水落石出的時候了。

蕭秧批示，令機械局派出工作組弄清情況，採取措施，務必解決。一九八七年五月，接到批示的機械局，組織了以副局長為組長，市汽車公司生產科長李倫為副組長的「扭虧幫促小組」進駐本廠。

當中國商品經濟的大潮，第一次衝擊苟延殘喘的封閉式國有企業大門，使毫無生命力的大鍋飯企業遭遇與農汽廠相似厄運時，中共基層中，一些從事國企管理多年的「才子們」，從旁邊看得十分清楚中共國企的病。他們想嶄露頭角，一抒多年被壓抑的身心。

紛紛倒閉的國有企業，給了他們一試身手的機會，因為他們相對超脫了那過時的僵死思維方式，敢於試探一下新的企業管理方法，成為第一批轉型時期草創性企業家，登上了中國這一時期的經濟舞臺。例如當時聞名全國的史玉柱，以及張樹新和她的贏海威，支撐他們的只有一個動力；成名成家。毛澤東禁了一輩子的事，被突破了。

身高一百八十八公分的李倫是其中的代表人物之一，推動他勇於挽回這個資不抵債，瀕臨破產絕境企業的動力，是他從不惑之年一事無成中感到時不待我的緊迫感，他決定抓住這個嶄露頭角的機會……至於他是否洞察國企致命之處而有起死回生的秘方？我可不知道。

中共的後極權時期依然緊緊依靠國家權力的控制，使權力以追求金錢為目的，便是貪污、行賄滋生的原因。這種交易出現李友這樣的怪胎，權力捧著他上臺，並指揮著這個傀儡演出一齣又一齣的醜劇。

在企業毫無根基的條件下，用「假」報表，假資料換一頂上等級的假桂冠，利用農汽廠短時間的發財，讓這個木偶一再登上媒體和廣告的舞臺，為行將就木的國有制唱讚歌。最後在企業跌入不可自拔的泥坑時，便將這個被他們捧上舞臺的是明星「寵兒」重重的扔進垃圾堆中。

李友的可悲就是他的那一顆被中共牽著走的虛榮心。機緣使他成了明星，又很快把他變成垃圾，它失敗的全部過程被旁觀的李倫窺看清楚了。

李倫清楚地看準了，中共體制下的企業管理和官本位之間，許多完全可以利用的「中空」。這種漏洞百出，憑一人決斷的體制可以牽著它走，成為一時，一地資產聚斂的源頭。這同蒙在鼓裡被人玩的木偶不同，雖然挽救這麼一個看似沒有希望的企業困難重重，前途渺茫，但是只要牽牛鼻子，這種局部性成功完全是可能的。這種成功的奧秘是當時以上管下，絕對服從的官僚體制還沒弄清的。

剛剛開始「摸情況」的李倫，每天夾著一個日記本，開始了他那種意志和體力的馬拉松運動，他最先就把注意力投向那些平素愛發牢騷，被工廠領導視為「搗蛋」的胖左派們，他想這些人總有獨到之見。

同他們中的年長者交朋友，稱他們為挽救工廠難得的「智囊團」，給他們提出一個問題，「假如你現在當廠長，該先從那些事著手？」「家」由這些平常一貫唱反調的人來當，「策」自會出現。他認真的傾聽著每一個新穎的意見，將這些意見寫在筆記本上，編成了一幅治廠藍圖。

古希臘偉大哲人蘇格拉底說過；「當許多人在一條路上徘徊不前時，他們不得不讓出一條路，讓那些珍惜時間的人走到他們的前面去。」懷才不遇的李倫當時看準了農汽廠十分糟糕，迫使不敢接招的庸才們為他讓路。所以他得到了一次嶄露才華的機會。

我同李倫的初交開始於同車間管理的一次碰撞。事情得從一九八五年十二月馬兵因我向市委寫的信，同我的那場舌戰開始。那一次舌戰，使我成了整個農汽廠領導班子的眼中釘。其實我進廠兩個月便要求下車間的舉動已向他們表示，我對工廠的權力爭奪毫無興趣。

我之所以向市委寫信，一方面是工人群眾的推動，也因為工廠搞得這樣糟，別說住房連工資都發不起，我的生存受到了威脅。然而當我捅了馬、李的馬蜂窩後，我受到了諸多的威脅，不但在分配住房時給我穿小鞋以示警告，工作上也被壓制，受到歧視。

論學歷和工齡，還是能力，早就該得到工程師技術職稱的我，進農汽廠已三年，每年年終，由技術部門和勞人科向機械局上報職稱名單中，從來就沒有我的名字。理由是，你在重大只讀了三年，不具備本科畢業的水平，何況以後因勞改而荒廢學業多年。

但是我自調入這家工廠，便在車間埋頭苦幹，自修完了汽車製造的大學專業課程，很快恢復了被中共荒廢的學業，親自設計和製作了許多簡易的夾具和模具，成為當時全廠百十名技術員製作工藝裝備最多的一個。

正當李友被免職，王桂林主持工廠的技術生產指揮時，發生了一起價值大約八萬元的鑄胚報廢事件：因為翻砂木模失修，造成模芯錯位，五千件鋼板彈簧後支架的翻砂鑄胚的翻孔位置錯誤。倘若仍按原來的加工路線選擇粗基準時，眼看將導致五千件鑄胚全部報廢。

負責胚件供應的生產科老張，把我叫到堆放胚件的現場和我商量，他提出這批胚件，更改粗基準的加工工藝建議。我經過實地測量同意了張師傅的意見，工藝科的人竟說我不知收了鑄造廠多少回扣，在生產科填報的回用單上大筆一揮將這批五千件鑄胚全部報廢。

當然報廢的是工廠的鑄胚，損失是工廠的，與我無關。但迂腐的我卻認為眼下工廠正在虧損，毫無道理的將這批可以使用的鑄胚報廢回爐，等於往虧損上雪上加霜，問題吵到了王桂林那裡，那王桂林皮笑肉不笑的回答道：「報廢了的東西誰使用出了問題，便由誰負責，我看，乾脆報廢算了，損失一點不傷害人，何樂而不為。」

我不甘心這種不負責的處理，中午自己動了刨床，想用事實來證明這是一批不該報廢的鑄胚，沒有料到那刨床上值機的工人發現以後，罵我是一條廠長的看家狗，工廠到了這個時候已無是非可言。

既然對是非沒有了判別的標準，我還有什

麼必要在這裡上班呢？便向車間主任遞了一個請假兩個星期的假條，回到家裡，晚上面對床上睡著的孩子獨自發呆，工廠陷入破產絕境，今後該怎麼辦？我現在才感到出獄後第一次面對生活的壓力。現在我再去找市裡面的哪一位當官的都沒有用了。

另調一個單位，調哪裡？我已五十歲了，效益好的單位接受我麼？正為難之際，一個星期以後的一個下午，一個身材高大的人突然出現在我所住的文星灣三合院的門口，他戴著一副寬邊眼鏡，一邊向院子裡的人打聽我的住處。

正在猜測來人是誰，他已向我的屋子走來。跨進院子大門走到我面前，向我伸出了他的一雙大手，自我介紹說：「我姓李，是一個剛剛才從扭虧工作組正式轉為重慶農用汽車廠的職工。」

我很詫異的的握著他的手，猜測來人的意圖。握手以後，他便四面環顧，打量著我那陋屋的門口和院子的整個環境，說道：「我是在後勤科查到你住在這裡，你寫的假條是昨天上午我才接到的，看到假條，使我對你產生了瞭解的興趣，我想就從你身上開始摸一下工廠員工的想法。」

他一邊說一邊跨進我們的屋裡，繼續說道：「你這個地方可真不好找，不但藏在幾道拐的深巷子裡，過道又窄又黑而房子又矮，我是足足花了半個小時才找到的。」

當我把他讓進那黑屋子裡，他的頭卻碰在那門棟上，一面接過我拿給他的凳子，四壁環視後，連聲說道，「委屈你了，一個老工程技術人員竟住在這種爛房子裡，太委屈你了。」

我明白了他的身分，看他的表情不像在說客套話，便回答道：「唉，你還是第一個走訪我這個窮技術員的人了，單憑這點我得向你表示我的感謝。」

大約已是六點鐘，我們坐在黑屋子裡，藉著黯淡的燈光，開始了第一次談心。他從上衣口袋裡摸出了一個筆記本，一邊交談一邊作記錄。從我的身世講到平反，講到如何進廠，最後講到李友的失誤。一直談到深夜，因為談得十分融洽，時間很快過去，我送他回廠時已是第二天凌晨了。

一九八七年三月農汽廠在行政大禮堂召開全廠職工大會，取名「扭虧」動員大會。為了顯示「危機感」，扭虧工作組向全廠職工亮出了政府對農汽廠發的「黃牌」警告。其實破產，這本屬於商品競爭的殘酷事實，無須誰來「警告」。

致農汽廠今天這種狀態的，是中共龐大的官僚機器。是毛澤東一手建立的國有制。

工廠破產後，還擺出主人的姿勢鞭打工廠的全體員工，這不僅是戲劇性的，也是殘酷的，台下的我心中十分明白，捧著李友這個木偶玩弄夠了的政府，現在要捧出第二個木偶來了。

然而，被中共恐嚇慣了的農汽廠職工們，聽到這種嚴峻的警告時，全都皺眉沉思，將一年來的謾罵和爭吵收斂起來。工廠一旦關門，一千多賴以生存的職工及他們的家屬，都會被拋向街頭，這對吃慣國有大鍋飯的窮職工怎麼才能掙到生活的飯碗？產生了最大的憂慮，但當時誰也不敢說中共害了工人群眾。

李倫被大會正式任命為「扭虧組長」，第一次主持了全廠工作大會，當他提出用「自願兵精神」「生產自救」的口號，我看不出他的信心和措施在哪裡？用這些戰爭的語言來喚醒誰呢？由於生活逼迫農汽廠的職工天天都在上訪，他們所盼的，關鍵在帶領這些職工的領頭人怎麼辦？

農用汽車製造廠的招待所，是一排占地大約五百平方的平房，那房子足有三十多歲了，總共二十來間房間，平時白天走廊裡也要亮著路燈，否則一進去便是漆黑一片。由於背山而築特別潮濕陰暗，房間裡一到下雨天，地上總是泛潮，下段牆上的石灰層因霉變而剝落，露出一片一片的黃泥牆。

貧困至極的農汽廠職工的住宅就是那種檔次，當然也沒有能力建好漂亮的招待所來接待客人。所以招待所裡面住的，是配套廠家派駐本廠的修理工，外地招來的鈑金工和油漆工。稍有「身份」的來客，是由廠長辦公室和供應科長專門安排在泉外樓，或其他較高級的賓館。

李倫接廠長後，廠辦主任為他在泉外樓安排了一間帶浴室的房間，李倫找到了這位主任說，「工人已經有幾個月沒領工資了，我還住那麼高檔的賓館不符合志願兵作風，請你把房間退掉吧！」

於是他住進了廠招待所的五號房間，我第一次造訪他，便在那房間裡，房間被剛剛粉刷，顯得比平時亮堂。靠門邊擺著的一張床上，一半堆著足有兩尺多高的書籍和文件，靠窗一張課桌上，放著他的吃飯盅和洗漱用具，兩個翻折凳用來接待來訪者，一盞檯燈立在課桌上，這便是他的全套辦公和生活用品。

經這麼一佈置，那十二平方公尺的小屋還算「寬裕」，自從他搬進這間小屋那天以後，這間屋子裡經常燈光通明，有時候通宵達旦。就在這小小課桌上，這小小陋室內卻醞釀了一場創業方案，贏來這家工廠未來七年的一段輝煌。

農用汽車廠的飯堂位於工廠中心地帶的盆地中，那兒的竹泥夾牆，年久失修，早已失去抵抗風雨的能力。一到冬天或風雨襲擊，那飯堂中也如露天一樣平地來風。裡面原先還安著的幾張木桌和凳子，不知何時被人搬走。單身職工在廚房的窗口上接過飯菜便席地蹲下，趁熱儘快把它們送到肚子裡去。

那些天，飯堂的角落裡突然增加了這個很打眼的高個子，因為身材高大，蹲下顯得很吃力，食堂的管理員連忙把總務科的辦公凳子給他送來，他看著那紅漆辦公凳，笑了一下指著同他蹲在一起的其他人說道：「人家蹲著能吃，為什麼我就非要坐著吃？」

這一謝絕反倒引發了就餐人一陣議論：「唉！這種鬼地方，連科長都不會在這裡吃飯，從沒想到過廠長會光臨的。」一個矮子工人忿忿說：「那些敗家子，把廠敗了一拍屁股走了，誰來管你窮工人在哪裡吃飯的小事。」一個年紀稍長的工人回應道：「這地方當官的，除吃團年飯，就沒見他們來過。」後來，他在大會上常提這事，說一個連職工吃飯都不關心的人，怎配當廠長？

然而，被中共騙夠了的工人，特別是經歷文革後，對這種表面一套內心一套的兩面話早已聽厭，不會因為幾句話就輕易相信，至於他心中真想在這個被前任搞得一踏糊塗的工廠，幹出點讓工廠翻身的事，還要拭目一看。

文革剛結束的那幾年，四個堅持喊得很響，工人們壓抑在心中的不滿，因餘悸而不敢坦露。隨著時間推移，耳聞目濡對中共漸漸看清，先前的迷信被捅破，如今它的無論哪一級官員，小到科長，業務主辦都公開用公款吃喝，奢侈漸成風氣。原先在恐怖壓力下不敢伸張的人們，公開咒罵共產黨了。

對李倫初入工廠的調查之風議論道：「還不知上面給了他多大的好處，一旦虧損扭轉過來，工廠成了他的搖錢樹。定把自己的腰包撈滿才卸任？」似乎只有這種評價，才符合當今的時代和人心。人心在這個年代裡，被著上了黑色。

然而真心幹事業也好，做樣子也罷，這位高個子的豁達健談和平易近人，逐漸產生魅力，市場觀念被他灌輸給每個職工，他指著剛剛才從「一碗水」買來的越野車說，按照目前市場，能產生較高利潤的不是那些已經很陳舊的農用車，有市場要求的是國家的公用車，是大小官僚們所尋求的小車。

他造訪了從一九八五年到一九八七年獨佔川內汽車鰲頭的成都客車廠，這個廠就是靠開發越野車，三年成了全國首屆一指的利稅大戶。

而適應於小批生產的手工製作模式，正好適合我們這樣的小型汽車製造廠。投資不大，見效快，這在當時叫做汽車製造業打「短、頻、快」的方針。一方面利用政府官員的出行追求「氣派」的心理，一方面又利用目光短淺的中共關稅保護政策，將外國發達國家的小車擋在國門之外的機會。

利用中共的普遍腐敗，對機關採購人員高額回扣的引誘，使李倫心中已經對農用汽車廠形成了快步扭虧的方案。這是政治經濟學和營銷學根本就找不到的，這是中國改革開放中特有的市場：政府官員用納稅人的錢，去買生產方式極其落後的汽車品種，附帶著中飽採購者私囊的畸形市場。

產品結構調整的方針確定後，以合同的形式把工廠生產品種定下來。他把主要精力投入專用車的各歸口部門，以自己的口舌和交往的應酬能力，贏得這些部門的領導層的讚賞。為了打開這些部門採購汽車的胃口，從銀行貸款中抽出錢給對方經辦人以「豐厚」的回扣。

他花了大量時間，在這些部門來回奔跑，獲得了一批又一批的訂貨合同。

市場打開後又回過頭來，向當時扼著農汽廠脖子的銀行、稅務局、工商部門作了大量工作。他知道，這些部門有著大量的空隙和水份，只要經過某掌權政府官員的點頭和批示，可以動用無息的扭虧專用款。欠稅也可以掛起來，享受三年免稅甚至更長時間的優待。這樣一來，過去一年多來，像滾雪球一樣的「前帳」可以不予追究。

於是農用汽車廠在李友時期所背的包袱基本上甩掉了，而職工的工資暫時按照原來的標準發夠，而不再按市裡對資不抵債企業的職工只發生活費，全廠的浮動人心平穩下來了。所有原先被李友捆死農汽廠的「綁」，很快在李倫努力下一一鬆開。這家工廠贏得比較輕鬆的起步條件。

在做政府部門的工作時，各衙門口中對於小到門房的看門人，都得低三下四，有時候奔跑了一天，回到工廠是晚上十二點鐘了，他一臉灰色感到又累又倦，回到自己的宿舍，白天那些羞侮人格的話，還在腦子裡反嚼，但是為了實現他想幹的事業，他必須有一般人都不屑為的阿Q精神。

為迎合各個政府口子裡的大小官員，他把這套經營方略濃縮成「上靠、外聯、內團」的六字方針。三方面中上靠為首，他說上靠就是依靠政府，就是鑽政策的空子。他把他的六字方針寫在辦公室裡的寫字臺前，寫在聯營辦公室裡，寫在農汽廠最醒目的地方。

這六字方針濃縮了鄧小平為首的「人治」政策，中共在經濟建設中沒有理論只有「政策」，因此隨意性極大，誰有權誰說了算，用賄賂說了算的人風靡官場。當然要拿產品出來的工廠，對內部的管理又是另外一回事了，擺著用戶所需的，在馬路上飛馳的汽車，要戰勝同種企業的競爭，在外觀和性能上，在同樣的手工製作的條件下，必需「略勝一籌」。

競爭毫不講情的淘汰掉弱者。站在同一起跑線上的工廠要不被淘汰出局，必須不停地改造原來已經顯得陳舊了的車身和底盤結構。工廠在調整了產品結構以後，跟上的是不斷的品質更新，這是農汽廠原來那種老牛拖破車的步伐無法想像的。

鍾師傅畢竟是老技工，他在接受負責越野車的時候，就已經思考了一個保質保量的施工方案，對所有的施工細節都考慮好，所以他說的話帶有權威性。按照他的建議，李倫召集了所有參加者的現場施工會議，初步將現場工序分為四個組；一個製作車身的組合件；一個是負責車身分塊的焊接組合；一個組專門負責車門的製作和焊合；另一個組是負責車門的安裝。

所有的工程技術人員全都要跟著施工的工人，一方面應證圖紙正確性，一面組織現場的施工，繪製必要的成型手工模具，並且根據施工發現的問題及時的修正圖紙和採取補救措施。

被窮困和失業困繞的農汽廠職工，一種「玩命」精神貫穿在李倫煽動性詞令中。現場會幾乎通宵，邊做邊議，一個個解決開發中所碰到的具體問題。從此，試製組每晚上都要加班到第二天凌晨，為了給加班試製的人加班時醒腦，他吩咐廚房每晚十二點送來酸辣麵，疲勞和困倦被強烈的酸辣味驅散了。

古人云，「年少雞鳴才就寢，老來枕上待雞鳴，轉頭三十餘年夢，不道消磨無數聲。」他說：「回看少年時光今已半百還一事無成，過去沒有機會，現在機會來了，我只有再來一次雞鳴就寢了。」他用隸書寫成的杜旬鶴的名句：「少年辛苦終生事，莫向光陰惰寸功。」壓在他的辦公室桌上的玻璃下面。

一九八八年的夏天，在工具車間前面的空壩子上，搭起了半露天鈑金臨時工棚。夏天多暴雨，然而在這裡，燈光和焊光交織著送走了一個月的不眠之夜，即使大雨滂沱也從來沒有打斷過這裡的夜戰。

第一台客車和第一台越野汽車相繼問世，當鏖戰了整整一個月，臉色蒼白的志願兵們，歡呼本廠建廠以來第一代獨立製作的換代產品誕生時，胖左派也不禁為之驚嘆：「李倫的兩刷子農汽廠起死回生有望了。」

樣車的第一個主顧，公安部裝備處的處長搭飛機專程從北京趕來，認為在當時農汽廠的簡陋條件下，僅靠手工製作，短短一個月內開發出兩個品種實在不容易。他認為雖然第一台樣車問題百出，但一股拼命精神是國營廠職工所缺的。就憑這精神，專用車就有了希望，當下簽訂了兩百台的訂貨合同。

在一千多職工工資低微，人心渙散，既無模具又缺焊裝條件下開始，第一台樣車就像學畫的孩子用心描出，遠遠看去整個越野車似乎有近代的味，但經不起走近了細看。

細看車的外觀，車殼的外表並不對稱。車上腰線像蚯蚓起伏不直，車的平整度僅用鋼尺比劃了一下，凹坑和凸包之間相差了十幾毫米，找來經驗豐富的油漆工看，要填平這種差距需二十毫米厚的油灰。門與門框的高度差，至少也有十個毫米以上。

門是鎖不上的，如果用力的鎖上，那麼就打不開了。車身上相鄰部位不相吻合，留著很寬的縫隙。搖窗機就更糟了，裝上去以後，是不能搖動的，勉強的搖動，那麼內襯的防水膠條不是擠在一堆，就是脫落。

那負責冷作的鍾師傅，圍著車反覆細看琢磨，也低聲的嘆氣道：「這樣的車，拿去交給用戶，別人怎麼會要？我看乾脆重新來過。」

然而很懂得「士氣可鼓不可洩」，「凡用賞者貴信於耳目之所聞見，則所不聞見者莫不陰化」的道理。李倫專門召開了樣車的評議會。幾十個由設計、工藝、和工人組成的評議小組，圍著車身數落著這個樣車一百多條的不足，他叫技術員作了詳細的記錄，一方面他佈置了下一輪製作的整改條款。另一方面，召集黨政工聯席會議，作出「特別嘉狀令」，對於樣車的主要製作人和技術人員實行嘉獎。並且令樣車披紅戴綠的繞工廠一周。

在會上他說：「我們必需對這種拼命精神加以激勵，否則我們的事業就會在冷嘲熱諷中死亡。你們知道這兩個樣車雖然帶著許多的缺陷，但它是我廠有史以來自己製作的換代型越野車，這是我們廠的產品方向，也是我們活出來的希望，這就是我們要大張旗鼓表彰宣傳的理由。」

在會下他還說：「我曾經把一句巴頓將軍的話當成了座右銘：沒有不好的戰士，只有蹩腳的將軍。」他的這種熱情評價，曾被人當作攻擊他的政治把柄，這對中共僵死的官僚體制是一種叛逆。

嘉獎令頒發的第二天，他召集了得獎的志願者說：「今後你們就是新車型的基本施工骨幹，你們手中決定著農用汽車廠的生死存亡。」他逐一的數落樣車的毛病，規定出車身的平整度，門鎖，風窗搖機三大整改的主攻方向，他說到這些致命的毛病顯得特別激動，他說；「這樣的產品拿給用戶豈有不罵娘的？為什麼國營企業多了幹不好事的公子哥兒？臨到工廠生死存亡的關頭，不能再要這種公子哥兒氣了！」

其實工人們的惰性容易改變，最難的，也是最怠惰的是這架由黨委、工會行政組成的龐大管理機器，包括黨委書記，工會主席和副廠長在內的十一個在上級卵翼下的天之驕子。面對商品大海裡將淘汰的工廠，這些人從來沒去鑽研一下解決問題的方案。

也難怪，上級規定他們的職責，就是「指導」並掌握企業政治方向的。說白了，就是貫徹中共統治利益的。扭虧開始，為扭虧而開的辦公會，他們指手劃腳的亂說一通，讓幹事的人畢恭畢敬的聽他們訓示。

會議不客氣的把具體的任務分派給他們，並限定他們完成的時間，寫在會議紀要上，作為會後執行會議決議的書面依據。於是平時慣於用鞭子抽打別人的人，在扭虧非常時期不得不忍氣吞聲接受李倫甚至他的手下人的指派。

但，虧損的危局逼迫他們，他們只有悄悄背著廠長向委任他們的主管局數落李倫，說他凌駕於黨委之上，是嚴重違反組織的行為。於是李倫處在領導班子的冷彈伏擊圈子中，古人云：「明槍易躲，暗箭難防」。扭虧雖然打響了，可他感覺自己處在各方面的夾擊之中了。

越是向前發展，這種「夾擊」會越來越厲害。他既然沒有能力搬掉這些絆腳石，就只能聽命小人們的夾擊。在他的事業順利的時候，反對他的人會躲在陰暗的角落裡向他施放冷箭，一旦他的事業稍有失利，他便會遭到痛打落水狗那種圍殲。

他的威信越增加，越潛藏著危險，改革開

放預設了事業者葬身的墳墓。

在引進外籍技工的問題上，便爆發了他同反對者之間的第一次公開較量。當第一個批量越野車將近完工後，他親自同我一道檢查了這些產品。結果發現，製作樣車出現的幾個主要毛病仍然沒有改觀。連續的跟班觀察，使他體會到國有企業，習染多年的舊習，牢牢纏著工廠。他看到工人們並不是幹不好，而是大鍋飯的分配制度作祟。

「幹不幹，一月一百半」這是工人的口頭禪。「虧損又怎麼樣，國家還能不拿飯錢給我們？扭虧又怎樣，再賣命工資卡上不會給你升一分錢。工資是政策規定死了的東西，扭不扭虧還不都一樣。」年紀稍長的工人這麼說。「工廠條件就這麼差，哪能保證出好車呀！」年輕的工人總是這樣替自己的粗製濫造作辯護：「李廠長，一個月就只發這麼一雙手套，我們的手都要冒煙了，眼睛天天流淚，這樣惡劣的勞動條件，我們也是人，要不李廠長你也來同我們一道玩兩下。」調皮工人的挑釁使他無話可說，他看了看蹬在那裡磨磨蹭蹭的工人心裡別說有多麼焦急。

當他回到辦公室看到保定汽車廠為他寄來的「太空」車照片時，想到別人為什麼會做出那麼好的車身？於是他千里迢迢親赴保定汽車廠實地考查，考查結果告訴他，保定汽車廠從浙江引進了一批鈑金工和油漆工在那裡「大顯身手」。他們拿的是計件報酬，做一台車得一台車的工錢，要想多拿錢回家，只有靠自己儘量多幹活幹好活，否則解雇走人。

於是他從那裡以高報酬招聘了幾名浙江工人，經過實地的操作，從農村裡出來經過幾年嚴酷訓練摔打的「雇用」工人，無論在技術水平和吃苦耐勞，工效等方面都是本廠工人無法企及的。

在黨政工聯席會議上，他第一次提出引進外籍工人的主張。同時將那些只會在操作工地上散佈消極情緒的人，就地「掛」起來送勞人科「待業培訓」，待業期只發給生活費。他的建議一出口，聯席會便「沈默」了，既不熱烈同意也沒有反對意見。

可他沒想到第二天就在那簡陋食堂，他按平時的規矩，中午去吃飯時，那裡已圍了一大圈老職工和他們的家屬。見到他以後，人們七嘴八舌向他發問，「你準備把工人送到勞人科去究竟怎麼處置？」「誰給你的權力把本廠的工人的飯碗拿給外廠工人去吃？你究竟拿了好多錢給外廠的人，他們給你分了幾成的回扣？」叫聲越來越高，責罵越來越難聽。

在經歷了這麼一場謾罵和聲討後，晚上，他獨自睡在床上反思，難道，黨政工聯席會上，有這種號召力極強的與他貌合神離的「領導」背地與他作對？他們是誰呢？在這種孤掌難鳴的壓力下，他不得不把這個本來只需廠長取捨的人事任用權，提交職工代表大會討論通過。

職代會召開討論表決，引進外籍人雖勉強「通過」。但引進來的人報酬，卻要與本廠工人拉平。而對本廠子弟送勞人科「掛」起來培訓的意見，則被全體與會者否定了。吸引外籍工人的「高報酬」既被取消，應聘來的外籍工人只好打道回府，李倫第一次嘗到憑他的直覺和需要辦不了任何事。

眼看引進外籍人就要擱淺，他仍不甘心，晚上同幾個到他住所來「聊天」的「智囊團」成員交談，把這個問題提交他們討論。有人向他竭力主張推行計件工資制，使有能力多做事的人可以得到較高的報酬，這本身是天經地義的，這種合理辦法，可以留住從保定召來的工人，他立刻採納。外籍工人算留下了。

經過一年努力，到了一九八九年底，產品結構終於改變過來，原來生產的農用車交給了大集體去做，主廠全力以赴加大越野車和小客車的投入。過道上停塞的農用車開始漸漸減少，年底由財務科公佈連續兩年的虧損終於止住。

然而財務科放出空氣，說這全是把工廠虧損的利息掛起來不計的結果，如果過去虧損仍然算在工廠的頭上，那麼到了一九八八年底，依然虧損上千萬。李倫有何德能，還不是靠政府政策的挽救？李倫心中明白，自己的事業才剛剛開始，要徹底改變這家工廠的面貌，要讓農汽廠在政府部門購置專用車的潮流中存活下來，還要付出很大努力。

專用車生產已成定局，根據他的提議，農用汽車廠正式更名為重慶專用汽車製造廠。不知內情的媒體，各大報社的記者們，又在中共負責宣傳產品的官員指派下，重新來專汽廠對李倫個人進行專訪，並且像兩年前捧殺李友的老方法，對李倫進行吹捧，要他講一年多來止住虧損的治廠經驗。

不過李倫畢竟比李友聰明得多了，他知道記者的宣傳，不過把自己扮演成中共玩弄的木偶，木偶哪能貪天之功據為己有？更何況雖然第一仗他打贏了，工廠要真正站起來走出困境，還有一段極其艱難的路。但他畢竟是事業家，他同他的幾個左右手商議以後，第二年的第一步，要在全廠所有工種推行計件工資，用按勞動件數付酬替代計時工資。

此外還用劃小核算單位到班組，來迫使工廠的每一個庫房，每一個班組建立成本意識。同時還要破除工廠的原來用工制度，不拘一格吸收有志為廠興旺的有志之士，以改造工廠管理層的素質。用建立第三產業消化那些平時不做工，專門發佈「快訊」的人員……

一大堆的改革方案，仗著當時鄧小平的「體制改革」為依據，他準備一試自己的身手。

第五節：李倫的兩手

正當他為這家瀕臨絕境的國有企業開刀時，他的同僚們無不巧取豪奪，使自己囊中的票子，兒子，房子在任職期間三豐收。沒有機會的人，也會本著得過且過，能撈就撈的態度，撈不到也不會拼命，能維持工廠不死不活就是好廠長了。

老天滿足了這位大個子的期望，在一九八八年平過以後，一九八九年經營決算告訴他，工廠當年實現了四十萬元的利潤，連續虧損幾年以後第一次盈利，對他不能不算是一個事業上的成功。

這一天恰逢工廠建廠三十周年大慶，為了慶祝這一大捷，也為下一步盈利創造精神上的條件，他組織了一次盛大的廠慶遊行。遊行隊伍從廠門源源不斷列隊而出，穿過雲天路、中山路，浩浩蕩蕩的隊伍佔據了北碚的主要街道，然後繞道人民路返回。

他興高采烈站在馬路的十字路口，不斷領著隊伍的啦啦隊喊口號，唱著由他譜詞的廠歌。殊不知職工們並沒有積極回應他，遊行隊伍在從人民路回歸的路上就自動散去。當他興致勃勃在工廠後門迎接歸來的隊伍時，卻剩下稀稀拉拉的少數人。領隊人說各有各的家，有的要回去弄飯，有的要照應孩子。

中午大家散去時他一再給大家打招呼，下午按往常一樣上班。

下午三點鐘，他獨自站在黃樓最高處臨窗向下眺望，這時秋風捲刮著梧桐殘葉，滿地都是。也許因為自己的妻兒一個也沒在自己身邊，一種莫明的孤獨和悲哀在心頭油然升了起來。……遊園會雖然進行了，但參加的人極少，工人們並不理解他的巴頓式激情。

第二天早上七點鐘他便站在廠大門口了，為了組織和整頓這支虧損「潰軍」，他曾三令五申整頓遲到曠工現象，規定凡上班遲到早退者一律由門崗登記，當天在黑板上公佈。

恰好這一天八點半鐘了，上班時間已過，還有人稀稀拉拉從街上竄進廠門來。他陰沈著臉責問門崗，為什麼不對遲到者進行登記？那門衛卻用藐視的口氣回答他：「你身為一廠之長，站在這裡卻奈何遲到者不得，我一個小小門崗能管誰呀？」這回答激怒了他，當即把勞人科科長叫來，把頂嘴的門崗撤了。

當場他攔住了一個剛剛來上班的年輕人，問他知不知道工廠勞動紀律的新規定？可那年輕人傻呼呼回答道：「我不認識你，你管誰的閒事，那麼寬？」一大堆圍觀者哄然大笑，還替這年輕人辯解說：「他是新來的」，令他感得孤單失助。

過了幾天，黨委辦公室電話通知他，說市機械局黨委要他到局裡去一趟。晚上回來時，他的臉上黑沉沉的，看來不知又受到上級的什麼「規勸」。

晚上，我在他的臥室裡與他單獨交談時，他拿出一份複印的手寫文稿，遞給了我，我接過一看，封面上的標題是「創業者憂思錄」，副標題寫道：「活著難道比死去更煩惱？」並簽上他的名字。

這麼快就止住了工廠習慣性的虧損，還實現了略有盈利的驚人成績，上上下下都有很好評語，本應使他高興，怎麼反而使這位創業者如此悲嘆起來？

回到家裡，對這篇文章細細拜讀。現不妨摘抄於後，以饗讀者：

……創業者的孤獨往往比常人更深重，創業者活的極苦，最累者無非心扉宇宙裡的重重重壓，……積鬱下的苦惱，使人到了無話可說，也就到了苦悶的低谷。是因為不堪重負才華髮早生，在熱望中的失望才形容憔悴？……

所幸人生一世也不一概心如止水，也有心扉的一角在歡笑，在愛和恨。其間也有萬夫莫敵的爆發力。如此來到煩惱的人生，應作些有益於人類的事，於是有了春波蕩漾，才有極端的物我兩忘，才有無我的奉獻，才有公而忘私棄家不顧之舉，才有不識人間煙火的愚人之稱。

這開頭語說他極痛極苦，雖沒有說出苦在何處，痛出何因，宛如受委屈的孩子受人欺侮而又無法說清欺他的人是誰一樣，對比他的行動與心情似不相符。我想創業猶如一把鋒利的刀，在大業初成時所向披靡，但就在這個過程中卻漸漸的磨鈍，磨鈍的過程就是一個痛苦過程吧。

不過大個子的人生價值和善惡標準，細想起來卻含糊不清，含糊的人生價值觀和樸素的人性愛憎，並不容易恰當的配合默契。但內心的悲哀，沒用虛假的東西來掩蓋，以欺人之談矇騙世人和社會，說明他良知尚存，向人傾瀉內心，令人可親可愛，這一篇他用了很大篇幅呼喚著理解。

呼喚理解，其實就是呼喚人性，在今天，理解的稀缺，正是人性泯滅的表現。不過，難道李倫真不明白，人性在我們的社會中，是被中共幾十年摧殘而泯滅殆盡了麼？他看問題的淺近，使他行動發生盲目，每遇受挫折而產生的悲哀，成了他「得不償失」的興嘆！再往下看——

怪物，一個飄忽不定，卻與人類的存在同時出現的黑色怪物，我們不知道其稱謂，姑以阿Y呼之，創業者足跡所到之處，阿Y都凜然而至，形影相隨，阿Y畢生追逐創業者，不置死地難以後快，此屬命定，姑妄看之。

創業者立誓捨棄一切，參與挽救破產企業，阿Y卻說，這些人另有所圖，不然哪有的這麼傻？

全文以阿Y的十六種非議來揭示守舊勢力的阻撓，以自己推行新措施所處的尷尬來描述創業者的艱辛，最後以這樣的一段話作全文的結尾：「所不安者只是哀憐造血者的血色反而蒼白，補天者的天職累遭詆毀而已，專汽人啊，專汽文化的繼承和發揚似比愚公移山還難，路漫漫其修遠兮」。

大個子以他的理想主義設想了專汽文化，以最常見社會主義文化表現，來描述阿Y的種種非議，在常人看來似乎是無病呻吟，喚不起他想喚起的人性同情。專汽文化是他的理想主義，還是一種在現實中本來就沒有的東西？

在我看來他謳歌並需要建立的東西，早就被市俗的不倫不類，例如懶散、自私、欺詐弄得面目全非了。因為人們還沒有理解，怎談得上接受？連接受都不存在，繼承和發揚就只是寫在紙上的東西，對日常老百姓的掙錢吃飯，這種普通行為硬套上某某文化就簡直是多此一舉。

他的專汽精神，好像有一種口號標語的毛病，經不起挫折，因一個員工和他頂嘴而產生那麼多的感慨。所以他的拼搏讓人難以理解，惡意者把它當成另有所圖的障眼法，說他像演戲一樣。說他無病呻吟，裝腔作勢。

然而就比如一場惡戰擺在統帥面前，他必須想出讓人衝鋒向前的激勵口號，例如「不攻下某高地絕不收兵」、「與陣地共存亡」、「誓死血戰到底」之類！除了萬不得已的殺身成仁，那也是名垂千古死也值得的。

不過，按照中國國情，他的事業注定成功不了，他的悲哀註定在他的性格之中，被人無法理解，只好任人肆意歪曲了。中共腐敗的政治制度，永遠是他不可逾越的障礙，使他產生哀嘆的日子還在後面呢。

不過，從這種矛盾百出之中，他能總結出一套專汽文化，確是他才華的表現，雖然他對各種阿Y無可奈何，但他終於以他的堅韌不拔的精神，把各種類型的人捆在一起，駕馭他們。讓他平時最看不起的黨委書記和工會主席也聽從他的指揮，當然他也同樣付出了耐心，容忍他們的裝腔作勢。

有時還必須用最腐敗甚至為人不齒的手段，去迎合政府裡一個決定工廠存亡的小吏所提出來的要求。總之戲臺上要求演員的一切，他都必須具備並要得體的表演出來，同時還要將自己的人格一齊加以扭曲，而扭曲自己做不願幹的事是一件十分痛苦的事，雖然他並不承認。然而旁觀者清，若要細問他為什麼要這樣做？那是連他自己都無法解釋的。

他只有在十分冷靜的反思後才能寫出「創業者憂思錄」這種內心獨白，那獨白中的空虛，正好反映出他的盲目性與現實的衝突，這些衝突是他自己不能回答的，也許這正是他被統治力量利用之所在。

當然，就像一個學生寒窗十載，在畢業考試中獲得了優良成績，得到一張從事某種事業的畢業證書，他也利用這個機會變成了中國的富有者。後來的事實證實了這一點，在他告退後，利用同市裡的關係和自己開創專用汽車廠的名聲，經過幾年努力，從經營外國進口的組裝車積累了自己的資本，在商海中升級，最後成為一個擁有上百萬資產，經營一個以房產開發和旅遊休閒的中型農場。

但是，當年正在為他個人事業打基石的時候，他必須對工廠作出貢獻：在經營上打開銷售渠道後，必須打開生產不出產品這個瓶口，他清楚打開這個瓶口，首先要砸爛低工資的「鐵飯碗」。然而真要砸爛這個已經吃了幾十年的鐵飯碗，卻並不容易。

習慣計時工資，混天日的社會主義企業的主人公們，對「計件工資」歷來採取抵制，得過且過的工廠管理人員，被推到了這個矛盾焦點上，他們在辦公室泡茶過日的安閒日子被破壞，並且還要面對習慣勢力控制的工人們。

「忙」和「風險」使他們對李倫產生反感，工時定額的不公，使定額偏低的工作無人去做，強制性的分配使工廠管理層與工人發生直接對立。於是生產任務受著那些定額偏低的工作阻礙，成了一個又一個的「瓶口」，工時定額的壓力使勞動者自然趨向於只圖數量不管品質這種慣性，而品質又往往成為用戶最為敏感的東西，人稱品質是企業的生命。

數量與品質的矛盾，工時分配不均的矛盾，夾雜著老廠自然形成的親朋戚友關係網帶，人與人之間這種，「權」「錢」「關係」的複雜角逐，令他舉步維艱。

計件工資施行以後，使本廠職工中留在生產崗位上的第一線工人人數越來越少，稍有關係的憑著父母親友的幫助，拼命鑽向無定額的崗位。這同官方公佈，中國吃皇糧人數在國有企業中要占一半以上的比例相當。

而農村中大量剩餘勞動力，填補了這些空虛的勞動崗位，工廠出現了越來越多的雇傭工，各類非工時人員充斥了各個辦公室和庫房，除了相互扯皮發生內耗消磨掉工廠活力外，難以再發揮他所希望的志願兵精神。

一張報紙一杯白開水渡日這種現象，使他試圖用一次一次「崗位培訓」，「待崗」來精減那些人浮於事的辦公室和車間。結果又傷到了工廠裡層層交錯的關係網，而招致了「黨」「工」兩大巨頭的反噬，於是三駕馬駕轅的工廠中樞中。只得靠他那高大的身材強制大家一齊行動，使他事必躬親，勞累至極。

計件工資總算在他的竭力主張下，排除重重障礙推行起來。然而推行計件工資的直接後果，便是粗製濫造，為產品品質而發生的無窮無盡的扯皮多得令人心煩。

每次發生重大品質事故，李倫便親自和我一起召集現場品質分析會。一輛汽車從原材料進廠到總裝成一台成品，從底盤組裝到車身製作，從油漆到總裝配，成千個工步，問題出在哪一個環節？若對每一個環節不熟悉，對事故不深入調查，事故的責任絕難準確判斷。

李倫把事故的處理權交給了我，使我感到就像捏著一個燒紅的炭圈。最難的是，事故的責任究竟落實到誰？每次品質會都會招來無窮的扯皮。於是我成了工廠的磨心，產品的品質是來不得半點虛假的，它必須奉行真正的人性。這與奉行毛澤東的假、大、空是無法並存的。

不過，在專制統治最後解體之前，獨裁者所奉行的文化沒有被公開批判之前，人性的解放還在艱難中掙扎，處處受到排擠和壓抑。

一位署名周炎來的作者，在廠長辦公室出刊的《每日談》的刊物上，發表了一組〈孔令平精神〉的討論文章，目的在排除傳統觀念的阻力。不過作者似乎把他所寫的對象寫得太悲觀，悲觀得有些過了頭。文中把「孔令平精神」說得那麼孤立無援，比成啣石填海的精衛鳥。但我明白，這就是李倫領唱的歌。

這就是他提倡的專汽文化所賦予豐富人性的底蘊。當他在中華大地上這麼一個小小角落裡，為挽救一家早該淘汰，即將伴著舊體制殉葬的企業拼搏奉獻時，人們花費在精神上的折騰要比耗費的體力多的多。

一九九〇年下半年，借助於李倫對我的「關懷」，我終於從當年工人都不願去住的文星灣的破舊四合院中，搬到了離工廠大約只有兩百米的菜市街。雖然是新居，入室仍要彎腰，口袋式的小屋依然陰暗潮濕，地處菜市，環境複雜而骯髒。但新居離廠近了，孩子的讀書以及我上下班就方便多了，用不著再背著他上下班。加上燒的是天然氣，避免無煙煤的污染和毒氣。

當時工廠新的職工住宅還正在平地基，職工住房依然是那麼緊張，大部分職工仍擠在陋室破屋之中，所以我只有知足的餘地，知足者常樂。看來，我們的窘困將隨著李倫的成功而成為過去。

在搬進菜市街的新居之前，我向後勤科要了幾袋水泥，將潮濕的地面重新鋪墊過，幾張牛毛氈將破爛的瓦面重新遮蓋。幸好，我習慣了用自己雙手改善自己的寒窯。在這陋屋的頂上留著一處通氣的天窗，口袋屋便是憑藉著它流通空氣，每當夜深時間，天上下起綿綿細雨，經風一吹，便從那天窗處浸下雨滴來。

黑色的雨滴打進我迷濛的夢中，打在我的

臉頰上很是難受，彷彿秋雨也要藉著黑夜給我奚落，如像一個高踞在豪華大廈中的權貴，向我的臉上吐著唾沫，心中一陣噁心。驚醒後，我很快聯想到白天，因為車身焊接不良同冷作車間的主任爭論不休，或者為錯裝了真空助力器，而將工人訓斥一頓。

便覺得那份「認真」勁確有點唐．吉柯德。便自嘆何必爭此你強我弱，因此招來諸公們「打倒孔令平」的喊聲，的確是自找麻煩了。

顧影自憐，我已經年過五旬，被專制獨裁折磨了大半身的殘軀，還蜷縮在這「冬來似冰窖，夏日如火盆，雨中覓蓋瓦，風裡倚圍欄」的陋屋之中，想到這裡，我會獨自悄然坐起來，在伸手不見五指的黑暗中發呆。

側耳聽妻正在打著雷鳴般的呼嚕，孩子那顯得焦躁不安的翻身，他那掀開的被子掉下床來的響聲，使我悄悄站起身來，摸索著在漆黑裡悄悄進裡屋給他蓋好，再深深親吻他的臉蛋，好像唯有這種愛才在我的心中熨上了歡樂。凝眸良久，再回到我那被雨水浸得潮潤沾手的床上，蒙頭而睡……。

所幸人有睡眠，睡眠伴著忘卻，使那積鬱在心頭的悲涼，連同白日沉積下來的勞累在沉睡中消散。大抵因為這黑屋太不能遮風蔽雨，我在這段時間夜裡常做惡夢，經常回到那鹽源農六隊的高牆內。把過去三十年的故事，從我大腦中太深太深的溝紋裡重新翻印出來：

因為偷拔了一個蘿蔔，當兵的用槍尖逼著我連梗帶泥一起嚼到肚裡；因頂撞那張棒棒，我被捆在大黃桷樹下學老鴉叫！彷彿就從來沒有獲得過自由似的。唉！我們這不幸的一輩人能夠平平安安地生活，而不受噩夢干擾就很幸運的了。

在中共刻意的扶持下，李倫的事業蒸蒸日上，隨著虧損的扭轉，專汽廠從一九九〇年開始，利潤呈現了大幅度的增長，強烈的商戰意識是他成功的重要因素、他把工廠成員公開稱為克己奉公的志願兵，攻堅闖關的敢死隊。他的口號是「進攻」。唯有進攻，工廠才有生存的空間；唯有進攻，我們才會獲得進入國際汽車工業的機遇。

他還用其他人幾倍的精力，晚上開會運籌必至十二點過，他說晚上十二點鐘屬於正常的工作時間，因為「人在此時頭腦最清醒」。剛剛在會上做出的決定才幾個小時，第二天早上八點鐘他就已經站在工廠大門口，向每天早上參加碰頭會的副廠長或者主管幹部們，詢問他們對昨晚佈置工作制定貫徹的計畫。

商機意識正是國有企業的那些不知產權歸屬，上級指派的廠長們所缺乏的東西。專汽廠憑藉著這點，脫穎而出了。

久而久之，他成了工廠的一部動力機，不過這動力並不出自國營企業，而是發自他個人的。雖然他在各種場合都以黨政工集體的名義，並稱為志願兵和敢死隊精神。然而他比誰都明白，他的事業心並不會感染工廠裡由上級部門指派的原班人馬，這正是他在憂思錄之中所發出的種種悲嘆的原因。

他「自詡」的黨政工領導班子，是一塊只能應對上級的招牌。不管他在玩傀儡戲也好，或者他常常發牢騷說是挾著他們一起前進也罷，他在完成各項扭虧部署時只能滿頭大汗，疲憊不堪。不過由於他個人能力，使這個廠很快扭轉了虧損，實現了李友規劃了幾年的改變產品結構夢想，便是事實。

市政府卸下了一個多年都有工人去找他們麻煩的包袱。所以，不管他怎麼搞，機械局的領導對他怎麼另有看法，但宣傳的媒體仍竭力的吹捧他，他在工廠裡樹立了絕對的權威，人們管他叫「天牌」。便可以證明他在這家工廠不可替代的地位。正因為這樣，也就不會有後來繼承人來延續他的事業，因為這些是國有企業無法產生的。

一九九一年五月，重慶市政府組織了一次有關汽車的赴美考察學習。由重慶市各個主要汽車製造廠長們參加，預計學習兩個月，他成了這個考察團的成員之一。

工人們戲稱「天牌」要出國兩個月，大家可以輕鬆一下，反映出他的獨柱支撐的局面。那時，新開發出來的越野車賣點正好。臨行時他關照五一期間雖放假，但生產不能停，總裝、油漆和車身製作按照輪班休息的原則，照常上班。

扭虧以來，每逢假日都要應生產部門需要，指定檢驗人員現場跟班，檢驗科於是便沒有了星期天，這種一年三百六十五天沒有星期天的工作，是這段時間國營企業也絕無僅有的，我也養成了習慣，就是大年初一我都要去車間巡查一下，以便協調發生的臨時需要。

四月三十日，李倫由廠辦派的專車送到機場，正巧這一天晚上下了一夜大雨，一直下到五月一日早晨。八點左右，我撐了一把傘，從菜市街向工廠的後門走去，到了辦公室，雨停了，我放下雨傘，逕直向總裝配車間走去。

今天與往常的節日顯得不同，除了廠後面新的辦公大樓還在忙碌著掃尾工程，整個廠區靜悄悄的，連通往車身製作的過道也不見人影。「天牌」不在，小鬼偷閒了。今天是國家規定的大假，別說八點鐘沒人上班，就是全天無人上班也是正常現象。

當我穿過通往總裝車間的過道，向總裝車間的大門走去時，我突然奇怪的看到，大股流水正從那十公尺寬的車間鐵門門檻上向外翻湧，並且順著那天橋過道的兩側，像瀑布似的直瀉而下。

「不好！總裝車間裡面怎麼會關著這麼多的『雨水』？難道總裝車間屋頂漏雨麼？」我被那大股的流水驚呆了。顧不得大水的阻攔，脫了雨鞋，挽起褲腳，踩著齊腳背的積水順著那天橋過道，向大鐵門跑去。

總裝車間的大門緊閉，門鎖鎖在大鐵門的鐵柵上。我走到鐵門前，扒在鐵柵上向裡張望，只見沿著車間外廊上長六十公尺的生產線旁，均布的五個洗手槽上，水正從四十個水龍頭向水槽裡猛灌著。然後從灌滿的水槽裡翻過槽壁，向車間的地面上直瀉。整個車間的地面已經積著大約有一公分厚的積水，滿地漂浮著包裝零部件的塑膠袋子和泡沫塊。

當我的眼光掃向車間中部三個通下一層庫房的升降運輸口時，車間地面的積水，正朝三個洞口向著下面大庫房猛瀉而下。我急忙側著身，扶在天橋的鐵欄杆上向下望去，下層庫房的鐵門門檻上也如這總裝車間一樣，昏黃的濁水從門縫裡湧出來，溢過二層樓的天橋過道，翻進了最底層的冷作焊接車間。

情況已經十分清楚，北碚水廠的自來水在五一節前一天晚上，「洗劫」了我廠總裝車間，零部件總庫和冷作車間。

總裝車間被水淹沒的損失，比起下面的總庫房裡面淹沒的損失還算次要，總庫房裡堆積的價值上億的配件和物資，平時都要保持嚴格的通風和防潮的措施，以確保防銹防霉。現在這些物資全泡在浩浩黃湯之中。

底層冷作車間配置的電動工具、焊機開關都泡在水裡，構成了人身觸電的巨大危險。想到這嚴重的後果，我抬起頭，向四下張望，在過道上沒見到一個人。看來昨天晚上，夜巡值班的門衛和巡視警沒有人來過這裡，情況使我顧不上多思索，我急忙三步並作兩步赤著腳，顧不上穿鞋便向辦公室跑去。抓起電話，先向李倫的第一助手，常務副廠長陳增「報警」。

「嘟嘟」！那電話響鈴響了十餘下之後，話筒的那一端傳來了他睡意惺忪的回問：「誰？」他大概才從床上爬起來，問話語氣很弱，我向他報告了總裝車間大樓、總庫房、以及冷作車間全部遭淹的情況。

可我還沒有講完，電話的那一端就被不耐煩的語氣打斷：「別大驚小怪的好不好？情況不要講的那麼嚴重、那麼誇張好不好？」

陳增早在我進廠之初，一次去醫務室看病的機會，我便認識了此人。那時我在二車間，上班看病本來就不合工廠規定，心想趕緊看完病，好回車間上班。醫生桌前已排著三個人，陳增正好排在我的前面。輪到他，囉哩囉嗦向醫生講了足足二十分鐘的「病情」，其中拉扯了許多與病無關的閒話。

好不容易看他接過醫生開的處方，不料門外湧進他的愛人、女兒和女婿，插著輪子依次問診。我只好耐心等著他的家人一個一個看完，看看手錶，足足耽誤了一個多小時，一家人才離去。

李倫擔任廠長後，大概被陳增表面冷靜的表象所蒙蔽。在向雲推薦下當了常務副廠長。殊不知這陳增上任才一年，便私自串通勞人科管工資的劉豐，在年終呈報工資報表時，篡改了自己的工資檔案，私自晉升了一級。可惜，事情很快被察覺，陳增受到了李倫的嚴厲訓斥。

過了不久，又發生了陳增同銷售公司總經理老婆私通的醜聞。為了替這個鋼班子遮醜，李倫暫時還將他留在常務副廠長位置上，向全廠職工封鎖了他的斑斑劣跡。不過，儘管他表面裝得道貌岸然，老成持重，儘管他熟悉上層領導的脾氣，而將這種關係處理得很好。但可卑的行為已使他暴露無遺。

現在，聽到他這種無理、無責任心的回答，我可絕對不示弱，語氣一下子變得強硬起來，向著話筒吼道：「你是常務副廠長，李廠長剛走，工廠就出了這麼大的事情，你怕不好交代，現在災情嚴重，現場又沒有人，你必須立刻到現場排除災情！」我幾乎在用命令的口吻向他吼叫，說完將電話重重地摔在電話座機上。

我第二次重返庫房時，庫管的總負責人蕭芳正踩著積水，打開庫房大門，那積水從門中洶湧而出。整個庫房已經汪洋一片。大股的水還在從升降機運輸口中直瀉而下，進入庫房的水柱正好沖在裝著零件的紙箱上，打得劈啪作響。庫房裡的配件像落湯雞似的呆呆地佇立在黃澄色的污水中呻吟。

望著那從上面灌注下來的水，我想現在第一件事是打開總裝車間大門，立即關掉還在繼續狂瀉的幾十個水龍頭。便朝樓上衝去，此時，值班的保衛人員已聞聲出現。正從側面的欄杆上爬進車間的側窗，翻進了第一個窗口。兩分鐘以後自來水的龍頭一一關掉，車間和庫房開始緩緩的退水。

半個小時後，陳增和盧瑞到達現場。庫房門口聚集了十來個人，正在用桶和碗將庫房的積水向大門方向向外拂。看他們的樣子狼狽失措。我在門口喊了一聲：「趕快把淹沒電器的紙箱搶出來，不要堵在一個口子上打擁堂！」我這麼一吼，其實是代替了陳增在指揮救災。而他直起腰來白了我一眼，並沒有理會我。

想到剛才他在電話中那輕蔑口氣，便不屑擠進去，免得他又認為我在貪功邀賞了。轉身，繞過盤道向樓底走去，那樓底滿地已汪洋一片，庫房的積水滲過預製板的縫隙，還在不斷地瀉到排列在車間中的鐵皮車身上。

而焊接的電插板好幾個都泡在水中，發出劈啪的火花，從浙江招來的冷作工在水中工作了。看到這情形，我想他們隨時都有觸電的危險，便沖他們喊道：「不要命了麼？馬上關掉電閘，暫停工作！」電閘關上了，車間裡靜寂一片。地上的積水在寂靜中向四周溢去，從庫房上面漏下來的水也漸漸減少。

十點鐘，整個總裝大樓的水算是退去了，太陽也從濃濃的雲層中伸出她火紅的頭。總裝車間和焊裝車間暫停工作，打掃積水，清理配件。唯有總庫房的庫管工們正忙碌著將沾了水的內飾和坐椅以及裝著電器的紙箱，往庫房外的運輸過道上搬，讓它們照照太陽透透氣。

陳增們已經離開，一場搶救水災的事故平靜下來。我望著那些堆在運輸過道兩側的水淋淋的紙箱，心中暗忖損失少說也有幾十萬，造成水災的直接責任人是總裝車間的負責人，是否受到追究，我不知道，也不打算追究這些驕子。

只是在這一周週末的生產調度會上聽他聲明說：「四月三十號上午水廠就停了水，我們車間沒有接到任何停水通知。那天下午休息，除了幾個加班的工人都沒有上班，這些水龍頭一定是工人忘了關上，晚上什麼時候來的水沒人知道，因為第二天是五一節放假休息，當天晚上下了大雨，再沒人回過車間……」

經他這麼一說，水淹總裝車間的責任，應由與專汽廠無直接利害關係的水廠來承擔，而與本廠和他本人不相干。經他這麼一講，坐在會議室主持人位置上的陳增未作任何追究。

我坐在會場中間，心中想到李倫經過多少日日夜夜，熬更守夜所掙來的這份家業，還沒等到結果就呈現解體的微兆了。他剛一轉身，放假不休息的規矩便守不住了；車間主任的責任制也不執行了；工人都再不輪流加班；庫房管理制度乃至警衛人員的職責全部都變成了一紙空文，好像迅速回到工廠原來的狀態。

由此想到他的憂思錄，想到這家工廠從虧損的泥潭中爬出來的日日夜夜。李倫既是一個匆匆而去的過客，他的努力，他的心血無非只換來了一個「天牌」的美名。

這陳增原是中共很稱意的代表人。還有那參加會議的王惠書記，向雲主席，他們在這個缺「天牌」壓陣的事故責任交代會上，無一不表現出漠不關心的樣子。如此看來，對李倫的事業只能抱著當一天和尚撞一天鐘了，因為這是國有企業！大家遲早要散夥的。

兩個月後，李倫從美國歸來，當他在向全體中幹和黨員幹部的傳達會上，講到美國企業的職工對工作崗位那盡職的態度，還在為他的事業培養人的素質時，我注意到，全體與會者對五一期間發生的這一重大事故隻字不提。

我當時想，他的鋼班子鐵隊伍在向他隱瞞此事呢，還是他那志願兵領導班子對此事達成了什麼默契？或者就有一種無形力量在牽制李倫，使最親近他的人抱識時務者必緘默的態度？只要沒人問起，千萬別提此事！

又過了三個月，李倫應我的邀請作為朋友，光臨我剛剛住下的菜市街新居，「查看」我的陋室時，我才在吃飯時試探地向他發問：「五一節發生的事是怎麼處理的？」他圓睜著驚詫的眼睛，帶著一種沒頭沒腦的疑惑，奇怪地問道：「五一節發生什麼事情，我怎麼沒聽說？」

聽他這麼回答我心中便有了底，打趣地替他解嘲：「你別故作不知，發生這麼大的事，你的得力助手不可能不與你商量處理辦法。」他越聽越奇怪，放下碗摘下了眼鏡，嚴肅追問我究竟是怎麼回事？我才將五一節水淹總裝大樓的事向他敘述了一遍。

從他那驚愕的眼神裡證明，對此事他一直被蒙在鼓裡，邊聽邊站起身來，臉上泛起了紅暈。我知道，此刻他有些激怒了。按常規，發生這樣的事情，李倫剛去美國當天，陳增就應該通知他，可是事情竟然過去了整整五個月，竟沒有一個人向他匯報。可見他同這個廠的親和度究竟有多大？

人若缺了感情的支撐，單憑單方面的事業心，再大的熱情也是要熄滅的。為止住他正在亢奮的情緒，我說道：「對這件事你先冷靜下來，最好不妨先單獨瞭解一下庫房人員和總裝車間的工人，把經過瞭解得更透徹一些。當然你也許最想不通的是，你最信任的人這次是一手遮天地向你隱瞞了事情的全部經過。」

李倫已經深深地陷入一種難以抑制的憤怒中。自言自語地說：「怪不得這段我離廠的時間，還有人督促財務科查壁山座椅廠的帳目。」

事情得從三年前說起。那時李倫接任廠長的第二年，因為資金匱乏，開發新車品所需要配件一時採取從配套廠家賒購的辦法，討回來裝車的東西多有殘次品，幾家沙發廠送來的座椅，不僅做工粗糙，顏色和款式的配套上也難於一致。

這使他萌發了建立一個由勞動服務公司管理的座椅廠想法，由本廠職工自己生產座椅。結果被全廠職工代表大會否決，理由是自己做出來的成本高，未必比買現成的座椅划算。這時候家在璧山縣農村的孫鏞找上門來，從自己家的農家茅舍中辦起了座椅廠，取名重慶專用汽車座椅分廠，專門為我廠的車配套。

幾年後隨著本廠的日益興旺，孫鏞的座椅廠也越辦越大，由農村茅舍搬進了璧山縣城。三年內發展成為擁有資產百萬、廠房二十畝的民營企業。

與此同時，廠裡反對李倫的勢力有了「把柄」，說他用國家給專用汽車廠的專項貸款，暗中挪用給璧山座椅廠，並成為這家私營企業最大的「私人股東」，每年都要從那裡分得幾十萬紅利。

因為先前兩件醜事，受李倫嚴厲訓斥之後，對李倫懷著私仇的陳增，早就把眼睛盯住了璧山座椅廠……李倫出國兩個月的學習時間，給了陳增一次難得的好機會，經過當時的黨委副書記王惠的默許，他調集了財務科的兩名辦事員和有關座椅廠全部帳目，進行了秘密清查。

結果，出乎陳的意外，他在查帳中並沒有找到李倫挪款的證據，也沒有找到李倫年終分紅的任何收據之類的憑證。

李倫從美國歸來回廠以後，財務科長將陳增組織查帳的事情告訴了李倫，在李倫追問下，陳增將這件事情歸結廠的職工代表大會所要求，並說清查帳目，還這些代表一個說法也是一件好事，查帳已經惹惱了李倫，現在又聽到水淹車庫的事，無異於火上澆油。

國慶日後的第一次全體幹部大會，他終於揭開了五一水淹總裝大樓的事故。在嚴厲的斥責了責任者對這次事故的失職行為後，宣佈免去陳增常務副廠長的職務。但因為陳增與黨委書記、工會主席有說不清楚的關係，在機械局有相當影響力的後臺支撐，所以，在免去他原來職務後，仍給他封了一個中層幹部頭銜。在行政職務上降了一級，但工資津貼年終獎金並不少拿。

陳增卻並不甘心他的失敗，一直到了四年後，李倫「病退」，陳增死灰復燃，重新竊取了工廠的常務廠長職務。並對李倫進行了一場瘋狂的報復，幾乎使這個高個子中箭殞身。

在扭虧致富的春風中，李倫的「團結得像一個人似的鋼班子」，其內部不可調和的鬥爭拉開了「你死我活」的鬥爭帷幕。

這原本就是共產黨內的黨風決定的。不論李倫在專汽廠有什麼報負和追求，也不論他個人的素質如何出類拔萃，他所作的貢獻有多大，他都必須面對這種無法擺脫的內耗。

但是，不管怎麼說，李倫終於成功地在四面埋伏的危機中完成了他的「專汽大業」。從一九八九年開始，工廠每年的營利以幾何級數在增加，不出五年，工廠實現累積利潤達二點五億，奠定了他事業的物資基礎。

第六節：我為一榻安身處而爭

一九八九年下半年，專汽廠已在李倫領導下擺脫虧損，總共七百套職工住宅的修建藍圖，就在李倫的親自審閱後，擺到了工廠職工代表大會的議事上來。這七百套住宅幾乎使在廠職工每人一套，是歷年興修住宅總和的六倍。他們分別以九號樓、十號樓、十一號樓分期分批的在奔月路、雲泉路和雲天路邊聳立起來。

在它們竣工以後，專汽的職工們將永遠告別三代同住一間房、一家人擁擠在陰暗潮濕的「灰色」貧民窟時代。實現了他「安得廣廈千萬間，大庇天下寒士皆歡顏」的豪邁諾言，告別那「冬來似冰窖，夏日如火盆，雨中忙蓋瓦，風裡倚圍欄」的日子終於才到來。

這才是李倫留給專汽廠三千員工最有價值的紀念，也是對我的「忘我」工作最好的回報，這才是「孔令平精神不死」的最終目的。

不然，救工廠幹什麼呢？

一九九一年底，第一幢共七十五套住宅的九號樓在月亮田正式竣工。我因為所住的菜市街已被房屋開發公司徵用，住在那裡的全部居民房馬上都要拆掉，所以面臨著搬遷的緊迫形勢。滿以為根據工廠的分房條例，無論誰玩什麼花招，我都可以排在分房隊伍的最前面，住進九號樓不會再有什麼意外。

可我臨到在分配九號樓之前，想都不會想到，在向雲把持下，通過職工代表大會，拋出一個新的「分房方案」。在原來的「進廠屆滿五年才有資格排隊」的規定後，加進了「以進廠的年限進行計分，並按這個分數進行排隊」的條款。理由是只有廠齡才算對工廠作了貢獻。在廠的年限越長對工廠貢獻越大，應當越有資格享受工廠的福利。

按照這個邏輯，比起那些在廠幾十年的老病號，坐吃大鍋飯的懶漢，我的貢獻微乎其微。能分給一個棲身住地已是工廠賞臉，要分房子請站在後面。

按照這個修正辦法對原先名次重新進行調整，我被排到了三百名以後去了，不但九號樓沒我的份，就是十號樓建成，我也排在最後幾名。我不知道這個一貫捉弄人的惡棍，是對付我呢，還是給李倫看？我尤其不能理解李倫為什麼還讓這個惡棍主持這次大庇天下寒士皆歡顏的分配？

其實這已不是李友搶機會給自己修工程師樓的年代了，在那個年代，好多職工為盼望能住上一套兩間的住宅，硬是等到頭髮都白了；在那個年代，為了搞亂分房次序，沾著權的人，以花樣百出的理由，千方百計地在分房條例中塞進有利於自己的條款；在那個年代，就為了一個分房排隊的前後，可以與同事爭得打破頭，千方百計把別人擠出分房的隊伍。蔡家醫院收拾母親那一套，重新浮在我的腦子裡。那向雲和他的老婆占了兩套住宅還不滿足，還偏偏利用工會主席的權力，來捉弄他心中不滿的人，令人憤怒；這世道人心怎麼變得如此之壞？

比著工廠破爛的過去，講今天輝煌的業績，李倫這種有意無意的自我欣賞，既中傷了機械局的老前輩，老上級們，又刺痛了像向雲這樣的痞子。用進廠工齡算成績，其實是對李倫的又一種否定！別看這混混在公開場合下將李倫捧在天上，他對這個人有一種說不出的嫉妒和仇恨。不過眼前卻大不相同了，眼看著工廠四周新房子一幢幢建了起來，房子的品質也越做越好，好房子還在後面，何必去擠著爭？本來我大可不必在名次排前排後計較，更不屑同王惠、向雲為代表的小人一般見識，但是對向雲的流氓地痞本性，敢於同他作對的我，應該讓他明白世道已經變了。

趕上菜市街的拆遷！北碚城建指揮部貼出來的告示，要求所有的拆遷戶都必須在當年年底之前搬離現場。否則推土機進場，不搬出的住戶後果自負。我處在九號樓搬不進去，十號樓又還沒有建好的兩難境地。

在城建局最後通牒面前，我只有再去找工廠總務處，請他們在分配完九號樓騰出來的舊房裡，為我家安排一個臨時的住處。當我走進後勤辦公室找陳濤的時候，他卻向我亮出了廠工會關於安排職工臨時宿舍的「書面通知」。那上面寫道：「由於進入新房的住戶所騰出的舊房已安排完畢，對以後要求住臨時房的職工，一律停止安排。」

「通知」上的落款，又是向雲。真是尋釁者路窄，每每我最迫切需要解決住房時，都是這個向雲同我過不去，究竟是巧合還是有什麼我所不知道的仇恨，使他像鬼似的纏著我？

奉行整人的共產黨人，其用心之黑，整人之不擇手段，我足足領教了四十年。整人不因別人錯不錯，凡是看不順眼的，整倒別人以為快意。整倒了別人還要踏上一腳，這本是中共頭子毛澤東的座右銘，也是共產黨人的最高原則，「與人鬥爭其樂無窮」嘛！挨了這麼多年的整，我也摸熟了共產黨員的德性。

欺善怕惡是他們的共性，對付向雲這樣的下三濫，只好使出對付地痞流氓的辦法，就比如我曾在監獄對付監獄官吏和找麻煩的「狗們」；對付鄭樹勳；對付過蔡家場的那個汪戶籍；對付二十四中校長何希濂，以及蔡家醫院的書記王光明等等。中共統治的天下遍地都是咬人的狗，狗性不能以人性理解。

有幾次我都想將向雲攔在廠大門口，當著工人的面臭罵他一頓，以洩心中的憤懣，但反而又一想，現在情況不同了。一來因為我現在在工廠所處地位已不同於一般職工，二來，尚有孔令平精神的美譽，動輒使出那潑辣辦法，有損李倫的面子，他已兩次親自過問我的住房了。我不能為羞辱一個無賴而傷了李倫。所以對這個流氓我一直採取忍讓的態度，但是眼下我周圍的鄰居已紛紛他遷，城建局的推土機，已經蹲在我們那最後幾座孤零零的房子面前，隨時都像要「鏟平」那裡。

傍晚時，我在外經辦的過道上與向雲對面撞過，聽說他在安排迎接全國總工會的一個來廠視察工作的副主席。便上前攔著他的路，冷笑道：「要不要我來替你向全總匯報一下你的成績呀？」他見我橫眉怒視，語氣逼人，話中有刺，立即虛了膽，不敢迎戰，垂下眼皮，一語不說，繞開了我走了過去。

他剛進去，門裡出來了李倫的秘書小楊，他一面勸我說：「年紀大的人不要動怒，發火傷肝，對身體損害最大。」一面將我拉到一邊低聲向我說道：「李廠長正在召開迎接全國總工會來廠視察的準備會議，裡面還有重慶兩家報社的記者，你就是有再大的意見也要忍耐一下，等視察完結後怎麼都好說。」

餘怒未消的我，恨恨地指著外經辦說到：「這老混蛋欺人太甚。」接著便向這位年輕人，講述了向雲三番兩次阻撓我正當參加分房的經過。

正在這個時候，通向廠後門的石階上，突

然冒出了我母親的身影，她在劉啟建的攙扶下親自來找李倫了，眼看我們馬上就要露宿街頭，她實在不能再等了。

李倫已經聞聲在門口迎接了她倆，並且將她攙扶進去，連連聲明：「我們的工作做的差，勞煩你老人家了。」

第二天陳濤電話通知我，要我下午兩點鐘左右去後勤辦公室，參加由李廠長親自主持的關於我的住房問題的會議，參加這次專題會的是本次分房的領導小組組長向雲，副組長王惠，要我準備一下。

與其說這是一次徹底解決我六年之久的分房資格糾紛，還不如說我當著李倫的面，揭穿這一對曖昧男女長期搞的陰謀。早在六年前，因為我向市裡反映了本廠的情況，李友故意通過他倆編造了一個理由，說我在進廠之初就寫過不要住房的承諾，把故意不分給我房子，曲解為我自己為了進廠而不要住房。

從此以後，每次廠內職工的分房都沒我的份。

這一次我要從頭到尾徹底的捅爛這個陰謀，逼著對方在交不出我寫的不要住房的承諾書時，痛快地將他們長期非法剝奪職工權利的陰謀公佈在全廠職工面前，逼迫他們承認這是他們卑鄙的打擊報復。

主意打定，下午兩點鐘，我準時來到了後勤辦公室。

當李倫宣佈會議開始以後，我便單刀直入追問道：「在我廠房屋調整中，是王書記和向主席說我在進廠時，曾書面承諾來廠不要住房的書面保證，現在，請你們二位當著李廠長的面，把我所寫的這個書面保證亮出來。」這突如其來的逼問，幾乎是二人所沒料到的。

其實，在檔案中塞私材科是中共整人的常見慣例。當年在大學生中為了劃某同學為右派份子，就曾經在竊取被害人的一句話或一段日記，經過「無限上綱」臆造出反黨反社會主義的「罪」，使好多人含冤幾十年，無緣無故死在冤獄中。

當時很多人就提到「黑檔案」應與本人見面，後來平反當局詭稱這些整人的冤檔已銷毀。然而現在，我有理由認為專汽廠的黨工，又在使用這一下流的辦法繼續整人。現在面對我的追問，老奸巨滑的向雲，回避正面回答，連忙重申他在李友掌權時，就主張將文星灣舊房解決我住房的舊事。

於是我不緊不慢地把老事翻了出來，從向雲在六年前隱瞞真相，回答區政協主席張文新的來訪，講到分配八號住宅他那蠻橫態度；從八五年的分房條例，講到眼前分房條例許多條款的變動，揭看向雲的煞費苦心……

「一個工會主席理應在我廠扭轉虧損的重大轉折時刻，做一點有利於全廠員工團結的工作。例如把工廠暫時的困難向職工們經常解釋，讓他們樹立克服暫時困難的信心；經常深入到生活特別困難的家庭，向他們問寒問暖，解決具體困難；對職工中發生的家庭矛盾及時解決，以免鬧到廠裡干擾扭虧大事等等。」

「可是作為工會主席你幹了哪些實際工作呢？幾年來我還從來沒聽說。」

「舉幾個例子，總工辦的瞿工，老母親因重病向工會借錢，你執意不給；逼著他只好到醫院去賣血；廠裡面的交通車壞了一停就是半年；職工食堂裡為了單身職工有一個吃飯不被風吹雨打的場所，伙食團找你批一點牛毛氈你就整整拖了一年……這種事真是太多了。」

「就以我的分房資格，明明是被你們有意剝奪了，你知道我的工作忙，你說，你腦子裡打的什麼鬼主意？我們就真是愚蠢極點的人，任你把我們當猴耍？」

我怒斥這個一向盛氣凌人的工會頭，使他像一隻失了神的木雞，呆呆地坐在那裡，也許他的腦子裡正盤算著進一步收拾我的陰謀，但我卻並不怕；幾十年我同這些鬼蜮鬥，不但練出了膽，還練出了智。

我把話講完，李倫深深地嘆了一口氣，看

來，這位仁兄的自信被無情的事實動搖了。他並沒有能力挾著黨、政、工一齊，率領全廠的自願兵。他那「團結一致」的鋼班子依然同中共下層的普通官僚一樣，攝於他在工人中的威信，玩著兩面三刀，對他採取陽奉陰違罷了！

此時他抬起那顯得疲憊和煩躁的眼睛，望著兩位助手發問道：「那麼，你們看，孔令平的住房該怎麼解決？」他今天是有意讓我同兩位工廠的最高頭目當面交鋒的。因為只有這種交鋒才會把平時裡二人的陰謀揭穿。

兩個木雞在他追問下一言不發，陳濤終於開口了。他建議道：「根據工廠職代會的決定，九號樓留有七套由廠長處理的住房，我建議李廠長可以動用這個處理權來解決這個問題。」

這麼處理既不提過去的事，又解決了我眼下的困難，也給兩個人一個體面下臺的機會，以免「傷了」領導班子裝出來一致那點面子，可謂用心良苦。然而此時，兩人表面不說，肚子裡還不知耍什麼花花腸子，同這樣的人共事夠累。

在這種「安得廣廈千萬間，大庇天下寒士盡歡顏」到來的時刻，我們是用自己的勞動來換這個果實的，真正覺得問心無愧啊。看看我們周圍的廠，垮的垮了，有的維持著半死不活的狀態。專汽廠沒有這幾年李倫帶領我們拼搏，能在今天分到住房嗎？所以，我不願接受任何人的特殊照顧，我說「今天，我是要討回黨委和工會長期剝奪我正當的分房權，他們應予公開認錯。然後，按糾正錯誤的名義解決我的住房。這才令人心服。」

不料，我剛一說完，那原先打算沈默的王惠，像被針扎了似的立刻跳起來叫道：「這怎麼行？黨所作的處理，也是組織的決定，是不存在糾錯的。」

死不認錯，整人後不准別人申冤，這又是中共的傳統作風。作為執政黨的中共，若不是被打倒過的鄧小平，胡耀邦替毛澤東製造的冤案收場，誰會為被打倒的地、富、反、壞、右平反？小小工廠黨委副書記不認錯是當然的事。

第三天，《重慶專用汽車廠關於獎勵分房》的條例，由廠長辦公室簽署的紅頭文件，下發到專汽廠的所有科室和車間。受獎的七人中，我排名居第一位，雖然仍是一種變通的方法，卻是創下了這家工廠的首例：我已五十五歲了，才第一次以獲獎的形式分到了屬於我的住房。

然而，若不是全廠員工，在李倫領導下創下這段業績，我的住房恐怕還遙遙無期呢！不過，像我這樣的普通職工，像我這樣的年齡，甚至比我年紀更大的，在毛澤東瘋狂作亂下，沒有自己住房的人家還多的是呢！偌大的中國大地上，「大庇天下寒士皆歡顏」的日子還遠遠沒有到來！

一九九二年八月，我終於在城市規劃指揮部的通令緊逼之下，在推土機隆隆的催促聲中，雇了一台長安車，匆匆將我的家從菜市街，那四面廢墟的包圍中搬離出來，搬進了陽光充足的，專汽廠九號宿舍一套三居室中。結束了我屈身霉而潮濕的貧民窟歷史，當年我已五十五歲。

我坐在客廳裡感慨萬端，儘管我並不心服這種以廠長名義的獎勵，但我想，農汽廠繼續爛下去，難說我現在還不知道住在哪一個街邊屋角？至於在中共統治下的社會中，我又哪裡同向雲們去爭「公正」啊！

第七節：專汽大業的破滅

專汽廠能在短時間裡「振作」起來，是因為它遇到了面臨破產的危機。破產後，一千名職工及其家屬總共三千餘人擁上街頭向政府要飯吃，是對中共政府一個不安。在這種時候碰到官場腐敗沾染較少的，又有很強運籌能力的李倫，以他拼命的精神和敏銳的天賦，才得以成功地完成「專汽大業」。

一千三百多專汽職工看到了工廠短暫的希望，享受了它的效益，在北碚的街頭不用為幾分錢的菜錢同農民們爭得面紅耳赤，他們又可以在街頭粗聲說話。然而，那些多年「指導」這家工廠的上級機關，卻增長了日漸膨脹的嫉妒心。至於那新聞版頭上，獵取專汽廠新聞的小報記者，又重新圍了上來。

「暴發戶」是機械局的領導們對李倫的看法，他們從來不會掉過頭去看看過去，思考之所以有這種隔世之變的原因。

他們沒有體會到大資本家李嘉誠、霍英東們當時是怎麼創業的？而老是站在中共這個相互猜疑的，帶著嫉妒心和這個政黨根深蒂固的缺乏人性的立場上，來看待創造事業的人。當然，大資本家創業是為了他的家族集團，而李倫也是為了他今後的事業前景，雖然，這裡埋伏著李倫事業一個悲劇性的結尾。

可悲的是，李倫的剛愎自用，使他當時還沒有洞察這個政局的能力，還一味沉醉在一群為他捧場的「敢死隊」迷魂陣中。當時就有人向他提醒過：「你在那個工廠幹了那麼一番事業，一定要傷害一部分與你貌合神離的人，同時，中共領導下的國有企業是沒有前途的，你要多加小心。」

可惜，他在面對朋友的忠言逆耳時，只是一笑了之，而且誇下海口說：「誰能否定我這些年所創下的業績？我一年就可以賺回過去的十個農用汽車廠，誰敢污衊我，他就也上臺試試！」

但是，最後終於不幸的被他的朋友言中了。

同當年人民公社豢養一批不做事的公社書記和社長們一樣，國有企業養著一批根本不知道如何管理工廠的廠長書記們。他們擔心的不是企業在市場競爭中的存亡，他們只知道執行上級部門下達的任務，奴才般貫徹一個接一個名目繁多的指示，時下他們只認錢和權。

專汽廠自一九八七年，換了一個將工廠的

事當成自己的事來做的李倫，就能實現每年一千萬等差盈利，成為重慶市（也是全國的）國營工業企業的佼佼者。雖然專用汽車廠的上級對李倫的桀驁不馴很不以為然，但前有李友、孫余等人都一個個敗下陣來，所以對李倫的傲慢也只好忍氣吞聲。

在他任期七年的時間，前四年用來彌補他的前任四百八十萬虧損，從一九九一年工廠虧損已提前扭轉時，新的辦公大樓落成，新的總裝大樓，新的焊裝生產線陸續投入使用，新的金工車間在破土建立，新的七百餘套職工宿舍先後竣工，專汽的職工們搬進了新居。

在辦公大樓的左側升旗台邊，留下了一塊兩公尺高的大理石碑上，他親自醮著創業的酸甜苦辣，將他的深情，傾注在那石刻的碑文裡，那碑文叫扭虧紀念碑，上書道：

「西元一九八八年工廠虧損四百八十萬……是時，悲嘆之聲隨處可聞，淒涼之井到處可見，人人思散，能者思走……後經三載，夏曆三伏，冬博三九，一日不徹底翻身，余一日食不甘味，夜不能寐，終至一九九一年春提前九個月向世人宣告，重慶專汽重新站起來了……環顧乾坤，古往今來，適者生存，當今之世競爭激烈，改革為先。飽受虧損之苦的專汽人立下海誓，決不重演虧損歷史……前世不忘，後世之師，為後者誡，特立此碑。」

七年前這家資不抵債的農用汽車製造廠，現在已變成一個擁有固定資產二點五億的大廠，形成了擁有越野和公共汽車兩大類別，五十多個品種，年產值超過五個億的重慶市汽車生產大型企業，成為政法、公安、農業、衛生環保、郵政等二十多個政府部門指定的專用汽車生產基地。

在雲泉路和雲天路的交叉區，原有的那十

分沉重的灰色破氊帽，已經在原先荒涼的土地上聳立起一片嶄新的廠房。位於中央地帶的黃色辦公樓，已從它立基的小山包被炸平，原先長滿荒草，停放藍色農用車的場地上，一幢占地六千平方公尺的八層辦公樓，拔地而起。

在辦公大樓的東面，一排五層樓房共兩百套帶有浴室和空調的客房，以及與之配套的鍋爐房和餐廳，取名北泉賓館的豪華招待所，以它的嫵媚迎接著到這兒來作客的八方賓客，永遠結束了李倫所住的陰暗潮濕小屋，以及端著飯碗蹲牆角的寒磣日子。

回過頭回憶這片土地上翻天覆地的變化，這片沉寂了幾千年的八萬多平方公尺的土地上，從荒涼的狀態發生的變臉。在驚訝之餘自然會想到這裡換了一屆又一屆的廠長和書記，怎麼就沒人想到在自己任期上作點改變它面貌的創業？好像這裡就等著這位一八八公分的大個子到來後，才開始改換它的舊貌？而今，只有那些不計名利，無聲勞動的建設者們，才十分清楚這一切來之不易。

然而，誰也沒有料到，一九九三年春天在持續七年的日夜奮戰之後，在一次開到第二天凌晨兩點的會議中，他昏倒在會場上，當會議的工作人員把他從昏倒的椅子上扶起來時，才發現一層厚厚的坐墊已經浸透了他的鮮血——因為脫肛造成的大流血，整整折磨了他一個晚上。

他的妻子、孩子和貼身的工作人員，抹著眼淚將他抬送到重慶醫學院的住院部，他不得不一連躺在病床上三個月，在這期間他仍一如既往的通過他的秘書，關心他一手扶持起來的「專汽大業」。

一九九五年四月重慶市政府對他個人進行了特別的獎勵，他的名字載入了當時山城創業的企業家——山城之星的光榮榜。並且一次性的向他發給了十萬元的獎金。頒獎時，他表示為表彰和鼓勵為專汽廠的科技進步作出貢獻的人們，他決定將這筆獎金捐獻出來，成立北泉汽車集團的科技發明獎勵基金。

當時黨委書記王惠、工會主席向雲曾代表黨政工領導集團在病榻前發表了「極其動人」的講話，王惠稱李倫為專汽事業之父。錄影的鏡頭攝下了她流淚激動的片斷，當場決定由黨政治處攝製，取名為「逆流奮進」的長篇記實紀錄片，記載專汽廠在他的領導下如何克服困難，扭虧為盈的七年歷程。

這部紀錄片的開場便是李倫在任職時臨危受命的錄音講話，以及他親自參與編寫的專汽廠歌。當我看到王出現在鏡頭，注意到她幾次摘下眼鏡擦去流在眼角的眼淚時，我雖有一種不適的噁心，但還是半信半疑了她。

幾乎沒有人能理解他所做的一切。然而，正當人們議論他的事業如日中天的時候。忽然有一天他從病榻上醒來，感到自己其實是幹了一件自命轟轟烈烈的蠢事，他突然感到生命已不能支持他繼續完成他的宿願。

然而，就像一曲美妙的樂曲突然弦斷了一樣，李倫在專汽廠開闢的事業，就此中斷了。

一九九六年五月一日前一天的晚上，黨政工召開了全廠的職工大會，決定成立北泉汽車集團公司，並同時成立集團公司的董事會。這一夜，李倫帶著初癒的病體到廠主持了最後一次「交權」大會，在作了長篇的工作講話後，便宣佈了他的工作交待，接任他擔任廠長的是原汽車公司的一名生產處處長王窪。會議一直開到了晚上十一點鐘。還沒有完全康復的李倫不知是因為身體原因，還是心理上的障礙，坐在主席臺上，燈光映著他蒼白的臉。

散會後，他不像往常一樣被一大群人簇擁，而是獨自一人走出辦公大樓，坐上在那裡等候他的車匆匆離去。我當時只聽說「升任」北泉集團公司總裁的李倫，在專汽廠某個辦公室裡繼續在策劃他的集團公司大計。

換班就這麼戲劇性的完成了，李倫再也沒有回到專汽廠來。所謂北泉集團公司，也從來沒有掛牌，專用汽車廠一段「輝煌」的創業，隨著他的離去而結束了。沒有後繼者繼承他事業，專汽廠像一個斷層出現在他任職七年後的一瞬。誰也不會像他那樣拼命，換取這個廠從未出現過的輝煌。

令李倫沒想到的，兩個月後他的兒子李嘉，因套購北泉汽車組裝進口汽車的合格證，被檢察院刑事拘留。那個被一度貶為外經辦主任的陳增，重新由王窪聘為常務副廠長，紀錄片「逆風奮進」停拍，這一切厄運好像早就等著這時到來。

李倫高估了自己的能力，他根本沒認清，在中共統治下，任何有才能的人沒有掌權者作後臺是休想幹成任何事的!!專汽大業的成功，只說明中共一部份人的主張，沒有認識這點，怎不到頭一事無成？

一個以王惠為主任，劉貴為組長的審計組宣佈成立，那審計組的辦公室就設在辦公大樓五樓黨委辦公室對面，開始了對李倫在職期間的財務大審計，審計組放出風聲，說李倫在離任時至少捲走了數百萬公款。她舉著一把檢舉信，聲稱審計室將拿出一個令全廠職工都滿意的結論報告大家。

這種說法，挺合乎中共改革時期企業法人的一般邏輯，所以頗能蠱惑人心。現實過程應當這樣：一個在任職期間一無能力的人，把一個企業搞得一塌糊塗後，也要撈足自己的腰包。

有權就撈，過期作廢，是鄧小平中共管理下國營工廠的通行法則，有人把這時期的工廠管理者比喻成一群蝗蟲，蝗蟲飛來飛去，吃完地裡莊稼，留得荒涼一片。李倫既把廠搞富了，也有條件撈了，收穫一把也是應該的，要不然，他的兒子也趁他離任機會，連走私車合格證也要撈幾十張？

但是專汽廠的一部份職工們卻替李倫打抱不平了，黃師傅說：「貪財的人不可能把這個廠從死地裡救活。再說，李倫就是拿了一筆錢走，他也應該，一份貢獻一份回報。這些年來他把我們這個廠救活過來，工廠贏了那麼多，他得一點也是天經地義的，反正總比吃光了莊稼再飛到他處的蝗蟲好多了。」

而另一部分人，像陳增以及曾在李倫從嚴治廠的刀口挨了宰的人們，別有用心的鼓動職工聯名寫信上告機械局，要求徹底清查李倫任職期間的所有帳目。

李倫被一群小人當成落井下石的罪人。

中共這種令人寒心的官場格鬥，那王惠令人作嘔的變臉，就會想到今天人心不古。中共統治令人感到道德處在敗壞的末日，中共的黨員有幾個不是當面是人，背地是鬼的呀，君不見那毛澤東是怎樣對付劉少奇們就明白了。先師楷模沿襲至今，成了中共的黨風。

靠走私進入大陸的小轎車經過倒賣，每車可以賺到二十萬人民幣。官僚集團為了控制這種轎車的分配，嚴格卡住這些走私黑貨的合格證，掌權者利用發放合格證也能躋進中共「中產階層」！

為支持李倫生產線所需資金投入，蕭秧曾給李倫特批了走私車經營權，以政府名義給每台組裝進口的小車，以每台二十萬，向專汽廠輸入了「資本」。這比之由市政府調撥三億，簡單又快捷。三億相當於一千五百台進口車的組裝權，每一台組裝車充其量只消兩個人裝兩天就成功了。

李倫退休後，正是進口車組裝進入高潮。重慶市大小官倒們像一群蒼蠅，盯著這轉眼就可賺二十萬暴利機會展開了爭奪。他退休以後，進口車的發放權力落到了王窪的手裡，正兒八經的做起倒賣合格證生意來了。這比六年前殷大公子在工廠門口倒買農用車券，大進了一步。

一九九六年初，王窪批給成都的經銷主任陳平，一次性出售的合格證就有一百張。這個消息是通過什麼渠道讓李嘉知道的，我不知道。反正，當時已成為北泉車經銷商的李嘉，從陳平手裡一次性買下了三十張組裝車的合格證。

然而，因為暴利太嚇人，很快中共派出專人查封和清理走私車。陳平因此而被公安局傳訊。於是李嘉從陳平手裡買下三十張合格證這件事，便成了株連李倫貪污的「證據」。在這鐵證之下，李倫便由眾口稱頌的創業功臣，一夜之間降為受到追查的「準階下囚」……

人在劇烈的運動中頭腦發熱容易盲目衝動，有時會犯很大的錯誤卻不查覺。等到激情過去，靜下來反省已經過去的事，有時就會發現自己所做的事極其荒唐需要修正，甚至發現基本方向全錯，誤入了迷途，必須調整方向。

李倫在中共特權者階層利益分配的傾軋中落魄，改革開放時，財權歸屬不定的狀態下，這種掠取最後必表現為奪權鬥爭，奪權使他昔日的輝煌歸於消亡。所以他大可不必把個人的失意，歸於某些職工不講良心，普通的專汽職工除了聽命擺佈外，充其量也是一些發發牢騷的受難者。

在浩瀚的中國古代文庫中，記載並論述經濟的文典顯得不足，十三經傳了幾千年，無非都是圍繞統治這個題目，以仁義禮信為「宗」，禮樂官爵遵守的制度都沒有擺脫社會關係這個總綱。這是因為中國還處在封建主宰時期，在自給自足的自然經濟條件下，統治階級只關注社會的治和亂。

當辛亥革命給中國輸入建設國家的民主大綱時，卻被北方輸入的共產主義所截斷。三民主義被蒙上了反動資產階級的不白之冤，被趕到大海一個孤島上去了。在大陸所施行的社會主義經濟，是一種獨裁統治下的封閉經濟。中國老百姓在吃盡了苦頭以後，才重新將中國歷史拉回到市場經濟的起點上。不過這種權力支配的「市場經濟」最終滑向何方，大家可拭目以待。

從李倫手中接過專汽總廠廠長位子的王窪，摘取了我們奮戰七年辛辛苦苦換來的勞動碩果，他不僅享受了前任為他創造的條件，還享受了一家富裕大廠法人的榮譽和利益。低能而貪婪的他，很快將工廠管理大權交給野心勃勃的陳增，在陳增的操縱下勾結向雲、王惠這幫專汽廠「舊臣」，把持了工廠的大權。

好端端的北泉廠，在內鬥中兩年不到，就失掉原有的盈利慣勢，到了一九九六年重新轉盈為虧；這一年這家工廠實際虧損了五百萬，陳增為了怕露了馬腳而失寵。用假報庫存物資，虛報基建投資來掩蓋實際已發生的虧損。

機械局的頭們裝做什麼也沒有看見，因為他們的口袋裡塞著王窪在年底送來的「慰問金」，他們的桌子上，擺著仍然顯示專汽營利的報表。欺哄行賄，是這個時期國有企業廠長們都會的伎倆，在種種骯髒交易的狗肉上，還要掛「學邯鄲精神，力創第一流」的羊頭。

一九九六年五月我正式提前內退，結束了我對這家工廠所作十二年貢獻。時五十八歲，此時我的兒子才十四歲，初中三年級的學生，為了籌集今後給孩子求學的學費，也為了積蓄一點晚年的生活補充，我走上了打工的生涯。

離開專汽廠偶有回廠的時間每次回到車間，工人們都圍著我問長問短，曾在品質處當副處長的蕭森告訴我：「自從你走以後，原來制定的品質法規全部取消，產品的品質實際上無人管束。購車業主，將出故障的車開到工廠大門堵死。他們拿著事故鑑定找廠長交涉，嚇得王窪躲在辦公大樓裡不敢出來。堵門的司機們吶喊示威，久而久之，專汽廠的老用戶，都一個個離開了這家工廠，售出的車輛每年大幅度減少，而售後服務忙碌得團團轉。」

他還告訴我最近開往新疆的十台車，因為制動不靈，電器等毛病，不但用戶不要了，反而叫專汽廠自己開回來，這麼發生的往返路費，修理費就上了好幾萬。說完以後，便沮喪的搖頭說：「今年虧損預計已超過千萬，我看，工廠是沒法再維持下去了。」

第二年夏天，我回工廠經營辦公室辦理我的退休手續，碰到了戎露，她正在辦公桌上翻閱一大疊我當年起草的，而後又被陳增打入冷宮的品質管制檔，她見到了我，好似見了久別的師長。連忙請我坐下，端上一杯開水後，問我離廠後在哪裡工作，還詢問李倫現在在幹什麼？說大家都希望我們再次回廠。

我回答道「世上並無救世主，李倫也好，王窪也好，只要心存事業，都能振興工廠。」說著順手翻了翻桌上堆放的檔案發問道：「近來工廠的經營狀況還好吧！」她搖搖頭說；「自從你走後，產品品質基本上就沒人管。」

她還告訴我：「因為工廠重新出現了虧損，市機械局最近還派了一個工作組，審計了陳增，沒幾天陳增也下臺了。王窪眼看著車庫裡積壓了幾百輛車賣不出去，一面召開廠務會，決定重新翻印過去你所起草的管理辦法，和品質考核的經濟責任制，由總師辦整理後，重新頒發執行，並令總工程師督行。」

聽到她的介紹，我心裡很平靜，六十歲了，深刻體會「天命」不可違抗，陳增以為人意可對抗客觀規律，為拔除眼中釘而廢了全質辦，從此專汽廠再也不會出死心眼的孔老二。當年唯一想得到一個堂堂正正的名，通過自己的努力，得到我們應當掙得的房屋和待遇而已。

現在我們的退休金可求溫飽，住房也有了，我們還圖什麼虛名？何況接替李倫的是一些宵小。李倫所提倡的敢死隊精神，成了笑話！現在還有誰像李倫那樣傻幹啊？面對戎露期盼的眼光，我只有笑而不答，這正是：「一曲新辭酒一杯，去年天氣舊亭台。夕陽西下幾時回？無可奈何花落去，似曾相識燕歸來。」

陳增因免職引發專汽廠的一片譴責，兩年後，王惠也灰溜溜退休了，當人們用解嘲的口氣問她「李倫的問題，要到什麼時候才會給全廠職工一個滿意的答覆？」時，她只好苦笑而不能回答。

而那個被撤了職的李小兵，在王惠退職時向她家打了電話，恭喜她終於從書記的位置上退下了，願她不要再像任職時瞎整人了。聽到這公開的奚落，她也只能當成一瓢潑向她的污水。這真是「空嗟覆鼎誤前朝，骨朽人間罵未消」。人何必爭高低，任何是非曲直自會得到公論。

從一九九五年王窪接替李倫後，專汽廠重新被虧損纏住，一九九八年，盧瑞接替專汽廠後，二〇〇三年虧損已達一個億。一九九〇年李倫在扭虧紀念碑中刻下的誓言，終於變成一代創業者留下的一廂情願。一個從虧損開始創下三個多億的大型國有企業，由重慶市政府坐東，以五千萬的「跳樓價」，出賣給了重慶市一家私人摩邦力帆集團。重慶專用汽車廠在這塊土地上掙扎苟延，直到消失。

盧瑞這個紈絝子弟，便在中共市政府庇護下，靠「賤賣」這個大型工廠的昧心回報，換來老闆尹三的嘉獎，在力帆公司謀到了一個副總經理的頭銜，拿著年薪十萬的報酬。進出有轎車，有豪宅，過著老闆生活。

而賤買專汽廠的尹三，根本就不想在這塊土地上，繼承專汽廠有過的雄風。從盧瑞手中以五千萬買下這片黃金寶地後，便迫不及待向北碚區政府以四個億的價格，準備將它們拋售給北碚房地產公司。

可惜，這私下的買賣尚未成交，就遭兩千專汽職工群起反對，紛紛上告市政府，迫使尹三暫時沒能得逞，當然這都是中共某當權者背後在搗鬼。

經過盧瑞的穿梭，條件談妥，專汽廠改制鬧劇於二〇〇三年拉開序幕。所謂「改制」便是處理原國有制的職工，其退休部份已交給「社保」，有一口餓不死的飯吃。沒退休的拋向社會。

於是以人員超編為藉口，重慶市政府以七百元一年的低價，買斷了最後七百人的工齡，當然，在面臨生存危機時，被解聘者可以奮起反抗。可惜中國人的醜陋，使他們像一盤散沙，不能團結一致，只好淒淒惶惶各奔生存之路。這使我聯想到中世紀時期，英國的農場主為了獲取暴利的目的，將世代依附土地的農民驅逐出他們耕作的土地，並將這些土地變成種植草場的牧場。因為他們看到在土地上圈養羊群所得的利潤，遠遠高於農奴們種植糧食。便演出了一段羊吃人的歷史悲劇，史稱圈地運動。

被逐出工廠的職工們，猛然由「主人」地位，跌進了出賣勞力的深坑。專汽總廠的職工從此流落街頭。我的一個鄰居，譚某因家庭經濟拮据，夫妻離婚，如果不是李倫當年為她的父親留下一套房子，她將帶著年僅九歲的女兒流落街頭。

專汽廠只短短存活了十年，李倫為此所付的一番心血便告消失，他立的扭虧紀念碑被後繼者盧瑞推倒打碎，成為行人腳下的碎石。寫在大門立柱上的志願兵敢死隊精神，變成了人們茶餘飯後的談資。

每想到當年沒日沒夜的「拼命」，就在我的心頭湧起對這種傻勁的羞恥回憶。現在只有李倫時代留下的八百套住宅，才在這些住房裡棲身的職工心坎裡，留下一點紀念。

問到失去工廠的幾百名職工，為什麼被盧瑞這麼輕而易舉的賣掉？

需知，李倫創業時，同樣的地盤上依靠一千三百名職工，在這裡建起了專用汽車廠。並創下了每年盈利四千萬的成績，就可以明白，人多並不是企業衰落的理由，其實盧瑞只是中共「改制」新花招的小小槍手，毛澤東從乾爸史達林那裡搬來的國有制行不通了，又變了一個花樣，吃苦頭的還不是工人!!

寫到這裡的時候，正好發生了我所在的重慶專用汽車廠現任廠長李安林，被人在辦公室裡暗殺的事件。

那一天，他的妻子在晚上十一點鐘見她的丈夫遲遲未歸，當天下午又沒有打一個電話回家，以為他手機沒有電了，於是從家裡帶著充電器，到他的辦公室裡找他。一上丈夫辦公的二樓，整個樓層黑壓壓的一片，靜悄悄的。

打開過道的路燈，走到丈夫辦公室的門口，見門是虛掩的，黑壓壓的屋裡沒有任何聲音，順手打開室內的照明燈，眼前出現的場景使她頓時嚇矇了。

她看見她的丈夫倒在他的辦公室沙發前，地上的血已呈黑色，身體已顯得僵硬。看來，已死去半天了，連忙戰戰兢兢地喊醒樓下值班室裡的值班保安，據保安說他是下午六點鐘來接班的，並沒有發現樓上有異常響動，立即打電話通知了「一一〇」，李安林身上被砍十一刀。

李安林被殺的消息迅速傳遍了十一幢家屬樓，人們議論紛紛。

李安林被殺第二天早晨，便有人告訴了我，與我們這幢八號樓只有一牆之隔的專汽廠大門邊的露天廣場裡，正在搭造死者的靈堂。

自從九七年我退休以後，至今整整八年了，前幾年還偶爾去總裝車間去一趟，多是受買車的朋友所托，要我選一下他們所要的車，近四、五年，我已完全不進廠了，嚴格的遵守「不在其位，不謀其政」，雖風聞王窪繼任專汽廠廠長以後的種種無能，也是當了耳邊風。

後來與我同是這七套獎售房的得主，搬了三戶出去，其中兩家搬進了在雲泉路口，新建的一幢每戶占地兩百平方公尺的樓層式「豪華」住宅。我感到奇怪，有了住房本該滿足，緣何想好還要好，占了一套又一套？

殘酷的事實擺在專汽職工的面前，自從李倫離任以後，任何由官方指定的人都沒有讓它在市場經濟的浪潮中站穩腳跟。從王窪、陳增、到盧瑞僅花了五年，三個億的資產，便被繼任者虧光了。

短短十年的專汽大業就這樣謝幕了!!

第六章：如此霸佔民宅

從八七年開始，在全國平反冤假錯案時，也包括了毛澤東時代在「清匪反霸」、「土改分地」、和「鎮壓反革命」中被無理強佔的私人住宅的清退。

當年相當數量的受害者，被無緣無故扣上惡霸、地主、國民黨特務遭受屠殺，倖免於死的被帶上五類份子帽子，遭受了幾十年的身心摧殘。遭整者家裡一點可憐積蓄被搶去，尤其是賴以遮風避雨的住房被強佔，還要延及他們的兒女受到牽連，其涉及人數之廣，受害人之無辜，恐怕是中國歷史上空前未有的。

毛澤東自己就不打自招供認，「革命對象占人口的百分之十」，這樣算來，禍及人數至少也有六千萬。從一九四九年到一九七八年二十九年間，五類份子絕大多數已棄屍荒野。所餘的倖存者到一九七九年已不多，這些倖存者中還有相當部份，是解放軍兵臨城下就已繳械投降，束手獻城的「起義投誠」人員。

有人說中共原本是山裡的土匪，土匪以搶劫起家，土匪當了政，將原先政府的制度廢除，抓一頂「革命」帽子戴在自己頭上，成立「革命政府」但骨子裡仍是土匪，老百姓的房子，幾畝薄田，一點女人用的戒子耳環，都在「沒收」名義下搶去。

一九七九年當時中共組織部和國務院，曾對私營企業改造中及起義投誠的國民黨人員私宅，作了一個清查並作出發還的政策性規定，以檔案形式下發給各級政府。一個清退霸佔房地產的工作，便在中共統戰政策的鼓譟下開展了。然而，這比右派落實政策還要馬拉松，其中藉口政策界限不清，藉口沒有錢和種種對清退對象所作的限制，使最後體現政策得以歸還的人數微乎其微。被北碚區政府列入清查的人數僅只有十餘戶。尤其是在政策貫徹過程中累累受到干擾，使政策落實備受阻撓。所以受害的人罵道：「中共真是活搶人的土匪！」

我的老岳丈劉學理便是其中一員，他的住宅被中共搶佔去四十年，最後仍未歸還。直到一九九一年，高齡九十的他，抱著被人搶佔家園的終身遺恨含恨九泉。

他曾任北碚城的民政局長，當時的北碚屬於盧作孚管轄下，山峽防務局的一個重鎮。劉學理只是跟隨盧作孚先生的一名普通地方官吏：民政局長兼任北碚保安部隊司令。

抗戰時期，保安部隊算成國民黨正規軍編制，劉學理被授了一個上校軍銜。一九四九年十月劉、鄧大軍進軍重慶，二野下屬的十二軍沒費一槍一彈便和平地佔領了這座城市，率軍歡迎共軍入城的劉學理，也就成了國民黨部隊的起義投誠人員。

十二軍入城後，劉學理變成了普通老百姓，家中五個孩子還小，他要自謀生計。當他怯生生的到軍管會去求職時，他的身份一下子從率軍起義的城防司令，變成了被軍管會召去思想改造的學員，入了反革命另冊。他本人被判管制。唯一的積蓄是一九四六年在上海路購置的一幢四百平方公尺的私宅，被一直覬覦著它的北碚工商聯合會看中，並於一九五二年用軍管會簽署的命令加以「徵用」。

在槍桿子押送下，他只好同妻子一起帶著

五個未成年的孩子，離開了自己的家，哭哭啼啼遷居到北碚天生橋偏僻郊區一所破房子中，一住便是三十年。

同大陸上成千成萬計的五類份子一樣，在共產黨暴虐的歷次運動中，被街道居委會欺凌，年過半百的他，當過街段下力的搬運，挑涼水的力夫，為豆腐坊商店磨豆腐的夥計。為了把五個孩子拉拔成人，他每天起早貪黑的做別人不願幹的活，忍辱負重，把一腔怨恨深深地埋藏在心中。

劉啟建每提到她的童年，都會傷心的說，她八歲時就要背比她小五歲的小妹妹，撿二煤炭和木工房裡砍下來的木屑時被狗咬過；每天她同姐姐抬著一捅水，走兩里路送到父親做工的豆腐坊……

直到一九八二年，中共才按照上級檔給劉學理平反，取消了管制，並以起義投誠人員身分得到一張平反證書。

毛澤東咽氣後，民間響起的怨恨聲一直在沸騰。在為無數冤魂平反的同時，歸還被強佔的民宅也提了出來，這本來就是一件壓了三十年的事。被霸佔當事人的房地產契約，和當年軍管會所發出的「徵用」通知，都寫得明明白白。

一九八四年，中共中央有關清退過去歷次運動中被強佔民宅的政策公佈後，劉學理正式向北碚區政府提出歸還上海路房產的要求，他同北碚區同時被沒收的幾十戶人家，開始了向中共有關部門提出歸還私宅的長期馬拉松交涉。

中共的任何革命藉口，都無法掩蓋無理強佔民宅的惡名，其實無需經過調查核實。只要有誠意，全國這種種霸佔民宅的惡劣行為，完全可以在幾個月內全部清退。但是中共政策的制定者，向來按他們的需要出發，難以光明正大的糾正錯誤。加上中共內部派系林立，以「頭」為本，並沒有什麼共同遵守的法律和原則可遵循。今天一些人發出的政令，明天另一些人就可不認帳。而且共產黨「左」風盛行，朝令夕改，在清退民宅問題上，便有幾個前後矛盾的決定。例如先前的檔案說對強佔的民宅一律退還，後來又有了一個補充規定，把土改中沒收的地主房產和反動會眾們帶有封建性的房子，排除在清退之外。後來又加上了凡有剝削性質的民宅都不予清退一條，這樣一來範圍越來越小。

中共政策的執行者抱著多一事不如少一事的宗旨，把這事結束在一連串「上級批示」的推諉之中。對這種有附加條款的軟指標，慢慢就變成根本無法兌現的零指標，以各種藉口將被強佔的民宅繼續地霸佔下去。

在國際人權組織對中共的譴責所施加壓力的結果，為了向國際社會做點樣子。中共除了對有影響的國民黨上級軍官，以及有統戰關係的人士，給以歸還外，其他被強佔的民宅根本就沒有動。

看不清中共骨子裡面的東西，心存僥倖的絕大多數被掠奪者，花費了無數的精力，備齊了各種證明房子的材料，等在統戰部和民政局的信訪處，一等就是幾年，最後除了白白等下去，沒有任何結果。

然而，已經八十高齡的劉學理老人已經等不及了，自一九八三年老伴死後，他天天都在扳著指頭算自己還能活幾年？被人占去他的老宅，是他晚年最不能嚥下去的一口惡氣。他要趁著這剩下的一口氣，要回這被人搶去的家園，給五個親生的兒女一個明明白白交代，否則他就是死了也嚥不下這口氣。

這一天，他手捧著人民政府發給他的，那張蓋著政府大印撤銷管制的「平反」通知書，在小兒媳婦和孫子們的攙扶下走到區政府去。在信訪接待辦公室等了好幾個鐘頭，一直等到下班。一個中年男子向他說：「你不要在這裡等了，我們要下班了，你回去還是準備好自己的有關房屋的所有資料，說明房屋所在地、占地面積以及何年何月購買，以及房地契的複印件，還要寫明，何年何月哪個機關簽發的沒收令，因什麼理由沒收等等……」

當劉老從懷中掏出已經帶來的資料時，那中年男子還算耐心的坐下來翻了翻，說：「現在辦公樓的人都下班了，我看你還是回去再按我向你說的範圍重新整理，備好所有的資料再來吧。」

整整等了一天，陪伴他的孩子們都已離去，老人連衙門裡管事的官都沒見到，便在這裡花了第一天的上訪。「解放前」他為官十幾年，沒想到中共的官架子這麼大。他無奈的喊了唯一沒離開的小兒媳婦，沒趣回到天生橋的家中。

當我聽到他在信訪辦公室受到的冷落，便自告奮勇由我陪他去。

按照我的經驗，中共這種官僚體制對這種找上門去的告狀，非經長期多方力爭不可。北碚地方的衙門叫不開，就把材料轉發給重慶市，依次向四川省政府直到中央國務院呈送。

劉老把當年的房地契找了出來，由他親筆重新起草了一份有關上海路住宅被沒收的材料，經我刪改後，複印多份準備逐級投遞。

由我陪同劉老伯去區政府信訪辦，向接待人出具了有關我們預先準備好的材料後，劉老伯又被接待人支到北碚區房屋管理局。

北碚房管局接待我們的是一個中年婦女，看樣子是那裡的負責人，她在看了我們的材料以後說：「你們的問題屬於天生房管所經辦，你們還是去那裡找他們吧！」我又陪同老人到天生房管所，看來誰都不知道經管的辦事衙門在哪裡？一番口舌後，天生房管所的辦事員，終於收了劉學理寫的材料，並且告訴我們：「我們已經接到了有關北碚區給各所發的需要清退房產花名冊，但是具體怎辦還要等到市房管局的通知，你們還要回去等一段時間，如果有了明確的規定，我們會通知你們的。」

事情總算有了一個「開端」。劉老伯回家又等了半個月，可是仍石沉大海毫無音訊，老伯終於焦急的又一次在我的陪同下，又訪天生房管所。

然而這一次他們回答說：「你們交來的材料已交到了市房管局了，有關這次房屋歸還的問題，還不知道怎麼辦？上面沒有批示我們無法操作，這裡有一個經費問題，沒錢拿什麼給占房戶？發還給你們還缺乏具體的規定，所以你們最好去催一下市房管局。」

又將老人踢到市房管局去了，我想我在落實政策時，就被當成球在幾個衙門裡踢來踢去，那被踢的滋味真讓人難受。按著心裡的一團火，我吼道：「你們把一個八十多歲的老人當球踢來踢去講良心嗎？現在天氣又熱，你們不感到這麼做太過份了麼？」

但是他無奈的攤開手說道：「你們也知道，現在辦事真的很難，天生房管所變不出房子來，拿什麼還給你們？」接著說了一大堆的安慰話，給了一個使上訪者不完全失望的話，他說：「這件事老大伯盡可以放心，反正中央有政策，房子歸還只是一個遲早的事，你們總有熬出頭的一天。」事情雖然已過去三十年了，老漢總還盼到了一線「希望」，受騙了一輩子他仍把希望寄託在中共政策上。

時間就這樣，在劉學理告別人生的最後幾年，白白的等下去。然而越是在中共的衙門門檻上打坐，越使這位老人感到不明不白被人搶去的住房，是自己一生中最大的羞侮。他多次在假日裡，請我們一道去看他的那幢住宅，嘮嘮叨叨不斷講當年被趕到天生橋那揪心的痛。他不能再等下去，他不能將這個羞侮帶到冥間去。除加快了他去房管局催辦的頻次，由每月去一次，增加到每週去一次。每次徒勞無功的空返，又增加他新的一份怨怒記進了他寫的材料中。

有一次我們又去天生房管所，這次接待的是一個女人，老人怒道：「你們辦事怎麼這麼拖拉，你們要的材料都寫清了，你們一次又一次要我重寫。你們欺我老是不是，你們這種工作態度我會寫信到上面去告你們，我就不信真理會被你們踐踏掉了。」然而那女人卻漫不經心的回答道：「跟你講過，我們要按政策辦事，我們是普通辦事員，沒有權處理你的問題。你寫的資料我們統統都轉了上去，等上面批示怎麼辦。我們也想早一點落實你老人家的住房，免得你天天跑，夠累的，我們也夠麻煩的。我們要你寫補充資料也是上面的意思，請你不要找我吵好不好？」

這話裡有辦事人員的苦衷，但也許又是她故意的編造，或是授意的編造。氣急敗壞的老人，只有拄著他的木頭拐杖在那信訪辦的地板上發出篤篤的響聲，以示抗議和憤怒。他還能把她做什麼呢？他只好等……直到感覺自己再無力繼續呆在那裡，才悻悻的離去。

為了解除這件事對老人的煩憂，我還親自陪同他兩次夜訪區長陳超。陳區長夫婦是我母親蘇州的小同鄉，多年在北碚與我母親很熟。他住的家是一般平民根本不知道的，就是上他家去，也要受門崗的盤問和阻攔。但由於這層關係我有幸得了進出的機會，加上劉學理本來就是北碚區統戰名人，當時市政協的副主席盧子英的舊友，說什麼也不能將我們拒之門外。

但是，在態度謙和的陳超那裡，除得到與天生房管所辦事人員相似的回答外，依然一無所獲，不過他答應將在區政府召開的辦公會議上，將這個問題提出來討論，為此，還留下了劉學理帶去的上訪資料。

作為一區之長，他照樣不敢違忤那自相矛盾的中央政策，甚至於不敢對這種前後矛盾的上級批覆和中央文件妄加評論。不過從他那裡，我們知道了，要求清退的房產必須同地主和封建財產相區別。

一九七九年，彼此以炮轟來對話的台海兩岸關係，出現了緩和。〈告臺灣同胞書〉有幾分誠意？倒不重要，重要的是，經歷了長期封鎖的大陸百姓，知道海峽對面早已進入了富裕社會。

五年後首批回大陸探親的臺灣人，好像外星人一樣被故鄉的家人和鄰居當成貴客。各種過去根本不敢亮相的臺灣親朋關係，到此時才慢慢公開。最開始，這種帶著離亂傷感的相見，是在中共統戰官員的陪同和監視之下進行的，有了這層監聽，縱然家破人亡，再大的悲情也難以暢訴，那真的是「相對無言，唯有淚雙行」。

一九八七年我還在文星灣時，第一次見到臺灣歸來的客人與親人團聚的場景。來人姓陳，大約五旬開外，但紅光滿面精神煥發，是一位一九四八年隨國民黨部隊去臺灣的普通士兵，接待他的主人便是他的親弟弟，但弟弟已滿臉皺紋，看上去比他蒼老十歲以上，宛如一個貧苦老農。

主客相對，淡淡相視。哥哥首先向弟弟詢問了一家人的下落，弟弟講一九六〇年，雙親先後得了水腫病相繼去世。一個妹妹因沒飯吃而跟了一個城裡的人至今下落不明，不知是否還在人間？弟弟講這些傷心事卻好像一點都沒有動容的表情，像數落著普通的家事。

大陸老百姓對毛澤東帶給他們的災難麻木了，餓死被當作正常死亡。然而從旁聽來，陳家真是家破人亡了，中共統治下的和平年代，比之戰禍還要淒慘。

陳家大哥從臺灣歸來，召來了一大群鄰居，尤其是那些抱著孩子的女人，她們懷著好奇，看看一直被毛澤東宣傳為處在水深火熱的臺灣人，究竟是什麼樣子？陳老哥在弟弟這裡住了五天，回去時來看他的侄兒侄女每人都給了一百元到五百元數量不等的人民幣，在窮極的中國農民眼裡，一百元人民幣在當時農村中相當於一個人一年收入了。

一九八八年，劉啟建的隔房三哥劉信，從高雄隨「大陸觀光團」回到了他的老家合川，合川原是劉學理的祖籍。劉信父母早亡。當年家境貧寒的劉信三兄弟，便拜給了大伯父劉學理，從小就得大伯父的資助得以早年去軍校深造。劉信軍校畢業就去了臺灣，他大哥仍在合川老家，戴了幾十年的地主份子帽子。

劉信歸來前，合川大哥和成都二哥便計議了好久，決定他回來後，先去成都再回合川祭拜祖墳，最後才回到北碚作一個禮節性的拜訪。但聽到劉信歸來的劉啟建五兄妹，在劉學理的指示下與劉信三兄弟一共八個家庭，想藉統戰關係由劉信出面向北碚區政府交涉，促使上海路老宅的歸還。

劉信來訪一個月前，劉啟建的長兄聯合了北碚區其他十四家盧作孚舊部，聯合向中共重慶市委進行了請願，要求歸還當年被沒收的房屋，托區長將請願信向市政府和房管局呈遞。緊接著他又將請求歸還上海路私房的申訴，分別寄給了中共中央統戰部和國務院辦公廳。

採取這麼一系列行動後，終於有了回應，天生橋房管所正式通知聯名請願的十四戶房主，約定了時間在北碚房管局的會議廳裡，向他們作正式答覆。

給劉學理的答覆附有當年軍管會沒收上海路住房時，一個沒頭沒腦的通知，那上面寫著軍管會以地主產業加以「徵用」。

這個用詞含混的通知，成了區政府不能退回的依據，至少變成了有爭議的房產。因為「徵用」不是沒收，這上海路民宅還有一線歸還的希望!!但這個通知將上海路房產劃成地主產業，就不能歸還了。

當場老人向宣讀文件的人申辯，說他少年就離開合川本家出外求學，後來的戶口以及各種證件都把他的出身寫成學生。這用作居住的民宅被定為地主產業從何說起？然而答覆的人說，他不知道過去的底細也無權去過問，只能宣佈文件，並按上級文件執行。

因為沒有法律依據就憑中共政策，而政策是可以隨意制定和解釋的，對老百姓可以任意戲弄的。激動不安的劉學理回家後，就關於當年的房屋劃為地主財產的消息，電話通知了合川老家，按照他的理解，只消由老家證明這棟樓的主人，屬於什麼出身，就可澄清當年軍管會所作的結論！

所以關照大哥劉中柱在老漢出生的故鄉，開一張關於自己出身和經歷的證明。並加蓋合川政府的鋼印，叮囑他辦完證明後請他派人專程送到北碚來。看來老人鐵心非同政府就上海路那幢老宅的歸屬，爭個誰是誰非了。

按照劉老的吩咐，合川的大哥將他所需要的證明開好，並且派他的侄孫專程送到北碚。劉老伯在接到這張證明後，立即複印了好幾份，拿著複印件再度上訪天生橋房管所的張所長，張所長望著那蓋滿了紅大印的紙淡然一笑，他這種基層辦事人員，雖然不一定能準確洞察出中共各項政策的背景和底線，但他從實踐中很懂得落實中共政策該怎麼來對付這個老頭。

近來接觸到老百姓要求歸還被政府占去的房產店鋪的案子太多了，不管這些要求是否該同情，合理性有多大，在上方沒有明確指示時，最好的態度是採取不置可否應付了事。否則犯了錯誤還不知究竟怎麼錯的。

張所長回答道：「我一定會把你的材料轉上去，等到有了消息，我會立即告訴你的，所以你還是回去等著吧。」既不表態，也不得罪上訪者，「回去等著」四個字，成了落實政策年代裡，向上訪者最權威、最準確、最不擔風險、也最不負責的回答。

但是，快九旬的劉老伯還能等多久？然而，除了無可奈何而外，對這樣的回答他連反對的話都說不出來。

第二年春天，也是六四事件爆發的前幾個月，劉信按照約定時間第二次赴大陸探親。為了增加自己的身分和地位，此行他掛了回國觀光團副團長的頭銜，加蓋了臺北市政府的官印。劉信兄弟倆與劉啟建五姊妹，在劉學理主持下，專門召開了一個關於上海路住宅的小型家庭討論會。

劉老伯當場拍板，若在劉信交涉下房子歸

還後，便立即將舊宅進行改建，樓下做成鋪面和庫房，專供劉信主持的台商獨資的中藥材營業廳；而樓上修成幾層，分給兄弟七個每人一套居家的住房。

大哥劉中柱的積極性首先調動了起來，當時他的大女婿正任中共合川縣委管理財經的副書記，在家庭會議上，劉中柱表示他的兒女們一定會根據大伯的要求，在老家合川，全力以赴促成上海路房產儘快歸還。

出於政策和統戰的規定，北碚區政府辦公室的趙秘書，代表北碚區政府，在區辦公大樓的會議廳裡，接待了劉信和他的劉大伯。賓主坐定閒話不多，很快就進入了正題。有備而來的劉信，引證了一大堆國際上公認的法律條款，盛讚了中共關於平反冤假錯案，以及關於清退房產的政策。接著便談到了臺灣政府公務員的「辦事效率」。

在臺灣執行公務時，不但嚴格依據規定得十分詳盡的法律條款，而且還必需在規定的時間內執法，否則所有的公民都有權根據公務員法，對執法徇私舞弊或拖拉不辦的行為上告法院，使之受到處分。

在這種主題十分清楚的「接待」上講這些話，趙秘書就是再笨也聽得出來，這是劉信藉臺灣來責問和諷刺北碚區政府，在落實他伯父的房屋歸還上，使盡了拖拉和故意找碴的伎倆，使這個糾紛久拖不決。

當然臺灣講的是全民都要遵守的法律，而中共興的是中共一黨規定的政策，法律是不變並可監督執行的，而政策是可以任意解釋的，兩者在本質上截然不同。這位趙秘書心裡十分明白，只有在大陸才會有這種本應法律解決的問題卻由中共「政策」管著，甚至還用與歸還無關的問題來搪塞，一拖五年不解決。所以他聽到這種指責，依然面不改色，從容的給劉信和劉大伯的答覆依然是「回去耐心等」這五個字。

「接待」就這樣無結果的收了場，還不如

我們到陳區長的家裡作私訪來得積極。在歸途上，劉信很感嘆中共這種無法無天現狀，認為中國不健全法制，會拖著社會進步的後腿，在這種環境之下什麼事也辦不好。

可惜，開放的中國，還有一條主權不容外部干涉的閉門羹，這給統治中國大陸的中共一個不論怎麼胡來，都可以對外界的批評置若罔聞的保護傘，至於大陸上的老百姓因長期暴政馴服而痲木了，這種條件只會助長官僚作風！他感嘆地說：「中共的官既不懂法，也無所謂執法。」

劉老伯發往中央統戰部各衙門口的信件如石沉大海，等到一九八九年六月天安門事件發生以後，中國的政治空氣突然收緊。在穩定是壓倒一切的藉口下，劉學理等十幾名請求落實房屋歸還的聯名上告，被公安機關明令「下不為例」。從此以後，再也不敢為歸還自己的家而竄門、寫請願書，上了年紀的老頭們只好眼巴巴的伏在窗口前，伸長脖子耐心的等下去，一直等到被火化的那一天。

一九九〇年，重慶市政府建設局，奉命對上海路的平民住宅進行了全面的拆修改建，強令那一帶的居民搬離久住的家園。劉老伯聽到他那被霸佔去了四十年的家，將被政府拆除修成商品房和店鋪出售。便請兒子和媳婦孫子牽著他，帶上照相機，一同去了他那暮年魂牽夢縈的地方。

他的家已被一排高大的木柵隔斷，正在工人們拆毀的煙塵中倒塌。城建局的工作人員帶著紅色糾察的袖套在外面遊弋，不時的發出吆喝聲，不准任何人靠近它們。同一大群圍觀的市民們站在遠處，劉老伯的兩眼發直，他明白這一拆，原先屬於自己的證據就會全部被毀掉，今後再提起歸還他的家，就更難了。現在唯一能做的，便是叫孩子們將他家的遺貌，儘量地拍攝下來。……

良久，孩子們催他回去時，他還直癡癡的站在那裡，半天他才吐出一句話：「我要告，我要告你們，非法的霸佔我的家，我要告你們像強盜一樣，拆毀我的家……」

站在一旁的大兒子勸阻道：「沒有用的，這是共產黨的天下，小老百姓往哪告？法院還不是共產黨的法院？難道會站在你這邊來，反對同一個共產黨的房管局和市城建局嗎？」

他脹紅了臉，那種受羞辱，但又不屈服的表情重新浮上了他的臉，無奈的被孩子們牽著他往回走。突然背後響起轟的一聲，全家人回過頭去，見他們的「家」終於倒塌在一團泥灰夾雜的氣浪之中，彷彿在那裡向他們揚手告別……。

唯有小兒媳小蘭還不服氣，她拿了拍下的照片和一九四四年那張房地契，再度去天生房管所評理，見那經手辦理清退的張所長理直氣壯的責問：「房管局為什麼在城建局拆毀劉家的私宅時，竟連通知都不通知一下房主？」質問他知不知道「這幢房子還在打官司，這樣單方面的拆毀會發生什麼惡果麼？市政府給我們的答覆叫我們等，你們居然在房產歸屬都沒有結論的前提下，私自拆除這所民宅，你們可知這是一種犯法的行為嗎？」

可是那張所長絲毫不動聲色，只朝著氣勢洶洶的小蘭冷笑，雖然嘴上沒吐出一個字，心裡卻在暗暗的嘲笑道：「你這黃毛丫頭懂什麼共產黨的政策？朝我裝熊發狠沒有用，有本事的去找沒收你房子的共產黨鬧呀！」

小蘭見對方並不回答，以為自己占了理，便借勢向對方提出一個「補償的辦法」，說道：「你們既然奉命拆了房子，也知道這片房子中有劉家的一席之地，那麼修好新房後，也該按我家的房地面積如數補給我們，否則，我們會一直都要找你們的。」

這種請求一點都不苛刻，但是那房管所所長，心中暗暗的笑道：「只要共產黨的天下還在，你們家要求清退房產只能是一場夢。誰教你們的房子當年被中共占去，那已成了不可改變的死案了。」為了不得罪這個潑辣的女人，他淡淡地冷笑道：「只要政策有這個規定，我們肯定照辦。」

然而，天不絕人，小兒子劉啟才所在天然氣公司，效益特好，那幾年有條件為職工建起了三幢生活大樓。無房可住的劉啟才分得了三室一廳，他的父親也隨著他搬離開了那個又潮又黑的天生橋危房，搬進了新分的房子中。

在新居房中，劉老伯開始慢慢的形成了有規律的作息，每天他把門外送來的鮮牛奶煮好，喝下以後，就到樓下的街心草坪散步去了。

然而每當夕陽西下的時候，他都習慣的站在陽臺上朝東邊上海路的方向佇立良久，他還在牽掛著他的故居。

兩年後，上海路的新建的大樓群已經竣工了，其中就有他舊居的那一塊地方，他不願去看他的舊居，因為這會觸發他四十年前攜兒帶女在軍管會的押解下，離開自己的家去到天生橋那段傷心的往事。

這四十年來，他像乞丐一樣的日子已深深留在他記憶裡了……

一九九一年夏天的一個早上，小蘭像往常那樣，早上七點鐘起來，打開門將送來的牛奶拿進了廚房，卻沒有聽到老人屋裡的響動聲，也沒有聽到老人輕輕移向廚房的腳步聲和打開天然氣灶煮牛奶的聲音。

直到上午八點多鐘，她從街上買菜回來，廚房灶頭上今天清晨端進來的奶，還放在那裡，而劉老伯的房間還緊緊的關閉著，她放下菜籃子心中疑惑地去推老人的房門，門卻關得很緊，裡面沒有人應。她還懷疑老人是不是到樓下的街心草坪散步去了，所以把頭探出陽臺，四下張望卻不見人影。她重新去推老人住的房門，確實怎麼也打不開，帶著疑惑只好去忙碌中午飯了。

直到劉啟才下班歸來，小蘭問他看到爹了嗎？劉啟才不解的問：「發生什麼事了嗎？」小蘭指了指灶頭上放著的瓶裝牛奶和老人的房門說：「一上午都沒見爹，他那房門關得太緊好像上了門閂，無論怎麼喊裡面沒有人應。」

劉啟才聞言連忙去敲那房門，裡面沒有人應，推那房門重重的好像被什麼東西抵著，使足氣力猛力一推，只聽見撲通一聲門閂斷處，劉大伯倒在那門裡面，兩眼卻直直的瞪著煞是嚇人。劉啟才連忙把自己的父親抱住，已是滿身冰涼，才知道自己的父親已經死去了好幾個小時了。

從他倒下的地方和姿勢判斷，老人跪在門裡面，面朝門溘然長逝的……

大家傷心的辦理老人後事時，紛紛議論，上海路被人搶佔的住宅沒有收回來，對老人精神上的打擊太大了，那份被強盜搶去家園的羞恥心，一直耿耿於懷，加速了他的亡故。君不見對這件事直到臨終時，老人跪朝著蒼天，還在傾訴他的憤怒和傷心，而上海路的家至今都沒有歸還給他……

第七章：暴政扭曲下人性的畸變

出於立黨為私的目的，中共一九七八年召開的十一屆三中全會，在鄧小平把持下，將獨裁這根套在中華民族脖子上的絞繩，原封不動的繼承下來，他說批判毛「將會犯歷史性大錯」，現在「改革開放」施行三十年的事實證明：貪官污吏，貧富懸殊，畸形的社會反而明目張膽的為毛澤東招魂。

毛的幽靈正在召喚與他相似的野心家捲土重來，重新控制這片土地，演出第二次井崗山、第二次清匪反霸、第二次「反右」、第二次文革，因為毛的暴政惡果被鄧包庇著，原封不動沒受任何清算，這是多麼危險。

毛澤東為獨裁目的，是他對中國人人性的扭曲。

記得，剛進重大，正逢基層人民代表的換屆選舉，我們系高年級一位女生在競選系人民代表時，曾發表競選演說，宣佈與地主父親斷絕父女關係，並在一份聲明上簽字。

為個人前途公開斷親情的做法，曾成為許多同學竟相學習的榜樣，特別在一場觸及「靈魂」的反右以後，校園裡爆發了一場向黨交心的熱潮……

「革命嘛」，要有鮮明的階級立場，誰又甘願站在挨打一邊呢？

第一節：右派

毛澤東把大陸的人分為「紅五類」，「黑五類」，倘若你被劃成了黑五類，便永遠矮人一頭，充當奴隸。若再要反抗，必入另冊，押進監獄。他的「階級鬥爭，一抓就靈」就是指這種整人的章法，死死卡著每個人的脖子，令人只好被他牽著鼻子跟他走。

對人的「劃分」，並不是什麼新鮮玩藝，而是從中國封建王朝中異民族的統治者那裡學來的，元朝就把人按民族劃分為四等人，最低的叫南人，是毫無人身權的奴隸，毛共最惡毒的，是把被踐踏者反誣為剝削者，不惜一切扭曲他們。

當年「右派」，本身是毛澤東為建立獨裁統治而抓出來的犧牲品，在五類中排名第五，他們中多數並沒有認識自己已被劃成「南人」，其中的學生更是一張白紙。在毛澤東時代，如不對中共下有毒藥的宣傳進行抵制，不但受愚弄，而且會在長期被壓迫環境中，變得自私、虛假。

所以並不因為右派是一個被殘害的無辜群體，而把他們不加區分加以肯定，把他們誤作社會的精英，其實他們是一群非常普通的人，只不過在經歷了一場人為的劫難後，重新認識了中共，也重新認識了自己。

隨著右派維權鬥爭的開展，右派們的許多未曾公開的行為也日益暴露，當我讀到宋永毅先生〈中國知識精英的醜陋和恥辱〉後，知道這「右派」被社會誤解，它絕不是什麼先知的精英，事實上他們中出現叛徒，幹出不齒於人的勾當並不值得宋先生髮指。

看待右派必需從兩方面：一方面它遭受殘害是一個值得同情的群體；另方面又是一群魚龍混雜，對他們必需分別評價。

逆「反右」而抗的人，以行動證明不愧是中華民族的優秀兒女，他們在毛澤東倒行逆施中醒悟，在反抗中無畏的犧牲了，他們的名字應當刻在紀念碑上，讓後代永遠記住他們，永遠做學習的楷模。

我的父母原來都是教書匠，自從我的父親被捕後，原先自持從未參加任何黨派，有一大批「進步」同學撐腰的母親，不得不折腰做人。思想匯報，成了必尊制度。每當在政治學習會上，主持人朗讀報紙，讀到「階級敵人決不甘心失去他們的天堂，定要蠢蠢欲動」時，向她掃過一眼，都會使她低下頭來，像芒刺在背，令她痛苦不堪。那年月能向誰說清？在家中也無法向老母說清，更無法向兩個年幼的孩子們表露，唯有在半夜裡躲在被窩裡偷偷的哭泣。

為了解除這種壓迫，也為了自己的老母親和兩孩子的生承，她不得不向「組織」上表示：劃清與反革命丈夫的界線，她要求離婚。人性終於屈從中共的政治壓力，使她的人格變形了。同時也強烈影響著我幼弱的心靈，為了擺脫父親的壓力，我選擇了那位競選時對父親「一刀兩斷」女同學相似的做法。可是，沒有超過屈服極限的壓力一旦減少，發生的彈性變形就要「恢復」。父親入獄後他的音容笑貌，每時浮現在我的夢境中。

母親的記憶裡查覺不出父親的猙獰可憎，「反革命」帽子戴在這麼一個勤勤懇懇從事教育耕耘者的頭上，怎麼也不近情，同時中共不是向他有過「交代清楚」，許以「安排工作」的承諾嗎？怎麼會自食其言，突然又把他抓進了監獄？

後來，當大鳴大放出現時，壓力好像在瞬間減輕了，畸變的人性立即恢復，可是她剛向「組織」上提出「政策」執行有無偏差時，便成了我家第一個「陽謀」的犧牲品；而剛剛長大的我，便成了我們家「陽謀」的第二個犧牲品。

扭曲人性是一個極端痛苦的事，在鬥爭會上，猝不及防的我，稚嫩的神經承受不了這種壓力，精神失去了常態。今天回想當年為什麼那麼多人發瘋，投河或上吊？毛澤東罪不容赦!!

慶幸的是我還沒有丟失人性，變成連我自己都無法辨認的倀鬼，也沒有因此而自殺，消失。而是繼續扭曲著自己，大聲為自己的冤枉辯解。

投入監獄後，原先復學的幻想徹底破滅，飢寒交迫和奴隸般的生活，使我從幻覺中驚醒。當我看清了屈服我的魔鬼怎樣使我的國家，使無辜的老百姓在飢餓和苦難中掙扎，我猛然醒來，不再屈服於壓力，漸漸的我變成了另一個樣子，我把生死置之度外，變成了一粒反對獨裁的響噹噹銅豌豆。直起身來，同一切反抗暴政的人們一道，向這魔鬼拼死一搏。

毛澤東扭曲人性，除奉行政治掛帥，頻繁進行「改造世界觀」的洗腦運動，同時肆無忌憚的製造冤案。追溯歷史，從延安整風已有大規模整人的經驗，冤死的人何止王實昧一人？依靠史達林取得全國政權後，毛澤東靠整人登上獨裁寶座，成了令人人恐懼的共產皇帝。

在整整二十年的勞改歲月裡，獄吏們執著皮鞭抽打我們。奴役我們似乎是統治者本性，尚可理解。最奇怪的是與我們遭遇相同的人中，也會出現一群靠攏政府的「狗」，有時他們比管教更厲害，仗著熟悉奴隸生活的內情，掌握著管教們也沒法掌握的秘密，對我們有很大殺傷力。

在我的《血紀》中描寫胡俚、周學祝、馬文華、劉知遠等人占了很大篇幅，雖然他們幹的骯髒事，無法用人的正常行為解釋，不能簡單用「狗」的稱謂洩恨。他們的行為歸結原因，都是被暴政扭曲的結果，暴政徹底毀滅了他們的人性，使他們變成了不齒人類的臭狗屎。

右派中即使共過患難的人，也照樣有騙

子，你不信，那就聽我講一個故事給你聽——一九九二年九月的一天，一位長住我廠的江淮汽車廠從事售後服務的李師傅，手裡拿著一張名片走進了我的辦公室，他告訴我：「上周去九宮廟的八橋客車廠進行售後服務時，該廠總經理問到了你，我告訴他你的情況後，他便拿出他的名片，拜託我回北碚來交給你，還囑我最近請你去他們廠一訪。」

我細看那名片上寫的是毛貫益總經理。

自從一九五九年南桐叢林一別至今已三十三年，也不知他在何方，現在突然出現在不遠處與我幹同一行道。帶著好奇心，我在一個星期天去到他的工廠，幾次交談後，我才知道袁如從美國回國，答應投資五萬美元，支持他在大渡口區辦了一個旅行車改裝廠。後來她與毛交往中，察覺此人能力低微，大陸也決非投資場所，最終合作中斷。

第二次拜訪他時，他就向我伸手借錢，我是一個靠工資糊口，兩袖清風的窮光蛋，雖近年工廠有較大盈利，但我從一無所有，白手起家。我的孩子正讀高中，正處在花錢之際，就只有母親在落實政策時，中共扣了她二十年工資，退還給她兩萬元，這筆錢被我存下來，以作她養老之用。

他聽到後，一再要求將這筆錢暫借給他，幫他度過難關，答應有錢後立即歸還，花言巧語說了一大堆好話，毫無心計的我推託不下，借錢時說好這筆錢是母親的，歸還我時折成美元。從此，他當著一齊劃右的同學稱讚說：「在所有同學中只有孔令平才真心幫助我，拿出他僅有的積蓄不吝相助。」我聽後只感到肉麻。一九九六年他還要我陪他去李倫家借錢，幸好被李倫識破拒絕。

後來我才知道受發財夢支配的他，經營兩年來，不僅賠光了當年袁最初的投入，外加大渡口國債服務部貸款六十萬及市鄉鎮企業局五十五萬元，並到處向過去的難友們伸手，用支持他辦企業的名義大施騙貸。

等我識破他向我伸出骯髒的行騙之手，已經晚了，就這樣，我對他同難之情換回一場騙局，將我母親帶有血淚的兩萬元養老金騙去。

與此同時他大肆在受難者中舉貸，受他之騙的例如難友之女彭萱十五萬元，陳先菊九十老母二萬元，難友蔣伯林（律師）幫他免費法律服務還倒借別人一萬元，直到現在也沒還。

一九九五年我接到夏光然電話，說他生活無著，要我為他尋找一個打工場地，能夜宿吃飯就滿足了。為老夏淪落市井深感不安，想到在老毛廠裡安排一個看門值班的工作他不會拒絕。於是打電話求他出於同是天下淪落人給以相助。

想不到口頭稱我恩人的「毛總」在電話上冷冷回答我：「我這裡不是社會慈善機關，安置任何人都要經大家同意，何況工廠如此困難，你怎不顧我的難處。」

看他產品落後，設備簡陋，資金奇缺，管理混亂，知道他斷無能力繼續發展下去，從一九九六年開始，我竭力勸他解散工廠。同時我也好從這家沒有希望的公司抽出我借給他的錢，為孩子升學作準備。

為了幫助他擺脫自己陷進去的泥坑，我動員本廠的銷售人員幫忙賣掉他積壓多年的老車，聯繫四川省汽車運輸公司接受他們的九龍牌新型車，把他當成一個同難來幫，殊不知他八方借錢，全國旅行到處行騙。

二〇〇三年我因頭部跌成腦出血，需動大手術，要他還我的錢做手術時，他竟矢口否認他私人借了我的錢，此時我才看到他出具的借條竟是以八橋公司名義開的，而八橋公司早在他被關押前一年就關門了。

二〇〇七年在我的孩子追問下，他仍以八橋公司的名義信誓旦旦說他決不欠來生債，二〇〇八年我獲悉他的私宅十分富麗，大家支持我申告法院解決。區區兩萬元就蒙昧了良知，玩盡心機，令我都羞於啟齒。沒想到母親晚年被毛貫益狠狠咬了一口！毛貫益欠我母親的兩萬元就被他賴過去了！

「金錢至上」和「精神至上」本來都是反人性的兩個極端，它產生於專制主義的總根源中，這肯定是立志行乞以「教育救窮人，教育強民族」為己任的武訓，所萬萬沒有想到的結果。

當年一批年僅二十歲左右的年輕學生，為「階級鬥爭」需要，淪為政治上的犧牲品，這些受害者中由於本質決定，泛起一些渣滓有什麼奇怪？

所以對「右派」的成份，有必要作進一步的描述，這對即將到來對「反右」徹底平反有重要的意義：

（一）整個「右派」純屬毛為建立中共專制獨裁，對受害人的誣衊，「反右」是一次對民主的無恥背叛，他所定下的「六條標準」對中華民族帶來政治、經濟的破壞必需徹底清算。這已是大家的共識。

（二）照理說「右派」指共產黨內的劃分，矛頭本應指向共產黨內，但為了把打擊面擴大，毛澤東把出身定為「右派」的重要標準，產生了「五類」這個「奴隸」階層，從此中國老百姓人人禁言，媒體禁聲。

（三）當年的「右派」基本上分成了兩大類型，一類「共產黨原型」，包括了共產黨共青團內，和民主黨派的下層和文化教育界知識份子，他們有一定政治主張；與中共具有先天聯繫；另一類便是按家庭出身為主要標準的「社會另類」，他們在面臨「討伐右派的猖狂進攻」中，幾乎沒有反對共產黨的意識，是一群純粹無辜的無知者，他們人數最多，這些「初生牛犢」在認識毛澤東的詭計後產生的冤恨很樸素。

（四）緊接著反右，毛澤東提出的社會主義總路線，完全是一場違反經濟規律違背民意的好大喜功瞎折騰，對這場災難，首先起來反對的，恰恰是「初生牛犢」們，他們的許多人對中共沒有任何顧忌，反抗最堅決。他們中出現了為追求真實，向暴虐的中共進行堅決的反抗，這就是林昭、陳力，張錫錕等人能以身同專制制度搏擊的原因，這才是中華民族偉大的精神，它才值得歌頌，這些英烈應同譚嗣同，秋瑾一起記載在中華民族的青史中。

（五）由於無知，他們中出現的敗類並不足奇。至於右派中出現的「告密」、「出賣」、「損人利己」等等現象，只能歸罪於毛澤東對社會道德的破壞，對人性瘋狂的扭曲，使傳統「禮義廉恥」失去了約束。

五七右派是暴政扭曲的知識群體，四百多萬知識份子長期處在屈辱中，是中華民族的羞恥，它在中國大陸留下了：「誰反對獨裁就遭厄運」。這才是使中國長期不能崛起的原因。

第二節：幾個常見社會現象

毛澤東建立了「檔案」制度，個人檔案必須嚴查三代，上至父母，祖父母，曾祖父母，都要按階級成份嚴格登記。成份在檔案中跟隨一個人一生，本人的工作安排，職務升降都要以此為依據。它像緊箍繩，捆得人不敢動彈。

（一）「假」象猖行

在中共統治下，因人為的劃界，並以「階級鬥爭」所毒化，人與人間的行為，再無傳統的道德所約束。

許諾給全中國民眾的「共產主義」天堂，原來比哄騙都不如，飢寒交迫的民眾誰都不敢說真話，因為有武裝的員警監視。我在古柏記載的辛志華那段「吃飽了」的故事，在毛時代可說遍地都是，還不准人說出來，否則李管教的繩捆索綁有幾個受得住？

從此人們對中共赤裸裸的欺騙只好銘記胸中。改革年代這種造假公開氾濫，社會主義既是假的，說假話，做假事成為上上下下的通則，毛澤東以身作則，叫做：說不來假話便成不了大事，李宗吾找到了毛澤東這絕配的搭當，可以說說假話辦假事便成了這時代「官」「民」的通則。

報紙上媒體上誠然是假的，戲當然全假，工農業計畫，國家的指標沒可信的，文教衛生全是假的，有段時間媒體揭了假文憑，人們聲色俱厲的譴責考試中雇槍手代勞作弊，抓了幾個賣考卷的考官，其中大言不慚為之辯解的人會公開指證說：「你沒看到連官都可以買到，何必對我手裡幾張考卷看得那麼真？」

由假衍生出來的是「騙」，發達國家為保障正常生產活動，講品質管制，但遇到了中國假貨害市，監督部門一經發現，只好公開退貨或焚燒，用的日用品還不危及人體，若是吃的可就小心：「千萬不能吃中國生產的食品。」

假酒假煙只害嗜好者，倘若是米、麵、油和餵養嬰兒的奶粉中，參雜有害嬰兒的化學物質，可與謀殺同罪的，權貴們當然會在無毒無公害的供應站買，唯有可憐的中國平民百姓只有靠提高自身的免毒能力了。

其實每個人只要勇於說真話，直揭事物的假象，撕下這欺世騙民的偽裝，就會清算毛澤東的罪惡。

在同一地球上遠隔大洋，出現令人羨慕的美國。在南北戰爭中取得勝利的聯軍司令華盛頓，站在時代的最高點，在美國剷除奴隸制後，立即還政於民，經過兩百多年，美國人建起了繁榮昌盛的美利堅合眾國，華盛頓成為世界上最偉大的政治家，受到全世界人民的敬仰。

而在中國，一群從山裡出來的「綠林人士」在北方熊的支持下，利用日寇侵華，在淪陷區八年擴地為王，奪得全國政權。從此共產主義加獨裁統治，使中國陷入另一絕境。

暴力是同欺騙同時橫行的社會惡象，人們交往不懂禮義，中華民族傳統美德早被「階級鬥爭」踐踏無遺，連中學生講不清「禮、義、廉、恥」，忠孝節義既已「批倒批臭」，代之以罵娘對話，拳頭裁斷是非，這便是毛澤東遺留在我們幾代人身上，難以洗淨的污漬。

毛澤東說政治是靈魂，是指導一切的核心，把人性放在絞架上受刑，把人人平等，把禮義廉恥統統列為封資修，他說共產黨員是無產階級的先鋒份子，是一批由特殊材料鑄成的。經他這種神化，中共黨員變成了沒有人性，無需制約的統治者。

改革年代，鄧小平只管能刺激生產的「貓」，中共對社會道德從來只有踐踏，人們不顧一切的追逐金錢，有權的利用手中那點權，不顧一切，見錢眼開，有錢能使鬼推磨成了辦事的手段，在這種冷酷的社會裡「見義勇為」成了傻瓜信條，所以才會有路見行兇打劫的事，再不會出現拔刀相助的義士。

中華民族遭到這番浩劫，真正變成了一盤散沙，倘若再有一次兇狠的武士道武裝起來的強寇侵入，恐怕蔣中正復生，也難以「地無分南北，人不分男女老少，人人皆有抗戰守土的天職」相號召，組織起民眾，再寫一篇轟轟烈烈的抗日救國詩篇了！

文藝為政治服務的原則，是毛早年延安整風就提出來了，隨著中共「武力」統一全國至今，已整整統治中國六十年，好端端的家被破壞無遺。父不父，子不子，社會亂成一團，幾十年毛氏獨斷專行，不顧老百姓死活，不但弄得百姓啼飢號寒，餓殍遍野，豐富多彩的文化藝術園裡，好像來了惡鬼，百花凋謝了。

中國人為搬動這塊巨石，也不知付出了多少犧牲。

隨便打開最近的報紙，擇其中幾段摘抄於後，值得說的，這只是冰山一角：

河南駐馬店平與縣一個名叫黃勇的人，當兵出身，使用一種被稱為神奇木馬的「遊戲」，從二〇〇一年經三年時間共殘殺青年中學生十七人，直到二〇〇三年才被一個未殺死的青年檢舉告破；另一殺人魔楊枝芽，報載說他從二〇〇一年在安徽、河南、山東、河北共作案二十六起，殺六十七人，重傷十人，強姦二十三人，他採用滅門屠殺，殺死全家後又殺另一家，多少無辜百姓就白白死在他屠刀下，直到三年後才告破；一個拾荒者陳能殺死的十人，全是與他一樣的拾荒者，遇害者的屍體全被肢解。這些殺人者沒有同謀，沒有高智商的作案手段，沒有武林的真功夫，就這樣殺人如無人之境，國家法律和公安機關形同虛設，一百多條生命就輕輕鬆鬆死在這麼三個低級劊子手手中，令人聞之聳然。

與以上案同時見報的還有四川南川縣的符文生案；四川萬洲的楊天勇案；公安部通緝的李天佑案；河北石家莊爆炸案……

二〇〇四年五月兩個殺手馬勇、段智勇在廣東某職業招待所以招聘為名，將十二名單身求職的女青年殺死；二〇〇三年十二月二十八日，鞍山一計程車司機用繩子勒死一回家的女服務生；河南省汝州市，殺人兇手嚴明一次殺人九名；二〇〇四年二月二十三日昆明大學馬加爵殺死四名學生；二〇〇四年十一月十一日馬漢慶，在武漢和烏魯木齊所幹的四起搶劫案，造成五死六傷；二〇〇五年瀋陽王強，自二〇〇〇年五年作案三十四起，殘殺四十五人，強姦十人，被捕時公然說：「若不是抓住我，還要繼續幹」；二〇〇五年河南沈長銀、沈長平先後脅迫四個坐檯女一起作案，先後殺死十一名坐檯女，肢解並食用屍體的器官……

以上血跡斑斑的案例，是近年來零星摘下報上登出的消息，殘缺不全，值得一提的是這些惡性作案罪犯全是四十歲以下，其中多數是部隊轉業兵，有相當避偵能力，不由令人想到解放軍成了罪犯學校，社會被恐怖籠罩著。使人想到一黨專制的共產黨，已成為孳生暴力犯罪的土壤!!

除了以上報紙來的，平時社會上還經常傳來各種恐怖殺人事件，就以我居住的小城，去年西師校園教工宿舍傳出入室搶劫殺人不久，又傳遼寧路某小區的入室搶劫殺人案；下水道經常發現被害屍體；去外縣的長途公交車上經常傳出有人持刀搶劫的凶訊；至於孩子們上學路上發生的殺傷、鬥毆案；校園裡的吸毒販毒更是不計其數，社會治安如此壞，完全歸罪於執政黨本身的腐敗，前文已列數中共黨內的腐敗，無官不貪的帽子戴在今日中共頭上真是恰如其份。

這麼腐敗的執政黨，怎麼不使人民怨聲載道，怎麼敢實行民主選舉？這樣的政府，除了強化員警外是沒有任何辦法來維持的，當然，不順應民心的中共不得不被推著前進，只不過執政者不得不提心吊膽！

冤獄是中共執政最大的惡政，本文通篇都在控訴冤獄，這不僅是我的個人不幸，而且是全社會的災難，其根產生於一黨專政的中國共產黨。

毛澤東要當皇帝，在中國的歷史上製造全國大冤獄，目的是排除異己，掃清稱朕的障礙。他所親手建起來的專政機器，上至最高司法機關，下到地方法院檢察機關無一不行霸道，缺監督，只要有上級的保護傘，瞞天過海，毫無顧忌。立案辦案明知不對，能騙的絕對要騙。如此枉法，怎不冤獄遍國中？

大陸經中共統治六十年，欺騙和假話扼殺了純樸的民風，以誠信為本的市場經濟，受到毀滅性的破壞，中共自己就是欺騙老百姓的禍首，假貨充斥了市場，衣食住行所有國計民生裡，以騙為綱，含毒的食品豈止菸酒，毒米，毒肉，毒菜使老百姓缺了健康的保證，連救死扶傷的醫院也頻傳致人於死的藥物器械。

人走在大路上，會擔心腳下馬路塌陷，天上會突然降下致命的墜物，經濟越發展，人的安全感卻在降低，大家想過沒有，這怪現象的原因何在？

不過，說也奇怪，被中共誣害為邪教的法輪功，竟以「真、善、忍」喚醒了中國人的人性，並將中國優秀的傳統文化發揚得淋漓盡致，最近「神韻」在世界各地演出，贏得轟動效應，不但場場爆滿，賺盡世界各國觀眾的感激之淚，真正為中華民族藝術爭光添彩。

一個備受中共踐踏殘害的團體，一些被中共棄如敝屣的中華子民，為什麼在自由的國度裡，能發出這般異彩？這不是很值得大家深思嗎？

(二) 紅衛兵遺毒

人性復甦一個重要表現是一九五九年盧山會議的召開，一品大吏彭德懷敢於犯顏皇上，顯示毛皇上的獨裁受到中共上層的反對，中共發生了裂變。

文化大革命是什麼？文化大革命是毛澤東獨裁受到中共上層孤立以後的瘋狂報復，他想用年輕不懂事的孩子們為他火中取栗，重新坐回已經坐不穩的帝位，當年幼稚的孩子們被他那套政治掛帥的毒液痲醉，人性再次遭扭曲。

我在獄中看《八．一八》毛澤東接見紅衛兵的新聞紀錄片，很為那組成「紅色海洋」的紅衛兵感到難過，他們不知道外部世界已進步到電子時代，人民享受自由民主，享受現代科學文化的成果，享有自己選舉國家領導人的權力，享有人權作為人最高權力的保障。

這些被中共欺騙，不能正視自己奴隸地位的人，不但不起來改變自己的處境，反而捧著一張毛澤東開出的路條：「沿途吃飯住宿不要錢，坐車招手上」，威風凜凜的打著紅旗到北京朝聖去了，若問他們，「你們上北京去，向偉大領袖要什麼？」他們一定說：「去看望我們心中最紅最紅的太陽。」

人性被毛澤東的暴政扭曲，在毛澤東主義邪教教唆下，紅衛兵幹下打砸搶抄抓，還要把槍對準生養自己的父母，對準與自己無怨無仇的「五類份子」，這些五類已衣衫襤褸，形同乞丐，而毛澤東說他們是資本主義的殘渣餘逆，是隨時要爬起來騎在人民頭上最危險的「敵人」。

紅衛兵被毛氏邪教控制，幹出對無辜者斷手臂，割舌頭，挖眼睛的暴行直到若干年後進行懺悔，但那有什麼用啊？根據最近的揭秘，毛皇上在他臨終前幾年眼睛已瞎，中國就在一個瞎老頭獨裁把持下，怎不出現暗無天日的黑暗時段？這是一段中國人值得好好反思的歷史。

我的弟弟被造反派無端殺害，就因為他是「黑崽子」，兇手知不知道，他們殘害的是一個無知的孩子，他們殺了他，曾使他的母親，一個善良的教育工作者，一個被無端劃為右派的人痛不欲生，並產生自殺這種悲劇後果嗎？兇手做人起碼的良知和人性那裡去了啊？

一九七九年中共十一屆三中全會面對毛澤東扔下經濟崩潰，人民啼飢號寒的爛攤子，本當痛定思痛徹底拋棄獨裁政治，開創一個民主新紀元。可惜，一九八一年中共十一屆六中全會以功過三七開對這位亂世梟雄「蓋棺論定」。他的腐屍裝在水晶棺裡，原封不動保存「四項基本原則」，保留「一黨專制」的政體，掩蓋毛對人性扭曲的滔天大罪。

在鄧小平看來，毛澤東的全部「錯誤」，在於放棄了經濟建設。如果埋頭經濟和物質的生產，對以往罪惡處以「無為之治」，而對專制獨裁給中華民族所犯下的罪惡則以「向前看」，一筆抹掉。

至於那個社會積累的民怨沸騰，冤獄遍中國，則以「路線」的左傾而不究既往。對它形成的傷害，不予認真清算，對整個中華文化的慘重被壞閉口不言，對道德淪喪，似乎只要用輕描淡寫的「五講四美」的空口號，就可以解決了！於是文革後期的餘毒依然流毒於社會，並在新的條件下更加惡化。

（三）冤獄繼續氾濫

在中共獨裁統治下，大陸上正氣無法抬頭，毛澤東時代，冤獄猖狂氾濫的重要表現是文字獄，然而文字獄之根，是從獨裁政體的土壤裡生長出來的。鄧小平保留獨裁，也埋下冤獄的毒根。

改革開放之初，社會混亂和冤獄可以推給「四人幫」，那麼毛都死了幾十年，深感文革大亂的鄧小平怎麼治亂？又治了些什麼呢？

實在瞞不過了，才在媒體上曝了出來。下面又舉幾個報載，並以冤獄為例，略窺一般：

二〇〇五年四月全國公開披露，湖北一普通農民佘祥林，十幾年前因殺妻被公安機關定為殺人犯，公檢法機關不顧當事人一再申冤，刑訊逼供下，屈打成招，處以死刑緩刑兩年已成鐵案。那知十餘年後其妻活著回鄉，冤案始告大白。

同一時期披露，湖南麻城當地屠夫滕興善，起因一九八七年錦江河邊發現六塊女姓碎屍，被當地公安機關認定為留居當地的貴州女青年石小榮，並將滕於次年執行槍決。五年以後，石小榮返回貴州，才供認被槍殺的人根本就不認識她。

同期，另一個因強姦殺人被判死刑的聶樹斌，被殺十年後，真的殺人犯王樹全歸案才使聶樹斌平反。

二〇〇二年七月十二日，唐山市南堡開發區住戶郭其夫婦，在家中被殺成重傷，唐山冀東監獄二支隊政治部主任李明久，在刑訊逼供下招供此案係他所為，直到二〇〇四年十一月二十六日真兇現身，李才得以出獄。

冤獄不斷乃中共一大弊政，民間的上訪，就是申冤。中共不得不驚呼：「人死而不能復生，判處死刑應慎重……」並收緊死刑的複審制度。對可用事實認定的刑事案，用複審加以制約，卻不能排除整個中共黨風壞死、制度不全的作用造成冤獄叢生。毛澤東發明「思想罪」，所謂「顛覆政權」「破壞穩定」則是陷人民於恐怖，扼殺民主意識，助長冤獄的罪魁。

現在揭示的歷史證明，早在中共建立「革命根據地」紅色政權已欠下了縷縷血債，直到今天建國六十年冤獄伴隨一黨專制長期存在，令人觸目心驚的殺人案頻頻發生，冤案不斷，足以說明暴政猖狂地扭曲人性，蒙昧社會良知到了無以復加的程度。

良心黑透的打砸搶罪犯，依靠共產黨內仍佔據領導地位的後臺，和自身變色龍那套拍馬屁逢迎的能事，搖身一變成了大貪污，大倒爺，大投機商的「師爺」。這些人像癌細胞一樣，潛藏在社會的肌體中。一旦條件和機會形成，必會惡性發作。

那時新的陰謀家，重新繼承毛澤東的「遺志」，奪取最高權力，再演一次文革之類的大浩劫是完全可能的。即使建設得無論多好，「國力」恢復到什麼程度，都將毀於一場新的內亂。經歷過去的災難的人們，不能不對此深懷憂慮。

中國封建的帝王，可以偽稱「君權神授」的愚民意識，規定出「王者沐浴五步者死」、「王者入葬從陪三千」。在這種特權者吃人的社會裡，中國黎民蒼生對專制主義的容忍，遠遠超過了對異族入侵的容忍。

毛澤東死後，被誣陷的成百萬右派，只將他們頭上強扣的帽子一風吹，這種平反顯示中共是一個沒有章法的組織，誰在臺上，誰說了算。

被毛澤東扭曲的鄧小平，因人格的缺陷，使他根本不可能按「實踐是檢驗真理唯一標準」抹掉中共歷史上這可恥的一頁。

到今天為止，中共既沒有勇氣承擔該負的歷史責任，更不可能為受害者徹底洗雪冤情。所以他們只好禁談過去，把這一頁可恥的過去遮掩過去。

跨入二十一世紀，中共日漸腐敗，社會財富集中在竊取權力者之手，舊恨未平又添新冤，人民的上訪與日俱增，社會矛盾更趨尖銳，為了保護少數統治者的利益，找了一個「維持穩定」的理由，建立了龐大的員警隊伍，一遇假節日或讓他們感到內愧的紀念日，尤其對群眾遊行，必大批出動武警，生怕走上街頭的人民起來反抗他們。

這樣一夥代表少數人利益的政治團夥，哪有資格代表人民執政？

第三節：人性的復甦

我的父親是一個普通的教育工作者，在他任職期間，只是從教育者的良知出發，從國家在抗戰勝利後需要安定，需要建設出發，做了一點於國於民有益的事，卻被中共認定是反革命，以破壞學潮治罪，才四十多歲便庾死中共獄中。屈死他一人還沒消中共之恨，將他全家幾乎趕盡殺絕，家破人亡。

然而，被暴力扭曲的人性卻在復甦，一九八五年，一直不敢講真話的母親終於向法院遞交了替父親申冤的訴狀，雖然她知道，父親已離開人世整整二十六年了，她的申訴是一份對知識份子迫害的抗議書。但是，重慶法院仍維持著當年軍事法庭的判決，重複著加給他的「罪名」。

老百姓追求人性復甦，是中國大陸廿世紀九十年代的民意主流。在這一期間，一位臺灣的女作家瓊瑤所寫的《還珠格格》傳入了大陸。

這個故事選擇皇宮為背景，皇宮是中國專制主義的大本營。《還珠格格》劇描寫了一個千里尋父的女孩把「人性」帶到這裡，描述一群追求自由的男女，怎麼在重重包圍中戰勝專制主義這頭怪獸，歌頌了自我犧牲、個性解放、追求自由這個主題。

《還珠格格》熱的出現，體現了中國民眾對喪失多年人性回歸的盼望，當「階級鬥爭」把中國大陸弄得兄弟、父母可以反目成仇，把人性踐踏成荒漠一片時，只有回歸的人性才滋潤中國人心，喚起人們對生活和愛的渴求和希望。

幾年來《還珠格格》劇不但家喻戶曉，老百姓交口讚譽，它賺盡了中國百姓的熱淚，它反映了中國大陸人心所向。

人們會發生一個疑問，為什麼大陸十幾億人口，竟沒有產生一個像瓊瑤的作家？大陸的中國作家真的沒有那種反映人民心聲的熱情嗎？

只要看看中國的影壇，看看世界上最大的中國電視螢屏，那上面老歌反覆，電視劇不是古人登臺就是戰火塗炭，加上時髦口號，和俗不可耐的對話。

專制特權封住了作家的喉嚨，中國有那麼多近代的歷史事件：從戊戌維新，康梁變法；孫中山領導辛亥革命；抗日血戰；臺灣民主政體的建成這些大幕的題材，夠好多歷史家、文學家撰寫，夠好多藝術家表演，夠好多中國的觀眾從中受到教育啟發。

中共血腥統治六十年，民主同獨裁搏鬥的可歌可泣故事，千千萬萬。如果說中國需要民主主義啟蒙的素材，那麼這些都是最豐富的素材。然而它們卻被中國的獨裁勢力緊鎖著，埋於地下，使它們無法傳播，從這個意義上講，中共的獨裁勢力是中國進步的巨大障礙。

一九五七年的受難者地獄二十三年，受盡折磨，大半都折磨死去，埋骨於流放荒野。今天逼得他們在風燭殘年，守在中共的衙門口討要二十三年工資。在中共眼裡「右派」是一個沒有任何的反抗能力。掀不起任何風浪的人群。

但是一九五七年的「反右」是大陸歷史上的大事，當年驕橫跋扈的毛賊撕下他的偽裝。三面紅旗的慘敗，毛賊東不僅完全喪失人心，在大陸失去統率一切的地位，鄧小平能篡其位，重打鑼鼓再開張，證明中共已無可挽回走下坡路了。

充軍邊荒的人中產生陳力，張錫錕，劉順森這樣的中華精英，在黑暗中舉起了「火炬」，引領人們反抗暴力冒死無懼。這些人用生命證明在暴政下，中華民族反抗壓迫的精神永存。他們的人性在反抗暴力中閃耀，他們的精神是右派的驕傲，傳揚他們就是繼承中華民族的光榮傳統。

《血紀》告訴人們，反抗暴政才能保持自己的人性。今天大陸上在中共壓迫下的民眾，普遍呼出人性復甦的聲音，表達他們對毛澤東暴力的普遍揚棄，古人教誨，民可載舟，亦可覆舟，把老百姓當奴隸使喚的中共頑固派，總有受到民眾懲處的那天！

「以事實為依據，以史為鑒」向來是中國史學家共同遵守的準則，中國古代為了秉筆直書，有多少史官寧可殺身。然而中共統治下的史學工作者，有多少能繼承這一傳統？

這使我又想起了一九七二年，中共邀請訪問大陸的義大利電影大師，米開基朗．安東尼奧尼，曾冒著所獲資料被沒收，甚至人身扣押的危險，在訪問中國大陸期間，攝下反映大陸當年實況的照片，回國後整理成新聞紀錄片《中國》，並在世界上傳播，讓世界知道被恐怖神秘隱藏的中國大陸真實情況。

一個信奉民主的外國人，尚能通過沿街的乞丐，武漢長江大橋頭的貧民窯，表達對陷於災難的大陸百姓以深切同情，對帶來災難的中國獨裁者以聲討。而大陸的史學家，依然對這種罪惡噤若寒蟬。這難道不是獨裁專制扼殺人性的又一結果麼？

第八章：風雲滿布的年代

第一節：山雨欲來

鄧小平的改革開放是中共控制下，社會從階級鬥爭「內戰」向經濟建設的一次「和平」轉變，客觀上國家和庶民得到一次休養生息的機會。

但是用中國特色社會主義來搪塞世人，是不能掩飾少數人霸佔社會財富的不義。這種建立在權力基礎上的財富私有和殘酷剝削，需要獨裁的政治制度來保護，這是鄧小平繼承毛澤東衣缽的原因。靠特權佔有的私人財富與自由資本靠競爭佔有完全是兩回事。

推行農業的「改革」不是什麼新發明，只是農民和平要回了被毛澤東搶去的飯碗，從飢餓桎梏中掙脫出來。解散人民公社，階級鬥爭不提了，對五類這種類似中世紀的奴隸制度一風吹掉，有它進步一面。卻不讓人們批判毛澤東反動的獨裁主義核心，而是改頭換面繼承它，就是它的反動一面。

用裁軍一百萬，向世界證明中共需要和平的誠意。這得到了世界的好評，美國全球性權威刊物《時代》週刊，鄧小平被譽為八六年世界風雲人物，出現在該雜誌封面上。

不過，鄧小平用「向前看」掩蓋毛澤東滔天大罪，暴露了自私頑固的本性。「不談過去」，以迴避中共背叛民主，抹掉歷次運動對無辜老百姓所欠的血債；用反對自由主義氾濫，壓制人民的言論自由，不准人民對它進行批判；用中國特色的社會主義，掩蓋統治者佔有社會財富的掠奪性，達到保留共產黨的特權，便是中共後極權時代的目的。

但是昨天剛發生的事能忘記嗎？中共怎麼盡幹這種掩耳盜鈴的事？鄧先生「不談過去」難道能抹去毛澤東的罪惡嗎？老百姓不是失聰的傻瓜，他們之所以順著中共說瞎話，實在是怕滿街帶槍的衛巫。

今天權力是特權聚斂的保證，它造就了中國新的官僚階級。毛澤東所造成的物資匱乏和強權秩序，加上道德文化被摧殘，使這個社會充滿了欺詐、貪污、腐敗，「改良」充滿了權力與金錢勾結造成的兩極分化。構成了畸形改革開放社會的特徵！百姓只好怒目相對，卻不能在新聞報刊上公開仗義執言。中共在言論上的封鎖，暴露了「改革」設計師鄧小平的本性。

然而一部份對世界不瞭解，缺乏政治頭腦的人，包括過去的權力擁有者，而今天失去權力的人；一些沒有認真思索造成社會今天這麼壞的原因，因而一齊來攪昏是非的人，讓人們陷入到另一個誤區。

一九八六年的一天，我因公出差去重慶市中區，早上七點鐘登上了一輛川運二十二隊的中客汽車。剛剛跨進車廂，就看見司機台前擋風玻璃的後面醒目位置上，掛著一張足有八寸的毛澤東頭像，那頭像在風中搖晃，依然十分得意。這段時間說來也怪，全國一股風，汽車的駕駛台前都掛這玩藝兒。據說交通事故太多，就因為他在陰間作祟，掛了它可以免車禍之災。

這時坐在我前排的一位頭髮花白，教師模

樣的老人，指著那懸空的彩色掛照，向司機發問道：「掛上這麼大相片，不擋你的視線麼？」那司機卻笑了笑回答說：「沒關係！人人都說他老人家生前是惡神，要不然那時貪官都不敢猖狂？現在他死了，貪官污吏便成了災，掛他的像就是請他老人家回來殺殺這些貪官。」

那老師顯然對這位司機的回答不以為然，再問他：「照你這麼說，還是過去的好囉？」那司機看上去大約四十來歲，顯然是經歷過文革風暴的過來人，見他沉思片刻後回答說：「照我看都不好，毛老頭當權吃不飽，說句話都提心吊膽，大家都過的苦日子，又不敢吭聲，活像啞巴吃黃蓮，有苦也說不出來；現在呢，飯倒是有得吃了，可是貪官太多，苛捐雜稅太多，失業也多，反正老百姓倒楣。」

這是一段老百姓內心對中共專制政權的無可奈何的評價，可惜老百姓不明白中共之所以如此，根源於它的唯我獨尊，黨章就自稱工人階級的先鋒隊，是不能受任何約束的「神」，毛澤東所有運動目的都是「造神」。

我在專汽廠任檢驗科長，手下有一名年已五十上下叫雷昌的檢驗工，常常有意無意的對當今中共的腐敗憤憤不已，他常說「現在這些當官的要在過去早就抓起來關監或殺頭了，所以還是毛澤東那一套鎮得住人。」

當我問他過去那麼多人遭整，那麼多人餓死，老百姓不敢說真話，吃飯靠糧票這種日子，你認為也好麼？回答是：「我也不是說毛澤東好，我是說今天不搞階級鬥爭了，貪官污吏實在太不像樣了。」我又問他：「國民黨統治下的臺灣和中國大陸比較，你擁護那一種？」他盯著我的眼睛，神秘的默不作答。

那雷昌就住在我的隔壁，他的老婆所在企業倒閉，失業在家，平時最關心的就是糧、油、肥皂之類的供應和價格。菜油取消油票的那天，她便借了錢買了一大桶的菜油囤起，以為油票取消後油價會翻倍上漲。

她排在油店門口長長的求購者隊伍中，搶著去買菜油。除了菜油，還有肥皂、牙膏、草紙等等極為普通的日用品，在這漲價的風潮中，老百姓把所有錢都換了日常用品和消耗品，似乎只有這樣才可以躲過那幣值貶值之災。

雷家的錢全變成了幾百斤菜油，那菜油可不能放得太久，充其量一年以後，油就變質了，如果再拿到市場上去賣，別人一聞就走得遠遠的。

搶購風潮時期，大量的假貨劣質貨，尤其是食用油、米、麵粉，霉變的東西經過「處理」後購進老百姓的家，直到過一段時間才發現。雷家就為了自己消受變質的菜油，夫妻兩沒少吵過架。

我在前面介紹了我所在的廠李友，馬兵、蕭副等人的故事。在八四年工廠靠農用汽車短期走俏時期，一個普通的提車員都知道利用手中這點攤派權，向急欲購車的農民伸手，表明社會風氣已經壞到了何種程度？上行下效，沾著權的邊，能夠不貪的反而成了怪物，往往還要遭人譏諷說成是大傻瓜一個。

無官不貪已不夠概括這個執政黨，應當說，「無權不貪」更切近描繪這個政府，鄧小平主張中國特色的社會主義，包含無權不貪這個潛規則，貪官的氾濫卻要社會消化，但社會的承受力是有限的！

現實告訴我們，腐敗根源於專制之中。這一時期中共統治下的社會又怎樣呢？獨裁的中共政權向來對政權內部的醜聞諱莫如深。

我沒有專門收集中共各級政府腐敗的資料，在這裡僅僅根據中共自己的出版物中所載，摘下一九八五到一九八七年中共公諸的幾個材料：

中共對海南區黨委書記雷宇一九八五年給了黨內警告，這種以「家法」處置的老傳統實在是欺人欺世，中共豈能以私黨的規矩替代國法？

事實證明，用輕描淡寫的黨紀處理，已無法抑制中共的腐敗，腐敗的惡性膨脹使中共整個的爛掉。於是被迫使出他們一貫認為最有效的老章法，藉高壓和運動殺人，將個別人當作整個統治的替罪羊。

一九八六年六月二十四日，中共上海市對市委辦公廳主任余鐵民，利用職權收受三萬元賄賂被處無期徒刑。事實上同一時期中共官員貪污上百萬的案子相當普遍，對余鐵民案的嚴處，正好暴露中共黨內腐敗已相當嚴重。

一九八五年福建查獲的鄧國楨案，詐騙、走私、套匯、倒賣、行賄金額達兩億，到二○○四年，中共官方公佈當年十一月發生的貪污賄賂瀆職侵權的大案共三萬六千餘件，人數四萬二千餘人，比二○○三年增加五倍。

一九八七年三月二日江西省南昌人民檢察院，對江西省長倪獻策循私舞弊和包庇走私受賄等罪起訴，判處他兩年徒刑，成為鄧小平向「刑不下大夫」開刀的信號，這是為了「神化」這種不得人心的政治需要，造成共產黨「偉大」、「清廉」的假象。

像這位省長級別的貪官不是一個，而是一批，就其蔓延趨勢，將是整個統治集團。姑且不論倪獻策是否因與「中央」政見相左，而身陷囹圄，這一時期貪污者的官職及貪污金額和手段，都是中外歷史上貪官們望塵莫及的，其中尤為觸目驚心的是公安檢察人員，辦案人員所發生的「犯罪」。

震驚全國公安系統大案，雲南普耳縣刑警大隊長喬躍忠從一九八五年開始販毒，殺人越貨，強姦婦女無惡不作，直到十年後才披露出來。中共官方報紙不得不驚呼「毒品，暴力兇殺與黑社會聯合在一起，產生嚴重刑事案件，聽任發展後果不堪設想。」貪風日盛顯示獨裁專制正走向崩潰。

到二十世紀九十年代，中共已無法遮掩病入膏肓的腐敗，對外開放期間一開眼界和胸懷的知識份子和青年學生，從劇烈的社會鬥爭中，產生了民族危亡感。毛澤東獨裁在知識份子烙下切膚之痛，使他們親身領受黨天下的專橫霸道，雖然他們對中共的暴虐心懷餘悸。但是，我不入地獄誰入地獄？反腐敗爭民主的運動首先從學校開始了。

一九八六年十二月正在進行人民代表選舉的中國科技大學學生們，組織競選論壇，活躍在整個校園裡。

十二月一日校園裡貼出了致科大選民的一封信，首先向人民代表這個橡皮圖章宣戰，號召選民越出中共提名的框框，在選票上寫上自己擁護的人。約有四千名學生呼喊，「打倒封建獨裁」的口號上街遊行，並衝擊中共安徽省委。

與此同時，上海、武漢、南京、長沙等地學生紛紛走上街頭，舉行遊行示威，要求民主政治反對腐敗。全國各地高等學校陸續出現一些否定四項基本原則的大字報。

其實這些要求在三十年前的學生大鳴大放中已提到了，只是毛澤東當即就採取了嚴厲的手段，扼殺了學生剛剛提出的正當民主要求，從而導致了更慘烈的後果：大陸陷入了「三年自然災害」，大約五千萬老百姓餓死。

我們的工廠距西南師範學院僅一路之隔，早晨鍛鍊身體時，我常去西師的風雨球場，經過該校的大禮堂，順便看那時學生們貼出的大學報。在禮堂旁的玻璃櫥窗張貼欄內，學生們設計的《民主園地》已一改過去的東西，代之以宣傳民主自由的啟蒙文章。堅持一黨專制的中共死硬份子，不能不對這種山雨欲來的形勢擔心。

鄧小平連忙在北京發難，他向當時中共中央負責人趙紫陽喊道：「凡是鬧起來的地方都是那裡的領導態度（執行獨裁）不堅決，這是近幾年反對資產階級自由思潮態度不堅決的結果。」這話至少說明了兩點：

第一，與民主為敵的中共頑固代表者，在它的統治時期，沒有一刻放下反對資產階級自由氾濫的殺手鐧，這是中共從毛澤東那裡繼承的最核心精髓。

第二，共產黨執政期間，黨內鬥爭和分化勢不可免，靠近民意的改良派與堅持獨裁的頑固派的鬥爭還將繼續下去，直到獨裁統治的勢力完全退出執政舞臺。

我們這些毛澤東時代的過來人經過的政治運動，使我們親眼看到並牢記，一批又一批的「異己份子」，在兩條路線殊死搏鬥中被打翻在地，並踏上一隻腳永世不得翻身。所以當鄧小平祭起反對資產階級自由化的大旗，使我們馬上看到毛澤東獨裁魔影在大陸上的再現！

皇冠與法典二者不可兼得，曾高唱過法制替代人制的鄧小平，到了危及其獨裁統治的時候，堅決地選擇了皇冠。延續幾年的「反對精神污染」，就是保持「四個堅持」的洗腦慣例，就是保衛獨裁統治的新格局。

到了「反資產階級自由化」的旗幟亮出來後，等於在指示各級中共黨政組織，要按過去對待右派的手段，來收拾爭取民主和法制的學生。看來面對越來越強大的民主勢力，中共要採取極端行動了。

一九八六年十二月由他親自點名，開除了方毅之，劉賓雁、王若望等敢於主持正義、為民請命，疾言中共貪官劣跡的幾位領袖人物的中共黨籍，一九八六年三月開始在上海、南京出動軍警，以破壞安定團結，擾亂社會治安的罪名，向初萌的學生運動揮起了屠刀，學潮暫時被中共暴力壓了下去。

一九八七年一月二日，胡耀邦在鄧小平反對資產階級自由化不力的咄咄逼迫下，請求辭去中央委員會總書記的職務。中共內部的政治反對派，在素有獨裁經驗的中共頑固派面前的軟弱，反映出中國民主力量的軟弱。

這使中國當時傾向民主主義知識份子感到憤怒，對於在中國統治三十年間，血債累累，已經民心殆盡的中共專制主義，仍能照常執行其統治職能這個怪現象，引發了思想界的思索和爭論。

從傷痕文學開始，到《苦戀》一書出版，受到了中共文痞們的清剿。探討中國民心，繼《醜陋的中國人》之後的代表作，莫過於一九八八年由中央電視臺播出的六集電視連續劇《河殤》。

說河殤是一部探索中國文化尷尬狀態的政論評說片，那麼在我看，由中共主要喉舌中央電視臺來播送，至少反映了中共上層的分歧。正因為這些意見是分歧的，使它一改老傳統。《河殤》列舉顛狂的大躍進和瘋狂的文化大革命，這些為世人所共感的反面材料，哀嘆在中國失去了一次選擇自由民主的機會。並證明，毛澤東當時提出新民主主義的欺騙性。

其實「河殤」的傷感，何嘗不是每個希望在中國實現民主制度人們共同的傷感？正因為這樣，它有強烈的感染力，以致於當局在《人民日報》、《光明日報》等中共把持的刊物上，對「河殤」的文化圍剿也只能風聲大雨點小。

中共上層領導，已經越來越明顯分裂成頑固保守派和主張和平改革深入的民主派。在毛澤東思想的信仰危機中，民主向專制主義發動的思想交鋒，為思想啟蒙開路。

第二節：六四，大陸民衆在怒吼

一九八九年四月十五日胡耀邦含憤去世，一場學生運動終於爆發，學生們對胡耀邦因反對黨內腐敗主張民主，而被戴上「反對資產階級自由化不力」，撤去總書記職務感到憤怒。他們悼念胡耀邦，反映了日漸成熟的民主要求。

(一）在北京

四月二十二日，四萬名北京學生上街遊行，將他們醞釀已久的要求公諸社會。這些要求僅僅是：（一）中共中央應重新評價胡耀邦的功過；（二）為在「反對資產階級自由化」中受過處份和批評的人平反。

這兩個要求絲毫沒有推翻共產黨，取消共產黨執政地位的成份，同時這也是中共自己制定和頒佈的憲法所容許的。

下面僅就我當時從媒體上摘下的報導，對這場運動作一個不完整的描述：

運動一開始，遊行的學生舉著「反對腐敗，打倒官倒」的小旗。當四月二十六日人民日報根據鄧小平旨意刊載題為，「必須旗幟鮮明地反對動亂」。使我想到三十二年前，毛澤東在同一張報紙上發表：「這是為什麼」？

（順便要說，三十二年前這道格殺令，毛澤東發動了反右派運動，不僅把屠刀對準了無辜的知識份子和青年學生，而且惡毒的把奴隸社會鎮壓社會的那套方法，應用到當今社會。）

五月四日新任中共總書記趙紫陽，將中共分歧公諸於眾，學生們受到鼓舞。

五月五日以後，學生們再度走向大街並成立了自己的組織：「高自聯」。

五月十三日，「高自聯」在北京發動了一場歷時七天，三千人參加的絕食請願，大批的市民湧向街頭，聲援學生。中共統治下的一部份員警，為學生的和平請願和絕食運動所感動，開始倒向學生一邊。

五月十七日驚慌失措的頑固派，通過李鵬操縱的國務院宣佈：從五月二十日開始，對北京地區部份實行戒嚴，並且在戒嚴令中宣佈，所有反對政府的行為都屬於非法。

這些消息證明在某種程度上，這次學生運動，只是中共內部的較為進步的民主派，向堅持獨裁頑固派的鬥爭，是符合於中共自己提出來的「改革」綱領的，它反映出社會對財富集累的不義產生了強烈的不滿。

可悲的是幾十年被中共暴政壓扁了的中國百姓們，還沒有人公開喊出打倒這個腐敗的政府時，言論和思想已被中共密佈的特務封殺的萬口緘默。

現在，學生衝出了禁鎖的校門，走上北京街頭、一洩積鬱在心頭多年的憤怒。衝擊中南海新華門的學生們喊出了「打倒官倒！」「打倒腐敗！」的口號。

工人在街頭為學生組織募捐，有的把賴以為生的冰棍箱，糖水攤推到了學生中間，把冰棍，糖水葫蘆遞給學生們。

北京市民已不像前清那些盤著大辮，穿著長衫的「老北京」，望著譚嗣同喋血長安街頭黯然神傷。更不像三十年前看洪水猛獸般的「紅衛兵」，愁得只好皺眉頭。幾十年中共暴力的淫威在人民心靈上的折皺，第一次被展平。

時間正好倒轉兩百年，一七八九年四月二十七日，巴黎的市民高呼著「消滅財主」，「消滅剝削」的口號，簇擁著向巴士底獄前進，他們高舉自由宣言，揪起了歐州民主主義大革命。然而這股人類爭民主的熱風整整刮了一百年，才遠涉重洋登上了華夏這塊封建凍土，讓北京市民第一次向世界對話!!

清廷的皇室在國土分裂，民族危機深重時有一股自上而下的努力，光緒皇帝尚有實施民主的戊戌變法行動。然而世界上產生了新專制主義的中共，連光緒皇帝不如。

歷史在俄國和在中國同時應證了，新的披著革命外衣的專制主義，比滿清王室更兇惡的虎視著民主力量。然而民主仍然戰勝了新的專制主義，經濟這個最活的社會原動力，是任何獨裁勢力不能征服的。於是，距法蘭西大革命爆發剛剛兩百年，一九八九年北京發生的事變再次雄辯證明，民主以其強大的生命力一直頑強的同專制主義鬥爭。

五四運動發生在北洋軍閥統治十分虛弱，中國民主初潮蓬勃興起的背景下，無論從運動所受的阻力和運動的動力看，當年民主力量占著相對的優勢。而今天，「六四」是在中共統治相當強大，人民又因長期中共的暴力禁鎖，自身缺乏強有力的組織背景下，由人民自發的發動起來的。

一句名言「劊子手只有在真理的面前才會感到虛弱而顫抖」被應證著。能對震撼人心的提問置若罔聞嗎？能對反對腐敗振臂高呼「拯救祖國」的孩子們開槍麼？能在這種洪流面前心不驚，肉不跳，膽不怯麼？

就連中共最頑固的喉舌，人民日報的編輯隊伍，花白頭髮的老人披著「高級編輯」，「高級記者」的條幅，今天也要公開與中共中央「劃清界線」。這些七十高齡的人記得他們的前任，鄧拓，胡績衛，秦川，都因無法蒙昧良知充當毛澤東的打手，最後落得被撤職批鬥自殺的結局而悲憤。

在學生和市民的聲勢浩大遊行隊伍支持下，中共改良派。與中共獨裁勢力，一天天發展到怒目相持的地步。

由毛澤東發展到登峰造極的獨裁統治，已在民心震撼下，迅速呈現解體。繼胡耀邦而上任的總書記趙紫陽，比鄧小平對「共產主義」的叛逆走得更遠。中共黨內的這種分化，是他們對學生運動猶豫不決的原因！

良知和殘酷的現實，民心的強烈震撼，使趙紫陽流淚。

共產黨理論上的矛盾，猛烈衝擊著統治集團。

於是他呼籲：關懷、理解、克制和對話！

五月十七日，北京各界民眾一百萬，從四面八方湧向天安門廣場，沒有統一指揮，沒有統一口號，浩浩蕩蕩的群眾隊伍秩序井然。

即將回歸的香港市民舉行了持續聲勢浩大的遊行示威，他們反對回歸到中共的暴政統治之下，他們清楚此刻聲援北京等於聲援自己的明天。全世界人民同聲聲討北京的專制暴行，反對中共把專制主義帶給香港的人民！

學生們在人民英雄紀念碑前，樹起了自由女神像。表示民主和自由是中國年輕一代知識份子的信念，這同一味追求專制的中共是水火不相容的，這個舉動向世界宣佈他們同北京政權決裂！

然而，中共專制的淫威依然僵而不死。

遊行的隊伍裡，有人在焦慮呼喊：「當心，中共的政權機器是一具殺人不眨眼的絞肉機。」幾十年內它屠殺了幾千萬中國人，儘管它已喪失人心，但只要它的統治還在，在面臨其生存受到威脅時，它會以百倍瘋狂殺人。有人則說：「不要使社會失控和動盪，不要給老百姓帶來苦難，中國不能再亂，社會需要安定。」有人在勸阻那些熱血沸騰的學生，要注意語言上的分寸，以免激怒槍桿子，給這次運動帶來災難的後果。

然而，四十年的屈辱，第一次伸直了腰，學生們搖動他們手心裡的小旗，上面寫著：「反對腐敗和專制」，大學生們為民族的前途擔憂，義無反顧的用正義和理智為自己開路，用赤誠感動道路兩旁年長的一輩。

蒼桑的父老們一臉警惕，儼然以孩子們保護者姿態出現，他們準備這些孩子受到傷害時，用自己的身體保護他們。

（二）在我周圍

北碚這座位於重慶偏北的小城，因為集中了重慶市兩所著名的大學：西南師範大學和西南農業大學，以及市一師等專科學校和幾十所中學，所以被稱為重慶市北部文化中心，這段時期比較集中反映了重慶市學生運動的發展情況，使我沐浴了這場運動的洗禮：

四月二十二日北京四萬名師生上街遊行開始時，北碚兩大院校學生也結隊走向了街頭，開始時，他們只是散發來自北京的資訊和資料，宣傳北京市的學生向中共當局提出的各種要求，並將巨幅海報張貼在人民會堂前。

這個一向被北碚區中共區委用來宣傳的中心，現在被學生們用作學運的講臺。人民會堂門前成了北碚老百姓瞭解時事的窗口，學生們除了在那裡摘抄海外各大媒體對中共醜聞的報導，還散發學生和市民們反抗中共的傳單。

每天下午七點鐘，兩院的學生都要上街進行遊行，在街上同其他學校的同學會合成浩浩蕩蕩的隊伍，沿著環城路一面舉著小旗向市民演講，一面呼喊口號，直到深夜才從街頭陸續散去。每到這時我都要擠進市民的人群中，去聆聽他們所呼出的每一口號，同他們交流共同的感受，我的思緒和呼吸被同學們震動著。

有時候我的母親和我一起，當我問她，當年國民黨時代是否見到過這種群情激憤的遊行場面？她那昏花眼睛裡陷入了半個世紀的回憶，點點頭，嘆息道：「我還從來沒見過這麼氣勢磅礡的隊伍。」

我看到兩名學生舉著，「鎮壓愛國運動就是犯罪」的橫幅標語走在最前面。後面的數千名學生呼喊口號用堅定的步伐緊跟著，他們神情凝重。

我的母親和朋友們一面向他們歡呼，一面怯生生的勸告我；「不要輕易捲到遊行隊伍中，因為你是再經不起燃燒了。」

上了年紀，被專制折磨傷痕太深的老人們，懷著激動和憂慮混合一起的複雜心情，他們被中共欺騙了一輩子，奴役了一輩子，他們的性格被中共幾十年的高壓壓扁了，難以恢復他們的本來面目了。

我看見一個頭髮蒼蒼的老太太，跟在孩子的身後，顫抖的呼喚著：「你還小，不知道中共的霸道，小心呀我的孫子回來呀！」好像災難是遊行人們激怒了統治者造成的。但是，我回答他們：「我的學生時代是夠聽話、夠軟弱的，而我們的遭遇卻是最慘的，我們在皮鞭下忍受飢餓和酷刑，我的同難壯烈犧牲，難道這不是因為我們忍讓屈辱而造成的麼？」沈默了幾十年的學生，在中共專制下失去理想和自由的中國學生們，怎能放棄爭取重新生活的鬥爭？

那時每天早晨上班和中午回家的時候，我都要特意繞道去人民會堂前，閱讀學生們新貼出來的大字報，接受學生們的宣傳教育。

雖然，大街的兩側高樓中，潛伏著一些訓練有素的怪物，它一直在窺視著遊行的隊伍，在那黑洞洞窗口後面，把攝影機對準經過的遊行學生，將他們此時此地的作為，全部攝入鏡頭。準備這場「動亂」平息後，進行清算和鎮壓的依據。

五月二十三日，北京城雷雨交加，寒風襲擊了天安門廣場上靜坐示威的絕食者，數百位中華民族優秀的孩子，終於在飢餓和風暴中昏倒了，同伴們迅速地救助受難者，這裡響起了悲壯樂曲，遠遠超過了魯迅筆下的劉和珍時代。消息傳來，北碚的學生立即在傍晚舉起了醒目的標語，走上了街頭，萬眾一心表達聲援！那標語上寫著：「媽媽我餓，但我們吃不下！」

迎著這悲憤的標語，我忍不住淚水奪眶而出，這是稚嫩的孩子們向祖國母親的哭訴，這更是遊行隊伍中發出令人驚醒的吶喊，目睹這一幕，劊子手被震撼了，退卻了。

我想起二十多年前我在獄中的三次絕食，尤其是一九六七年文革野蠻的批鬥中，我一個在獄中長期反抗迫害的無辜者，以絕食這種文明方式抗議文革殘害，竟成當局摧殘的藉口！當時所有在我身邊的同難們，目睹我受到的摧殘，除了下淚，誰都不敢對我表示同情和聲援，支持我的僅僅是我對野獸暴行的憤怒。在那艱苦的日子裡，我數著一秒一秒的熬。為了戲謔我，他們居然剝奪我喝雨水的權利，這樣的鬥爭等於讓野獸笑看我活活餓死。

他們幸災樂禍說，絕食而死又怎麼樣？獄方充其量向人宣佈，又少了一個頑固堅持反動立場的傢伙。當年被打死、餓死、和凍死的人，引不起他們內心的顫抖，因為他們是一群沒有人性的野獸!!

今天的絕食者們，在經歷了中國近一個世紀的反反覆覆動盪，認識了什麼叫民主，什麼叫欺騙？什麼叫專制？什麼叫復辟？今天已不是二十年前我在監獄裡孤軍奮戰的時候。

「是的，我餓」，六十年代的孩子們從一生下來，就生活在張鐵生虛無枷鎖封閉的年代。奶娘乾癟的乳頭上，已擠不出五千年文化的乳汁，而是無知和野蠻的毒液。孩子們哭喊著掙扎著，而無情的「奶娘」卻向他吼道：「忘記你的祖先那些封、資、修的東西，你現在要學會吞食用鬥爭和戰火練成的鐵丸。你應當從此脫胎換骨，學會用階級鬥爭征服你的父老兄弟，長大後，除了事奉那至高無上的教主，呼喊毛澤東萬歲，什麼都要拋掉。因為從你降生的那一天開始，你只能在階級鬥爭的火線上練成專制主義的打手，永遠成為張鐵生類型的狂人。」

哦，媽媽！這樣的精神糧食我怎能下嚥？

（三）今天和昨天

天旋地轉，老魔頭的幽靈歸天，繼承他的鬼魅像煙雲散去，先天發育不健全的孩子們在新的課堂裡，手捧著發給他們的新教材，從書包裡裝進自然數學課本。

讀吧，讀啊，文憑熱在召喚著我們：中學、中專、大專……可惜就在那憑文憑才能晉升的熱潮中，有幾個亮出的「文憑」是真才實學的？在這麼大群的小學生、中學生中有幾個能進入大學門檻？大學成了無數求讀者可望不可登的境界，畢業變成了失業。

在城市裡，窮人的孩子因為無錢上學，只有排在待業的行列中等候有錢人的雇傭，在陰暗潮濕的工棚裡做苦力。而在貧困山區裡的孩子，蹲在危房的教室裡，一邊聽老師頌念：「慈母手中線，遊子身上衣……」一邊聽那教室的房樑被風吹得搖搖欲墜的響聲，擔心它何時會垮下來。

於是那些在政府權力保護下順利上攀的佼佼者，便向那些學校大門外的大批學生們發出嘲笑：你們這些愚蠢的苦讀學生們再有天大的苦功夫，能值上我那有權有勢的父母麼？

在擁有權力的大款們的樂園裡，讀書求知變成一種天大的傻事。一個善於周旋於政府和富人間的富仔，要比一個老實巴交的求學者「精明」百倍。這貧富懸殊的現實教會你懂得，今天這裡絕沒有求知者的安樂園。

這樣的書我怎能讀下去？媽呀，我餓，我渴望知識，然而擺在我面前的課本裡再多的科學知識都毫無用處，靠它們賺不到錢，解決不了我的生存。在這個社會裡，我除了被迫學會對權勢順從和依附、奉獻自己。血淋淋的現實告訴我，這裡不需要知識，有的是欺騙，有的是對良知一刀一刀的切割。

媽媽，好心的媽別勸我麻醉自己的神經，蒙蔽自己的眼睛，坐在擺著人肉筵席的席前，看著富人啃同胞的骨頭，跟著也沾著弱者的血和淚去吃那饅頭。我知道終有一天我也會被人在這筵席上吃掉。所以媽媽呀！我好餓好餓，但我怎能安心坐下來「讀書」，去同吃人者同桌享那有毒的「盛宴」。

一九八九年四月的春天，對我來說是我四十年來經歷的最溫暖的春天。

四十年來壓在我身上的這沉重的專制巨石下，我像一棵羸弱的小草，將根深深紮進了巨石下的泥土中，在磐石的縫隙裡頑強地向上生長，我看到我的同類一棵一棵地因為缺乏養分和水，缺乏陽光而爬在泥層某一個斷層裡枯死掉。

四十年來此時此刻，我第一次強烈地體驗到我們民族覺醒的生命力，我緊緊地貼著這支遊行隊伍，體驗它溢出的熱流溶貫我的全身。

四十年來，我還是第一次在大街上貪婪呼吸充滿了民主氣味的新鮮空氣。

五月底的一個下午，我看見西師的一隊學生捧著募捐箱向我走來時，我忙從口袋裡取出了一百元錢投向那箱口，一個女孩走到我的面前恭敬舉起一個簽名本，要我在那上面留下我的姓名。

我笑道：「不用問我的名姓。」說著舉筆

在那本子上寫下了「一個普通老百姓對六四運動的心意」，我那時已經被一種虔誠支配著，這些天來我感謝孩子們給我上了令我感動的一課。

不料我的旁邊卻傳出一個聲音，低聲說道：「他們拿這些募來的錢上館子大吃大喝。」我立刻警覺起來，大聲說這是別有用心的中傷，這種冒生命危險的街頭募捐，誰願意？

堅持中共專制獨裁的核心人物和他們的狗腿子，正用瘋狂的仇眼來看浩浩蕩蕩的學生隊伍，他們認為專制倒臺了，自己的特權消失，他們會失去搶來的一切，此時正全神貫注的尋找破壞學潮的機會，這些人像曹英一樣造謠生事，無中生有，什麼壞事都幹得出來。

（四）屠殺

一個多月來，北京部隊在市民們的阻礙下，一直屯兵城外「無法進城」，而城內的部隊拒絕鎮壓的密令，他們不僅因為受到愛國學生們的感染，而且已經感到在北京市民面前「眾怒難犯」了。

外電報導，三十八軍軍長被青年的軍官們軟禁，拒絕鎮壓愛國同胞，他們不願當歷史的罪人，並成為這座城市裡人民的死敵，所以喊道：「我們是打仗的，而不是打人來的。」

北京的父老們為保護自己的孩子們挺身而出，橫臥街頭，用身體作路障，六、七十歲的老人流著眼淚勸說這些還不明真相的部隊。

在中共的辭典裡，民主是特權的最大敵人，「動亂」不是指社會秩序的破壞、人民生命塗炭，而是指獨裁專制受到了全體人民的反對，處在不穩之中。

中共建國以來，凡是出現威脅他們統治的任何跡象，甚至於出現不與獨裁者相一致的言論，都會被斥為「反黨」和「反革命」，並以「動亂」誅討之，鎮壓之。十年前，魏京生就是在西單牆，刷了幾張要求民主的大字報，就抓去蹲了整整七年大牢。

其實，自稱人民大救星的這個政黨，恰恰是陷社會於動亂和災難的元兇禍首，在高壓政策之下，在經歷了長期痛苦的過程，過去許多人沒有認清或不敢直言的事實，今天已成為中國老百姓的共識。

他們面對的是一個比當時北洋軍閥奸詐的多，殘暴的多的新的暴力集團，他們所付出的艱苦、曲折和努力是當年的劉和珍們無可比擬的。

就在同一時刻，天安門城樓下有人用雞蛋裹著顏料向天安門城樓上那張中共政權的奠基人，混世魔王毛澤東的掛像擲去，這個行動證明，隊伍中有人把中國災難的元兇點了出來。

凡是年過四十以上的人都知道，只有徹底的將毛批臭，讓它現出專制魔王的真身，中國社會問題才算真正點到了要害。如果這個舉動能得到遊行基本隊伍的回應，針鋒相對的提出打倒毛澤東，打倒獨裁的口號，樹起民主革命的旗幟，那麼它將奏響向現代專制討伐的戰鼓。

恰恰相反，在隊伍中卻有人對此喝倒采，一幫夾在遊行中「支持」學生運動反對社會「混亂」的人，對鄧小平存在著另一種見解；舊的毛澤東黨羽專橫跋扈的天堂失去了，他們想用學生的力量來恢復毛氏獨裁的舊秩序，所以怎麼也不能容忍，把運動的矛頭直指他們的祖師爺。

天安門三君子之一的喻東嶽被抓，並處以無期徒刑。

這足以說明鄧小平集團的改革開放，一點都沒有放棄毛澤東的專制主義，也說明學生運動的頭頭們認識和步調極不協調，運動並沒有昇華到它所應有的歷史高度。沒弄清一個不受約束的權力，不僅是暴政的根本原因，還是產生貪污腐敗的根本原因，陷在姓資姓社這種可笑的爭論中。

毛澤東的嫡系們，也反對腐敗和官倒，但

他們是非顛倒的把腐敗說成是資本主義的產物，為了讓過去毛澤東專制主義再度復辟，拼命的叫囂只有老魔頭才能將貪污腐敗收拾乾淨這種謬論，嚴重干擾了這場偉大的民主運動，使它最終向獨裁勢力屈膝。

專制的寡頭，終於端出毛澤東的衣缽，大聲驚呼這一是場反革命的動亂。他們召集緊急的中央政治局會議，撤去了趙紫陽的中共總書記的職務，並下令：「不惜一切代價，平息動亂。」瘋狂喊道：「這是一場你死我活的鬥爭！」

歷史在這個決定性時刻，毛澤東復活了！

六月二日，屯兵北京城下的勤王部隊待命入城。ＢＢＣ台立即播報了這支部隊的底細：這是一支以少數民族為基本骨幹，沒有文化素養，不瞭解學生運動內情和底細的虎狼之師。

六月三日殘暴的中共當局，終於為專制集團的利益孤注一擲，在全世界眾目睽睽之下命令這支虎狼之師用坦克開路，以摧毀一個月來北京市民築起的工事和路障。受命鎮壓的部隊從駕駛倉裡，用機槍掃射那些橫臥街頭進行阻攔的老百姓。中共的專制寡頭血洗了北京城。

赤手空拳的學生紛紛倒在血泊中，在這種情況下的市民和學生用胳膊和棍棒，血戰坦克。一時間到處血肉橫飛，哭喊聲聲震寰宇，一場在中共導演下空前慘烈的血腥鎮壓，在全世人民的面前公演了。

連日來因為絕食而虛弱不堪的學生們，「高自聯」的指揮者已來不及從自由村撤退，有的飲彈坦克履帶和機槍子彈之下，有的帶著傷、流著血，還在繼續指揮著從人民紀念碑前撤下的大學生們繼續後撤。

六月盛暑的北京，血流成河，橫屍街頭。一切「克制」、「愛護」和偽善的許諾，一切「解放人類」最美妙的頌詞，被他們吃人殺人的行動，當著全世界拆穿無遺。全世界的衛星上，自帶的錄影設備，記錄下這一段中共統治老巢中發生的血淋淋歷史。它們拍下了北京的市民和學生倒在坦克履帶下的經過；它們拍下了履帶碾過自由村裡的帳棚留下一條條長長的血帶。

當時，北京的大學生們已經沒有後退的路，他們除了用肉體阻擋著坦克的前進，一批一批倒下去的人們，又在憤怒和淚水在鮮血中奮起。他們揀起了鐵棍向瘋狂的軍警們還擊，把那些最猖狂的屠夫，懸吊在立交橋上，用火燒死這些畜牲，以表達他們對屠夫的仇恨！

北京城在火海和吶喊中掙扎！這番同胞相殘的實景，比當年北京城裡任何被鎮壓的學生運動，更慘烈!!就連中央廣播電臺的播音員，也帶著哭泣的悲聲，把這件中華民族最羞恥的消息向世界播報！他們感到良知在受折磨，從而違背了統治者的意願。那裡發生了槍戰，大學生們衝向電臺，四百名學生倒在機槍的掃射之下。士兵衝進了播音室，那裡傳來了最後的槍擊聲，電視螢幕消聲斂光了。

人民永遠不會忘記這血腥罪惡的日子，這個罪惡是繼土改時的清匪反霸屠殺地主富農和「反革命份子」；繼文化大革命由中共挑起的紅衛兵武鬥，文革期間從嚴從重的殺一小批，又一次對人民大開殺戒，特別是，它發生在當權中共的眼皮底下，動用了陣地攻堅的坦克，令人格外震驚。

歷史記載中共屠殺無辜者之多，羅織罪名之奇，是人類歷史上空前絕後的！幾十年來，殺人後把血跡和真相一蓋，便由他們編造謊言任意篡改歷史，向來是毛澤東的老章法！事後這些中國土地上血淋淋的故事，被緊閉的國門封鎖了。然而，科學進步了，發生在天安門城樓上六四血案，通過衛星轉播，讓全世界所有的人都目擊了這場大屠殺的真相。

它非常鮮明的記載著中共專制王權的猙獰面目，也記載了鄧小平的改良是多麼偽善虛假！由此足以證明，只要中共仍在堅持共產黨一黨獨裁，中國的社會不可能得以根本改變。

今天，全世界人民都看到了成千的愛國青

年，在一天內飲彈天安門城下。與北京幾乎同步，上海、天津、廣州、蘭州、成都相繼演出了軍警對人民的血腥暴行。傳聞當時攝製的底片湊起來足有萬里長城長。

我雖沒有親眼看到坦克碾過自由村的畫面，但我們圍聽BBC台的報導，面對這種在人類歷史上對人權的公開踐踏毛骨悚然。根據衛星錄影顯示，北京發生的是，一個政府，在全世界眾目睽睽之下，動用坦克機槍，大規模屠殺和平抗議的人民，若問那裡的人民在幹什麼？回答是，「他們在反對政府的腐敗，無能和猖狂的官倒。」

於是各國人民群情激憤，一致支持本國政府向這個喪失理智和人性的政府發出制裁通牒。海外華僑目睹衛視轉播的中共暴行，憤怒的組織起來衝擊中國的駐外使館。香港、澳門、臺灣的民眾組織了大規模的燭光遊行，聲援還在坦克履帶下呻吟的學生。全世界幾乎所有的人，從捍衛人的尊嚴出發，同聲向北京這個反人類的政府發出聲討和譴責，要求中共當局立即停止這場滅絕人性的屠殺。

那天晚上，收音機響著外台的新聞報導。我含著眼淚走出了那漆黑的小屋。

這一夜，我目睹著這座小城發生的一切——灰濛濛的夜空下，街上的人流如潮，沿著大街，頭戴白花搖著白色布帶的學生們，向區政府結集，吶喊聲滾動在夜空，今天他們已經一反往日安靜有序的狀態，隊伍裡嚎啕的哭喊聲此起彼伏，眼眶裡沁著帶血的淚吶喊著：「劊子手放下屠刀！」、「絞死鎮壓學生的劊子手！」、「以血還血」。

他們向小城的百姓喊道：「憑什麼要殺我們的兄弟姊妹？」「今天北京學生的噩運將降臨在我們頭上！我們正等待著明天，我們將被驅出校門，被押著去邊塞充軍，因為中共早已證明凡被定性為反革命和動亂的，那麼已同這個政府結下了不共戴天大仇！我們今天除了踏著他們的血跡前進，別無他路！」

聽著這些發自肺腑的悲壯的心聲，有良知的中國人怎不垂淚?!

我站在十字街頭，看著一隊學生，為首的頭纏白巾，身穿白服，腰繫黑帶，拿著高音喇叭，向圍觀的市民讀著BBC發出的最新報導，他的聲音已經嘶啞，他的眼睛已經紅腫，一遍又一遍地向圍觀如潮水般的百姓喊著，彷彿此刻他帶領著人們置身在天安門前，歷史正在苦難中邁過這血腥的一天!!

遊行者向北碚的父老鄉親們喊道——「多災多難的中華民族啊！堅持專制的中共當權者，已把我們帶進了一個縱容貪官污吏的絕境，現在又舉起屠刀，你們可要看清！國人啊！同胞啊！趕快醒來，站著死也不要跪著求生呀!!」

觸景生情，我的腦海卻檢索著三十年前的親身經歷：三十一年前也像在這十字街頭，燈光拖著我跌跌撞撞的身影，由長變短，又由短變長。周圍是反擊資產階級右派分子「向黨猖狂進攻」的大字報和標語，校園裡到處是批鬥會的喧囂，年僅二十歲的我，一個在「紅色校園」裡長大，既無涉世經驗，更不懂政治為何物的「孩子」，卻被同班同學圍在教室裡揪鬥。先前的羞辱感以及對生活追求的熱情，已完全被恐怖和疲勞取代。

「為什麼會這樣？」潛意識發出了反抗信號，卻被四天四夜連續批鬥消融得乾乾淨淨。我朦朧的認識到我之所以被戴上右派帽子，哪裡是因為家庭出身？我單純到向這個「黨」去解釋，我與家庭不存在任何政治上的關係，卻沒有動腦筋問：「我的父親，我的母親，兩位從事教育的人，他們對社會犯了什麼罪？」

在我還沒有來得及理解和消化這些莫名其妙的罪名時，那些年齡與我相同的同班同學，卻向我投射輕蔑的眼光，狂喊著：「休想蒙混過關。」

在極度需要睡眠的條件下，曹英這個惡棍要我交代永遠無法說清楚的「反黨反社會主義動機」！要我戴上國民黨遺少，地主資本家的孝子賢孫的帽子，承認為資本主義復辟充當幫兇，夢想從中共手中奪取「失去的天堂」。

那時我只有哭，我怕！我怕將我從此趕出大學求學的課堂；我怕，我不敢想像我會從此落入囚犯的行列；我只好乞求。我乞求共產黨的饒恕，在我的腦海裡除了設想這是一場可怕的「誤會」外，我是無法解釋並面對這一切的。

然而，當我匍匐著向它乞求時，我聽到魔鬼奸詐的獰笑聲，「要你充當殺一儆百的犧牲品哪，懂嗎?!」

我被送到荒野的深山和農村去參加人民公社「大兵團」作戰的勞役，去體會大煉鋼鐵的苦役，去領受飢餓奴役。

這時候我的一位「老師」才告訴我什麼叫玩弄政治權術，並且幫助我悟出了「階級鬥爭」的真正「用意」。我才開始明白，已經被毛澤東推入社會最底層的我，原是專制狼爪下的一隻小小綿羊。這裡面既沒有「誤會」更不需要「解釋」，我漸漸看清楚這毛澤東是什麼東西？

這是一個一心為當皇帝挑逗百姓自相殘害以取樂的魔鬼。

殘酷的煉獄使我們的幻想終於破滅，經過二十多年漫長的時間，我懂得我們青年時代，被暴政剝奪了求知的追求，尤其使我明白，我必須面對掉進地獄的現實，拋掉麻醉自己的幻覺，最後認識到在獨裁統治下，讀書是沒有前途的。

學者教授縱有滿腹經綸，照樣同我們一樣，戴上右派的帽子忍受著飢寒交迫，在皮鞭下，歪歪倒倒的在水田裡種試驗田；去深山野谷中挖鐵礦，肩挑背磨從山裡運出來；在山林裡充當扛坑木的苦力；在煙塵瀰漫的土高爐中呼吸有毒的空氣煉成一堆一堆廢鐵!!

到了這個時候我才猛然清醒，我們「接受改造」的過程是一場冤獄裡的煉獄，我們的同難成批成批餓死累死在荒山野嶺中。當魔鬼將我們這些清白無暇的學生推到煉獄之中，就成了我們覺悟的開端，所以苦難拯救了我的靈魂!!

今天，中共的後繼者仍在迴避它的過去，打著改革開放的旗號，要我們忘掉過去的歷史？

而我們能做的就是把三十年來所見中共所作所為，剝開畫皮，讓所有的國民都明白，他們怎樣製造飢餓，還要逼著快餓死的人，唱大海航行靠舵手；他們又怎樣製造武鬥，讓無知到學生們相互拼殺；他們又怎樣讓孩子們為了「統帥」的至高無上的權力去死，到死時自己腹中空空，衣不蔽體。

今天，專制主義舊病復發了，中共的獨裁再次向和平人民舉起屠刀!!

(五) 歷史會記住這天

忽然，我的眼睛一亮，就在中山路的十字路口，在那幢最高的建築屋上，垂掛下一幅巨大的大字報，醒目的寫道：「我們是幾個老共產黨員，當初我們懷著對共產主義理想幼稚盲目的參加這個組織，我們幻想著中國人民在共產黨領導下，實現世界大同的美好願望。」

「想不到這個黨執政幾十年使我們飽嘗了一切苦難，幾十年來我們盲目的執行著它的政策，結果一個國家反而被弄得經濟凋蔽，民不聊生，我們同老百姓一樣，嘗到它對國家建設的破壞和對文化毀滅。」

「到了今天貪污成風，民怨沸騰。當我們看到它血腥鎮壓手無寸鐵的和平請願學生時，我們的心顫抖了，今天我們深深為作這樣政黨的一員而感到羞恥，所以我們今天向全體市民公開宣佈，我們集體的退出這個政黨。」

落款的地方寫明，北碚郵政局的幾名工作人員，並簽上了他們的名字。

看來中共是該回到被告位子上，接受全民審判的時候了!!

記得羅曼．羅蘭的名言：「人的特點就在於能夠追求真理，發現真理，熱愛真理，為真理而犧牲自己。」這張大字報表達了當年幾個投身革命的青年如何迷信共產黨的宣傳而加入這個組織，但是事實無情的糾正他們初衷的盲從，而毅然的宣告退出這個政黨。

差不多與此同時，有一天我同李倫去重慶單獨出差的機會，討論到六四運動，他的表情十分沮喪，嘆息道：「在我的一生中，參加中國共產黨恐怕要算是一個最大的錯誤。」

中共黨員對中共領導倒行逆施的這種認識，代表這個黨的基本群眾的共同認識。易曰：「善不積不足以成名，惡不積不足以滅身，……故惡積而不可掩，罪大而不可解。」靠著邪教，欺騙而奪得江山的共產黨現正從強大走向滅亡。老天保佑我，能親眼看到它衰亡的過程，滅亡的結局看來是天天臨近了。

如果陳力張錫錕劉順森皮天明等等，當年為反對毛澤東專制而殉難的烈士們在天有靈，他們會對此而感到欣慰含笑九泉的。

如果他們有興趣，不妨在這個夜晚，附在普通的三口之家的窗下聽他們與電視機是怎麼對話的——

電視機：「學生們阻攔交通。」妻子立即反問道，「靜坐在天安門廣場上的大學生怎麼會到馬路上去阻攔交通，這真是太離譜了。」

電視機：「學生們的行動妨礙了國民經濟發展的正常秩序」。丈夫接口道：「靜坐在廣場上的學生們招惹誰了，他們又不是到工廠礦山去鬧事，這個罪名簡直『莫須有』。」

電視機繼續說道，「暴徒們圍攻民警，製造了一個又一個駭人聽聞的暴力事件。」女主人回答：「這就更奇怪了，赤手空拳的學生怎麼會對拿槍桿子的士兵動手，這不是找死嗎？」

男主人接口道，「軍隊向和平的示威者開火，殺人太多了，激起了民憤，才有市民的自衛行動，不然學生們就是吃了豹子膽，也不敢對解放軍動手腳的呀。」

這時候，小女兒從裡屋裡探出頭來，報告說：「爸、媽，ＢＢＣ台最新消息，聯合國正通過要制裁中國的決議。我在學校裡學不下去了，大家都說書沒法讀，這個昏庸腐敗的政府哪天垮了，我才回校讀書去。」

電視機裡還在喋喋不休地報導「平定」天安門事件的真相：「一部份戒嚴部隊按計劃進入警戒目標的過程中，極少數人製造謠言，煽動一些人設置路障，阻礙軍車，搶奪軍用物資，焚毀軍車，殺害解放軍戰士，他們還打算第二天，（即六月四日）造成更大的暴亂事態，企圖一舉推翻政府，奪取政權……在這個緊要關頭，中共中央，國務院，中央軍委不得不命令戒嚴部隊強行開進，平息反革命叛亂……在戒嚴部隊進入市區的過程中，一夥暴徒大搞打砸搶，搶走槍支彈藥、殺害、綁架解放軍戰士和公安幹警，部隊不得不實行必要的武裝自衛，嚴懲一小撮反革命暴徒。六月四日天安門廣場清場任務全部完成，六月五日清晨戒嚴部隊全部到位，反革命暴亂被一舉粉碎。」

這就是中共的喉舌報導的天安門流血的全過程，然而中共當局忘掉了高懸在中天的天地良知，忘掉了地球衛星已拍下了整個事態的全部過程，並將這些真實的錄影公佈於全世界，如實地報導了震驚中外的六四慘案！

按中共的說法，手無寸鐵的，已被絕食折磨得精疲力竭的學生，忽然變成全副武裝，青面獠牙的魔鬼，也不知從那裡爆發出的巨大魔力，焚軍車、搶槍械、殺士兵。按照這個說法駕著坦克的軍隊，「不得不」實行自衛，「不得不」嚴懲一小撮反革命暴徒。

可惜，今天的科學技術對資訊的傳播能力已不像二十年前那樣，可以任由毛澤東封鎖和竄改歷史了。

「有消息說，北京發生的焚燒軍車的事是軍人自己幹的。」如果確實如此，中共今天也墮落像當年日本野獸進佔盧溝橋的故技重演。還有消息說，北京「六四」事件之前，執行戒嚴任務的軍隊接到上峰密令，「對一切阻攔者，格殺勿論」，這是可以從執行屠殺任務的軍人那肆無忌憚的瘋狂證實的。

如果沒有上面的密令，加上封官許願的刺激，面對同胞，軍隊也難以發揮出如此瘋狂的獸性。

人類有時簡直比動物兇殘百倍，因為他們有掩蓋罪惡的能力，而動物卻沒有。人在傷失理智時，比猛獸更可怕，他們可以無緣無故地殺害自己的同胞。中國人的悲哀，大致出自一群傷失人性的「革命家」！

我想但丁的神曲裡，地獄的第十圈外應當增加第十一圈，那一圈就是為假革命者和獨裁者準備的，他們死後所遭到的報應，應比所有的惡鬼酷吏更嚴。

我前面講的故事，還沒有收場。當電視機播完了這一段以後，那男主人再也按捺不住，走到電視機前忿忿地關上電鈕，對著那黑黑的螢幕大聲喊道：「誰還不知道你們這一套賊喊捉賊的假新聞，今天明擺著你們出動的是坦克、機槍來鎮壓無辜的學生，怎麼顛過來反說學生在殺你們的人，中國的百姓真被你們一直在當傻瓜耍啊。」

陳力，張錫錕，劉順森們，你們聽見了麼？你們今天在天堂，為天安門城下浩大的學生和市民奮起的隊伍而興奮嗎？

算起來陳力犧牲了十九年了，張錫錕也犧牲了十四年了，當年只有你們喊出的聲音，今天已成為普通百姓的共識了!!今天老百姓哪一個不唾罵這個兇殘貪婪的統治集團？善良老實的中國民眾已從中共的欺騙中清醒過來。

我相信，我會親眼目睹，這個實行專制失去民心的黨走向滅亡的那一天。那一天我一定備酒到鹽源的山崗上與你們一道共慶。

當聯合國人權委員會一再以與會國聯合的形式，向中共政府提出抗議，要求立即停止這種暴行。國際金融組織一再對中國政府的這種暴行實行制裁。在全世界人民的強大聲討聲中，中共當局竟然無恥的公佈如下「六四」傷亡記錄：「在幾天的暴亂中，戒嚴部隊、武警戰士公安幹警共六千人受傷，數十人死亡……暴亂中有三千多名非軍事人員受傷，二百多名死亡，其中包括三十六名大學生，……在北京發生反革命暴亂的同時，上海、廣州、武漢、成都、貴陽，哈爾濱，蘭州等一些大城市接連發生暴徒衝擊執法機關，殘害無辜等嚴重事件……。」一貫黑白顛倒，中共真面目百姓看清了嗎？

為了歪曲六四真相，他們在以後的時間裡在報紙上、電臺、電視，連篇累牘的刊載暴徒襲擊民警的暴行。由中共舉行「為六四事件犧牲的英烈記功表彰大會」這些矇騙國人的手段，令人肉麻。可是這一次不可比一九七六年的「四五」事件，這次無論在參與者的廣大，市民覺悟的程度都大大的與毛澤東當年不同了。

這一次，普通百姓家裡家家都在抨擊當局的無恥顛倒！北京死亡的學生豈止三十六名。

僅北師大教授丁子霖女士，在當局極端封鎖下，徒步走訪登記六月三日晚，有姓有名的死難學生就是一百五十五名，另有六十五名傷殘者。這僅僅是浮出水面的冰山一角。僅北京一地死於這次中共暴行的不會低於數千人！

「六四」已永遠銘刻在中共的歷史上！

第三節：「六四」以後的那幾天……

七月初，我藉出差重慶的機會，順便走訪了重慶大學同劃右派的老同學，想聽聽他們對「六四」的見解，順便也想瞭解重慶大學的學生在「六四」運動中的具體行動。

早上十點鐘，當我順著漢渝路重大的後校門支路，走到松林坡楊家銘家。剛剛跨進她家的門檻，她連忙關上門，屋裡門窗關閉，顯露出十分緊張的樣子，開口的第一句話竟向我問道：「你怎麼這麼大膽，這幾天是什麼時候，還敢東走西竄的？」我被弄得十分的驚奇，反問道：「我又沒做錯什麼事，何來畏懼？」

她凝視了我好幾分鐘，像是在試探我似的，用一種十分神秘而略帶恐怖的眼神望著我說：「你在工廠還不知道嗎，這幾天學校水緊得很，全校正在大清查，凡是六四期間上了街參與遊行的人，都要由學校保衛處進行登記，算有了新的『歷史污點』。有的頭頭已被隔離反省，聽說正在道別，有的要逮捕送監，有的遣返回原籍下鄉落戶，輕的也要開除學籍。」

好了，一股正義熱情湧動下反腐敗反官倒的人，現在卻要面臨鋃鐺入獄的下場。學籍沒有了，前途渺茫，當年我們曾有過這種親身經歷的痛苦，而今卻要這些孩子們重蹈我們的足跡！

我望著面前這個三十年前同在南桐叢林溝與我共過患難，現今已白髮蒼蒼的老女人，一時不知該向她說什麼才好。

中共這一套用運動整人，制服學生運動的手段我已領教過了，從這位老同學的身上，使我深深感到歷史傷痕多麼深的刻在我們的身上。難道中國的命運就這麼長期操持在幾個寡頭手中嗎？如果大家都被紅色恐怖嚇成這樣，中國的民眾還有什麼希望？

我們相對的默默坐了兩分鐘，看得出她越來越不安，囁嚅著告訴我：「昨天黨支部書記還專門上我家來過問，最近有沒有人來找過你？」

時值七月盛暑，四周的門窗卻緊緊關閉，悶熱的空氣使我大汗順著臉頰淌下來，而心卻像冰凍一般，一陣陣戰慄。知道剛剛她的話已是逐客令，便立刻站起身來，告辭出門。

當我離開松林坡，朝著漢渝路往回走時，心裡說不出的懊惱。看來我完全不應該在這種時候跑到學校來，中共對付學校和學生的那一套，依然沒有變。今後只要中共存在一天，校園永遠不會是學生們安心攻讀的樂園。

舉目望公路兩旁的水泥電桿上，還殘留著六四那幾天學生貼出的標語殘跡，那激憤的人流彷彿還在眼前，耳中還響起那激昂悲壯的口號聲和歌聲……

專制！令人淚咒的中國獨裁，中華民族還要馱著你走多久？中華民族還要為這具僵屍付出多大的代價？中華民族的民主前途究竟還有多遠？今天我算是又上了一堂沉重的課。此時此刻，我的心情如當年在獄中一樣的沉重。

大約又過了一個月，我想去拜訪一下隔著一條龍鳳河，住在重慶儀表材料研究所的程貽舉，因為他當時已是民主建國會中央委員會的常務委員，想來可以在他那裡採訪到在六四中，民主黨派發出的聲音，瞭解他本人的態度。

當我走進他的家門，也如楊家銘的家那樣，大熱天窗門緊閉，連窗簾都拉下了。他見到我時同樣面露恐懼的表情，決不比楊家銘更好，我在客廳的沙發上坐下後，他告訴我說：「北京這次全國八大民主黨派，都參與了聲援學生運動的遊行。現在已將這次運動定性為動亂，八大民主黨派看來又一次在重大政治關頭『站錯』了隊。一如當年反右派運動一樣，現在只有聽憑（中共）黨中央『發落』了，我們都等候著中央的處份！」

說罷臉現陰沈，很失落的樣子。看到他的面容，腦子裡浮現了一個平時一貫在中共鞍前馬後，侍候主人的奴婢相！

既然他不敢直言說「六四」孰是孰非，卻在小心翼翼地等著開庭審案，未免替他感到汗顏。也罷，就是中國民主黨派的天牌人物，還不是一付唯唯諾諾的相，除了在政治協商會議召開的日子，以「幫閒者」的身分出現，坐在主席臺上，貌似木雕，平時是不敢輕言表態的。

看見他的禿傷樣子，我也找不到用什麼話來安慰他，只是重複的說，「大家上街和平請願，實在是對腐敗已經看不下去了，還不是為了中國好，希望政府知過而改。我們每個中國人在六四期間問心無愧，你也不用擔心。」

一場恐怖過去了，留在人們心坎上的又是一道深深的鞭痕，無論是自己燒自己的軍車嫁禍於無辜的學生和市民，還是軍人駕著坦克屠殺學生，罪魁禍首都是明白無疑的，罪魁的目的也是明白無疑的。只有目擊事件全過程的北京市民，都清楚記住這些軍人的番號。北京市民因此在未來的歲月裡，長期將遺恨放在四川人身上。

兩年後，我因公出差北京，有一次我的同事操著四川口音向一位北京市民問路，這位北京老鄉向他直翻白眼，眼裡透出極其鄙視的神色，白了他一眼，什麼也沒回答他便走開了，口裡帶著鄙夷的口氣罵道，「四川豬！」

看到這種情景，為了防止在北京遇到更大的麻煩，我只好決定，在北京期間任何人上街都不要同當地人說話，凡事都由我操東北口音向當地的老百姓詢問。人民之間竟因六四如此隔閡！

其實慘死在「六四」中的，無論是學生工人和居民，甚至是軍人過後都應當清楚，他們都是專制和腐敗的中共政權的犧牲品。在這些犧牲者中唯有投入靜坐絕食，要求中共當權懲治官倒，懲辦貪官，放棄特權，放棄獨裁實行真正民主的善良學生們，才是這次運動的主角和英雄。可惜他們沒有組織起一支足以摧毀中國專制政權的大軍。

在六四中以屠殺學生而暫時占上風的中共獨裁勢力，效法他們的老祖宗毛澤東，不顧全世界人民的強烈反對，開始了又一次的「鎮壓反革命」運動：趙紫陽被軟禁；接著在全國範圍內，尤其是大學院校，開始了搜捕參加六四愛國運動的領袖和中堅人物，大搞人人過關，層層清理。

北京市把在六四中雙手沾滿鮮血的劊子手陳希同推上了北京市長的寶座，由他負責對六四民主運動的發起人狠下毒手。當時由北京軍管會發出通緝令，通輯著名的民主運動領袖嚴家齊、萬潤南、陳一諮，以及學生運動的主要發起人方勵之、李淑嫻，追捕學生運動的著名領袖吾爾開希，王丹等一大批精英。

當時落入軍警特務魔爪的人，數以萬計，一場真正的白色恐怖籠罩了各大專院校。對六四參與的學生登記，並給予處份，情節嚴重的與以逮捕勞教。

三十年來無論是我們這些不更事的少年，還是老教授們糊里糊塗的被劃為胡風份子還是右派，糊裡糊塗的「認錯」，後來又將這些糊里糊塗的人，押到邊荒農村糊里糊塗的流放，像牲口一樣的接受「無產階級」專政的鞭打，殘酷的折磨使他們大多數人死在流放地的深山峽谷中……

三十年後的今天，北京的學生走上街頭召喚民心，同全副武裝的軍警搏鬥，在兩個月中把中共的內部矛盾和危機四伏在全世界面前暴露無餘。

尤其是在強大民心的催化下，中共政權一度汲汲可危，而它的內部也在這種民主潮流中分化互解，彈指一揮三十年，這又是一個了不起的變化！每一個人都看到中國，絕不是中國獨裁勢力能所欲為了。

一九八九年六月二十三日，中共十三屆四中全會召開，會議題目便是「公審」趙紫陽。李鵬向中共中央政治局提出的〈關於趙紫陽同志在反黨反社會主義動亂中所犯錯誤〉的報告中說；「趙紫陽在關係黨和國家生死存亡的關鍵時刻，犯了支持動亂和分裂黨的嚴重錯誤。」

趙紫陽是鄧小平一手推到中共中央總書記的位置上，僅僅幾個月又把他打翻在地，這既說明共產黨在失去民心的作用下已亂了陣腳。鄧小平沒有像毛澤東那樣，氣勢洶洶以叛徒罪名將趙紫陽「永遠開除出黨」。更沒像史達林對付孟什維克和托洛茨基處以絞殺。

鄧小平看到史達林、毛澤東眾叛親離的晚年，他想逃避焚屍揚灰的厄運。他的內心又是何等虛弱。李鵬在這個報告中不是公開承認當時中共處在「生死存亡」的關頭上麼？實際上獨裁的中共，不得不在專制和民主的較量中，修改一黨獨裁的臉譜。

如果趙紫陽能與鄧小平相抗衡，實際上反映了共產黨已經到了沒有主義的時候。所以六四事件雖然又犧牲了許多為民主而戰鬥的年輕人，中共也不得不答應，嚴懲貪官污吏，放寬黨禁。讓各民主黨派稍稍有一點生存的餘地，敢於在某些問題上行使監督的權力。

當然，鄧小平自己便是毛澤東的叛逆，他知道趙紫陽所做的僅僅是對學生運動的同情，趙所主張的，不過是政治體制向民主方向再邁進一步。對於學生運動殘酷鎮壓的決定，也讓鄧小平足足猶疑了兩個月，畢竟國內日漸猖獗的腐敗是他的一塊心病。

所以，在六四學潮的推動下，六月召開的中共十一屆四中全會上還通過了，「堅決」把懲治腐敗作為頭等大事，特別要注意抓好的決定。

一九八九年下半年以反貪污，反賄賂為主要內容的運動，便掀開了帷幕，八月十五日由最高人民法院發佈的〈關於貪污、受賄、投機倒把等犯罪份子必須在限期內自首坦白的公告〉規定，貪污份子必須在十月三十一日前向政府自首坦白，八月十九日監察部發佈〈關於有貪污受賄行為的國家行政機關工作人員必須在限期內主動交待問題的通知〉，說明中共中樞機關不敢對六四事件無動於衷。

他們明白，逐漸腐敗的政府正坐在失去民心的火山口上，再不整治將會使整個統治大廈崩塌，但是它卻不想用人民的力量，自下而上的開刀這個腫瘤，而是採取了一個內部的行政命令辦法來處理它。

這就正好對爛瘡自己下刀，爛瘡是永遠割不掉的。事實證明中共這些年來貪污之風越來越嚴重，貪污腐敗與專制政權結下了不解之緣，仗著不受約束權力的掌權者，對另一批同樣掌著權力得到賄賂的人實行整肅貪污，能治得了誰？

事實上，對六四的鎮壓，客觀上放縱了中共各級貪污的膽子。從九三年開始全國紀監機關自己公佈的數字，貪污賄賂案件以每年百分之九的速度遞升，而受到黨紀政紀處份的官員，又以百分之十二的速度遞增。從中共檢查機關一九九〇年至一九九八年共受理各種腐敗案件達一百一十萬件，立案五十餘萬件，涉案人員達六十餘萬。

後來為了專制，中共的獨裁頭子江澤民喊道，「對腐敗現象如果不採取堅決果斷的措施，而任其發展，就會葬送改革開放大業，最終也要失去黨的執政地位。」他的擔憂是必然的，但他的驚呼絲毫沒有阻止中共腐敗的大勢。

到了跨進二十一世紀，據中共自己所公佈的資料，新華社二〇〇四年公佈，一月至十一月查處的貪污賄賂以及各種瀆職侵權的案件三千六百五十件，涉案人數四萬二千二百二十五人，比二〇〇三年增加了五倍。足以說明中共的腐敗已病入膏肓，整個的國家行政管理可以說是無官不貪，甚至於還出現了所謂五十九歲效應，官吏在退休以前都要大撈一把的事，成為國家機關腐敗的公開現象。

八九年八月十五日國家審計局在國務院全體會議上公佈了對中國康華發展總公司，中國信託投資公司，光大公司，中國工商經濟開發公司，中國農村信託投資公司等全國最大的幾家公司的審計，對這些公司的內幕沒有公開。但據傳它們與中共天字第一號掛勾，並由太子黨的實權派所操縱，並以這些中共的實權派為後盾則是明白無疑的。

這些公司，從事私自買賣外滙，倒賣國家緊俏商品和走私偷稅漏稅數額之大要以億來計算，由於劣跡昭著加上統治集團的內訌，五家公司被責令追交了五千萬稅金了事，實際上這些公司都是當權者私人資本的基地，以後發展成了中國最大的金融集團，以分贓並保持著相對平衡而相安無事。

五月十九日監察部發佈限定全國的貪污份子，規定在十月三十一日的最後期限主動交代問題的通知，本身說明中共的大小官吏無法無天，全無顧忌，若不是六四的推動，監察部也不會向全國大大小小貪污份子發通牒了。

現今限期已到，檢查機關隨後公佈戰果，在這一階段受理投案的人達到三萬多人，中共自己十分明白這個人數只是事情敗露，沒有必要再隱瞞下去的小魚小蝦，真正的蛟龍還藏在深水處，永遠都不會觸動他們。

當時社會流行著，「大鬼坐衙門，小鬼跪階下，三堂審貪官，只給外人看」，這樣做做樣子勢必還要使中共更進一步腐化。到了二〇〇四殺了一個廣西大員成克傑又怎樣？不在制度上下功夫，中共的滅亡是遲早的事。

鄧小平因在國人中名聲太臭，不得不引退出政壇，轉到幕後當起太上皇來，十一月九日中共十三屆三中全會上，作出同意他辭去中共中央軍委主席職務，算是對六四運動的引咎自責，無論怎麼說，他交出了軍權。從此個人專制主義的標誌，行政長官終身任職的權力，在全國人民民主運動的推動下取消了。

但是中共一黨專制仍頑固地保持下來，在國內外強大輿論的震懾下，統治集團重新改組，一方面清理趙紫陽這樣的政治異己，另一方面為緩和國內矛盾，在肅貪、扶貧、禁毒、平抑物價、綜合治理社會治安，等方面作出一些收攬人心的動作。

一九九二年，中共十四大上確定了「社會主義市場經濟」體制，實行向市場經濟的轉軌。次年，國家經濟體制改革委員會決定，從一九九三年按照市場經濟的法則進行體制改革，毛澤東最後一點僵死的國有模式終被衝破。

然而頑固的中共獨裁勢力並不會因此甘心退出歷史舞臺，在血腥鎮壓六四後，將六四領袖人物驅出海外，想以此消除他們在國內的影響。

流亡在外的民運精英們，紛紛組織民主政黨繼承發揚六四革命播下的種子，繼續同中共的獨裁勢力作鬥爭。

一九九〇年一月，北京解除戒嚴令，並對王丹等人進行審理，儘管這是違背民意和憲法的，但比之當年毛澤東對政治犯的趕盡殺絕，株及無辜，無中生有等等暴行就緩和多了。

同年六月二十八日一直在美國大使館請求政治避難的政治犯方毅之，李淑賢夫婦得到准許讓他們赴美「治療」，使他們得以流亡海外。

令人感到驚心的是，鄧小平用坦克對付「六四」卻給毛澤東這個惡棍找到了腐屍還陽的藉口，一股專制腐敗勢力在民間蠢動，使毛澤東惡名得以抬頭，他們把政府貪污腐敗以及學生鬧事，歸結為鄧小平復辟資本主義的結果，不但這魔頭當年所犯的累累罪行沒清算，還公開鼓吹：「只有毛澤東才會禁絕貪污腐敗」。

中共後極權時期為了防止老百姓打倒他們，對毛澤東時代強行灌輸的文化遺毒，根本不清算，只將露骨的文化獨裁收斂了起來。毛澤東「愚」錄，雖沒有再氾濫，「欺」世歌「東方紅太陽升」，「大海航行靠舵手」卻沒有列為禁歌。尤其對幾千萬的飢民被餓死，人民一貧如洗，人民之間尤如野獸般的相互殘殺，知識份子在運動中大量被虐殺，流放，人性已普遍為獸性所替代，父子不相識，兄弟相殘等極其嚴重的罪惡，並沒有得到清算。

我原以為，毛澤東專制遭到否定後，在信仰危機中，應當出現一個對獨裁的批判時期。但事與願違，連我寫這個自傳時，仍處在擔驚受怕之中，並出現了「只有毛澤東才會像惡神一樣鎮住貪污、腐敗和煙毒娼妓」等等奇談怪論。由於歷史相去越來越遠，這種奇談怪論竟成為民間輿論就更令人深省了。

曾經在八十年代初期出現過一點「傷痕文學」，卻像小媳婦那樣嚶嚶哭泣了一陣，便很快銷聲了，一九八一年由白樺編寫的《苦戀》，哪怕是哀訴獨裁對知識份子任意殘害的作品，都遭到黨閥們的口誅筆伐。

舞臺上，千方百計掩蓋獨裁統治下殘酷鬥爭和冷酷的人際關係，表現那個年代竟是：「純真可愛，開誠佈公的人際關係。」我舉一個最露骨的電視片「真誠年代」，那是徹底歪曲了當時的社會關係！令人噁心。

今天，大陸上再有才華的作家提到毛澤東如骨梗喉，要麼繼續寫「愚民作品」，要麼寫些無聊的武俠豔聞，或家庭糾紛的低俗東西。

鄧小平一方面頑固堅持把毛澤東這個死人像，照樣懸掛於天安門城樓，以對付民主運動；另一方面大肆宣揚只有發展才是硬道理。這是這個時代中共政策的兩手，然而毛澤東的罪惡不得以清算，中國的獨裁不揚棄，中國社會就始終難以進步，這一點也是六四失敗的原因。

人心背離促使中共進一步的分裂，「六四」後，中共中央的總書記趙紫陽，於二〇〇五年一月十四日在北京含恨去世。六四以來拒絕中共要他承認六四期間所犯「路線錯誤」；拒絕承認學生在六四事件中使社會動盪的指控。

他以行動證明，中共在八九年的歷史關頭已不是一個意志統一、目標明確的執政黨。並說明中共除了用軍隊和暴力來實現它的集權，別無他法，證明當前中共內部的腐敗正在醞釀著巨大的社會動盪。

而我們這些經歷了這幾十年中共暴虐的人們，看到中共這種內幕，要想社會長治久安，必須重新建立中國的政治制度，建立和經濟發展協調的民主社會。

最近在世界主流思潮推動下，許多知名的學者，不怕中共打壓，在〇八憲章的簽名運動中，簽上自己的名字，這證明「民主」已逐漸成為大家追求的共同目標，堅持獨裁的中共頑固派睜開眼，不要等著被歷史唾棄那一天。

今天「六四」那一尊在自由村裡樹立起來的民主女神，像一輪朝陽，照醒了億萬昏睡的人們，接著又在悲壯的歌聲中緩緩離去。「六四」之火雖被中共用血腥手段撲滅，但是放開眼看看世界，「六四」期間戈巴契夫造訪北京，學生運動給他留下極深的印象：共產黨所建立的奴隸制，被撕下他們猙獰面具後，再也難於維持下去。

這一年東德人民在古城萊比錫發生大規模遊行示威，要求民主改革，十一月九日德共在國際新聞發佈會上宣佈放寬東德公民出入境制度，隨之東德人民擁上柏林街頭，自發用錘子榔頭電鋸敲打柏林牆，建於一九六一年經歷二十八年之久，一九八九年十一月十日，人民終於推倒了這堵一百五十五公里長，對東德人民禁錮與奴役的牆。牆倒之日東德人民歡聲雷動，喜迎德意志祖國統一。

葉爾欽在蘇共中央成立民主綱領派，一九九〇年九月民主綱領派退出共產黨，並在競選中當選為俄羅斯最高蘇維埃主席。

早在六十年代，中蘇兩國互爭領導權的共產黨頭目，早已分道揚鑣，社會主義陣營早已解體。

一九九一年八月十九日葉爾欽當選為首屆俄羅斯總統。蘇聯成為歷史名詞。

中共可以在大陸這塊落後的封閉故土上用暴力繼續維持他們的獨裁，然而，違背民心和民主潮流的反動能堅持走多遠？大陸築起的壩，終有倒塌的一天。

以後每年到六月四日這一天，不獨北京的獨裁執政者如臨大敵戒備森嚴，我們更透過當局的層層封鎖，聽到來自全世各個角落中國人謳歌六四的紀念歌聲，這歌聲帶給我們多少懷念和思考。

第四節：從遊行想到的

一九九九年五月九日凌晨零點，我被一陣口號聲從夢中驚醒，坐起身來，側耳傾聽。樓下的街道上人聲嘈雜，由手提麥克風傳出來的口號聲，和人群中有節奏的吶喊，匯合在一起，雖然有些混雜，但仔細分辨仍聽得清楚。其中頻率最高的呼喊聲分明是：「強烈抗議北約轟炸我駐南使館的野蠻行徑」。而那有節奏的吶喊是：「中國，雄起，……中國，雄起」。口號和吶喊在剛剛入睡的小城上空匯集在一起，顯得非常的刺激。

我馬上想到昨夜中央電視臺的新聞聯播已播出：「五月七日晚，北約的三枚導彈襲擊了中國駐南斯拉夫大使館，致使大使館被炸毀，三名駐南記者遇難，一名失蹤，二十名使館人員受傷」的消息。

同時還播出了中國政府所發表的嚴正聲明，稱：這一事件是北約蓄意對中國的挑釁……云云。在表達了憤怒和譴責後，提出「最強烈的抗議，並保留進一步採取行動的權力」。

與此同時，中國駐聯合國代表要求聯合國安理會，召開處理這一事件的緊急會議。隨著，中央人民政府，全國人大外事委員會，和全國政協外事委員會相繼發表聲明，擁護政府維護主權尊嚴的嚴正立場。

此刻我已明白，北碚的兩大院校師生，現正走出校門組成遊行隊伍，表達他們的「愛國心聲」。

我連忙從床上翻身坐起，很快穿好衣服，走下樓來。只見一支大約幾百人的隊伍，經我們住的大樓前，向著天生橋方向前進。從隊伍後面向前看到最前面的幾排學生，用身體並排地裹著一幅紅色的橫幅，猜得出是抗議北約「暴行」，捍衛民族尊嚴的內容。

領頭學生兩旁及隊伍周圍，稀稀拉拉跟著幾個手執麥克風的年輕人。口號聲正是從這裡發出，再由遊行人們合著節拍回應而成。

學生隊伍後面是一群住在附近的市民，他們進進出出人數不定，最後面跟著十餘輛出租計程車，大約是些專跑夜路的青年司機，跟著「看熱鬧」，也順便給中途從遊行行列中退出，準備回家的人，提供一點交通方便的。

計程車行列的後面，便是十幾名騎著摩托的武裝員警「斷後」，人聲喧譁，似乎並沒有人專門去注意他們的「特殊使命」。

就這樣，這個由學生、市民、計程車和警車組成的隊伍，在狹長的街道上排了足有一百多米緩緩前進。在昏暗的街燈下，我認出他們是附近的工人和居民、商店的營業員、三輪車夫、小飯館裡的服務人員，以及還沒有找到工作的下崗工人們。

我插進他隊伍中，想聽聽生活在社會下層老百姓的議論。

自從一九八九年「六四」學運以後，我已整整十年沒看到學生們組織的規模壯觀的遊行隊伍了。但眼前看到的這支隊伍，無論在規模和情緒上都無法與當年的「六四」相比。平時他們聚在一起，多半都花在麻將桌上那點事。而今天，他們都以好奇的口氣，議論著從早到晚電視裡重複播送的消息，發著莫名明其妙的提問。

「科索沃是什麼國家，在那裡啊？」一位小飯館的中年女人，向她身旁的一位戴眼鏡的附近小學的教師發問道。

「北約在那裡？為什麼要轟炸中國，他們隔我們很近嗎？」一位工人打扮的人向他身旁的老者發問道：「我們在這裡乾吼乾鬧的，美國政府會理睬麼？」

儘管政府所掌握的媒體、報紙、電臺和電視天天都在宣傳報導在南斯拉夫發生的戰爭。但從周圍人們令人可笑的問題中知道，只有為數不多的人知道南斯拉夫的地理位置，以及在那裡發生的民族衝突和近期以來發生的戰爭。

這種漠不關心，正是中共長期愚民所造成的。

「六四」後在中共統治下，長輩們對年輕學生的擔心一直沒有消退。上年紀的人還用十年前看「六四」老眼光，認為學生上街，又不知為反那一個貪官？

至於那些新近下崗的失業者，他們被面臨的艱難生活弄得心力憔悴，所以一看到遊行隊伍馬上就敏感，又不知是哪裡生活不下去的失業工人，被迫起來向政府請願；或者就是哪條街的拆遷戶，因為所住的陋室被房屋建築公司老闆強行拆遷流落街頭時，被迫起來向政府吶喊請願。

居民們在遊行隊伍中相聚，各聊各的家常，干涉那些剛從床上被鬧醒，跑上街看熱鬧的自家孩子，且聽他們的對話：

「你們廠的下崗生活費定了麼？」

「孫二娘的下崗飯館昨天才開張，張嫂的擦皮鞋攤證是昨天向段上去要的，擦皮鞋還不錯，一天也掙個十來塊錢，相當於吃低保了。」

「這該死的江澤民把我們工人是整慘了，今天可不是工人階級當家作主了，工人們都下崗討飯。」

「娃兒要讀書，學費書費往哪裡去湊錢，生活這麼貴，低保費就只有百十元怎麼活呀？我們家的小三，小學畢業就只有上街賣報紙了。」

「去當棒棒吧，可是那有那麼多請棒棒的？」

「李二嫂就只好去幹那事，每天晚上都可以看到她，在黃昏時候去守電桿。」

「拾破爛的人越來越多了，我們家的小子也幹那事，每天滿街頭揀爛紙，一天下來只能揀兩塊錢的東西。」

「昨天西師的員工宿舍又發生了殺人的事件，員警出動時殺人犯早已逃之夭夭了。」

「這社會亂了套，晚上我就關照我們那口子，不要上街，謹防半夜三更撞上鬼。」

「封三哥兩個娃兒都沾上了毒癮，你們的小二要小心，他常常與封三哥鬼混，哪天說不準撞鬼，怎麼死在下水道裡還不知道。」

「前天開到壁山去的公共汽車，又發生公開的搶案，那趟車上，余二哥被殺成了重傷！」

「你們知不知道天生街段自殺的那兩口子，失業幾年了，女的又有病拖著兩個娃兒，段上的人去處理，那住的地方比狗窩不如，屋裡沒有一樣像樣的家俱，兩張破床上沒有一床好舖蓋……可憐丟下兩個娃兒，唉！」

我身後的兩個年輕人卻另有高論，一個說：「這世道太不公平了，窮的窮富的富。」說著他指了指身後不遠跟著的摩托民警唱道：「一等公民稱公僕；二等公民叫大款；三等公民算倒爺；四等公民大蓋帽；五等公民公務員；我們呀是新生的無產階級。」

另一個接著說：「誰叫我老漢是窮工人。原先說地主、資本家騎在他的頭上，現在啊，五等公民騎在我的頭上了。」

忽然隊伍中不知是誰爆出一聲：「江澤民雄起」的喊聲，隊伍中原先有節奏的「中國雄起」喊聲中，在人們的笑浪聲中掀起軒然大波。於是「中國雄起」的口號聲變成了「江澤民雄起」的吶喊。

一種對當局的無奈，點燃了這支隊伍的後半段，而跟在遊行隊伍後面乘坐摩托的刑警們，若無其事的任隊伍中怎麼喊，只要不喊打倒共產黨，打倒江澤民的口號，誰又願意去干預那些分明有怨恨情緒，掙扎在貧困線上的人？

此時我隨著遊行隊伍走到了隔西師大門不遠的上坡馬路段。原先在月亮田參入遊行的人紛紛走出行列，在馬路兩旁的人行道上漸漸散去，但「江澤民雄起」的笑浪聲，卻並不因此而減退。

好在這年頭不像毛賊東年代，動不動用暴

力對付活不下去的老百姓，現在老百姓在私下可以不避「皇上」忌諱，說些不為當局喜歡的話，那也僅限於私下，這種有限的牢騷話正反映了民心失去，中共已處末代。

國民政府時期，組織民眾遊行示威以反對政府，是中共欺騙民眾的重要手段之一，中共建政後，依然用民眾遊行作欺騙民眾的重要手段。此刻，處在遊行隊伍中，六十年前的往事不斷在我腦子裡湧現：

記得一九五〇年年底的一個晚上，夜空中突然飛起了幾道耀眼的照明彈，接著位於嘉陵江邊解放台，傳來了隆隆的禮炮聲，不一會安在自來水塔附近的高音廣播喇叭，傳出一個宣佈西藏「和平解放」的消息。當夜地處北碚附近幾所學校和機關就在老新華書店，舉著火把在川東行署官員指揮下舉行了這座小城的第一次環城遊行。以後每年「五一」和「十一」都要在解放台舉行遊行慶典，

建政初期那三年，都會在這裡舉行殺人的「公判大會」，每次要求學校組織參加，使每個參會的學生領會那種「新鬼煩怨舊鬼哭，天陰雨濕聲啾啾」的慘景，這便是中共特有的「洗腦」方式，那時紅色恐怖籠罩著大陸。

一九五三年以後，這種遊行慶典成了「制度」，開會那天九點鐘，所有該到會的單位到齊後，主持會議的人宣佈大會開始，全場起立唱國歌，按慣例三部曲一完，到會者原地坐下。

各「領導」在主席臺前相繼講話，內容都千篇一律的口水話。但對於盤腿而坐的我們，則是最難熬的兩小時，直挺上身正襟危坐，就是練了幾天禪功的人，也要逼出一身大汗，每次遊行前又要舉行慣常閱兵典禮。

一九五五年，我考入重慶大學後，這種每年兩次由官方組織的遊行，在重慶市中區解放碑舉行。前去參加的單位是指定的大專院校和機關，人數也有規定。參加單位準備了象徵性的大彩車，那是按照組織者的意圖，製成的鋼

鐵廠、發電站或農莊的模型，車上盛裝的彩男彩女，在遊行時，揮動花束向周圍的圍觀者致意。

遊行隊伍中最打眼的是由重慶軍事院校組成的行列，他們在列隊通過解放碑的檢閱台時，禮炮齊鳴，坦克和軍車隆隆開過，步兵方陣整齊的邁著閱兵式規定的步伐，接受重慶部隊長官檢閱。

行列中舉著：「隨時準備粉碎來犯者」的巨幅橫幅，其勢殺氣十足。現在回憶，這樣的遊行示威完全為了震懾老百姓，同時也是做給民主世界看的，此乃毛賊東全民洗腦的重要手段，這種慶典，也不知耗費了多少人力財力。可憐的大陸百姓在這種長期折騰中怎麼不窮，除了嚇唬老百姓外，起得了什麼作用啊？

一九五八年五月末，我已成了被監督勞動的右派，在指定管理教師的監督下，參加了校園裡的遊行。

反右剛告一段落，校園裡的「陽謀」暫時收場，二十多名下放幹部在一片喝彩聲中，被校方戴上「光榮下放」的大紅花，簇擁著登上披紅戴綠的彩車，遊行隊伍鑼鼓齊鳴，繞校一周以示告別。

吃過午飯後，我們這七十多名已被認定為第一類極右派，打好了自己的背包，連人帶包的塞進了幾輛卡車中。在幹部乘坐的包車押解下，離開了學校，向南桐馳去。我就這樣結束了我十五年的學生生活，並從此告別了校園。這一去成了我人生的轉捩點，慘痛的遭遇，過早地結束了我的幼稚期。

我在懵懂中開始了我長達二十多年的煉獄，監獄的「年輪」在我身上刻了整整二十圈。當我從死難者身邊走過，我暗暗發誓，我不能死，爬也要爬出這地獄，把我所親身的經歷寫成書，永遠留給後來的中國人!!

中共自吹自擂，把這種非人的折磨，說成是無產階級對反動派最人道的改造，說只有那樣，才能脫胎換骨，改造剝削階級的世界觀。

經歷這種「改造」後我才明白，無產階級專政是怎麼一回事。

至今這種法西斯專政並未向公民公開揭露，施暴者沒有向受害人道歉，那些遍佈全國的集中營（勞改農場和監獄）並未撤除，裡面還關著異議人士，甚至反抗中共壓迫的老百姓（例如法輪功信徒），繼續進行見不得人的殘害。

像眼下南斯拉夫使館被北約導彈轟擊，發生中國駐外使團人員的傷亡，在真相不明朗時，煽起學生毀壞外國駐華辦事機構，舉行遊行示威，又是多麼危險的玩火行為。

反過來說，一支為聲援政府抗擊外侮的遊行隊伍，卻要用員警騎著摩托車跟在後面，豈不是對遊行者的莫大諷刺？由此可以看到中共統治者與老百姓存在的距離有多麼遠？當然這種對立，中共又要千方百計掩蓋了。

其實在民主社會裡，發生歹徒危害社會時，絕不會大驚小怪，因為人民會起來制止少數人的為非作歹。如果人民真到了對危害自身的行為孰視無睹，那麼這個國家用什麼來抗卸外侮？

第九章：在中共摧殘下我的家解體了

母親幾天來經常感到氣緊心悸，加上夜尿頻多，想去醫院檢查一下，這天，打定主意到距我們住地二百公尺遠的九院分院去。

看看壁上的掛鐘，正好是十點半，於是我馬上向醫院內科室掛了一個電話，詢問陳開第醫生今天是否值班。這年頭的大陸上，什麼都要講「熟人」，尤其是看病，非熟人莫去就診，成了醫道的行風。

電話中回答陳醫生正在查看病房。

我自己因為要弄午飯，便請臨時請來專門為母親做清潔的鐘點工小周，陪伴母親去那裡就診，關照她，母親已八十四歲高齡，雖然表面看，她身板還硬朗，但由於遭到長期折磨，加上年事已高，每晚我陪她出外散步一個小時，總是我牽著她走，生怕在不經意中跌倒，造成意外。

沒料到母親走後才十幾分鐘，電話鈴響了，小周打來電話，說她們剛到醫院，母親就在門檻上跌了一跤，現在正在陳醫生辦公室裡，要我馬上來一趟。我最擔心的事終於還是發生了。

我急忙丟下廚房裡備好的小菜，向醫院走去。在陳醫生的辦公室裡，我看到她坐在椅子上痛苦地呻吟著。

陳醫生告訴我，暫時無法判斷母親跌傷了哪裡，從她痛苦的表情看，她的右手和右腳都摔得不輕。小周把我帶到醫院的進門處，那是一扇雙開的活葉門，小周指著進門的門檻上一道高五公分的階梯說：「媽媽在進門時就是踢著那階梯跌倒的，等我慌忙去扶她時已經晚了。」

我看了看那階梯，內外沒有色差，沒有警示標誌，加上這一天天氣本來就陰暗，老年人在這裡被絆倒是非常容易的。

回到陳醫生的辦公室和他商量怎麼處置母親？他說：「暫時因為沒有設備可以確定母親受傷的部位和嚴重程度，現在已到下班時間，我建議你下午一定要到X光室去照個片。」

第一節：致命的跌跤

這真是飛來橫禍，母親的身體沒有檢查先就把手腳跌傷了。無奈，只好同陳醫生一起把她扶回家，等下午上班時再說。

那幾天，正好劉啟建辦了退休手續，為了償還自己平時拖欠的債務，她到南充她妹妹那兒聯繫找一個臨時打工的工作，所以去南充了。我回到家裡趕緊給她打了一個電話，把母親跌傷的消息告訴她，要她立即返回北碚。

一面忙著弄好中午飯，等孩子回家吃午飯下午好按時上學。匆匆忙忙打發了孩子，給母親弄了一點稀飯，看她睡在床上呻吟不已，弄的稀飯只吃了一口。因為還不知傷勢如何，按照陳醫生的吩咐，下午就雇了一輛長安車在我的一個學生幫助下，把母親送到中醫院去檢查。

照片的結果，證明母親已跌成了右腿股骨頸和右手手腕兩處骨折。等到我忙著為她辦完了住院手續，住進了骨科普通病房，已是晚上九點鐘了。忙了一天，把母親住進病房後，實在疲倦已極，就在病房裡暫時請了一個扶持病人的臨時工，請她在晚上照應一下母親。

晚上十二點鐘，我才拖著疲倦的身體，回到家裡。聽醫生說，八十多歲的老人凡跌成股骨頸骨折的，十有八九都有生命危險。

第二天一大早我就起床，叫醒了孩子讓他喝了牛奶，督促他上學，這孩子好像突然變得懂事多了，說中午放學後要到中醫院來，叫我不必為他準備中午飯，就在學校食堂隨便買點麵食過一頓吧。

我到醫院時，還沒有跨進病房，就聽見了母親的呻吟，說她受不了牽引。病房裡的病員們都說昨晚她幾乎是喊了一晚上。我忙去病護室，找到值班醫生，詢問能否取掉牽引？醫生說，根據片子上的情況如果去掉牽引，那麼她就是出院了，也只好永遠躺在床上，不能起立了。

我又忙回家，找到她的病歷，匆匆趕回醫院，把病歷交給醫生，向他們說明她患有較嚴重的冠心病和肺心病，加上年歲已大，受不了牽引的劇痛，建議他們取消對她的牽引手術，至於今後怎樣，就只好到時候想辦法護理她了。

牽引取消後，她仍呻喚不止，直到打了一針鎮定劑，她才昏昏入睡。

中午放學後孩子來了，我輕聲告訴孩子說祖母剛剛睡去，要他不要驚動她，問他吃過飯沒有，他點了點頭。我囑咐他婆婆跌傷了，他自己也要考試了，不要再像往常那樣上網貪玩了。下午按時回家，自己熱飯吃後完成當天老師交待的作業，儘快上床睡覺。

直到母親跌傷後的第三天上午，劉啟建才從南充乘車回到北碚。

我們商量後，白天由我們輪流守著母親，晚上暫時請了一個臨時護理。

受傷第六天，母親叫我備上紙筆，要我給她寫下遺言，說，她感到不久將辭別人世，她死後骨灰灑在嘉陵江中。因為她從二十二歲開始就到重慶嘉陵江畔居住，這裡是她的第二故鄉。雖然漂離他鄉，一生坎坷，一生痛苦，但那生養的恩情卻始終不忘。

另囑她死之後，不要舉喪，不要驚動故年老友，最擔心的是我和劉啟建關係，母親認為，我年齡已老，沒有條件另外組成家庭。如果再因家庭破裂，鬧出難以想到的後果來，是她最不願看到的。

她又說：「我自幼在上海教會學校讀書，少女時特別喜歡聽唱詩班唱歌，所以一生都想買一架鋼琴。但，一生顛沛流離，在毛澤東時代，積蓄被抄去，受盡折磨和凌辱。這些年，老年打工留下一點積蓄，只因沒有自己安身的窩，買琴便成了終身沒有實現的夢。現在孫子既然喜歡藝術，那麼就將積攢的錢買成鋼琴送他，以此作為我的遺託。望他彈著鋼琴，讓祖母在天堂裡聽他的琴聲，垂望他成為國家有用之才。」

我靜靜地聽她臨終的遺言，將她的話寫成遺囑，至於和劉啟建離婚，要看事情的發展，如果有一天我違背了她的意願，我會焚香請她原諒……囑我買鋼琴的事，我一定照辦。她去世後，我立即實現了她的遺願，買的鋼琴放在客廳裡，琴的抬板上留著她遺像。

那時正逢十二月初，是重慶地區一年之中最冷的幾天。年邁的母親因手腳骨折，翻身十分疼痛，加上她本來就腎炎發作，尿水頻多，每次小便又要別人幫助她，將她下身抬起來，將尿盆塞在她盆骨下面，尿盆與尾椎骨幾經磨擦，使她的尾椎很快擦傷，形成血淋淋的褥瘡，使她疼痛呻吟不止。

因頻繁排尿，稍不注意尿水就灑在床上。醫院的大病室內又缺專用的接尿設備以減輕她的痛苦。一天之內就因尿水打濕了被褥，被迫頻頻更換，天氣又冷，使她很快感染了感冒，迅速引發了她的老年肺氣腫。

氣喘和口痰，傷痛和尿水夾攻著母親，使

她在生命的最後幾天，還飽受折磨。幾天住院，她原來就體弱的身子已完全垮了，死亡正逼近她。

就在她最傷痛的日子裡，她的孫子成了最後生命中給她安慰的親人。這幾天，這孩子特別懂事，每天晚上他都按時從學校歸來，再沒有上過網，九點鐘他從學校來到醫院，靜靜地守在他的婆婆身邊，悄聲的附在她的耳邊講許多安慰的話，叨叨講今天學校裡發生的事。

每次祖母要小便了，他便伸出他巨大的臂膀，把婆婆抱起來輕輕放在尿盆上面，讓她減少痛苦。有時候從學校伙食團或沿街賣過夜小吃的攤上，買上一個羊肉串，送到婆婆的嘴邊，雖然他的婆婆根本沒有胃口，但那份孝順之心使她臨終前得了極大安慰。

在中醫院的大病房裡，母親終日因傷痛而呻喚。眼看她一天天虛弱下去。肺氣腫和冠心病代替了骨折，成為威脅她生命的主要病因。

第八天，我同九院的主任醫生商量，將她從中醫院轉到隔家很近的九院分院，住進了單人病房。然而母親的健康狀況卻更加惡化了，開始住進第九醫院單身病房那幾天，她已有兩天沒有排洩了。但還能勉強吃一點稀飯，陳醫生說，那是她體內電解質紊亂造成的，囑我一定要煮酸菜魚給她吃。

那幾天我徹夜守在她的身邊，晚上，等到劉啟建來換我回家後我便忙著給她弄酸菜魚湯，每天一大早，我就把煮好的新鮮酸菜魚湯給她送去，可是她卻只能呷兩口再不張口。

由於極度的衰竭，她的最後幾天，完全處於半昏迷狀態，有過瞬間的清醒，這時候，她微微張開眼睛，好像有什麼話想要努力說出來，當我俯下身子，耳朵貼在她嘴邊，卻只聽見她輕微的囁嚅聲，很快閉上了眼睛。

我們母子在中共殘酷迫害下，前後合起來渡過了四十年，掙扎到今天已非常不容易，她對我的牽掛，只有趁這片刻清醒的分分秒秒想傾訴出來。

我的兒子每天都照例在放學後來守望她，每一次來，第一個動作便是伸手握住她的手，好像是他攙扶著走過這最後的幾步。但是她已不能像住在中醫院開始那幾天可以同他交談，而只有含淚相望。看到婆孫倆噙淚相對，我也禁不住要掉下眼淚。

我在重慶地區沒有任何老家的親戚，來探望母親的人是她晚年在北碚縉雲諮詢門診裡共過事，一起度過晚年的同事們；市工商聯的代表和李重生；此外五指山療養院的楊桂明夫婦；嘉陵中學的老師和學生以及崔老的同事和三個兒女。

到臨終的前三天，嘉陵中學六位代表，在校友聯誼會總負責人陳自立帶領下，專門從成都趕來，探望將一生勤勤懇懇獻身的這位教育先行者。

六個人送來了鮮花，圍著病床，但母親已經不能開口，只是張開嘴吐著大氣，好像在拚命地表示，她無法完成她畢生使命的遺憾。

她的褥瘡更嚴重了，背部擦傷的地方大片的已經潰瘍。在楊桂明指導下，我每天在醫護人員幫助下，給她潰爛的地方消毒，如此度過了最後的十一天。

在九院住到第九天時，她已進入了昏迷狀態，眼看著吊著的鹽水一滴一滴的輸入了她的體內，而接通的輸尿管裡再也滴不出尿液來，她全身已呈現水腫，我意識到她的生命已進入了最後的時刻。

只聽見她喉嚨裡響著呼嚕呼嚕的口痰聲，我怕那不斷湧出的口痰，會堵住她的喉嚨，使她窒息而亡。所以拿著藥棉花去她的喉嚨裡不斷去掏那些口痰，我的孩子放學以後，也同我一齊掏，好像在從死神手裡爭奪她的生命。

十二月十八日，九院的住院部正式向我下達了母親病危的通知書，十二月十九日，在護理人員的幫助下，我用熱水給母親擦了一下身子，並用蘸頭孢的藥棉花給她的褥瘡上了最後一次藥。

十二月二十日下午，冬雨啾啾，中午餵過她半小碗魚粥以後，她又一次昏昏入睡。醫生搬來了心臟監測器，她的心電圖已非常微弱。我和妻子以及兒子三個人全都守在她的病床前，見她安詳的熟睡了一般。我把藥棉籤子再次伸進了她那呼呼作響的喉嚨，掏出的痰越來越多。

從下午六點鐘我就不停地摳那源源不斷湧出來的痰。一面摳，一面痛哭，一面又聲聲地喚著，「媽媽！媽媽！」

我多麼想能幫助她把她無力咳出的痰摳出來，幻想她會因為最後的阻塞被一下子掏通了，出奇般的長長舒一口氣，然後睜開眼睛看著我。但是，我的努力終於成了永遠留在我腦海裡的，最後一刻同死神的爭奪。

下晚一點鐘左右，她永遠閉上了眼睛，不管我怎麼喊她，也再沒有睜開眼看我一下!!心臟監測器圖像表明心臟永遠停止了跳動，我忍不住嚎啕大哭起來，室外的冬雨下得特別大，天氣也特別的冷……母親就這樣離別了我們。

我們連夜在樓下的過道上搭起了棚帳，一直忙到二十一日天亮，楊桂明取出了為她特製的壽衣，替她洗漱完畢，為她換上壽衣，將她的遺體裝進冰棺。六個人抬著她的遺體，放置在我們樓下的靈堂中。此時，我的腦子裡一片茫然。

母親是一個獨生女兒，唯一的母親一直跟隨著她直到去世，我唯一的兄弟，死在文革中，只剩下我和妻兒替她送終。

來為母親送行的除去崔老的三個兒女全家，和她的縉雲諮詢門診部的老同事，以及她退休醫院的代表，便是嘉陵中學的師生了。

但我並沒有按她臨終前的遺言，處理她的遺體。只是沒有通知生前七旬以上的好友，特別是高自強老師。前來送別的足有兩百餘人，其中，李重生專程從市中區趕來。靈堂裡擠滿了人。

十二月二十二日晨，就在母親的靈堂裡，

我主持了一個小型的追悼會，我在悼詞中，追述了她坎坷而平凡的一生：

「一九一六年十月二十三日，她出身在蘇州河畔的一戶貧民家庭。一九三三年她考入蘇州女子師範學校。

一九三六年她在蘇女師畢業後，便在南京開始了她的教育生涯。時值日寇入侵，國難當頭。一九三七年抗日戰爭爆發，她與一家人隨國民政府從南京到了重慶，積極參加中國紅十字會抗日戰地服務團，投入了轟轟烈烈的抗日救亡工作。

一九四〇年在雙碑二十五兵工廠子弟小學任教育主任，與當時全國著名的教育前輩梁漱溟等人一齊為教育救亡，貢獻力量。

一九四四年她在兵工署支持下創辦私立嘉陵中學，抗戰勝利以後，她一直埋頭默默為中國近代教育貢獻著一生。

不料一九五七年被冤劃右派份子，在『監督勞動改造』的壓力下，忍辱含垢度過了長達二十二年『監督勞動』生涯。在這二十二年中，她經受了家破人亡的慘禍，受盡精神和肉體的折磨。

直到一九七八年始獲平反，時年六十二歲。但她仍堅持工作，直到一九九四年，才因上班擠公共汽車而跌傷，加上此時她已年屆七十八歲高齡，才停止了工作。

一生辛勞使她壓彎了背，但仍與嘉陵校友聯繫，為編寫校史和回憶錄繼續貢獻她的餘生。」

母親是一位普普通通的二十世紀中期中華知識份子，她教人和處世恪守誠信待人的原則。如果說中國的知識界，是中國近代教育的先驅群體，如果說她（他）們千千萬萬人的努力起到承前繼後，為建立新的教育做了自己該盡的社會責任，那便是母親留下的一點紀念。

她的一生，見證了中國的民主教育的啟蒙。更多的用自己的生命和經歷，見證了中共專制主義對中國近代教育的殘酷摧殘。

我由此聯想到一位，偉大的中國近代教育傑出的先行者武訓，他以忍讓、委屈感動著他生活的時代，為中國的教育提出了一個苦行僧的口號。因為人性的感化，仍是教育的道德基礎。他的行乞辦學的精神，雖然表面看，缺乏同一個沒落王朝鬥爭那股轟轟烈烈勁，而是用道德潛移默化的影響著全社會。

武訓沒有想到，在他逝世五十五年以後，一個自稱為解放全人類的獨裁者，用卑鄙的心理對他不朽的精神，進行了公開和殘酷的鞭撻。

結果，在摧毀武訓的「投降主義」「向統治者搖尾乞憐」的「革命」藉口下，一個反人性的專制主義和文字獄，牢牢地控制了中國人民幾十年。一個新的更殘酷的「教育為政治服務」枷鎖，套在民主教育脖子上，使教育成了統治者的工具，母親就在它的驅咬下，度過了淒涼的一生。

當我們今天生活在這種社會風氣中，處處看到人與人的欺詐和虛偽，一個新的怪物在中共的創導下，從另一個極端腐蝕著國民。拜金主義和道德淪喪，就在人性被摧毀的社會背景下長出了新的毒牙，當我們興嘆教育淪落到今天這種見錢眼開的地步，那是中共另一個巨頭：新專制主義者所期望的。

第二節：對母親的懷念

我的母親為教育奮鬥一生，勞碌一生，然而就在中共蠻橫地剝奪了她教書育人的權力後，仍矢志不移。她的晚年淒涼，中共連一處她能棲身養老的「窩」都沒有給她。若不是倚靠她唯一的兒子，得到一間八平方公尺的棲身地，她只能孤苦地去養老院度過她的晚年，但迫害不能扼殺她的終老之志。

野火燒不盡，春風吹又生。獨裁專制所推行的愚民政策，終會以不恥人類的狗屎堆而載入中國的史冊。

今天大陸，表面上看似統一的專制政體，卻因喪失人心處於風雨飄搖的境地，被迫也在向民主政體作轉型的姿態。中共專制主義必以代表少數人而讓出自己的地盤，吃盡毛澤東獨裁苦頭的中國勞動大眾，也絕不會自甘愚昧的境地。

母親去世以後，一個當年沒有錢讀書，是母親免費為他入學的窮孩子給母親的唁信寫道：「得悉一九九九年十二月二十日晚母親不幸病逝，頓時悲痛至極，心情一直平靜不下來。收到你十二月三十日的信，紀念母親的悼詞和照片，實在無法抑制內心的悲痛，而流淚不止。母親的許多經歷，往事不斷地湧現在我的腦海裡，引起了我極大的共鳴。母親高尚的品德，淵博的學識，出眾的工作能力，使我對她產生了內心的摯愛。她是我心目最善良最無私最慈愛的母親，她對我的關愛像春日陽光溫暖著我的心，使我感到很幸福，生活很充實。母親走了，我深深地懷念她，母親生前寫給我的許多書信，我將整理好，保存下來，經常翻來看看，以寄託我的哀思和思念。」

我因此想起在毛魔猖狂年代裡，對母親屢下毒手的人，至今不知天地良知該怎樣報應他們？當年母親受到迫害時，蔡家場的農民敢向摳打她的劉巴斥責，證明人性是專制迫害狂所不能摧毀的。

出殯的那一天，為母親送行的時候，嘉陵校友會還專門送來他們編寫的《回憶嘉陵中學》一書，校友聯誼會總負責人陳自立從成都打來長途電話，囑咐道，一定要將這本書隨同母親一齊火化。

倘若母親悲涼的一生，能使後世有志振興中華教育的兒女有所激勵，那麼她在天之靈，就得到了應有的告慰，而安心於九泉之下了！

於是我把她的一生，寫成了《我的母親》一書以誌紀念。

她剛去世的那幾天，每當傍晚，我都會獨自沿著她生前每晚散步的街道獨自徘徊。特別在附近街心花園裡，我會坐在花園角落裡，靜靜坐著，彷彿又回到每天陪伴她的過去，想起她看我在她身邊做操。一邊聽她叨叨重複我童年的故事，禁不住在樹蔭下潸然下淚。

第三節：為保護生存權的一場官司

在去九院清理母親住院期間的費用時，聽到住院病人講，該院進出使多人摔傷，該院護士抱怨進出時，腳下常發生磕碰，過去就有人向九院負責人反映這情況，引起了我的注意。去那門上仔細看，這是一扇僅一點八公尺寬的雙開活葉玻璃大門，門在關止處，留著內外高差十分不明顯的門檻。

我取來尺子一量，那門檻只有五公分高。由於進門時，光線陰暗，病人進出門時不會引起注意，又無警示標誌，特別老年人多數老眼昏花，提腳抬腿很低，很容易使他們在進出大門時，被這個不起眼門檻絆倒。我向醫院負責人提出門檻致人傷害的危險，要求他們為老年人安全著想，填平它，卻遭到拒絕。

二〇〇〇年一月十四日，我在消協王爾金秘書長支持下，填好投訴表，並按他的吩咐，整理了有關母親跌傷的病歷記錄，陪伴人的目擊證詞，傷害我母親的門檻照片，拿著母親的死亡通知，一月十八日我把這些材料交給了王秘書。

當即我同他一起步行到九院去找該院的院長，本想通過說理使九院的領導承認他們工作上的疏忽，並能及時治理好這條致人摔傷的門檻。我倆在九院的接待室裡等了足足一個小時，等出該院處理人身傷害的唐副院長，當我們向他呈訴母親摔傷致死全過程時，那姓唐的面帶輕蔑的冷笑說：「在我院門檻上跌倒，這首先是出事人本人的責任，何況，醫院只對醫療事故負責，所以，這件事是不應當來找醫院的，你們回去吧！」

我倆沒想到醫院的負責人，這麼乾脆的給

了我們閉門羹。王秘書長顯得非常尷尬，我卻用憤怒的眼光看這盛氣凌人的小官僚，一時還沒有找到足夠份量的話給以還擊。

這事倒引起西南工商行政報記者李良軍的關注，在他採訪王秘書長，核實了我整理的取證材料後，於一月二十日，在該報上發表了題為〈老人之死誰之過〉的報導。不料這唐副院長不但嗤之以鼻，還打電話到報社公開威脅小李。

過了兩個月適逢三月十四日，北碚各有關單位擺攤紀念消費者權利日之際，在九院攤位上我公開斥責來參加活動的唐某，本意敲打一下，對病人不負責任臭名在外的九院負責人，說完後，定睛看那姓唐的，已消失得無影無蹤了，看來一場官司是不可避免的了。

李良軍關於九院進門檻傷人致死的報導，在西南工商行政報上見報後，立即引起重慶媒體廣泛的關注，也引起了市民的強烈反響。長期以來，被病人視為活閻王殿的醫院，一直是市民怨聲沸騰的焦點。

二〇〇〇年四月，我根據消費者權益保護法，將第九人民醫院推上法庭，要求九院對母親傷害致死負起賠償責任。不料素與法院某院長關係密切的唐副，不知玩的什麼招數，長達七個月審理後，竟無視該門檻無數次傷人的嚴重後果，不顧全市市民的反對，北碚法院駁回了我的投訴。

醫院對本該由醫院方承擔的醫療事故責任，成立專門機構對事故大事化小，小事化了的做法，常被新聞媒體逮住，在報上曝光的事層出不窮。於是，母親的死亡賠償，被當作社會關注的焦點……！

二〇〇一年四月八日在民意和輿論的壓力下，北碚法院對老年康復中心的門檻傷害責任，進行了第二次開庭，那天到會的共有一百多北碚居民，坐在後邊的是各媒體的新聞記者。作為人證出庭的是由雷春隆等四人組成，包括新疆石河子醫院的劉醫生。在新聞媒體和全國消委的介入下，這個案子驚動全國。

劉醫生以雄辯的不容推卸口氣，講述了九院大門檻頻頻發生事故。矛頭直指九院領導，那姓唐的副院長不再像上次開庭，故意做出虛張聲勢的狂妄態度，他在被告席上搭拉著腦袋。

北碚法院對事故的責任很快重新劃定，九院終於負起賠償的責任，一時各大報社報導了我們勝訴的消息，醫院和病人的關係，原來由醫院說了算，向前邁了一步。病人作為消費者的權益納入消法保護，便成了有名的案例記載在消費者權益保護法的典型案例之中。

九院在北碚法庭上輸了理以後，唐院長們並不甘心，背地裡的交易始終在進行，他們利用上訴機會，再次與中級人民法院商量，請出專門打「疑難官司」的重慶政法委書記女兒辦的律師事務所，擔任他們上訴的辯護律師，在事實無法推翻情況下，利用法律的漏洞引用舊賠償標準，使賠償金額大大降低。

九月二十日判決生效，至此、整個門檻違背建築法致使我母親跌傷，致死的人身傷害，九院只作了低額的賠償而結束。

第四節：我的父親

父親出身於蘇北鹽城新興場一個地主家裡，弟兄姐妹五人，他排行老三。祖父去世後，老大占去了祖父留下的大部份田產，在新興場上繼承了祖業，當起靠田租和放高利貸的地主。

父親因為憎恨老大的貪得無厭，中學畢業後，將家裡所有放高利貸的借據，當著伯父的面一火而焚，從此兄弟反目。

一九三一年他變賣了分到的房產作為學資出外求學，在南京，他考上了中央大學，攻讀教育學，拜師顧毓秀門下。

一九三五年大學畢業，眼看當時軍閥混戰，日寇入侵民不聊生，中華大地在日軍的鐵蹄下痛苦呻吟，喚起了他救國志向，一九三七年十月他帶著一家從南京逃難到重慶，投奔顧老，去中央大學歷任助教、講師、副教授、教育學系副主任等職務。

一九四五年八月十五日，日本鬼子無條件投降時，剛滿八歲的我，住在沙坪壩的雙碑鎮，那是國民政府兵工署所在地，住著許多逃難而來的下江人，八年抗戰中，在異鄉整整熬過了八年，對抗戰勝利後的生活充滿了憧憬。今天當我翻開記憶中這一頁，它仍鮮活的保存著。

這年九月，我們一家隨中央大學復員回到南京，不久父親擔任杭州師範校長。

按「新生活運動」要求，他身體力行，每天清晨提一把大掃帚，在杭師「東升樓」前打掃校園和校門；主動撤去為他配的黃包車，把配給他的車夫派去為學生伙食團磨豆漿。

我親眼看到杭師學生的伙食，中午和晚上，每餐至少三菜一湯，常聽炊事員責備學生不知穀米來之不易。而那時各校都有學潮，學生喊著反飢餓反內戰的口號。每當學生遊行打這些標語，我不知內戰從哪裡爆發，飢餓在哪裡發生，禍端起於誰手？

一九四六年春天某一天，東升樓前集合了幾十名學生，手臂上戴著紅袖套，稱他們要到市中區參加全市舉行的反內戰大遊行。

早晨八點鐘左右，父親高大的身影出現在東升樓前，站在他平時站立的升旗台南側，面向準備上街的遊行學生講話，他講到八年抗戰的艱辛。

講自己一九三七年從廈門返回南京，沿途只有人推的獨輪車，又逢日本飛機狂轟濫炸，九死一生回到南京，趕緊帶著母親，外婆抱著剛出生的我，在日機轟炸下，從下關乘船逃出南京。

日本飛機尾隨著插著紅十字的輪船，像追一片只有挨打而毫無反抗能力的「綠州」。「綠州」中彈了，著火了，它的甲板上倒著死人，「綠州」用鮮血染紅了長江，炸彈爆炸聲掩過難民的慘叫，倒在血泊中的母親，掙扎著把乳頭遞給那撲在自己懷裡的孩子！當他講到毫無反抗能力的和平居民，受到鬼子的屠殺，淚珠奪眶而出，聲音也嘶啞了。

他說：「我們犧牲了幾百萬抗日將士，好不容易打敗了日本鬼子，昨天嘗盡了苦難，今天正需要和平建設中華時，如果你們是祖國的好孩子，就只有懷著一顆報國心，而不要聽從謠言和煽動，將得來不易的和平時光白白浪費掉。」他含著淚珠，希望學生們從國家和平建設大局出發，不要離校。

這一席以心對心的講話起了作用，準備去市裡參加遊行的學生，紛紛摘下袖套，收起已打起的校旗，悄然散去。

到了大約九點鐘左右，從膺白路方向打著「浙江大學」旗子的學生隊伍，向這裡緩緩走來，經過校門口時，只有兩個學生加入了那支隊伍，原來準備的校旗也丟在升旗台前。我記得那一天是陰天，寬闊的馬路上行人很少，他們匆匆趕路，向遊行的隊伍投去好奇而陌生的眼光。

母親站在家門口，一個勁喊著我，生怕我被那大隊的學生吸引了過去。

一九四七年下半年他又在顧老的推薦下，出任中央政治大學總務長，以後又改任政大重慶分校的校長，成為大陸上中央政治大學的最後一任校長。

一九四八年我們離開上海時，為「中共打來了，我們怎麼辦」？父母親發生了激烈爭吵，母親堅決反對「逃」。她說：「我是無黨無派，共產黨不會把我怎麼樣。」爭論結果她贏了，全家放棄了去臺灣。

一九四九年中共佔領重慶後，父親在成都放棄了飛赴臺灣的機會，回到重慶北碚家中。一九五〇年在當時中共西南軍管會川東行署的指令下，去西南革命大學受訓。並在那裡得到中共的「政治結論」，要他去貴州參加土改工作組，回來後進行工作安排，他們說父親是統戰對象。

不料，一九五一年底，在中共掀起的大鎮反高潮中，他在北碚家中被捕。

被捕後，由北碚法院的陳文俊（該員二〇〇六年還活在北碚）帶人對我家進行大搜查，不僅將父母親多年積蓄搜槍一空，還以「國民黨大陸潛伏人員的活動經費」沒收。在父親的反革命罪狀中，首要一條就是「鎮壓學潮」，被捕五年後他便被關死在勞改隊裡。

父親被審訊判刑，嚴格對我們家封鎖了消息，禁止我們家人探視，尤其是拒絕向家人出具他的判決書，透露他的情況。父親就這樣被他們「黑辦」了。

當我的父親成為共產黨的階下囚時，我們小小五口之家面臨了滅頂之災。而我是當年父親「鎮壓學潮」的目擊人，很替父親鎮壓學潮的罪名不服。

那時電影話劇都宣傳「解放」戰爭，專題講學生運動的題材，都是描述學生運動受到國民黨軍警、憲特的鎮壓，大批學生倒在槍林彈雨中或被抓進牢房，在陰暗的審訊室裡受到老虎凳，燒烙鐵等等酷刑折磨。

可是後來，我親身領受到中共監獄的殘酷折磨，才使我體會到中共的裁贓、誣衊，領會他們不擇手段的殘暴。

從此，我們一家幾乎遭到了中共政權的滅門之災：我的母親因為對父親遭受不明不白前後矛盾的審判，在大鳴大放中提出質疑，一九五八年被劃為右派。同年，求學的我因同一罪名被劃右派，並於一九六〇年鋃鐺入獄，我的兄弟於一九六八年被造反派不明不白殺害，我們一家幾乎家破人亡。直到三十年後，我死裡逃生回到母親身邊，她才深深後悔自己的無知，並一反過去的害怕和回避，向法院投遞了為父親的申訴。

而幼小的我，早聽到中共佔領區逃亡出來的人介紹中共的所作所為，此時腦海裡更清楚中共的獸性。

一九七九年經歷九死一生以後，我和母親才得以在二十三年後，重新相聚北碚，在我十幾封追問區、市、省的公安檢察機關後，才由四川省公安廳勞改局回覆，說他於一九五六年就因肺結核勾蟲病死獄中。時年僅四十七歲。

我們家，是千千萬萬無辜家庭，在中共暴力下破滅的一例。

第五節：合葬

母親去世時，我想父親帶著一腔報國志向，從一九三一年離開故鄉，在外闖蕩二十年，尋求救世救國的道路，一生為教育奉獻，也該讓他流落他鄉的孤魂，回故鄉入土為安了。

然而我無法找到他的屍骨丟在何方。於是我把母親的骨灰與父親的遺物，作成衣棺塚合葬一墓的打算。與鹽城新興場老家聯繫，在他們支持下，就在父親故鄉買下了一方墳地。

二〇〇〇年清明後，我親自背著母親的骨灰盒，和當年父親留下的唯一遺物：一條旅行口袋，與我的孩子一道乘火車輾轉到了鹽城新興場。

鹽城這個地方我還是第一次來，過去我聽說蘇北地區地域苦寒。若不是讓二老魂歸故里的原因，恐怕我今生未必能專程到這個地方來。

來時正值初夏，在這一望無垠的平川上，空氣猶為清新，比之霧氣橫瀰的重慶簡直是一個仙境，就是不知冬天到來時如何。但我想這麼肥沃的水鄉，定是一個適於安息的地方，若不是中國遭遇到了戰爭，遭遇到民主和專制的生死較量，才使父母背景離鄉，發生這段傷心的經歷。今天歷史故去，留給我們的只有對歷史的反思。

為了表述二老的生平，我在墓的後方立黑色大理石墓碑一塊，上面簡述了二老生平的簡歷。他們倆都是新的教育事業先行者，只因為黑暗政治對他們的迫害，使他們坎坷一生，無法為振興中華教育奉獻一生，連他們組成的家庭也橫遭離散之劫，家破人亡。

在中共統治下，沒有他們的生存空間，更哪裡談得上事業？像他們的遭遇在中國大陸累見不鮮，這是一個時代的謬誤，中華民族的浩劫。現在他們到了冥間，可以在一起切磋他們生前獻身的事業了。

當我將骨灰盒和父親遺物送入墓中，當一吊一吊紙花揚向天空，入殮的頌唱在耳邊聲聲哀響，我和兒子馨兒長跪在一派茫茫的天地之間。

人生何求？歸宿何在？我們國家的前途和命運又如何？

第六節：孩子在絕世裡掙扎

我的父母都是好人，我的母親求學時還是鬧學潮的參與者，同民主建國會關係親密，但是反右運動她失去了所有親人，我唯一的親兄弟死得不明不白，若不是老天保佑，我也是要被屠殺的，對生活絕望的母親幾乎自殺，暴政無端毀滅了我的家。

一九七九年當我回到重慶，母親獨自一人住在醫院的集體宿舍裡。見面時，我們母子倆面對她睡的單人病床，一張木桌一個凳子幾個紙箱，重新開始建家。被中共摧毀的家已無法再恢復，要把家延續下去唯一只有看我了

一九八〇年經過我教書學校老師們的撮合，我和劉啟建結婚，當時我年過四十四歲了，為了急於求一個孩子，一九八二年我們婚後第一次去峨嵋山旅行。

也許是峨嵋求佛的靈驗，回到蔡家後劉啟建便懷上了孩子，次年六月四日，一個姍姍來遲的男孩便降生了。當我們的孩子降生後，老來得子，我倆從內心都十分疼愛這個遲來的獨生寶貝，我又經歷了家破人亡的二十多年，僅僅留下我和母親。

現在因妻子和兒子到來，似乎在枯木之上接上了新生的幼芽。孩子的降臨改變了我生活的軌跡，本來同劉啟建幾乎離婚的僵局，因孩子降臨暫時緩和。

孩子的可愛之處積存在我的記憶裡，給我安慰和天倫之樂。也許因為中共獨子政策，家裡沒有第二個孩子作伴，他從小喜歡小動物，在他的能力範圍裡可以弄到的小魚、小鳥、小烏龜、小狗從來就是他童年天地裡的摯友

孩子九歲這一年過年，母親買了一隻大黑雞，捆了雙腳，放在廁所裡準備年三十的下午殺。中午孩子放學回家，看到廁所裡捆著的雞，便把它鬆了草繩，放到樓下壩子裡讓它飽吃了一頓，再用一個木箱子，把它裝好，藏在自己的床下。

下午母親發現黑雞不見了，到處找，終於在他的床底下拖出那個木箱，明知孩子有喜歡動物的習慣，當天下午就提前把雞殺了。

下午馨兒放學回家，第一件事便去自己床下找木箱，當他發現木箱不見了便跑到廚房去，看到被打整得乾乾淨淨的雞已經裝在盆子裡面了。

他頓時放聲大哭，扭著婆婆定要還他一隻活雞。

哭罷，便從畚箕裡撿出一把黑羽毛，插在陽臺的花盆裡，並用一塊三層板，上書「黑雞之墓」，插在裝雞毛的花盆中，旁邊還點上兩柱香。站在那花盆面前抽泣良久，將他愛惜生命的本性，表現得很真摯。

在他的中學作文裡，多次寫他觀察小動物的生活世界。寫培植花草的方法，在區的中學生文藝徵文中得過獎。

他讀初中時，每逢週末，我們照例要到龍鳳溪去撈小魚捉蝌蚪，逮蚱蜢。我和孩子經常不顧龍溪河剛剛退水留下的泥濘，也要去那裡捉小魚。有時穿的鞋、褲弄得全是稀泥也在所不惜，孩子給我留下不可抹去的回憶。受到孩子童心的薰陶，我自己彷彿也年輕了許多。

到了初中三年級，他常常向母親要錢，獨自去商店買一些奇裝異服。袖子特別短，管口特別小，腰身很瘦，還綴著許多彩色的邊條，穿在身上，對著鏡子津津有味按照歌星影星的模樣打扮自己。

特別是買了染髮藥水，把頭髮染得紅紅的，模仿著歌星們時髦的髮型，在鏡子面前又唱又舞。我告訴他染髮的藥水是有毒的，但他並不接受，追星在他身上變成「學」星，他那童貞的愛好和天真的幼稚一天一天消退了。我擔心地規勸他，講穿這些很不合身的奇裝異服，有礙於他的健康和發育。

為了教育孩子，我常把我上中學背著背兜打豬草的故事講給他聽，意在用自己童年的甘苦教育孩子，講述從小節儉，長大後養成良好習慣的道理。

但這種故事講了幾遍後，孩子卻不耐煩的說道：「老是聽你翻那本老黃曆，讓人煩不煩呀，總不能用你那個連飯都吃不起的年代要求我吧！」

為了應付聯招考試，初中三年級，我們不得不將孩子從二十二中學轉到北碚的一一八中學，這所學校因考入重點高中的升學率連年攀高，而在北碚地區出名。我們想在這一學年裡，專門的給他進行教材難度的加餐。

「填鴨」是一個痛苦的過程，他必需做大量超過大綱的偏題怪題，考前一個月內為強記這些怪題的有關公式，規定每天起床前，必需把前一晚上要記住的東西統統默念一遍，凡有不記得的強記二十遍。

經過聯招考場的篩選，我們的孩子以一比三的錄取率被朝陽高中錄取，說明孩子在學業上完全可以跟上。

孩子考進朝陽中學以後，我已從工廠退休到城裡打工，沒有時間再督促他。劉啟建更認為翻過重點高中門檻，考大學便沒有問題了。

當每週星期天，我回家檢查孩子的作業時，才發現平時作業教師根本沒有批改。照說高中課程比之初中難度大得多，加上孩子在課堂上有注意力不集中的毛病，使他在課堂上留下了許多似懂非懂的疑問。回家的作業，教師既沒有檢查，更沒有督促。課堂上拉下的帳在作業上沒有及時彌補。

久而久之，孩子越來越聽不懂老師在課堂上講什麼，加上文革遺風並沒受批判，學而無用的觀點在他腦海裡起了作用。主觀上沒有及時彌補的積極性，放學以後受到社會上壞風氣的干擾，同班裡和幾個本來就是差生的議價生，交上了「哥們」，我們孩子的功課就這樣一天天塌下了。

老師的師德很差，他的班上就發生過這樣一件事，上英語課時，年輕的羅老師在一次課堂抽問時，抽到了他，當時他沒回答出來，直楞楞地站在那裡。那羅老師不是善意的督促，而用尖刻的語言嘲笑道：「你上課一直在講話，以為我沒看見你，你自已不好好學習，還豬八戒倒打一釘鈀，說我們只知道收你們學生的錢，卻不負責任管教你，你反正也不像一個學生，如果你不聽，就給我滾出去，沒有你這個學生，看我會不會在月底工資中少拿一分錢？」

倔強的孩子因此賭氣，走下座位出了課堂。從此便完全放棄了英語課，後來期末考試，孩子的英語成績是全班最差的。

劉啟建接到成績通知，才開始翻看孩子的作業，發現已經整整有三個月英語課堂作業沒被老師批改過，追問孩子，他回答說，我討厭這女人，她講的我根本沒聽懂過。再追問下去，孩子才講出在上英語課時發生過的這件事。

高一學年下半期，孩子迷上了網吧。開始時，他還僅僅在有電腦的同學家中上網，時間也選在週末晚上。後來上網成癮，在幾個同學相約下，每晚都去網吧，回家的時間越來越晚。為了怕母親跟蹤發現他在哪一家玩，他還故意變換離校的時間和走出學校的位置，使去校門口接他的母親每每撲空。

直到有一次，幾個輟學的小流氓在網吧裡動手搶了他的錢，還打了他兩耳光，他還久久的瞞著我們，當然更不會向學校報告了。這件事發生後不久，更大的事情發生了，使他瞞不住了，才講了出來——

有一天，直到晚上十二點了他還沒有回家，劉啟建焦急的向幾個平時和他在一起玩的同學家裡打電話。這幾個孩子都睡了，從床上爬起來回答說：「晚上下晚自習就各回各家了，所以不知道他回家沒有，也不知道他到哪裡去了。」

我和劉啟建的心像貓兒抓一樣，社會上很亂，生怕他在夜半更深出事，我忍不住走到街上去找他。但此時街上夜霧迷茫，行人已十分稀疏。我對著街上像瘋子般喊著孩子的小名，靜下來的馬路上並沒聽見孩子的回應。

直到第二天凌晨四點鐘，他才回到家裡，進門時臉上帶著傷痕，衣服上沾著泥巴，在我們追問下，他才講出他們學校與街上另一所學校學生打群架的事，他們學校還打傷了兩人，住在醫院。

接連發生了兩次放學途中被搶被打的事後，我不得不與他們班主任商定，今後凡下了晚自習，他的母親到教室接孩子時，沒接到的，發生問題一律要由校方負責。

事實證明，把精力放在議價生的校長，對學校發生如此嚴重的事件根本無所謂，議價生這種不花精力和努力的橫財，使學校的頭們利令智昏。名牌的重點學校教育，完全被校長之流追逐蠅頭小利變質。他們哪能肩負培養品學兼優的國家建設人才重任？要轉學校，就要交幾萬的轉學費，何況哪一所學校都是半斤八兩。

孩子高中階段陷入「網聊」以後，每夜也不知與螢屏相隔多遠距離，同另一個不相識的人用奇怪的稱呼，嘻嘻哈哈把道聽塗說的消息，天南地北的神侃起來。開始是好玩，漸漸的彼此交流著厭學和對人生前途的想法。

為了弄清他在網上同誰交談，我專門搜了他的課桌，在我收搜他的網友來信中，還發現了一個南昌的網名叫巴比的來信，信中告訴我，他不是一個中學生而是一個工人，愛好唱歌。

不久，這年輕人來了北碚，在我家住了三天後才離去，每天晚上都和我的孩子在一起放音樂碟子，因為離高考，只剩下最後一學期了。在他離去時，孩子還向我告假，說巴比請他在春節到南昌去玩。在遭到我拒絕後，一味遷就他的母親，給了他兩百元作路費，春節前與我不辭而別，去了南昌。當我知道後，孩子已經上了火車。

大年三十的下午六點鐘，天色已暗了下來，防盜門的門環上響起了拍擊聲，早已守候得望眼欲穿的劉啟建，像一個皮球一樣從沙發上蹦了起來，衝到門口。

我從劉啟建身後，看到他穿出去的那套最華貴的棕色西服上糊滿了泥，那平時精心梳理的頭髮，髮型也被破壞變成了一蓬黃色的亂草。臉頰顴骨突起，平時孩子氣的臉蛋變得又黑又瘦，精神十分沮喪，眼皮搭拉著，看樣子好像幾天幾夜困在礦井下剛脫險而出的礦工，那一刻他給我的印象是累極、餓極、疲倦之極。

我當時低估了社會的影響，儘管孩子吃了到南昌的苦，但影響他的東西卻沒有變。過了幾天，他依然故態復萌，依然地染紅頭髮，依然的穿奇裝異服，依然堅持他選擇的生活方式。

高考以後他便獨自去了成都，幻想走上舞臺的孩子，被一家酒廊的歌舞廳看中，要他去那裡擔任報幕員。我雖心中疑惑怕他在那種環境，被煙毒、娼妓、黑社會所害，陷入可怕的深淵，但已回天無力。

為了幫助孩子建立自己的家，我仍拿出平時省吃儉用節省下的七萬元積蓄，給他購買住房，沒想到，他根本就沒有買房子，而是用這筆錢與他的男友，開了一家小餐館，尤其沒料到，開店剩餘的錢，被他母親以撫養拉下債務的名義，還了長期累積的債務。

二〇〇九年我已七十二歲，還必須面對老來的孤獨。人到晚年，倍覺淒涼、夜半一覺醒來，感到枕巾上沾著剛留下淚痕。

就因為我和劉啟建本來就缺乏瞭解、相愛、相尊。時間一長，裂痕不斷在孩子面前公開暴露，於是寬嚴不但沒有得到互補，反而偏執的雙方對對方橫加指責，在孩子心理上留下惡劣後果。

二〇〇九年七月，接到派出所打來的電話，說劉啟建已被刑事拘押，一個家落到這步田地是我人生的失敗，但此時最難受的莫過於孩子了，所以當他責問我，家破碎成這樣，媽媽落到這步下場，你要負幾成責任？並說他之所以二〇〇一年獨闖成都，就因為逃避父母的吵架。

二〇一一年六月，我收到他從渝中區看守所打給我的電話稱：他被拘留兩周，含糊其辭說了拘留原因。真沒想到，他二十八歲生日，竟和他的同性戀男友在看守所渡過。拘留期滿回到家中，我才看到他已經完全變異，欺侮身生的父母，成天沉埋在音色中。

可悲的是，他長期受了中共洗腦，對我的教育和警告置若罔聞，還在天真寄希望中共會安排他一個滿意的工作。

至此，我和母親團聚後建起來的家實際已經破敗。我們這個教書為業的家，從此就在大陸上消失了。難道這是蒼天懲罰？我們何以歸終？去敬老院還是能去一個足可讓我完成我的寫作，較為安定的去處？哪兒才收留我？

而這個可憐的孩子，從此掙扎在社會的最底層……

至此，我們的沒有了後代，按中華民族觀念，孔家解體了。大陸上無緣無故遭此家破人亡厄運的何止我一家？

常聽人說，不良社會是一把殺人不見血的利刃，我唯一的孩子難道就這麼無聲無息的喪身在這柄利刃之下？

第十章：退休後的打工

第一節：四輪摩托

馬剛原是重慶機床廠的一名普通幹部，七十年代曾以武鬥出名，外號人稱馬司令。改革以來，他利用和重慶市政府的老關係，靠走私車發家，並且買下重慶機床廠的幾台重型淘汰機床，打通了重慶重型汽車製造廠的配套部門，從配套處挖出了一些配件生產銷售，一九九五年成立了自己的公司。

在瞭解發達國家汽車發展的一般規律後，估計隨著經濟發展，汽車正在進入轎車時代，自以為能為中國轎車進入家庭做點貢獻。完全不懂汽車製造的馬剛，一九九六年從附近屬於部隊的山花汽車廠，以低廉價格買回一台發動機後置的微型車。

買進後，雇請了幾個汽車駕駛員和修理工，在南坪臨時租用了一個場地，開始了他對微型車的研製。當時他急需聘請一位懂得汽車結構和製造的工程師，便求助於原來的老朋友李倫，在李倫的介紹和推薦下，一九九七年初夏，我到了位於南坪的金彙公司，開始投入了微型車的研製。

在一無生產場地，二缺資金和設備，僅僅只憑買來的極不完全的圖紙，和一台樣車，四個人開始組裝第一台「金彙牌」微型樣車。

馬剛給每個組裝的人開始只給幾百塊一月的工資報酬，他靠造反派的傳家本領，不斷向我們做思想激勵工作，說只有在這種白手起家的條件下，才能發揮出每個參加者的創造性和水平，還說中國首批民族工商業產品，都是在白手起家的環境中出生的。

當時，重慶地區熱銷三輪摩托，它的輕便，載客量和安全都優於普通的兩輪摩托。加上銷售中享受摩托車的優惠，很受運營者的歡迎。

但它行駛中震動和雜訊，車身發抖和易傾翻的缺陷累出事故，使乘客日漸不滿，特別是交管部門十分反感，所以每逢節日慶典，為妝點城市的文明和市容，各級交管部門除了貼出告示，還要出動軍警，沒收、禁止三輪車上街載客。

在試製人員的建議下，金彙公司產品的開發思路由「微車」改為「四輪摩托車」，一九九八年馬剛向市申報該年度重慶市科技成果項目。

兩年以後，樣車也製作出來了，不過這才經歷了最初的幾步，它的開發能否成功，誰也沒有底。整個底盤實際上是東拼西湊而成的，零件圖紙和買來的實物不相符合，經常發生裝不起，裝起後相互干涉的故障，要重新拆裝，所以安裝進度極慢。最後勉強湊合，裝成的底盤，又遇到市場上沒有現存配件的困難。縱使開發成功，今後由於市場上買不到零件，又會碰到售後服務的困難。

一九九八年秋天，兩輛掛著金彙牌試車牌照的四輪摩托車，開出金彙公司的試製場地，向車管所的檢測站開去接受整車性能檢測。能在不到一年時間，裝出兩台樣車，掛上試車牌照，開去檢測，已相當不容易了。

進入市區時，被一大群路過的三輪車夫圍

住，他們停下自己的三輪車，七嘴舌地問道：「這是什麼款式的車，從來沒見過？」「這車的外觀造型小巧玲瓏、頂好看的。」

樣車向車管所前進時，到了通往新橋的支路口，兩個惡狠狠的交警攔住了樣車的去路，開車的小劉預感到意外的麻煩又降臨了。交警將樣車攔在馬路邊上，先把駕駛員的駕駛證拿了去，把我們統統叫下車來。

小劉咕嚕道：「年關到了，交警們又在打過年獎金的主意了，看來，我們今天恐怕開不走了。」

好不容易老馬與交通局周局長聯繫。用錢打通了關節，傍晚才把車開到車管所的檢測站。

第二天，檢測結果令我們大大失望，七個必須通過的強檢專案中，在制動，測滑，燈光，雜訊，排放上就有五個指標不合格，整車總體評分挨了一個「X」。

原先盼望著整車順利過檢的馬強，滿臉掛著不滿，向試車組全體成員兜頭潑了一盆冷水，辛辛苦苦裝了一年的車結果仍是一個不合格品。

在大陸上，由於冗長的過程和資金不足，經歷的衙門太多，一個自行設計的新產品常常經不住這些關口的扼殺，而在過關前，就已死在它的漫長途程中了，除非靠行賄買通這些部門。馬老闆哪有那麼多錢作買路錢？

試製組又經過了兩個月對四輪車整治，並在租來的場地內反覆試車。這時候一家廠址在成都龍泉驛的軍工廠，經重慶市經委介紹，來我們的試製場地參觀。

這家軍工廠家正在物色一個適合於他們生產的民用汽車產品，他們看到了我們組裝的四輪摩托，相中了它的靈巧和外觀。

當即在老馬的公司本部商談，決定由該廠出場地，金彙公司提供圖紙和樣車實物，並以這家工廠購買的方式解決所需的生產資金。為了進一步合作，對方邀請金彙公司去龍泉驛九二工廠進一步進行商談。

正在想對這個新產品進行一萬公里可靠性試驗的試製組，想藉往返成都，在行駛中對四輪車的可靠性作結論。一九九八年底，由試車組的全體成員駕駛的樣車，便在馬總小車跟隨下，向龍泉驛進發。從早上五點出發足足行馳了十四個小時，到了下午七點鐘才行駛到達這家工廠的大門。

龍泉驛九二汽車廠屬於部隊編制下的民品生產廠家，既是軍工企業，門衛森嚴。進入大門後，工廠裡靜悄悄的，藉著昏暗的燈光看，近萬平方公尺的生產車間裡，除了設備和一些材料堆放著，車間裡並沒有任何的產品擺在現場上。

來迎接我們的工廠領導人介紹說，這家民品工廠成立三年來，因產品滯銷，所以已經停產半年了，他表示廠的領導十分重視我們的到來，望我們帶來的產品能給工廠帶來活路。

四輪車是第一次長途運行，令我們感到欣慰的是，經過日行五百公里行駛，樣車沒有發生重大的品質故障。

第二天大約十點鐘，九二廠接待我們的人來了，我們一起步行到昨晚到過的車間。這下看得更清楚，車間裡稀稀拉拉的分散著身穿制服的工人，辦公室就在車間的樓上，當我們登上樓梯時，忽聽辦公室傳出激烈的吵架聲音，那是一個待崗員工因為兩個月沒領到工資在勞人科大呼小叫。

眼見這種氣氛，令我想到了十年前李友當政時的農用汽車製造廠，軍工廠都不死不活，足見全國有多少工人面臨沒事做、沒飯吃的生存危機中。

下午，與九二廠汽車分廠領導，在會議室中舉行雙方第一次會議，正式討論聯合開發生產四輪車的事宜。會議開到晚上十點半，廠方在九二廠的招待所裡包了兩桌酒菜，名義是為了歡迎我們到廠協商聯合生產，其實這是虧損廠常有的規矩，一桌酒席少說也在幾千元。虧損工廠平時沒錢來吃喝，遇到這種可以向軍方上報的機會，借上級的錢，來安撫一下職工中的大小頭目們，何樂而不為？

那一天，對方來進餐的人足有二十多人，一些與商談業務毫無干係的「頭」們都到齊了。這使我看到軍管企業中，國有體制的遺風是多麼頑固。

對方明擺著是想尋找一個讓他們渡過目前狀態的產品，老馬對這個產品品質心中無數；整車的排放和雜訊兩大難點還沒有解決；生產許可證還沒取得的條件下，與九二廠聯合，是想借軍隊力量強行取得生產許可證。

強行走向市場的四輪車，一切品質和安全的責任，將落在我們這些負責研製的具體人肩上。

所以一進入談判，我便用國營企業的工廠那種無人負責，遇事推諉的眼光，來看待馬總選的合作夥伴，預先感到合作困難。

聯合生產四輪車的意向性合同第二天就簽訂了，金彙公司需要提供四輪車的全套圖紙和指導人員，協助九二廠汽車分廠作好技術和生產的準備工作。還好，我已把車架的工藝裝備圖紙，以及車身分塊的工藝卡預先準備好了，我和馬總商量後，決定把剛剛進廠負責工藝的黃輝祥接到龍泉驛來，一邊完成底盤焊接工藝裝備的製作，一邊對九二廠試製第一台樣車作工藝指導。

我們立即返回南坪作下一步的準備，像來成都的行駛一樣，樣車在馬總小車監護下從成都出發，車到潼南已是下午兩點鐘了，為了趕路，老馬大膽建議走高速公路。

根據高速公路管理辦法，禁止試車駛進高速路的。好在潼南高速公路的進口疏於監視，等到四輪車買了票，已經駛過路口好幾百米了，管理處的人才疑惑的喊道：「那紅車子是什麼車？」另一個剪票的回答道：「我也沒看清楚，好像是進口汽車，樣子很漂亮。」當我們兩輛車駛過了路口監視人的視線之外時，我們才鬆了一口氣。

汽車在高駛公路上提速，使我們能在傍晚時分駛抵南坪。老馬對樣車倍加稱讚，第一次長途連續行駛千餘公里，整車沒有發生任何故障使他十分高興。沿途對樣車造型交口稱讚，說明造型美觀，很受一般人的青睞。

回到重慶已是一九九八年的除夕前夜，大家只放了一天假。

一九九九年一月二日，第二次與黃輝祥一起乘坐四輪車到了九二廠，這一次我和老黃花了幾晚上詳細的校對了四輪車工藝小車的圖紙，以及四輪車車架各組合焊的分件尺寸，並且初步計算了初期投入的成本。

在九二廠派來的專職技術員參與下進行校對後，初步確訂了單車底盤的材料定額，工時定額，以及焊裝工藝的過程。整整進行了十天緊張工作。

沒有想到我們回到重慶後，還沒有一個星期，黃師傅打電話回南坪告訴馬總，所要製作的車架材料遲遲沒有買回，招來裝車的工人，也三天打魚兩天曬網的經常不見人影，這些工人的理由十分充足，九二廠的工廠管理方面沒有給他們一分錢的工錢。

這年頭拖欠工人工資事太多，這家工廠實際上處於停工待料。整天面對著冷冷清清的車間，黃師傅自己一個人怎麼幹？因為天氣冷，得了感冒，反正幹不起來，他要求從成都回來，另換他人。

自此原先熱火朝天的計畫和圖紙很快變成紙上談兵，我在開始談判的擔心終於發生了。回想起來，我從九六年為賺取孩子學費，打工三年處處短命，處處碰壁。最先的青槓幹了才半年，就碰到了政府封殺走私車，只好離開；接著就為陳家橋的防彈服專案，全套檔已經準備好，鑑定會也開過了，又遇到了領頭人因利益衝突很快散夥；這一次四輪摩托車搞了一年多辛辛苦苦的爬地溝，加夜班苦思苦想解決四輪車存在的問題，又因缺乏資金，看來又幹不下去了。

後來由於道路和車輛管理的部門扯皮，設置層層障礙阻攔，而不得不使這個項目中斷。儘管老馬絞盡腦汁，眼看這麼好的專案只好夭折了，我的打工生涯佈滿荊棘！

第二節：槍桿子也搶民品

二○○二年初接到馬剛電話再次邀請，電話上告訴我說，他的公司在南坪找到了新的合夥人：「Xina電腦公司」，這家公司與九二廠同屬軍工系統。

在電話上他告訴我，這幾年他在四輪摩托車的研製中，對發動機後置結構暫停研製：新的結構仍取發動機前置，前橋取獨立懸掛，傳動機構和後橋結構採用這些年進步很快的三輪車結構，動力用一二五CC單缸發動機。同時這幾年將四輪車劃在摩托外的規定有所鬆動，為實現原先金彙公司的計畫提供了條件。只要對原先的事業持之以恆總會有成功的時候。

對他的事業心我很讚賞，但我對成功的希望並不樂觀。

我帶著猶豫和試探，於二○○二年二月份第二次來到位於南坪的金彙公司，它已在南坪西路的中段臨街左側，租到了一套普通民房作為辦公室。他見到我以後，對兩年前四輪車試製中一點挫折當了「逃兵」作了責備。我只是啞然一笑，說像你這樣幾百塊錢一月請人幫傭實在為數不多的，去留當然會隨便一點，我已退休，不像你有事業的想法，低工資對我沒有約束力，更不存在與產品共存亡的那種豪氣。

但是他卻拍著胸脯說：「男兒所追求的是一番事業，有我老馬在，就有四輪車在。」說話中底氣十足，對他的事業充滿了信心！說著把我帶到了試劑廠旁邊的一個十分簡陋的廠房裡。

我們從金彙公司出來坐的是公共汽車，我隨口問道：「你的兩輛日本豐田車呢？」他苦笑道：「因為四輪車的開發，耗盡了我的家當，兩輛車也變買了，我現在也靠公共汽車上下班了。」

當他帶著我跨進他租來的破舊廠房時，裡面雜訊刺耳，塵灰飛揚，廠房裡七八個工人，正揮舞砂輪機打磨幾個玻璃鋼做成的車身。用玻璃鋼替代原來鋼板結構的車身，這大概就是他這兩年來對四輪車作出的重大改進。

接著他又帶我到Xina公司的本部，四輪車生產安排在公司底樓一角，大約占了五百平方公尺的場地，在主樓的北側用石棉瓦臨時搭起了一個工棚，場地很簡陋。工棚中間排放著兩排共十台車架，電焊的火花此起彼落。我看了看那房頂雖是牛毛氈蓋的。但離地足有十公尺，不會發生安全事故。

工棚外側的過道上，放著兩個已裝上了玻璃鋼車身的四輪車，裝配工正在裝內飾和校正底盤的操縱機構，他們邊裝邊埋怨，整車許多地方裝配很困難。我在這底盤前觀察良久，發現安裝轉向器的橫直拉桿系統左右相差太大，同時因為缺橫向穩定桿，估計就是勉強裝好，整個轉向系統不會協調。

再去看安裝車架的預裝工位上，亂裝的現象十分嚴重。一看就明白這些工人都是生手。問道：「你們是從哪裡調來的？」回答說：「我們原是從公司的各個車間裡抽調出來，並不懂車，也沒有經過培訓，不懂怎樣才叫正確的裝配。」

我問道：「現場上的施工人員在那裡？」那工人指了指車間進門口坐著一位大約五十多歲的人，說「他原是金工車間抽出來一名工程師，姓張。」

經過瞭解，我心中已經有了大概的印象，裝車的工人基本上是一批生手，沒有技術指導，我又問道：「你們裝這種車裝了多久？」回答說：「才裝了兩個月，公司說邊裝邊熟悉。」

下午我將要離開時，我向馬總介紹了我看

到的情況：「整車全是生手在裝，乘用車尤其要注重安全，裝車錯誤出了事是要人命的。」

老馬才說：「正因為這樣，我請你做現場指導，至於月薪，暫時按每月一千五百元給，是四輪車工段最高的工資了。」

這種四輪車結構，是馬總從一個姓趙的手裡買下的，底盤採用了長安微型車的懸掛結構改造而成，但極不成熟，還需要大幅度改進。

二〇〇一年十月經過仲介人的撮合，馬剛與Xina電腦公司劉經理。簽訂一項開發金彙牌四輪客車的合作協議。根據這個協定，製造出來的四輪車在推向市場實現盈利後，金彙公司佔有六成的利潤，而接受委託加工的Xina公司只能得到三成的利潤。

在自己的地盤上以自己軍工資格向國家貸款，用自己的工人生產出來的產品，自己僅只得到三成的利潤分成，再大的傻瓜也不會答應的。但對四輪車一無所知的劉經理，利用國家的錢冒再大的風險，只要私人得到實惠都是可以的。何況，若四輪車開發順利，「一無所有」的小小金彙公司，將被Xina關起門來吃掉，「貪婪」這個怪物產生出陰險的算計。

當然，在這場賭博中無論是Xina還是金彙，都在用國家資金下賭注。這便是當時流行國有資產「流蝕」的合法方式：拿國家銀行的貸款和國有設備，實現利潤，這是兩家牽手的基礎。不過合作人之間各謀各的打算，使這種「開發」帶著爾虞我詐。

我到Xina上班的第一天，老馬就向我打招呼說：「我們和Xina是委託加工的關係，所有圖紙和技術資料都必需經過我的手，他們的內部關係很複雜，為了防止可能發生的不良後果，所以你在現場上最好少發表意見，遇到問題要及時向我講。」

兩年不見，原先不懂車的老馬，現在是技術主管了。從別人手中買過產品，又用Xina公司的資金和人力將這個未成熟的產品生產出來，老馬想出四輪車開發的路夠絕的。

Xina可不是一個破產企業，也不同於龍泉驛的九二汽車製造廠，這裡的制度表面上極其嚴格，進出大門都必需出示工作證。

第一天上班大約半個小時，車間裡走進一個夾著點名冊大約四十歲的中年人，張工告訴我他是專門負責思想工作和考勤的楊書記，今後在他面前說話要當心點。經張工提醒，在我忙碌的糾正現場各種錯誤的裝配時，偶而也對這位翹著二郎腿的人投以警惕一瞥。

十點鐘，工間休息的鈴聲響過以後，這位楊書記走到我的身旁，以詢問的口氣漫不經心的問道：「你是哪一個廠退休的，今年好大年紀？」我平靜回答了他提的問題後，他又問道：「看樣子，你的身體不太好，你能勝任這個工作嗎？」我馬上就警覺到，他是在嫌我年老體弱。

心中產生了一種防備對方挑剔的警惕，便毫無懼色的冷笑道：「你們Xina有的是年輕人，隨便挑一個出來試試，他敢在我面前充狠嗎？」碰了這麼一個軟釘子後，他自覺沒趣，退到他的凳子上翻自己的報紙去了。

在中共國營工廠中，像這位楊書記，上班時不做工，而是轉著一雙賊眼，專門靠找人岔子為職業的人並不少見。尤其在軍工企業中，憑著官票和一張打小報告的嘴，占著上風的小人到處都是，同他們打交道，最好是不理睬。好像這種人不存在一樣，便是上策。

我和老馬分了工，他專管試劑廠那邊的玻璃鋼車身，而我主要負責底盤的安裝和整車的裝配，現場反映出來的問題的確不少，有的是設計上的錯誤，大量則是工人缺乏裝配常識亂裝。還有的是從市場購進的不合格品而帶來的，那張工程師因為不懂汽車幾乎不能搭上幫手，使我在現場忙得團團轉。

剛剛才接手一個多月，便接到四月底，全國摩托車產品展銷會在陳家橋開幕的通知，Xina的毛總，親自下令組裝兩台樣車參加展銷會。

而我知道這個車目前在裝配時，就已毛病百出，更因為它沒有經過行駛的驗證，心中對它的品質和可靠性本就無底，所以反對草率參展。結果毛總說裝車已三個月，已經花費了近百萬的投入，工廠不能老試製下去，見不到效益，投進去的錢怎麼向主廠交代？

他儼然從被委託加工，變成主持生產的主人。下令由楊書記督促，務必按時完成展車的生產進度。

展車是從已裝好的成品車中選出來的，這位楊書記在展車的車廂外，貼出了Xina的大幅商標，並且以Xina的牌名，印製了產品說明書。這就像一則外國寓言裡說的，老虎從貓那裡學會了捕捉動物的本領後，就反過來要吃老師了。不過這楊書記也太性急了，老馬可不是一個隨便向Xina交底的貓。

我清楚四輪車處在當前品質狀態，距成批生產投入市場還遠。負責整個產品品質的我更明白，雖然這個車能夠開走了，但是，負責生產行馳系統的廠家還要花大力氣，重新思考新的結構，才能確保安全。經過一個多月瞭解，我對Xina這般人馬接手四輪車開發毫無信心。國營企業那種見利就上，見困難就讓的作風是改不掉的，四輪車前途堪憂。

我對楊書記這種輕狂感到氣憤，於是我把他貼在車上的商標撕去，那姓楊的當即氣急敗壞追問撕下商標的人是誰，工人指認是我，他便破口大罵說我每月拿的工資是他的雙倍，現場那麼多問題沒解決，要我立即滾回去。

我看著他歇斯底里的狂叫，並不答話，把我填寫的工作記錄當眾向他擲去，告訴他我才進廠一個多月便發現和解決了兩百項的問題，叫他睜開他的狗眼看清楚了。大聲喊道：「我不是你叫來的，而是老馬叫我來的，要我走，也要老馬叫我走，還輪不到你。」

中午時分老馬來了，他已聽說了上午在裝車現場我和楊書記的對吵，他對這姓楊的蠻不講理作風心中早就不滿了。一面安慰我，一面就這件事專門找到了毛總，雙方約定下午在金彙的辦公室裡，再次對委託加工進行「磋商」。

名曰協商，雙方都不加掩飾表示出爭奪四輪車研製成果的意向。Xina指責首批的三十台樣車進展緩慢，技術根本不成熟，邊做邊改，實際Xina已不是原來委託加工協議中的被委託方，而是研製的主體。

現在憑他們佔據的試製場地，投入成本，提出成立新的股份公司提案。根據這個提案，Xina所有的八個中層幹部都在這個公司中佔有一份股份。這樣一來，金彙公司佔有的股份不是原來的六成而是二成，同時四輪車的牌名應由金彙牌改為西金牌。才四個月的委託加工，Xina已由剛剛試製時一無所知的狀態，而變成主人了。老馬沒有估計到形勢如此陡轉直下，原來與四輪車開發完全無關的Xina中層幹部，全部成了毛氏股份的股東。

這就是中共統治下的新型社會主義私有原始積累：Xina用國家的錢作資本，如果賺了錢就落進股東們的荷包裡，如果虧了，這些股東分文不會掏私人的錢來抵虧的，這種用國有銀行貸款進行的公開掠奪非常精彩，當然，Xina入股分紅的八名幹部，又絕不會按機會均等的原則平均分贓。到果真四輪車撞入市場，獲得的利潤，楊書記和毛總，豈容費盡心機賺來的錢與其他人平分共用？

拿去參展的兩台四輪車收到了意想不到的最佳效果，四輪車以價格低廉，樣式美觀，安全可靠，受到了使用三輪車代步的外國用戶青睞，這些國家的貿易代表團在展銷會開完後，便到Xina公司四輪車生產場地進行了參觀，並且分別與Xina簽訂了每年供貨兩千台的意向合同。

利令智昏的Xina領導班子欣喜若狂，那毛總跟著下達每月安裝出一百台的生產計畫，並加大了對裝車配件的資金投入，公開加緊了對老馬的侵佔和排擠。

自從毛總向馬剛亮了重組聯合公司的底牌，老馬很後悔當初找錯了搭擋，現在對手吃掉他的面目已顯露出來，而所有的四輪車又都在對方的場地上，沒法撤了，繼續合作下去，只能反被當雇傭使喚，他的研製全都完了。

為了做好同Xina撕破臉的準備，他決定要我將四輪車的圖紙和牌名，向重慶專利局申報專利，一旦撕破了臉，馬剛唯一指望的，用合同法在重慶法院的經濟法庭上指控Xina。

但中國人都明白，在中共人治的霸權下，所有法律是那麼蒼白無力，尤其是對於Xina這樣的國防工業生產廠家，他們完全可以在槍桿子保護下，置之不理。萬般無奈的老馬，只有通過各種途徑向政府呼籲了。

他立即打電話通知公司的常任法律律師，請她草擬一份狀告Xina的投訴材料，將Xina告到重慶市經濟法庭，同時他動用了在市裡的關係，向副市長吳某提出了一份備忘錄。其實Xina的頭們在搶奪四輪車成果時，顯然缺乏全面權衡。

Xina的頭們根本就不懂，機動車這種產品，是不同於其他任何民用品的。在大陸，機動車的管理和生產，是由公安部和交通部聯合頒佈的「公告目錄」加以規範的，凡對於目錄中沒有的廠家和車品要取得生產許可證，是要通過業內人士並花費大量金錢才可買到的。

再說，這現場所擺的三十台樣車，在懸掛、後轎、轉向上存在著致命的危險，急待解決時，公司領導卻大打內戰，還有誰能安下心來一個個加以解決？

正好，五一節前，原來長沙地區已經禁止三輪車進城，原先從事三輪車營運的殘跡人迫於生計，奔跑全國各地到處尋找四輪車生產廠家。

他們得到四輪車已在Xina批量生產消息後，便蜂擁而至，一到Xina，看見高大的廠房和森嚴的門崗已產生了一種盲目的信賴，在Xina的四輪車車間裡賴著不走，硬要將停放線上的三十輛有嚴重缺陷的四輪車全部買走。

五一節那天是法定節日，全都沒有上班，天也下著很大的雨，馬總為此事專門找我對長沙殘跡人要車的事表個態。

我說：「那三十輛車我是不敢簽字放行的，全部的車都要更換懸掛搖臂和輪轂，尤其是輪轂已在試車時飛出了兩次，差點造成翻車，合格的配件等了四五天還不見買回，現在老毛叫放行，說賣出去後再來補救，那是設下一個陷阱，翻了車出了人命，坐監獄的是我。」

三十輛四輪車終於沒人敢放行，長沙的殘跡人是什麼時候走的，我不知道。

第二天，老馬傳達了Xina總部的通知，為了防止外聘人員混入Xina廠區對軍事秘密竊密，Xina剛剛成立的四輪車分廠總部，立即遷入第二機床廠租借的廠房裡，六月初就在Xina總部的督促下，四輪車車間遷出了Xina本部。我的工作場地暫時也遷到了第二機床廠裡面。

三十輛等候換輪轂的樣車，在二機床廠的現場上足足停放了兩個月。

七月底按照老馬佈置，試製組全體成員，從三十台首批四輪車中，挑選了兩台車準備完成規定里程的行駛試驗。在更換不合格的部件後，準備交重慶技術監督局作首次品質鑑定。

正當辦完所有手續，第二天就要開到品質監督局進行檢測時，Xina突然單方面宣佈，將所有試製的三輪車統統開回Xina，兩輛已開到半路上的待檢車也中途折回，開進Xina的大門內。那已經好久沒出面的張書記，帶著兩個人突然收繳了二機廠庫房的鑰匙，並在門上貼上了Xina的封條，一場強盜式的搶劫四輪車，及庫房四輪車配件的行動，便在二機床臨時租用場地突然打響。

我在車間的樓上親眼目睹了這場窮兇極惡的搶掠，一夥軍人在利益的驅使下搶劫了自己的合作夥計！

Xina的五架卡車在車間搬運工的配合

下，幾個小時之內，將三十台樣車和全部庫房物質，裝配車架用的工藝裝備全部搶走，運到Xina本部，交給荷槍實彈的守衛人員看管起來。

當時，我忍不住在樓上向指揮搶竊的楊書記罵道：「強盜，簡直是一夥強盜。」那姓楊的竟毫不介意的從樓下抬起頭來看著我。我不禁想，這夥從貴州大山裡遷到這裡來的山野村夫，看著幾輛四輪車都眼紅，日子久了，不定還會幹出更出格的殺人越貨勾當。他們把這些車搶去了，可沒有弄清存在重大問題，他們實際上是搶了一個禍事捏在手心裡。

深夜三點鐘，當樓下的東西已基本上一掃而空後，安在樓下的電話鈴響了，電話筒裡傳來了老毛的聲音，他說：「你不要誤會，我們因為場地租賃費太貴，現在重新搬回了Xina，等待著安排新的場地，眼下我們正在重新的調整四輪車的技術力量和勞動力，我們歡迎你到總部來上班。」

聽到他的話我渾身陣陣感到肉麻，姓毛的不僅搶了東西還想搶人，我恨恨的回答他：「沒看見你們這樣公開搶老百姓東西的部隊，你就不怕金彙在法庭上指控你嗎？」對方的電話裡傳來了哈哈大笑。按他的邏輯，他們是保衛公家的東西，不被私人老闆占去。從來沒有民營企業告倒軍隊的先例，毛澤東早就說過了：「槍桿子裡出一切！」

搶劫事件的第二天早上，金彙公司辦公室裡，撞進來了南坪工商所執法人員，他們說接到舉報電話稱，金彙公司「私自」組裝沒有任何許可證的「黑車」，按照工商管理條例，非法組裝的黑車，不但要沒收，還可追查黑車組裝者的法律責任。看來Xina的毛總和楊書記十分通曉黑吃黑這一套，四名執法人員要馬剛帶他們去黑車的現場。

到此金彙老馬反被反咬了一口。

馬剛走到他最不願看到的一步，請律師向重慶法院就違反合同法和侵佔他人專利權，將Xina告上了經濟法庭，就這樣從二〇〇一年十一月開始至二〇〇二年七月份止，為時八個月Xina和金彙公司合作對四輪車的開發研製，最後以Xina撕毀合同，搶佔四輪車宣告了它的終結。

垂頭喪氣的老馬被迫解散了四輪車所招納的金彙公司全體成員。

然而他並不甘心失敗，一邊將我留在他的公司辦公室裡，根據張工繪製的殘缺不全的四輪車零件圖紙，以及我對整個四輪車底盤的回憶，依憑在試劑廠的廠房裡還控制在自己手裡的玻璃車殼，繪製了整車的裝配圖。

老馬不甘心就此放棄奮鬥多年的研製成果，一面應付著與Xina的這場官司，一面四處尋找新的投資夥伴，準備時機成熟東山再起。可是，靠槍桿子搶奪他的人產品的頭頭，把到手的產品看得太簡單了，股東們坐在辦公室裡打著如何「分贓」的算盤，爭吵聲在大樓上響了好多天。

但對於四輪車的結構和基本性能一無所知，聽憑一群Xina本廠的工人在現場上瞎裝的Xina頭們，嚴重違反邊試製邊試驗的科學方法。對初期試製樣車已發現的問題又不知怎麼去克服，便匆匆將帶病的三十台樣車賣了出去。結果賣出去不到一個月，便陸陸續續的被用戶退了回來。在殘疾人用戶的一片譴責聲中被迫關門整頓。面對這種惡果，Xina的領導們為追究責任，又一次爆發了激烈的狗咬狗的爭吵。

好在Xina頭頭們自有彌補損失的招數，三十輛長期積壓在庫房中的舊車，被當成產品試製的正常報廢，名正言順地報銷了。其後果，無非是給上交國庫的中國億萬納稅人，增加了一筆小小的負擔而已。

在社會主義特色的中國市場經濟，產生出中共官僚中的貪婪、外行和荒唐。他們在走向富裕的過程中，用正常情況不可能給他們提供的冒險機會，以卑鄙手段掠奪弱勢個體，不用遵守道義規範和失敗的風險。

第三節：城市貓

十月底，金彙公司的辦公室裡，接到重慶市國際公司一位楊經理打來的電話，自稱是馬老闆在機床廠的師兄弟，現在承包了該公司進出口車輛的業務。最近他得到了國外需要批量很大的四輪摩托訂貨單，他知道老馬從事四輪摩托研製多年，所以特地來電話和他商量。

姓楊的打電話來時老馬沒在，等到中午老馬回辦公室，我把這件事告訴了他。正在焦頭爛額中尋找合作夥伴的馬剛，得知這個消息，立刻與這位楊師弟通了話，並在下午親自到國際公司去了一趟。

下午回公司時，他滿面紅光，心情顯得興奮起來，將近三個月堆積的一臉愁雲，似乎消失了。

回到辦公室裡，便把幾張我們沒見過的三輪車照片往辦公桌上一攤，指著它們說：「這便是國際公司得到孟加拉國訂購的樣車照片，名字叫『城市貓』，對方說，只要在外形和品質上得到保證，生產多少他們就要多少。」

這對於三輪車相對生產過剩的重慶大小三輪車廠家，都是一個有誘惑力的客戶。

城市貓的發動機是義大利比亞特公司產品，我聽後心中卻在想，要上批量並不那麼容易了。何況發動機還要靠進口，製造成本經過初步核算沒有？

正想提出問題，老馬已向我佈置了任務，要我根據照片的外形，立即繪製一張整車的效果圖，再用電腦進行修正複製，達到這張照片的正面和側面的效果。並說外商在兩三天內就要來公司洽談，達到外商要求後，再把效果圖傳真到孟加拉，國外公司本部去。

第三天，國際公司的老楊帶了一位廣東籍的外商代理人，到了金彙的辦公室裡，那外商代理姓羅，看上去很年輕，他看了繪製的城市貓效果圖後，介紹了孟加拉國對這種車型需求的市場前景說：「只要按質按量在二十天內拿得出樣車，他便能夠代表孟加拉訂出年需求量三千輛的訂單。」

三位老闆級人物的樂觀，使金彙公司小小辦公室裡泛起了一陣起死回生的春潮。我們商議了在二十天內出樣車的方案，老馬表示金彙公司雖受Xina的影響，但生產四輪車玻璃鋼的廠房可馬上用作新樣車的試製場地。剛解散的人也馬上可以召回來，他們都是有經驗的摩托裝配工，可以根據樣車的照片和效果圖，確定出它的結構和基本尺寸。所缺的就是購買裝車部件的資金了，老楊立即表態，初期製作樣車的錢由他負責籌集。

於是三個人初步定了分工的方案：馬總負責生產場地重新佈置及今後的現場管理；楊老闆負責試製資金以及外銷的運輸集裝箱準備；羅總答應馬上通知孟加拉國，並負責運發的國際手續和樣車出售後的資金回籠。

生產場地很快地整理出來，原來四輪車用的玻鋼車身和模具暫時全部堆放起來，第二天楊老闆帶來了一個叫陳大發的投資人，據楊老闆介紹那陳大發原是他在渝州大學讀書的同學，現在正在宗申公司協助袁老闆籌建壁山三輪摩托車分公司的建設。

重慶的摩托業私營廠家，經過幾年拼殺兼併，已形成了宗申、隆興和力帆三大托拉斯集團，他們各自擁有幾十億的資產，雖然民間對三大集團的總裁口碑並不好，但誰也說不清，他們同中共重慶市委有什麼樣的淵源。

壁山新成立的三輪廠，把過去套用宗申銘牌的各小三輪車廠實行了兼併，正積極地尋找新的三輪車樣車。所以在得到老楊資訊後，決定將金彙公司納入到宗申集團，專事開發新的三輪樣車。

那陳大發一到了金彙公司的辦公室，將腋下夾著鼓鼓囊囊一個皮包向老馬辦公桌上一扔，老馬見財神到，滿臉堆笑躬身站起來，打開我們製作的城市貓效果圖請他審閱，一面介紹金彙公司開發四輪車的經過和積累的經驗。那陳大發對老馬的自我介紹並不感興趣，他需要看準備製作樣車的場地是否已就緒。

在參觀了生產現場後，那陳大發倒也爽快，回到辦公室從他的皮包中取出了一疊百元面值的五萬元現鈔，往辦公桌上一甩說：「這是宗申公司的初次投入，用作兩台三輪車和一台四輪車開發，購買零部件和材料的專用資金，如果不夠，隨時通知我。樣車如果按外商要求，按質按量完成，那麼今後你們就是宗申公司的一員了，我們以你們為基幹力量共同開發外銷車。」

說到這裡頓了一下，臉色一沉，繼續說道；「如果樣車搞砸了，那麼金彙公司就砸了自己的飯碗，我們充其量就當作在澳門的賭場上輸了一把。」

聽到了這帶刺的話，我心裡實在不是一個滋味。在這些沒有長大的資本家看來，唯有錢才是萬能的，有錢可以兼併小公司，像我們這些讀了一輩子書，掙到了高級工程師這個「虛」名，只不過是人家用幾個工錢召來，可以隨意使喚，不滿時可以炒魷魚的打工仔。

五萬元在老馬看來是一筆拯救本公司的救命錢，而在陳大發的眼裡，不過是賭場上一局小小賭博的賭資。

當然小老闆的灑脫會使老馬拱手把五年辛苦的奮鬥，交給這個賭棍左右。想那宗申集團，也是近來才從市政府通緝夾縫中存活下來的小摩幫，時來運轉，也不知使用了什麼招數，居然替代了嘉陵集團這樣的獨霸四川的摩托王，成了重慶市三大摩幫巨頭，連他手下的一個小頭目，也敢今天在這裡說大話。真可謂社會主義江山無定，三十年河東，三十年河西，中共在推行建立市場經濟的主意時，絕對遵守誰逮到耗子便是好貓這個原則。

錢，在初期長大的小老闆眼裡才是適應生存的手段。

回憶起來，八十年代後期，我去機械局參加會議時，就聽說重慶市幾個摩托幫主為求一席生存，躲避工商部門封殺通緝的故事，私人的摩托業主當年最難弄到的就是生產許可證，而生產許可證是掌握在政府手中的大權，沒有錢買到生產許可證的工廠，即被認為非法經營。對於重慶摩幫，我不清楚他們具體的發展過程，從沒有認真思索過它存在的理由，因此也無法估量他們今後的無量前途。

只聽說他們上午被工商查封了店面，下午又在另一個地點開了張，像遊擊隊作戰一樣，想不到這樣頑強拼了幾年後，竟然長大了。

今天產生像牟其中這樣的中國巨富，哪一個又不是鄧小平及其官僚集團玩弄於股掌之中的木偶？然而，隨著中國權力變幻，這些風流人物有幾個能逃掉階下囚的最終歸宿而曇花一現？

小業主們在市場經濟苛捐雜稅的重壓下，難免偷稅漏稅，或在流通領域中違法亂紀，是使他們淪為階下囚的原因。同時為了私企的發展，對這個失去了監督的官僚體制實行賄賂，就成了常有的現象。

重慶的幾個摩幫巨頭中，無論是左宗申、尹明善和涂建華都是善觀統治者臉色的投機者，只消看看他們在種種公開場合中打出來的旗號，就會明白他們向權力諂媚的程度。

左宗申的：「拳拳報國心，款款宗申夢」的巨幅橫幅，撐在交通樞紐的上空，尹明善大吼：「民族工業到了最危險的時候。」是中共在「政治是統帥和靈魂」這些叫得泛味的標語後，提出來比較切合民眾心理的口號。

中共的專制政體最命脈的一條，就是強迫全國人民在他們的意志下統一，儘管這些民族主義的口號與中共的綱領，牛頭不對馬嘴。

中共所扶植的私人老闆，在改革開放中拼命扮演一黨獨裁的代言人，我在摩幫幾年打工就知道摩幫的底，他們絕不願為科技發展而獻身的。

研製四輪車，在馬老闆這裡找不到一本設計資料。

後來在宗申和隆興的研究所，看不到屬於該公司自己設計思想的理論闡述和計算資料。在他們的開發室裡，找不到一輛屬於自己民族研製的樣車和換代產品，甚至於找不到一個獨特的樣車模型，裡面除抄襲和模仿外什麼都沒有。

至於摩幫研究所的領導人，無論是總工程師，總設計師，完全熱心於短期效益，照抄國內現有的其他廠產品，照搬國外過時的設計，工廠標準互相抄襲。然而，只知抄襲別人的民族是一個永遠跟在別人後面的民族，是一個沒有出息的民族。這些老闆拿不出任何治理企業，規劃產品的方案來。國家和民族決不會因他們的出現而振興，也絕不能依靠這些私企老闆求發展。國家要這些老闆為生存而拼命賺錢，並交納徵稅，以取代原來的國企!!

在私企工廠的勞動者可以隨意被解雇，每個勞動日的勞動時間都在十二小時以上。星期天加班和晚上加班是常有的事，並且經常拖欠工人工資，這些就是走投無路的國企所要達到的目的。

私企是靠盤剝更多的勞動力而生存的，所以在中共體制下的私人企業，是比任何資產主義更殘酷剝削工人的怪胎。

馬老闆在接到陳大發的五萬元後，立即派人買回了樣車製作所需要的鋼材及配件。三輪車無論是車架和車身上的設計，是現有機動車輛中最簡單的一種，對於從未從事三輪製造的我，仍堅持根據車的最大載荷，畫出每根樑上所承受的力。以選擇材料和斷面保證其剛度和強度。

三輪車結構絕大部份由焊接而成，為消除每個焊接點所產生的應力集中，選擇焊接材料及焊接方法，保證行駛中不致發生斷裂、變形等安全隱患；需要編制工藝，進行設計計算。但我翻找所有公司技術資料，卻找不到有關設計和工藝的資料。

而我按常規進行這種計算時卻受到三個老闆的譏諷。陳大發板著臉問道：「像你這樣搞，等到你把整個計算拿出來了，雇主恐怕就另求廠家了，你懂不懂什麼叫商機，商機就要講快，沒有像你這樣站在講臺上給學生講力學計算的時間。我們宗申集團，不能讓你們這種書呆子當成試驗的場地，坐失商機。」

那老馬和老楊喊道，「老孔你要明白整個製造交貨期只有二十幾天，我們不能讓你慢條斯理的搞計算了。」他們的意見具有權威性，他們話語中刺激人的用詞使我懂得，這裡需要的是一些懂得普通三輪車結構的熟練工，而把我這樣的人當成絆腳石，我預感到我在這裡已經失去了存在的價值。

實際上三輪車從來就講的「類比設計」，根據現有的車，憑經驗，甚至憑感覺選擇材料，確定斷面尺寸。至於這樣定下材質斷面，會不會斷裂和變形，或者因為過份粗大而浪費材料，帶來功率損耗，就只有在今後從行駛中才能發現。

老闆為爭得商機，關鍵能不能在用戶所規定的時間拿出樣車，耽誤交貨的時間是決不允許的。我一個打工仔，怎能拗過財大氣粗的陳老闆？

明白了這層道理，我心中便有了主意，第一，三個老闆已經視我為障礙，既然他們已經跳到指揮開發的位置上，所以我只能儘快地躲開，走為上計。第二，在我物色到新崗位前，千萬沈住氣，老闆怎麼說，就怎麼執行，同這些把精力花在賭場和女人身上的有錢人，犯不著爭誰是誰非。就是看到明明錯誤的加工方法，只要是老闆定的，我就要裝做沒有看見。這樣，今後出了問題也不會算在我身上。

到了這個時候，我才體會到私人老闆有時比國有企業的廠長更不講理，更不懂科學，那怕兩個老闆在高等學府裡混過幾天。有了幾個臭錢就變成了凌駕一切的主宰了。

「城市貓」試製的開工的時間選在二〇〇二年十一月八日，楊經理說，這一天，恰恰是中國共產黨第十六次全國代表大會在北京召開的日子，日曆上寫得清楚，這一天是黃道吉日，共產黨都相信天命了，陰陽八卦，講天道輪迴，對於不信鬼神的毛澤東不能不說是一種進步。

他吩咐在簡陋的試製場地掛起了三大串鞭炮，燃放後，將臨時召來十多名工人召集起來，朗聲宣佈，宗申三輪自製的第一台摩托車就此開工。整個簡陋工棚裡立即被電焊的弧光照得通明刺目。砂輪機，敲擊聲，震耳欲聾，一改三個月的戚靜。馬老闆在下料工段指導著每一個下料尺寸和焊接方法。

從那以後，陳大發每天晚上十點鐘駕著他的進口日產車，趕到現場對已焊好的車架，指手畫腳地發表一通意見。根據誰出錢誰說了算的原則，現場的工人們都要根據他的意見，把已焊好的結構重新割斷，重新焊接，誰也說不出為什麼要這樣做。

這種既不耽誤進度，毫無根據的返工更改，只好以延長工人的加班時間來補償，所以經常要做到晚上十二點鐘，而召來的工人對這種只加班不加工錢的蠻橫做法，心裡只有暗自罵娘。

但是，社會上的失業者到處都是，馬老闆招來的都是附近的國營長江電工廠下崗的待業工人，他們忘不掉失業待崗的尷尬，只好用白天消極怠工發洩不滿，並不敢違抗。指定的組長秦三是一個共產黨員，為了討好老闆，背地裡把工人說的牢騷話都悄悄報告了老闆。所以，小小工棚裡幾乎天天都要聽見陳老闆對工人的訓斥聲。

陳大發驕橫，楊老闆跋扈有餘，馬老闆陰陽變臉，三個小老闆各有手段，為了爭：「我說了算」。誰都互不相讓。他們本就是為了「城市貓」優厚的外匯，臨時湊合在一起的利益聯盟，無所謂謙和和團結。加上他們每一個都憑著「我看這樣才好」的主觀意願，所以誰都不能說服對方。有一次就所占廠房的租約，楊老闆和陳老闆沒說上五句話，便當著工人的面大吵起來，並不顧及他們同窗情誼，開口就拿對方的媽出氣，摩幫內說話粗俗已成習慣並不奇怪。

工人們看到小老闆為一點小事翻臉，也在老闆間拔弄是非，所以這個總共不到二十個人的集體，從成立開始就在吵吵鬧鬧中過日子。

看來，開工的黃道吉日並沒有選好。這使夾在這些人中的我特感難處，我本抱著拔一下動一下的態度，在這種一盤散沙的集體中幾乎動彈不得，最後，連秦三都認為我可欺，動輒當著老闆指責我。

我雖將技術上的決定權拱手還給了馬剛，但老闆們隨意定出來的尺寸到頭來卻要我表態。我只好聲明，整個的設計都由陳大發決定，我憑什麼下結論？於是馬剛把編寫產品說明書和企業標準的任務交給了我。車還沒造出來，技術參數憑什麼定？雖然可以唬弄我國商檢部門，但要騙用戶就困難了。當然，中國的商品基本是從外國偷學來的，造假仍是中國大陸的拿手好戲，我就只好根據馬老闆的意思，把我眼睛閉上，瞎抄別人的東西。

然而，我一雙不識時務的眼睛，看不慣缺乏機動車結構的外行胡搞，例如焊接車把龍頭，不能用切斷材料對接焊起來，這樣焊接起來會造成應力集中，潛伏把手折斷的危險；秦三將減震器焊成與車架幾乎平行，使它不但失去了減震作用，反而會因行駛中車架來回振動力作用，成為撕裂車架的原因。當我糾正他時，他說：「那裡的位置不好焊，經請示馬總以後叫這樣焊的。」

我見他把Xina楊書記那一套原封不動的學了過來，忍不住長期所受的委屈，怒罵他是一條圍著陳大發的腿轉來轉去的狗。

一個三輪車底盤因沒有在動工前進行設計，違反機動車常識的地方，到處都是。這樣的「搶」字當頭裝出來的車，怎麼不發生致命的故障？就是陳大發不提出要辭退我，我早就準備離開了。

然而老馬，卻反對辭退我。經他們的商議，改派我去當採購零部件總成的技術顧問，買回來的配件因為買東西的人根本不懂這些件裝在何處，它的功能怎樣，買回來不是裝不起，就是材質不對，要反覆買幾次還不行。例如一根進氣管因彎曲度不對就反覆買了幾次。

試製就這樣在忙亂和吵吵嚷嚷之中進行下去，誰都說不清焊成的車架有幾成合格？正好，那位廣東的小羅，卻帶回了孟拉加國需要鐵殼四輪車車身的資訊。於是我乘機向老馬提出，將我派駐指導四輪車的外協。

鐵殼的四輪車身，是離南坪五十公里外的專汽廠大慶分廠製造的。每天一清早，我就起床，匆匆去乘坐從南坪到北碚的公共汽車。晚上要摸黑才趕回來，回到臨時租的房間裡已是半夜，疲憊不堪，肚子還是空空的。插上電爐自己弄飯吃，一直折騰到十二點才能脫下衣服，皮膚觸到已很久沒有換洗過的被蓋，感到沾糊糊的，疲憊不堪的我還經常不能入眠。

在這種夜深人靜的時候，想到我已六十五歲了，仍隻身淒淒惶惶在外打工流浪。離婚後還不知家在何處，心中牽掛孩子，也不知道在成都入學怎樣了，現在可是他決定人生道路的關鍵時刻。

想到孩子祖父畢生獻身教育，到頭來，身陷冤獄，葬身囹圄。他的祖母一輩子立志教育，冤冤枉枉戴右派帽二十三年。我是中共政權下的黑崽子，家庭的不和，給孩子產生的壓力，在孩子幼小心靈中刻下了深傷痕。社會影響對他的傷害，致使他對前途迷茫一片，我想不出一點可以彌補的辦法來。

窗外飛起細細的雨來，又是半夜了，冬日的夜雨對於僵臥在租用房裡孤伶伶的我，感到特別冷，白天受那陳大發故意的刁難和刺傷，心裡真不是滋味，睡在床上難以入眠。

經過連夜加班，外銷的「城市貓」樣車終於在奮戰了一個月後，橫躺在工棚裡。進度倒是如期完成了，陳大發還按照比亞特公司的照片，將車架上發動機的位置移到了大樑的中段位置，並且為上下方便，取消了加強橫樑，拿出去在附近馬路上行駛一圈以後，車架的脊樑好像得了佝僂病似的，塌陷了下去。

我仔細地察看了整個的縱樑，除因為多次返工，反覆的焊了又割，割了又焊，留下無數癌細胞一樣重重疊疊的焊疤，使整個車架退了火似的變軟了。所以當駕駛員一坐上駕駛台後，還沒有裝上車殼，車架中部便先掉下去了三公分，我心中明白，這是一台無論如何都不能正常行駛的車。我由此想到摩幫們的膽大不就是因為不懂嗎？不懂車的人指揮做車，發生的車禍比正常情況下更為可怕。

我正在對這些車架發怔，那陳大發卻在一邊衝著我吼道：「你站在那裡怔什麼！整車要按時交貨，進度必需得到保證，你現在根據車架尺寸，將車廂的結構圖畫出來，明天就去道角的車廂廠，無論如何要他們在五天內，拿出車廂，連夜裝車油漆不得有誤。」

我從蹲著的位置上站起身來，正想向他講我剛才測量的結果，勸阻他千萬不要把這種車拿出國境外出醜，但耳朵裡突然響起了他第一次到這裡來就曾說過：「……如果樣車搞砸了……我們充其量就當在澳門的賭場上輸了一把。」又想到他已累次對我無禮，並揚言要辭退我，便一聲不吭的走到辦公室裡。

畫好草圖交給老馬審閱後，第二天，便拿著草圖向道角的方向乘車到車廂廠去。到了車廂廠，他們要求將車架運過去，他們好根據實際測量出車架和車身有裝配關係的地方，再定出車身的尺寸。我告訴他們，老板正追著搶進度，不可能將車架運過來量尺寸。

下午我回到南坪的加工現場，馬老闆在吃飯時就命令我說：「光有車身還不行啊；你去把樣車的座椅給我定回來。」

吃過飯我又急忙奔座椅廠，與座椅廠的周廠長商量可不可以按我提供的尺寸先做一套？周廠長冷冷的說：「你們那個金彙公司一點信用都沒有，要新的座椅可以，但先要交付開發費。」

聽了他的話，當即向老馬打了電話，講明現貨沒有，要想另做座椅必得先交開發費。馬老闆在電話那一頭，惡言說道：「他們不供就算了，摩幫沒有先支付開發費的規矩，只是請周廠長想清楚，今後我們的外銷車開發成功，上了批量他想擠進來供應，就已經晚了。」

摩幫這種主廠吃配件廠兼以訛詐利誘相威脅，逼迫對方上勾是一種經常的慣例。我明明知道這次開發的失敗結局，四輪車的門鉸鏈還要等我到大慶溝定下來，不允為座椅糾紛耽誤時間。

於是便要了幾個長椅子拿回去改製，等到尺寸定好之後，再批量定貨不遲。主意打定，便買了一套長安車用的座椅，急急忙忙回到了試製車間。

老馬已經在門口等著我了，見我拿著長長的凳子回來，便問我這是怎麼回事？我說按照我們車的尺寸，長豐座椅廠確實沒有現存的貨，我只好拿回來現存的凳子，由長改短，確定安裝的準確尺寸後，再交由加工廠批量的供貨。

不料，他把臉一沉，訓斥道：「現在大家都在加班趕進度，派你去半天什麼問題都沒解決，拿回兩個這麼長的凳子怎麼裝？」那陳大發從工棚裡鑽了出來說：「我們是私營企業，不能拿你國營廠什麼都等現存的工作作風來混日子。」

兩板子不輕不重地打在我的身上，我實在忍不下去了，便將好幾天早已在心中的怒氣衝口說道：「你們究竟要我幹什麼？是設計車身，我已經做了，拿座椅我也落實了，並且有了解決的方案，今天一天從早上六點起床，直到現在，工作變了三次，還沒有坐下來休息一下，我被你們當作一個棋盤上的走卒一樣，一會兒擺在這兒，一會兒擺在那裡，如果你們實在看不順眼，我走好了。」

說著我把扛在肩上的凳子往地上一摜，那秦三在一旁火上澆油說：「你這是什麼態度？」那楊老闆見我動了怒，便緩了口氣說道：「你吃了晚飯沒有，先去廚房把飯熱一下，填飽肚子再看怎麼辦？」我一看時間，已是晚上九點鐘了。

吃過飯，按照我在歸途中想好的方案，同一個工人一齊動手，將座椅改短，支架重做，一直忙到凌晨兩點鐘，兩副座椅已改製成功。馬老闆自覺下午說的話有些不妥，向我解釋說：「外商的交貨期逼得緊，你看我還不是和你們一樣，忙到這個時候還沒有回家……」

我想到再不離開，這種車出了國境線，今後打起國際官司來，我真要兜著禍事走了。晚上便寫好了離職的報告，第二天交給了馬總。

馬老闆看著我的辭職書一言不發，此時他從兩個多月的吵吵嚷嚷中似乎清醒了下來，他明白我們合作多年，開發四輪車走過了多少政策、技術、人辦、資金所鋪設的坎坷路。

二〇〇三年，一月份，宗申集團的基地從南坪，遷進了他們在大堰溝租好的廠房裡面。

就在我執意離開宗申公司的前兩天，兩台已油漆好，準備運往海關的「城市貓」三輪車，雄糾糾正開出了試製場地，在馬路上作裝箱前的最後也是第一次試車。秦三得意洋洋坐在駕駛員旁邊跟著試車，樣車順著銅元局一路下滑。此時他的心裡很得意，因為這是他「指揮」的第一台外銷樣車的製作。

不料剛剛開出去不到一小時，估計兩台車駛到河邊的最低處向上回返的時候，馬老闆接到了秦三的電話說：「兩台樣車在上坡時，無論如何都爬不上來了，現在正停在河邊，只等公司派汽車把它們拖回來。」

等到兩輛新車拖回試製工地的廠門時，秦三沮喪的從樣車上走下來，我看到那里程表的讀數才十公里，再仔細看大樑已明顯壓彎，發動機離地面只有十公分，秦三嚷道：「後輪的速比裝成了平原型的，當然爬不上坡了。」

然而，我最清楚，還不知道有多少問題等著這輛第一台「城市貓」。還好，沒有傷著人，新開發的「城市貓」僅僅跑了十公里，便不能再開了，這個車架最後只能割斷，重新來過。承諾按時交貨的羅老闆只好立即用國際長途告訴接貨方，因為客觀的原因，海關沒有通過，至於何時才能發貨？要等海關手續辦完以後。

當時對重慶三大摩幫有一句評語說：「只有摩幫那麼大膽，因為他們不懂。」這無疑是指的現象，要探究摩幫興起的原因，只能從國營企業的機構臃腫，人浮於事，生產不能創新，長期成為國家負擔上尋找。

摩幫的出現，幫助中共新的當家人，完成了甩掉國有企業揹得越來越沉重的包袱。國營企業「破產了」，大量的剩餘人員順勢被推出了國有企業，流散到市井中，工人成了社會主義最慘的試驗品。我不知道，重慶的摩幫怎麼會熱中於「衝出國門」這種壯舉？被中共利用和操縱的摩幫，對自身產業所知甚少的水平上，盲目衝出國門無疑於「找死」。

也許把摩邦的「冒險」精神，說成中共改革開放的主流意識，未免誇大，但是用無知和冒失代替科學態度和誠實工作，個體戶短淺的暴利追逐，拿出品質極差的中國貨，無疑要在走出國門後受到國際制裁，今後會證明，廉價勞動力的中國產品，同中共的獨裁制度一樣將受到主流社會的抵制。

自從今年二月，我來投馬剛後，短短一年時間經歷的所見所聞，親身體會在市場經濟浪潮下的社會百態，目睹中國特色的社會主義初期的表現，只感到亂麻一團，理不出頭緒來，更看不出它今後發展成什麼樣子？

第四節：在勁龍公司

我將要投奔的是屬於大渡口區大堰工業園區裡的勁龍公司，它屬於三大摩幫之一的隆興公司。據這家公司的總經理譚總介紹，這幾年重慶摩幫從發達國家那裡引進了三輪、四輪，以及用於水上、雪地、沙灘等等道路的專用車。

他告訴我隆興公司準備成立一個特種摩托車輛廠，在聽到我的經歷後，他欣然的接納了我。

譚總大約三十多歲，他說他在萬虎摩托車廠當了八年的銷售經理，對於摩托新產品的開發，有濃厚的興趣。但因為他原本是學會計的，所以對機動車是外行。在我來前，他已從摩配廠家那裡聽到了我的情況，表示歡迎我來他的公司做技術指導，他的謙虛使我重樹了信心。

第一天去，我就在他的陪同下參觀了剛剛鋪設的生產線，如果說經營得好，特種摩托車，有很可觀的前途。

這一天返回南坪我原來租用房時，已是晚上七點鐘了。沒想到，在我住宿地門口的馬路邊，碰到了馬老闆。他見到我，滿臉堆笑說，為了等我，他已在這裡恭候多時了，問我上哪裡去了，怎麼手機一直關著？

我告訴他我已在勁龍公司應聘，過幾天我就要搬過去了。他連忙勸阻我說：「過去一段時間大家都忙於產品開發，外銷的任務使我們彼此沒有交換意見的時間，對於一些誤解也沒有及時疏通，相互產生的不愉快希望不要往心裡去，我們已合作多年，彼此都十分瞭解，何苦為口角而離開？」我心裡暗想，如果沒有試車對「城市貓」來了一個大揭醜，暴露出它的致命失誤，使他清醒，他會對我主動疏通麼？

我告訴他，我雖是一個打工仔，但知道為人誠信。我既然已答應了譚總，豈有失信於人的道理？何況那陳大發對我已下過多次逐客令，我豈有再回去的道理？

他明白已經無法挽回了，說了聲「如果你在隆興工作不如意，我仍然張開雙手歡迎你歸來。」唉！有他這麼一番話我也就心滿意足了。

到勁龍公司第一天上班，我就被安排在開發部裡。技術部裡的工作人員小陳和小曾向我介紹了公司的情況，他們拿出一大疊香港著名影星，在公司成立慶典上與公司要員們的合影照片，在這些精製印刷的廣告中，最顯眼的是本公司特聘的「形象大使」成龍。

這幾年，重慶的商業廣告已為各行各業採用，重慶的摩幫為了銷售戰略的需要，用重金聘用一些名演員來作自己的代言人，李連杰，周杰倫，成龍等等巨幅照片佈滿了馬路兩旁。至於摩托車的技術和品質究竟如何，是無法從廣告上知道的。

小陳和小曾打開了靠牆的檔案櫃，裡面除了存放著勁龍牌兩輪車的企業標準以及原總工程師留下四輪車裝配示意圖外，連三輪車的裝配圖和部件圖都沒有一張，更不要說有關特種車輛的技術資料。

小陳說：它們全都儲存在開發部的三台電腦裡。

但是，我請他們打開電腦，看看裡面究竟存放了哪些資料，小陳卻說：「你不要拿正規的工程設計去要求摩幫，計算是沒有的，它們有時連參考的價值都沒有。一個車的車架就只要尺寸就夠了，至於講新品開發，只能按要求選擇現存的類似結構就可以了。」這大致就是摩幫們共同的技術狀態。

兩個年輕人向我介紹了公司的人際關係，他們說公司成立還不到半年，各部的部長都是新到位的應聘者，宗派關係還有沒形成，本公司工作作風還算正派。這使我感到很高興，以為可以放手幹點事。於是，進入公司第一天，我就草擬了準備開發特種車的工作計畫。

按照譚總的工作安排，我們在裝配車間的

樓上，開闢了一個足有五百平方公尺的樣車試驗基地，樣車在電腦上經過繪製結構圖，便可繪製車架圖。利用這個便利條件，三台全新的三輪車底架圖，僅花了一個多月時間，便繪製出來，它們陸續在試製場裡誕生了。

下一步就是對樣車進行可靠性的行駛試驗，只有經過長途試車，才可以驗證我們所作初步設計的可靠性。也才可以驗證整車的動力、動力傳遞和結構是否合理，找出需要改進的地方。

然而試車的牌照卻一直遲遲地沒有拿下來，由我起草並經過譚總批准的試車申請報告，一直壓在公司的經理辦公桌下。

公司的頭目說「摩托車」試什麼車？這一筆費用該由誰來開支？他們根本不同意自己進行有創意的車體結構設計。他們問道：自己設計的車身，用戶能接受麼？市場能接受嗎？我們是靠自己的錢來開工廠，而且又是小廠，開發後能否打開市場？即使一舉成功，大家爭著去學，你的新車說不定還沒有賣出，別人已經仿製成功了。這筆試製費豈不是替人家付了嗎？

譚總在公司決策人面前被問得啞口無言，試車工作由此受阻。

為了糾正譚總的開發計畫，隆興公司派了一個姓羅的人來擔任總工程師，乾脆取消了我領導的技術開發室。這姓羅的積極主張「撿別人現存的東西做」。這是摩幫們對新品開發的原則，這種時候我只好採取回避，獨自一人在開發室裡悶坐。

停在開發室裡經過兩個月辛苦開發的十幾種款式新穎樣車，被全部封存，公司的管理機構卻像腫瘤一樣長大。這個總共六十名成員的小公司，就有一半以上的科室管理人員。

總經理以下有六個科室，分設五個部，最大的銷售服務部就占員十五人，幾乎是全體員工的四分之一，物流部的採購人員就有五個，還有庫房管理人員五個，這樣的公司恢復了國有企業的所有弊端。

譚總為了推行部長責任制，排解天天都發生的扯皮現象，不得不每天召開生產協調會，然而，扯皮的生產協調會，除了拖住譚總的全部精力，並不能推動工作的按時完成。這與我很熟悉的李友時代的農汽廠幾乎一樣，生產協調會上到會的部長們各說各的理由，然後毫無結果的散會。可是虧損卻像鬼魂一樣的附在這個新成立的公司身上。

我曾建議譚總少開會多調查，多調整不協調的部門，可是他說這是公司選擇的日本管理方法，誰也無法違背公司的管理思路。

貧窮百姓在中共致富誘惑下，重慶的三輪摩幫在其開始興起時，是由許多彼此獨立的家庭手工業組成。這些向大公司採購發動機和配件，借用大公司的牌名，一哄而上的，分散在重慶九區十三縣的街道小巷中的私營小「作坊」，從來沒有正規的設計。

這些品質低劣的三輪車，從四面八方湧入市場。小業主說如此總比失業好，正是靠著廉價的優勢，滿足了視生命很賤的城市貧民和農村苦力的營運需求。

這些帶著結構和材料的先天缺陷，使三輪車不斷發生翻車、車架斷裂、制動失靈、方向失控的致命事故，危害窮苦下層百姓的生命。

中國的車輛管理部門想通過國際上推行的3C認證，來消除或減緩這些層出不窮的人身傷害，扼制粗製濫造所帶來的交通隱患。但是中共各級官僚的腐敗，使3C認證機關把這種神聖的使命變成金錢的交易。

小作坊找到大企業，大企業出錢買認證，小作坊出錢買合格證，最後還不是維持老樣子。隆興公司也同相當規模的大摩幫一樣，絕不會把3C認證的過程當成認真提高產品品質的企機。

在上級部門發出通知以後，一面向政府機關交錢，買過關的認證書，一面指示下屬子公司對過了關的3C材料依葫蘆畫樣照抄，偽造標準中規定的檢測資料，便成了公司獲取3C認證的方法。

譚總知道，我在專用汽車製造廠負責品質工作，所以把認證工作交給了我。我雖不願做這種花錢作假的事，也只能隨大流。

坐在辦公室裡抄襲其他單位弄來的檔案，填寫假資料，親眼看到公司把幾十萬塊錢拱手送給市的認證中心。承接這種抄襲的文牘工作，整整忙了三個月。

沒有多久，這個剛剛成立才十個月的企業，就處在內無新品可生產，外無過硬產品開拓銷路。在隆興公司高層管理層的干預下，已嚴重出現虧損。

到了二〇〇三年七月份，隆興公司的財務總監，拿著一張勁龍公司十個月來總計虧損百萬元的通知轉給了譚總，接著由隆興公司派出了一個審計工作組，進駐勁龍公司本部，把譚總推到被審計位置上去，他不得不引咎辭職。我也被當成虧損的一般成員一齊下課，離開了這家公司。

早已等候我的老馬，聽說勁龍公司的人事變動，當即打電話給我，表示歡迎我重新回到宗申公司。他們那時已從南坪全部遷到大堰工業園區，就在勁龍公司的附近。從勁龍公司出來，我準備去老馬那裡看一下現場。

剛出門就被老馬碰上，他說今天湊巧，楊總、陳總都在辦公室，我們正缺3C認證的負責人，這一次你就不要推諉了。

我只好同他一起到了宗申現場，試製的場地擺滿了各種新型的摩托車，尤其已投入了孟加拉國所需的「城市貓」的成形手工模具。相比起來我的起步比他們早，可惜被開發不如抄襲的思想占了主位，勁龍公司在後期沒有投入，所以這裡反而先行了一步。

我們一邊參觀，一邊聽老馬介紹，宗申現在新品開發的工作全由老馬負責，大概因為擅自作主，使第一批的樣車完全失敗，陳大發已完全不干預開發工作，老楊也只負責外銷，不像原來那樣，多頭變成了無頭。我心中有一些動搖，加上我已經脫離了勁龍，所以對老馬的誠意不得不加以考慮，畢竟我們是多年合作了。

我們走上了辦公樓上，果然老楊和陳大發都在那裡，他們見我到來，都起身相迎，陳大發第一句話便向我作了道歉，這種誠意不可以隨意傲對。

私營企業用人沒有那麼多手續，沒有那麼多彎子，靈活調整的優點，是官僚氣味實足的國營企業所無法企比的。原因很簡單正如陳大發所說：「我們花的每一分錢都是自己掏的腰包！」

賺的錢和虧的錢全要落在老闆肩上，是他們勵精圖治的原因。縱然有主觀盲目，不講科學，但吃了虧後便及時改正也是可取的。想到這些，我當即便答應暫時留下來試一試。

第五節：腦出血．打工的終止

「城市貓」開發的失敗，客觀上促進陳大發的反思。對他來說，最深刻的教訓是認識到技術不是簡單抄襲可以得到。好在他本人也讀過幾天大學，明白設計和計算是一個產品必不可少的。

其實，私人老闆個個都是人精，趁我與譚總因勁龍公司大換班的機遇，便招我重回宗申，本來就是老馬一直關注的事。然而，正當我準備重新搬回來時，一件我沒有想到的事發生了，它使我不得不結束我的打工生涯，進入了人生最後的晚年。

我在勁龍短期的聘用，是住在譚總原來的辦公室裡，這是一間只有一扇窗子的口袋屋，時值八月盛夏，我住的屋子十分悶熱。

當時我從舊貨市場買回一台舊的窗式空調，舊空調風力太小，白天已很累，晚上開足空調也只有一束解不了熱的風。

八月四日因為太熱，我睡在躺椅上。迷糊中漸入夢鄉，沒想到躺椅突然傾翻，我隨著躺椅跌倒地上，頭先著地。頓時天崩地裂，腦袋炸裂般的疼痛。

掙扎著從地上坐起身來，撫頭呻吟。打開電燈，穩了一刻，頭痛並不見減輕，但心裡對眼前發生的一切十分清楚，腦子裡閃過一個念頭：「難道我跌到了致命地方？」想到《血紀》還沒有整理，也沒列印，今生最起碼的工作還沒完成。回憶我一生曾經多少風雨和磨難，豈能就此結束？忍痛從地上爬上床，看看手錶，時間正凌晨兩點，心中想，只有等到天亮再打主意。

我來勁龍後，剛剛在彈子石一家電力配套廠分配了工作的王玲，曾到勁龍來找過我，想到勁龍來。在我的介紹下，譚總接納了她，在我所在技術室裡擔任技術員工作，那時她已結婚兩年。我既碰到了眼下這種事，舉目無親的我，只好依靠她了。主意打定，靜靜等著天亮後，用電話通知她再作定奪。

迷迷糊糊中，感覺頭痛減緩了，不知什麼時候，廊簷的扶梯口有了腳步聲。窗上已漸漸泛出白光，勁龍公司的工人們正陸續起床下樓洗漱。

我用手機給王玲掛了一個電話，告訴了她昨夜我跌跤的事，請她上班進辦公室前，務必到我這裡來一趟。

九點鐘不到，王玲來了，我馬上囑她去藥店，為我買回兩盒「腦心通」。中午，她買回藥來並告訴我，藥房的人問起我的情況，關照她說：「像這種年齡，頭部跌傷，切不可大意，最好能馬上去醫院檢查一下。服藥以後，感到頭痛已經減輕，並沒發生嘔吐，說不定就是普通跌了一跤，命大不礙事。」反正今天還沒有去宗申報到，我可以好好休息一天，看情況如何！

第二天，頭痛減輕了，起床時除有些恍惚，還能行動。於是我並沒有告訴老馬我跌跤的事，照常去宗申車間上班，為現場解決了一個三輪車制動管路的鋪設，下午回辦公室著手3C認證標準的起草工作。

如此堅持了半個月，我的頭部傷勢一天天嚴重起來，吃藥並不見效，白天頭痛加劇，晚上睡不著覺，尤其是走路雙腳不聽使喚，一向以硬漢自居的我，終於感到無法再硬撐下去了。

八月二十一日，我向宗申公司告了假，獨自一人踉踉蹌蹌走到公路上，搖搖晃晃的爬上了過路的公共汽車，到袁家崗的重慶醫學院第二門診的腦外科就診。

在那裡，一位才從北京醫學院畢業的腦外科醫生，在測了我的血壓，翻看我的瞳孔後，囑我趕快去CT室照片，他說我的病情已相當嚴重，延誤治療我的生命都會危險。

CT照下來確診我是硬膜血腫，我的後腦勺裡微血管破裂，後腦勺下部已經積存著大量的淤血，必需馬上做開顱手術清除淤血。我在門診裡接通了王玲的電話，請她趕快到重醫來。

下午五點鐘，王玲為我辦了住院手續，醫生將王玲留下來守護著我。晚上七點鐘，我被送進了開顱手術室，這種手術有生命危險，進行手術前，一定要我的家人在手術通知書上簽字。

但此時，我到哪裡去找我的家人來簽字啊？我已離婚四年，唯一的孩子遠在成都，這時候，我才感到我行為的冒失，痛感到離婚以後獨自流浪在外無依無靠的狼狽。果真我就此一命嗚呼，連收屍的人都沒有！

簽字總算由王玲代筆了。

在無影燈下我漸漸地麻木過去，只恍惚地感到手術臺周圍，幾個穿白衣服的護士來回忙碌著，耳邊響著手術刀打開顱骨時撕碎頭蓋骨的聲音。

忽然我看到王玲還呆呆的站在我的病床前躊躇，她說：「醫生不准我離開，要麼有人在這裡守著你。所以從現在開始，得請一個看護，我要回公司上班。」看看時間已是下晚一點鐘了，原來她一直守護著我沒有離開。

一個臨近病床上的男看護走過來說：「每天只要給我二十五元看護費，病人就交給我吧！」我才想到王玲明天還要上班！於是催她趕快回公司。

一連兩天，我徹夜不能入睡，頭部開刀的地方像一把刀在傷口上不停的扎，我摸摸我的被子，分明感覺到那粗糙的棉布。

見我開刀後效果很差，醫生復查的結果證明第一次開刀，淤血並沒取淨，而且原來破裂的血管也沒紮好，他們決定還要開第二刀。

我囑看護接通了范萍的電話，請她無論如何趕緊到醫院來一趟。

那一夜可是最痛的一夜，我感到我的靈魂已經超離了肉體，從病床上飄了起來，我想我已經死去，人死後，靈魂便從肉體上出竅，在空中自由遊蕩。

迷糊中我在空中尋覓著我的母親，母親始終沒見著，倒是蔡家場那池塘邊的老宅見到了范萍，她還是像當年的少女那樣迎接了我，我握住她的手說我自由了。可以牽著你穿過山坳河灣去尋找那屬於自己的家了……

接到我打的電話，中午范萍帶著她的侄女和同事五六個人站在我的床前，並在我開第二次手術的申請書上簽了字。

我再次回到了無影燈下，又一陣風吹來，將我飄起的靈魂又沉沉地攢到塵埃，我聽見我躺的擔架護理車車輪滾動的響聲。

晚上，當麻藥解除以後，我的頭部像炸裂般的疼痛，像一把尖刀戳著我的傷口，一下！一下！耳邊隱約響起范萍的哭聲。

我安慰她說：「別哭、別哭。」人的靈魂是不會死的。人死只不過是靈魂從原來的軀殼上超脫開來，依附到另一個軀殼上，所以只要你記住我的靈魂，我們可以在另外的地方重新相聚，那地方也許就是人們常說的來生吧，只是來生千萬不要重演今生的悲劇。

好久好久，我又重新回到了那四壁白牆的病房裡。

我明白，我還活著，身旁已沒有親人，范萍她們也不知道是什麼時候走了，剩下的依然是那陌生的男看護。

此時此刻，我最需要的是親人的安慰啊，但是能給我安慰，撫平我創痛的人在哪裡啊？頭痛加劇，眼前除了天花板便是白色的牆，我只好在心裡數著數，一、二、三……打發著時間一秒一秒的過去。

第四天，手機的震鈴響過以後，電話裡傳來馨兒的喊聲：「爸爸你怎麼啦，王玲姐才打電話告訴我你跌成腦出血了，我這就請假從成都趕回來看你……」

兒子帶哭的喊聲使我暗自流淚，常言道：「知子莫若父」。孩子生長年代對生活的追求，與我們這一代相隔太遠，他沒有按我的希望成才，卻被社會奪了過去。小小年紀就離開家，獨自在外闖蕩，我對他缺乏理解和耐心，幾乎對他失去了信心……此刻我為我沒有盡人父之責而倍感痛心。

蒼天保佑，現在，在我孤伶伶的一個人與死神較量的時候，在我最需要親人關心的時刻，孩子終於要來到我的身邊了，我枯瘦的臉頰上淌下了熱淚。

高效的消炎藥物和疼痛的傷口日夜折磨我，使我一點胃口也沒有。整整一個星期我不想進食，只能靠喝水度日，但是體溫和心臟證明我的身體能夠抗過這場死劫，重新活過來。

第六天，我的孩子終於來到我的床前，他給我帶來了蘇打餅乾，還帶來在醫學院工作的小陳，他們忙碌的查我的病歷和服用的藥物，儼然像醫生，好像在檢查給我的治療方法是否正確？

吃飯時，他用匙子餵我，問我好不好吃？我看著我的孩子想到他兒時，我駝著他去上學，一邊教兒詩的情景。從兩歲開始到十歲的繪畫作品至今還保留在書櫃裡，等我康復後一定重新把它們整理出來交給他。

第七天，劉啟建終於來了，她一來就聲明說是孩子叫她來的。她那人格的尊嚴，是無可厚非的，如果不是法院的判決，她到了最後都表示拒絕在離婚協議上簽字。現在既然已經離婚了，她就不能主動看我了。

回想起來，在我們結婚的十八年中，我一直沒有愛過她，活了一輩子也沒人關愛，她也夠苦的。天哪！「無情不似多情苦，一寸還我千絲縷，天涯地角有情時，只有相思無盡處」我是生錯了時代，建錯了家哪！

我在動手術後的第九天，第一次從病床上站起來，在看護人員的幫助下走出病房，穿穿跌跌的走出病房，那天是陰天，我的語言功能還沒有恢復，我多希望有人能同我談心啊！我記不得有多久沒同人交談過了，當我在醫院的花園裡慢慢在陪伴人的攙扶下散步，我多麼希望有人同我講話。

下午，我的中學同學申德榮來了，他與我中學同班，從初一到高中畢業。我平反回北碚，常和他相聚。後來他退休不久遁入佛門，從此篤研佛經，我們經常在一起談論世間的善根惡果，與風輪法師一樣，他以人間因果報應為依據，勸我皈依佛門。

這一次他聽說我跌成腦出血，來看我時，專門給我帶來了神龕上供佛的水果，和一盒頌念阿彌陀佛的磁帶。教我跟著磁帶上放出的音樂，每天頌念百遍，自會心裡平順，傷勢也會在菩薩的保佑下很快康復。

其實我本來篤信因果報應。若非雜念無法排除，而信守了隨緣自生的安排，還在凡間徘徊留戀，飽受人間的苦難，也許我已隨他出家了。

他坐在我的床邊開導我說：「人生無常，你要切記，就比方說，你突然跌了一跤，肯定是有緣因的，那一刻改變了你的一生，這就是無常。無常不定因欲而煩惱。」

跌跤那天正是我的生日，難道這是佛的警示？他繼續說：「我勸你抓住這個機會，從此信佛，免去了六道輪迴，再不受人間輪迴之苦，豈不善哉！」跟著老同學出家山林，在心理上尋找依託，但又怕晚年孑然一身，怕我烈烈一生就此消影山野。左右思來，不得其果！我與皈依佛門失之交臂。

自從中德榮來過以後，我循他教導，每天放頌他給我的磁帶，從此以後，我的病床前一早一晚，都會響起悠揚的阿彌陀佛頌唱。就如他的說法，我果然一跤瞬間就改變了我此生的道路。人是多麼脆弱，就跌了這麼一跤，便永遠結束整整七年的打工生涯。

以後，在我病體恢復期間，我的心靜下來，成天很少出戶，整理我一生的回憶錄，最後，完成了《血紀》的長篇整理和列印，我決心用自己親身經歷來記錄這段中共所創下的歷史。

從此，早晚在佛的面前焚香、悔過，雖然我心與潘老相仿，時時還有雜念纏著。

第十一章：尋訪

一九八〇年，在二十四中任教工作暫定後，生活暫時安定下來，隨著「片斷」的撰寫，每當夜闌人靜，死難者的音容笑貌都會來到我面前，與我交談，大致因為我在他們犧牲時走過他們的遺體前留過誓言：「只要我能活著出獄，我定要將你們的事蹟告訴全中國，把你們寧死不屈英勇就義告訴全世界。」

現在，是該把烈士們的噩耗告知他們的親人了。

第一節：尋找烈士的家

可惜我連他們生前準確的住址都沒有，當時又沒電話，在人海茫茫中，我與他們又從未謀面，大海撈針，徒步尋訪，他們在哪兒呢？

根據劉順森生前留下的地址，我曾兩次去大陽溝尋找他二十五年前的家，據他講，他的姐當年是重慶共青團委的幹部，一九五六年他被抓進少管所以後，便與那個三代工人的家庭斷絕了聯繫，為了不受到劉順森的影響，他的姐姐割斷親情以求自保，這在中共統治時期是普遍的。

毛澤東在階級鬥爭口號下，扭曲人性破壞家庭。但我不相信人性因此而泯滅。我相信劉順森的老父老母不知為失去親骨肉流過多少淚，我甚至還相信，劉順森的姐姐在經歷了這二十八年的風風雨雨，體會中共宣傳的欺騙和虛妄，事久以後，在中共法西斯真面目越來越暴露，被扭曲的靈魂也在恢復，割斷的親情必將重新建立。

劉順森的親人們，一定會像張錫錕的親人一樣，翹首等待他的歸來。因為她們比誰都瞭解劉順森，他的聰明，正直和冤屈，他們沒有理由死守曾作過的荒唐決定。

如果此時，我把劉順森的死訊告訴他的父母和姐姐，她們會怎樣反應呢？我雖不知道，但我真的很想知道，我正是帶著這種心情走進了大陽溝。

整整一天，我的足跡走遍了那裡所有小巷，挨家挨戶詢問：二十五年前，這裡有沒有一個曾在市團委工作過的姓劉的女人，然而我每穿出一個小巷時，總是帶著悵惘再穿進第二個小巷。最後在一無所獲後，只好改變主意，讓歲月將她們浮出來了。

尋找皮天明就更難了，在鹽源我就沒有打聽到他家的確切位址，只知道他還有一個親弟弟在漁洞，可漁洞那麼大的地面，那一家才是他的家？

漁洞屬九龍坡區，從北碚到漁洞要轉兩道車，過長江到南坪再轉車，光趕路就得花五個小時，所以我特別作了準備，選了一個晴天，早上五點鐘乘上公交早班車，天不亮就出發了，直到上午十一點過，我才到達漁洞車站，下車以後，不知該向哪個方向找，懷著僥倖去叩開那些街邊一間間簡陋小屋的柴門，詢問有沒有姓皮的住戶？

依據他生前對他的後娘和兄弟的描述，應當就在街上，然而走遍了那裡所有的巷道，只問得兩家姓皮的人家，他們都不知道我所說的人，更沒聽說皮天明的情況。想到他赴義前，在六隊的大監門口臨就義前的囑託，我便挨著大街一戶一戶的問下去。

花了整整一天，人雖渺無蹤影，但我的心意已盡。直到下午過了五點鐘，證明我的尋訪失敗重回車站，望著灰色的街道，我擦著汗水悻悻離去，再次寄望未來的歲月或偶然機會，將他的親人們浮現出來。

陳力就更難了，他壓根就沒有向任何人講過他的家在何處，只有他被捕入獄時的華龍橋彈簧鋼板廠還在，興許在那裡可以問到他的父親，和他家的下落。然而，就在鋼板廠的門房那裡，便將我擋了出來，他們說，從來就沒有陳力這個人，更沒有聽到有關這個人的事。

在中國為民主和正義而獻身的人怎麼這麼淒慘？難道他們的家都被毀滅了不成？當然，他們的檔案會提供他們的下落，不過，那一定是在民主革命勝利後。好在，我的《血紀》有他們的記載，不會讓他們在地下默默無聲。

第二節：馬開先的下落

一九七九年的九月我從鹽源平反歸來後，就一直打探馬開先的下落，原因出在劃我為右派後，這是我心靈上烙下的最厲害的隱傷。二十三年來每次想起，心裡一直很傷心。

自從一九五八年我離開重大後，我們就被強行拆開，從此，我和她天南地北各赴冤獄。尤其是，我要弄清當年曹英為鬥倒、鬥臭我倆，是怎樣誣害我倆的？她怎樣度過這二十三年，現在又在何方？

當年重大來鹽源為我「平反」時，我嘗試向鄭老頭詢問過她的下落，但被拒絕回答，七九年回重慶路過成都一直留意尋訪，想在偶然中找到她。

後來我向重大保衛科和落實政策辦公室詢問她的下落，結果都被拒絕，這就更加令我懷疑，當年給我們的誣陷，定有不敢公開的東西。

受到這種羞辱，而不理會，還算七尺男兒麼？

（一）線索

一九八九年冬天，有一次在街上，我偶然碰到了離別整整三十年的鄭業文，她姐姐當年也在北碚托兒所工作，姐妹倆父母早亡，從小進了孤兒院。這次與鄭業文相遇時，她已滿頭花髮，相互傾訴二十五年遭遇後，她滔滔不絕倒出一肚子苦水。

原來一九五八年反右運動尾聲，七十六名極右份子離開重大去南桐後，鄭業文姐姐在托兒所向黨交心時，說他們兩姐妹的祖父曾是合川縣地主，鄭業文因此從重大實驗室「清理」出來，下放到北碚東陽公社。

開始她在一所小學當教師，文革時卻被公社的幹部誣為地主階級的後代，資產階級學術權威，拉出來批鬥。那時她剛懷孕，仍不能避免站在凳子上受到一連六小時的鬥爭，殘酷的懲罰使她小產，幸好中醫院老醫生相救，母子終於逃脫了生命危險。後來她拖著孩子打掃過廁所，拉過板板車，掙扎著度過了她一生中最痛苦的歲月……

她一邊叨叨不絕訴說經歷的傷心事，一邊痛哭起來。其實她們的祖父早在她們出生之前就已去世，中共的運動並沒有饒過這對可憐的孤兒。

那一次相遇，我問到楊明彥下落，鄭業文告訴我：「楊明彥自一九六一年重大畢業後，分配到四川農機學院任教，在文革中她受過批鬥，但遭遇比我好。一九八七年四川農機學院改名四川工學院，她就一直在那裡任教。當年重大在成都老校友的下落，她幾乎全知道，與許楊明彥能提供馬開先的下落。」

正好，我廠有一位叫陳孝牧的檢驗科人員，他是一九六七年應屆四川工學院畢業生，是楊明彥的學生，他說過幾天他要參加學院建校三十周年大慶，我當即拜託他回校參加校慶時，務必不要忘記去看楊老師，並向她轉告我的問候。

為了說清我找楊明彥的目的，我專門寫了一封簡單的信，托他當面轉交給她。那封信簡單講了一九五八年我被劃成右派後二十多年遭遇。

陳孝牧參加校慶後回廠不久，我便收到了楊明彥從四川工學院發給我的回信，在這封整整八頁長信裡，她的傷感傾瀉無遺，讀罷我的身心溶進二十年前那段天真童貞的回憶。——

「看到你的來信，我久久不能平靜」，她寫道：「一個勤奮好學，喜歡探索，有理想有上進的青年，被整得這麼慘，使我萬分痛心……你是我敬重的中學時代的校友和兄長，要不是挨整，你一定比我的成績更好。」

少時友人對我的遭遇表示痛心和惋惜，給我帶來了安慰。

楊明彥也許是我當年同窗中最幸運的一個，她在這封來信中，講到她的家，她的丈夫是在我們大學求學就認識的，她在讀書時他已工作，在那種險惡的年代，她倆從大學開始戀愛，終於有了善果，這在同時代人中要算稀貴的。

信中還介紹了她的事業，她已是有多篇著述的機械專家，眼下還帶著幾個研究生。信中追述了她家在五八年的遭遇，她的父親也在一九五七年劃為右派。當時剝奪了他在西農正常的執教，將他放到一家勞改工廠，後來死在獄中。

一九六〇年以後，她們姊妹三人被拆散，一個流落他鄉，一個在工廠做工。唯獨她才僥倖從重大畢業，分配到四川農機學院執教至今。但她沒有逃脫文革的風雨，挨鬥抄家，對她這種被稱資產階級學術權威的人是免不了的。

對我托她尋找馬開先的下落，她寫道：「歷次運動中私心重的人確實害了不少好人，這筆帳就算在錯誤歷史上吧……如果整你的人有點良心和人性，他們自會受到良心責備。你夠苦了，去找這種小人算帳反而傷自己，不值得。」

無辜受害者，到今天也只有懇求「歷史」懲治那些做盡傷天害理壞事的人，而無法懲戒這些壞人，甚至於連控訴餘地都沒有，還蒙在鼓裡的楊明彥把一切只看成個人整個人的行為。

後來我接連收到她的幾封回信，告訴了我一大串在成都地區工作的我的同班老同學地址或下落。其實人的相聚是要講緣份的，想到我被揪鬥的那些日子，同班中幾乎沒一個人向我表露同情，哪怕講幾句值得我永生紀念的關懷話！想起他們在鬥爭會中學舌的醜惡嘴臉，我就對他們感到噁心。

(二) 訪少年學友

第二年春天，利用一次出差成都的便利，我專程去拜訪了楊明彥。記得那天正逢成都的花會期間，座落在成都郫縣的四川工學院風景格外美麗，但不知為什麼，我的心情卻一直很沈鬱。

汽車在四川工學院的大門口停下。走進校門，按照門衛指點的路線，我在教學大樓西側的一群老式三層樓的樓群中，找到了她住的那排房子。

從一九五八年一別至今，已過了整整三十多年，從她略呈花白的兩鬢中，我仍可以認出她來，她那男孩子般的倔強，以及特別清晰的五官，讓我記起少女的她，看她那樣子，心情肯定也很激動。相見一剎那，表面裝得十分平靜，心裡翻騰著複雜的波瀾，

她伸過手來接過我提的皮包，一邊解釋道：「早上我去校門兩次都沒有接到你，今天又不湊巧，天倫又在開系務會，女兒出差去了湖南，家裡丟著兩歲的孩子，我怕母親照應不過來，就沒有去車站接你，太抱歉了。」我奇怪的望著她，聽著她那毫無驚詫很隨便的口

氣，好像我們是分別了不久似的。

於是我問道：「我真的還是三十年前的模樣，讓你一眼就認出來了？」她微微一笑說道：「你不是在上封信寄來過照片麼？我怎麼認不出來？」聽她這麼一說，我也笑了起來，回答道：「你雖然老了，但少女的輪廓還沒有脫形，這就叫『本來面目』。」兩個人都哈哈大笑起來！我原來憂鬱的心情頓時輕鬆了許多。

當我跨進她家那扇已經褪色的朱紅木門時，我才意識到原先估計她住的「教授」別墅，同眼前所見相差太遠。這套房間還是二十年前的「遺產」，毛澤東時代，大學裡的臭老九們住這樣的房子已經相當不錯了：兩間臥室，沒有客廳，也沒有過道，外面一間放著兩張大床和一個兩開大櫃，這便是大陸十年「改革開放」後，中年知識份子的家境。

臨窗放著一張辦公桌上面，堆滿書籍資料和字典，牆上掛著繪圖用的三角板、丁字尺和繪圖儀器，證明這裡是集臥室、工作室、研究室為一體的「教授房」。一張木桌四個凳子證明這又是吃飯的地方，房子裡已經十分擁擠，沒有任何可以接待客人的地方。

通往裡屋的，同樣是朱紅木門裡掛著簾幃，門半掩著。主人打開那門，裡面同樣擺著兩張床，床的四周被整齊的大櫃子包圍。大櫃裡整齊的插滿了各種大部頭的精裝參考書和工具書，這樣一佈置只留下了不足三平方公尺的「活動空間」。

靠門邊那床上，一個兩歲的小男孩正在那裡搭積木。當我們走進去，他朝我們望瞭望，依然聚精會神的在設計著他的「建築群」。我取過提包，從裡面取出那可愛的唐老鴨，放在床上按動電鈕，便在床上「撲」動起來，還發出「呷」、「呷」叫聲，孩子立刻被吸引到它的身上來，從床中間搖搖晃晃的站起身來試圖捉住那「怪物」，逗得我們都哈哈大笑。

這時楊明彥忙教孩子：「小迪快喊孔爺

爺。」聽他這麼教，我頓時感到時間已在中共迫害中，將我們拉成兩「代」，我的孩子還只有七歲。

門外傳來一聲老媼輕聲的招呼：「明彥，紅燒雞的酌料還沒有買，我這就去小賣部，灶上熬的排骨湯你看著點。」估計她是楊明彥的母親，少年時我曾在西農見過，今天怎能不向她老人家打個招呼。當我跨出過道，便見一個頭髮花白的老太太提著菜籃子向樓梯口走去，我連忙喊了一聲伯母。她同我母親年齡相仿，退休時還是西農講師。

從她蒼老面容，可知她過去吃了不少苦，她回過頭來，向我點頭，明彥介紹說母親專職在家帶孩子。說中國知識份子在二十世紀八十年代青黃不接，其實也未盡然。

中共統治下，幾乎沒有什麼知識份子「潰缺」的時候，就是到了改革十年初，知識份子依然被閒置一旁，並無他們的用武之地。

現在我明白，楊明彥信上所說的四代同堂，便是講她的家四代人口，濟濟一堂於這兩間陋室之內的現狀。這樣的四代同堂，客廳可以省略，但人要吃飯拉屎拉尿，這廚房和廁所就少不得的，好奇的我向楊明彥發問。

她指著過道對面的一個磚牆砌起來的小屋說：「這裡原來是學生宿舍，每層一共十間房子，新建的教學大樓竣工後，學生宿舍搬到西側的教學大樓南面。這些騰空的舊房子便加以『改造』，將兩間房中間打通，增加了一道門又封掉了一道門，成了一戶人家的一套兩居室，用來分給老知識份子住。臨時過道上又搭建了小廚房，浣洗間和廁所，兩家共用。」

我走進了那兩家共用的廚房，那大概就只有五平方公尺，裡面放著一個爐子和一個燒木材用的灶。那爐子上的鐵鍋裡，正溢出排骨湯的香氣。這種住宿條件，與我在八〇年初回重大時所見右派的家情況相似，至今十年來依然如故。

他們在極不公正待遇，在歧視輕蔑裡，仍

保持著那勤奮的韌勁，無怨無悔的勞動著。有詩云：「陽和不散途窮恨，霄漢長懸捧日心。獻賦十年猶未遇，羞將白髮對華簪。」

九十年代，中國的大款已紛紛上市，住的小洋房，駕的小汽車，請的是保姆。游泳池花園，高檔生活設施應有盡有，還要養情婦二奶，靠的是官本位的錢權交宜，隨手撈來，八旗子弟們發福得輕飄飄的人們，從八九年的六四民運以來，更感到這特權不可丟失。

現在對「姓資姓社」的無聊爭論不感興趣的官僚們，只盯著權和錢，活得快活的人，不屑於知道創造財富的下苦力都市勞動大軍；也不屑於知道，中國的科學家和專家們，在怎樣條件下奉獻自己的奶汁。我忽然想起一九七九年回重大時，已癱瘓的錢企范教授。

可惜，中國知識階層這頭「牛」除了耕耘，被人鞭打，被人擠奶外。最令我不解的是，他們為什麼不像正常人那樣反抗施暴者？卻以德報怨。

「過去的就不談了」。這是我的舊友們共同的口頭禪。

能不談麼？能不知羞恥麼？能不知雪恨麼？能做一輩子忍字當頭的順民麼？毛澤東對知識界的一個斷論，就陷死了中國知識界的一生？他說「知識份子是附在統治階級身上的毛，皮之不存，毛之焉附。」

正談話間，忽然樓下傳來了喊聲：「楊明彥接電話。」她向我做了一個歉意的手勢，便匆匆下了樓。我再次環顧了四周，暗暗自問道：教授也夠可憐的，不但身居陋室，連電話都沒有一部。

兩分鐘後她上樓來了，帶著無奈對我說道：「真對不起，本來今天，為了你遠道而來，我專門請了一天假，但連這一天假我都不能自由支配。剛才系上來了電話，叫我把資料室的鑰匙拿過去。」

她的母親剛從副食店回來，不聲不響的獨自到廚房去忙碌了，我又插不上手，便在屋裡教她的小外孫玩唐老鴨。

大約十二點鐘了，她和她的丈夫一起回家，我們互致問候後，便忙著將她母親已弄好的菜餚端上方桌，今天除了我這個「遠道」來客沒有外人，相互之間沒有拘泥。一到吃飯照樣會與十年前聯繫起來，大家都是飢餓年代的過來人，對那段數糧票過的日子印象太深，比較起來，眼前日子算是「天堂」的生活。

席間，她告訴我，她已問遍了過去重大畢業來成都工作的同事，他們並不知道馬開先其人，更不知道她的下落。不過在成都科技大學機械實驗中心工作的楊治國認識馬開先，而且是馬開先的遠房親戚。看看能不能在那裡得到馬開先的一些下落？

楊治國是我在重大同一專業同年級的同學。在重大時，因為詩歌文學創作方面愛好，我同她都曾是重大業餘話劇團的成員。一九五六年的暑假和寒假，我們還在重大話劇團的組織下，去重慶市話劇團受過培訓，在參觀了當時該劇團彩排的曹禺名劇《雷雨》時有過交往。

在楊明彥家吃過午飯後，便在他們夫婦的陪同下轉了一下校園，直到下午五點多鐘我便向她道別，回到了我出差住的川南旅舍。

第二天一大早，按照楊明彥提供的電話先給科技大學掛了一個電話，證實楊治國確在成都大學的機械實驗室裡工作，並且這些天沒有外出。

吃過早飯便乘坐公共汽車外環線路南進，過了九眼橋，大約九點鐘，我已順利地走進了科技大學的校門，並在門崗指點下向學院東側的中心大樓走去。

當我走上實驗大樓門口的石階上，一位工作人員接待了我，在他帶領下，我走進楊治國的實驗室，見一位穿著白色大褂年近半百的女士，正同兩個年輕人忙碌在一台拉力試驗機前。引路人指著她，示意她便是我要找的人。

學生時代一別至今整整三十三載，眼前的

她已兩鬢花白，只是托老天保佑，在亂世後，和楊明彥一樣，在她多年耕耘的天地裡忙碌奉獻，若不是因為我突如其來的尋訪，恐怕我們今生都難以重逢。

按學校規定，工作時間謝絕會客，但她破例轉過身去向兩個年輕人交待了幾句，便引我到隔壁的小會議室就坐，我明白，雖然是久別重逢，但這裡不是暢說舊事的場所。在遞出了我的名片後，簡單介紹了我現在工作和近況，聽完了我的故事，她喟然一聲長嘆傷感的說：「這些年大家都有一本辛酸經啊。」這簡單的感慨已勾畫了這三十多年來，她所走過的人生道路。

明白我的來意後，她走出會議室，兩分鐘後拿了一張名片遞給了我，告訴我說，馬開先現在何處她不知道，但她有一個親堂弟就是名片上的這一位，不如去找他，說不定他能告訴答案。

那名片上寫著馬開運，工作單位是成都氣象學校總務處。看來工夫不負有心人，經過多年尋找，我終於在浩如煙海的人流中覓到了她的蹤影。

從成都科技大學乘公共汽車奔去學校的路上，我坐在公共汽車上，想這些年，我在中學同學中每次打聽馬開先下落，就聽他們說我和她的種種誹聞，這些誹聞，全是曹英們為批臭我們而編造的。

至於我的冤情和當年事實卻無人說起。他們寧可道聽塗說，為什麼不顧事實和受害人長達二十多年痛苦，起勁向受害人傷口上撒鹽？也不願為被害人說幾句公道話。

母親聽到這些謠言，勸我再不要找馬開先了。

然而不明真相的人還在向我身上潑髒水，就越堅定了我揭示真相的決心。雖然我將拜訪的是馬開先的弟弟，這個人會持什麼態度我心中沒有底。

十一點鐘我在氣象學校的門房裡，馬開運

的愛人接待了我。當時這位女人並不知道我是誰，更不知道我的來意。當時該校正在建設，建築承包人經常到總務處找馬開運。

那女人熱情的招呼我，忙著請我坐下，一面端上茶杯，一面殷勤的告訴我說，馬開運今天出差到龍泉驛去了，要到下午很晚才回來，如果有什麼事，儘管向她說，她會如實轉告的。

於是我只好向這位從不認識的陌生女人，亮出自己的名字和「隱私」。我預計如果她和她的丈夫知道馬開先的下落，至少也會把她現在何處告訴我。

但是我的話還沒有講完，令我吃驚的看到，她那薄施粉黛的臉突然一沉，眉眼立即倒立起來，原先謙和的態度傾刻變得兇惡，充滿敵意訓斥道：「最好你別再找她，你還嫌當年害她不夠是不是？你現在聽明白了，她已經有家，有兒女，她恨著你，也絕不會再理你，你還是走吧！」

在這突然變化的臉面前，我愕然了。遭到拒絕的可能雖在我的預料之中，但，聽她那種對我和馬開先的事是那麼熟悉，又是那麼敵對的口氣，使我的心涼透了。

面對向我潑來的這盆污水，我太難堪，看到辦公室裡另外兩個年輕人，都莫名奇妙的看著我，心裡說不出是一種什麼滋味，嘴巴也像被堵著說不出一句話來。

懷著一股被羞辱被驅趕的惱怒，我從坐椅上霍的站起來，頭也不回的走出那學校的大門。

此刻我的臉熱辣辣的，好像被剛才那女人狠狠搧了兩耳光。憤怒和羞辱頓時集中到剛才這個毫無教養的婦人身上，卻又罵不出口，無法渲洩，小跑著向車站走去。

這一次算是給我上了一堂深刻的「世情」課，哪怕在大陸這塊災難的土地上，中共害死了那麼多無辜百姓。鄧小平平反冤假錯案，也只給被害了一生的人有一口飯吃而已，八十年代，一度興起的「傷痕文學」，用被害人淒慘遭遇，也只贏得善良人們的一抹眼淚。

只要中共的獨裁統治沒有被推翻，那段漫長而血腥的歷史，沒有拿出來公開受到揭露審判。在平反中還有一堵「不要過多糾纏過去，而應向前看」的牆，嚴嚴實實堵著國人省視歷史的視線，公開說：「反右是必要的，錯誤在於擴大。」受害人悲慘的過去永遠不會得到昭雪。受害人對自己被害在哪裡都沒有弄清，怎麼平反？

與全國千千萬萬被害人一樣，我同馬開先這段被當局封殺的冤情，其中必有他們不可告人的內幕。我持續幾十年努力尋找她，就是要找到當年受侮辱的原因，揭這層黑幕。

匆匆上了回程的汽車，想到「平反」後奔波已快十載，正是：「回首西川月又斜，天涯孤客真難度」的時候，那女人尖酸刻薄誹謗之聲：「你還嫌害她不夠是不是？」不斷像炸雷般響在我的耳際。她那話是代表馬開先本人，還是代表她的家人？

從中，我可以隱約感覺出，這些年來馬開先被中共糊里糊塗整得生不如死的慘景，也許只有這種悲慘的遭遇，才會強烈的震撼著她的親人們，也才會讓她的兄弟媳婦有如此「一觸即發」的憤怒。

上有毛澤東，下有曹英，統治著善良的中國老百姓，哪來的生路？我不知道這道理至今有多少人認識？所以尋找馬開先將這段被中共掩飾的罪惡真相公諸於世，不但是關係我和馬開先個人的事，也是我義不容辭的社會責任。

晚上，我沒有心情去楊治國那裡作客，按照她給我的電話號碼給她打了電話，沒有提及馬開運的妻子那令人沮喪的「接待」，只告訴了她，馬開運因為出差沒有碰到，因為我將回重慶，在成都該辦的事還得抓緊辦理。所以晚上就不去她家了，今後若有機會到成都來，一定擠出時間拜訪她。

（二）意外得來

說來也巧，冥冥之中自有牽引，兩年以後的春節，在邀約重大當年赴南桐監督的右派同學小小聚會上，我在王澤庸家裡獲悉了馬開先的下落。

原來，正逢一九九〇年六〇屆重大校友畢業三十周年紀念，重大校友會，曾向全國各地同系同屆校友發出回校團聚通知，十月中旬來自全國各地的兩百多校友重聚饒家院，各訴三十年來的事業和人生遭遇。

王澤庸回憶其中一名來自西北的女同學，在聚會的第二天晚上自由發言時，講到當年她被劃右派而遭受批鬥侮辱，聲淚俱下，控訴了當年機械系六〇屆中共黨支部委員曹英，對她的脅迫和威脅，她因不堪侮辱而逃離學校，於是被開除了學籍。在生活無著，萬般無奈下，嫁給一個工人，不久就流落到北方去了。

王澤庸還告訴我，機械系六〇屆的同學，總共六百多同學，當年劃成右派的就有一百多人，而這次參加這難得的聚會僅只有十來人。

這種聚會，不可能專門反映那個年代裡令人傷心的往事，也不可能記載他們的血淚仇恨。僅僅幾個人的哭訴，已把聚會帶到了那個血腥年代裡。

曹英正好就是當年這個年級中共支部委員，同學們紛紛控訴這個對無辜學生的迫害狂，為了瘋狂撈取政治資本，在反右中大搞逼供信。

王澤庸回憶說：根據這位女生的揭發，曹英對當年稍有姿色，而家庭出身有問題的女生，進行肆無忌憚的調戲和玩弄。畢業時，利用決定畢業生分配的政治評語，強迫她們同他發生「初夜歡」，居然把中世紀奴隸主對奴隸的虐待帶到校園裡重演。

從北京來的同學告訴大家，文革中曹英調到北京某機關，因為惡習太深，獸性不改，被人打斷了脊樑骨，已直不起腰，終生殘廢。所以，他不可能來參加這次聚會，逃過了這次當年被他殘害同學們對他的控訴。

易曰：「惡積而不可掩，罪大而不可解！」癩皮狗拖著一生罪過，最後怎麼到閻王老爺那裡去下地獄，了結骯髒一生啊。

聽王澤庸這段敘述，我想起當年曹英組織對我晝夜不停的疲勞轟炸式鬥爭，硬逼著我按他的意思，編造與馬開先的「不規」行為，以達到批倒批臭的目的，原來他自己就是實足的禽獸。

直到我入監後，他那獰猙的嘴臉，還常常出現在我的夢境。有人說，在這個暴虐時代，「趴兒狗比主人更兇狠。」在那個年代，類似於我的遭遇豈止我一人？只要中共的一黨專制存在一天，這種罪惡還會不斷發生，像曹英這樣的禽獸還會公開的加害無辜者。

王澤庸所講的西北來的女同學，是不是就是我大海撈針一樣尋找的她？

我問起他當年聚會時的同學通訊錄，他便從抽屜裡找出來給了我。

我當時就在這本同學通訊中，找到了她的名字，後面留下了她的地址：甘肅蘭州西固區第二十一中學，在這本同學錄的最後一篇，〈重慶大學機械系五五級畢業三十周年活動紀錄〉中寫道：「……甘肅省人民代表蘭州市西固區政協副主席，一級教師馬開先介紹了自己的經歷和工作。」

這真是踏破鐵鞋無覓處，得來全不費工夫！

想不到她已離開了四川，去到大西北的蘭州，過著「名人」的生活，她是怎麼會從右派奴隸升到省人大代表？是她遇到了奇人，還是她的親人中有中共的新貴？我卻不得而知了。

要不是王澤庸，我恐怕還不知道那年那月獲此資訊。尤其是馬開先因她以甘肅省人大代表，在這種會上涕灑淚流的「介紹自己不幸的經歷」，怎麼知道至今我所獲悉的這一切？緣分嗎？巧合嗎？

也罷，既然馬開先的下落已經找到，不管她現在的情況如何，我都必須馬上與她取得聯繫。

回到北碚，我立即按照通訊錄上的地址提筆給她寫信。

當我發往蘭州的信過了十來天，我終於收到了從蘭州寄來的「回音」。

當我拆開這封信的信封，我的手在下意識顫抖，她那弟媳婦尖刻的警告聲，此時又回蕩在我的耳際。

「我幾乎是在痛哭中讀完了你的來信」，她寫道：「收到你的來信整整兩天兩夜都沒有合眼，淚水一次次地浸透了我的枕巾，現在又一滴一滴地灑落在這一封長長的信紙上。」

「三十八年前，我含恨離開了重大，我當時恨一切人，尤其恨你，那時我真想的很絕，真想找你拼命，一刀殺了你再結束我自己的生命！」

說毛澤東是殺人狂，他的殺人不但在戰場上，在刑場上，在監獄中，也包括在和平年代用挑鬥辦法，製造出人和人間的自相殘害。

馬開先兄弟媳婦的怒斥，不應說完全無理，在「階級鬥爭」年代中，有多少子殺父，夫殺妻，兄弟相殘的悲劇啊。馬開先當年對我如此的憤恨並不足怪，要怪就怪我們生在這萬惡的毛賊東時代。

此時此刻，如煙的往事，喚起了有關她的一段回憶：鳴放初期，在正義感和同情心支配下，曾為她的一位長輩鳴冤伸張。據她介紹重慶鋼鐵公司一位工程師和他的妻子，在三五反期間被認定「大老虎」。為逼迫他們承認大筆貪污款項，雙雙隔離審查，毒打折磨了兩個多月。兩人不堪冤枉和羞侮，在一個雷雨交加的夜晚，趁監押他們的人不備，逃出囚禁地。

天地茫茫，大雨傾盆，兩個走投無路的人在雨中抱頭痛哭一場，便雙雙觸電自殺。丟下兩個女孩，大的六歲，小的才四歲，無人收養，被送進了孤兒院。

兩年後，事情終於水落石出，這對夫婦並沒有貪污劣跡，可是，當時的中共重慶鋼鐵公司黨委拒絕對他們平反，反誣他們「革命意志不堅定」戴著「自絕於人民」的帽子，永遠的含冤九泉。兩個孤兒，也不知如今流落哪裡？

不過當時的馬開先，並沒有看清這一點，僅僅出於正義感，站在同情受難者的立場上「幫助黨整風」。在大鳴大放會上她贏得聽眾熱淚橫溢，也成了她「藉題發揮」向黨猖狂進攻的罪證。

死者的「冤」沒申成，反而自己也被搭了進去，成了連環冤。中共統治下，正義被蹂躪，這又是千千萬萬活生生的例證之一。

批鬥我的時候白天開鬥爭會，晚上派人輪流守著我，按照他們已定好的罪名強迫我寫「交待」。因為幾夜沒有闔眼，倦困不堪的我剛剛閉上眼皮時，他們就用預先準備好的竹棍敲我的頭，用針扎我的臉。五天五夜下來，我的頭上也不知留下了多少青包。

我寫的交代寫了又被他們撕碎，撕了又喝令我重寫，直到第五天我實在熬不住了，只好按照他們口授的東西一字一句成了我的交代材料。我不知道我是怎樣按的手印，只知道等我醒來時，我還睡在反省室裡。

就這樣，年僅二十歲的我，被逼著開始了我長達二十三年的冤獄之路。至於當時交待中我寫的是些什麼，已全然忘記，當我聽說，我寫的材料重重的傷害了馬開先時，我便負著良知的重枷。

對馬開先的誣害，恐怕是曹英最惡毒的絕招，中共的無恥，深深烙印在被害人的心中，永遠不會消褪。

「六月雪」有唱：「你道是暑氣喧，不是那下雪天，豈不聞飛霜六月因鄒衍，若果有一腔怨氣噴如火，定要感的六出冰花滾似錦，免著我屍骸現，要什麼素車白馬，斷送出古陌荒阡！」

竇娥雖含冤而死，但為此東海大旱三年。民間傳說在臨刑前，傷心過度的竇娥，怒撞在劊子手的尖刀上自盡。古來的烈女，節婦比比皆是，中共統治下的大陸，還少了這樣的事嗎？而曹英三十年後成了爬不起的一條癩皮狗，天道是怎麼編寫人間故事啊！

寫這封信觸到她一生中最悲痛的經歷時，在信箋上留下了兩行「……」，那不堪回首的往事直到今天她都無法用文字來表述。在她的一生中這是切「魂」之痛，是一個永遠都無法癒合的心靈傷口，一觸這傷口就會流出血來。

她從此就沒有和機械製造專業沾邊，她流向社會後的經歷沒有寫出來，使我無法為她這段經歷落上句號。

信中接著介紹了她的家，她的丈夫姓張是一位老實厚道的工人，眼下正和最小的兒子承包了一家車輛維修店。

她一共三個孩子，兩個女兒都已成了家，一家人過得挺平靜。阿彌陀佛，慈悲為懷的佛祖爺在她身陷絕境的時候，將她引出了重大這塊是非之地，引到了這北國古城，重新給了她生活的天地，重新給了她的家。

來信的最後，她還告訴我，九〇年，她所以不辭千里迢迢的專程回重慶參加同學聚會，主要正是尋訪已整整失散了三十三年的我。開會期間她問遍了到會的同班同學，可惜沒有任何人告訴她我的下落。問到重大黨委，他們故作驚訝回答說「不知道」，當時她根本沒想到我已重回北碚了。

《詩．國風．漢廣》有云：「南有喬木，不可休思，漢有遊女，不可求思。漢之廣矣，不可泳思，江之永矣，不可方思。」

蒼天安排人間的緣份陰差陽錯，更堪統治者故意的攪亂，處在音信杳無的她，喚起的豈止心靈的惶惑？他死了？他是怎麼死的？他埋在哪裡？他的這本悲劇怎麼沒有一個結尾！曾經愛過，卻被巨大而不可抗拒的力量無緣無故地拆散，整整三十多年以後，天涯各方，你在哪裡？

從此又負著心靈的責備，這責備會有盡頭嗎？到了生命結束時，這責備變成了悲歌長泣，她因不能彌補，而把這段永生的恨唱出來，哭出來的呀！

「現在突然之間，苦苦尋覓的人從遠方寄信來了。還是北碚，這令人斷腸的地方!!不是說你早已離開了那裡？怎麼你又回到了原處？拿著這信，怎不使我傷傷心心的整整哭了三天三夜啊！」

從此以後，我們萬里尺書，遙寄著向對方的祝福。「雁來音訊全無，路遙舊夢難成。離恨恰如春草，更行更遠還生。」

她來信還介紹了她眼前的生活，說她因為身體很差，有幾次幾乎因心臟不好而死去，現在滿頭已佈滿了銀霜。後來拜了西藏一位高僧學長壽秘功，受益匪淺。九三年還隨甘肅省人大代表團，到了青海省塔爾寺拜了藏醫院長紮西活佛為師，並皈依佛門，成了俗家弟子，長期素齋。

「山光悅鳥性，潭影空人心。萬籟此俱寂，惟聞鍾磬音。」人生自此，已近歸途。扳著指頭，年已五十五矣，但經歷年輕時代的痛苦折磨，早已領悟了人生苦諦。

後來，她來信告訴我，她長期練功顯了奇效，白髮轉青了，精力充沛。還練了一身好功法，常常為他的家人摯友發功治病。但凡鄰人相求從不拒絕，不收分文，只圖善緣。

當我告訴她我患嚴重的氣管炎而苦惱時，她便抄摘了一篇長長的氣功療法，囑我貼在牆上對照著早晚修練，還介紹了很容易製備的藥方，用她介紹的方法，泡製服用。這正是「寄身但憂蘭州遠，顧影無如白髮何。今日龍鍾人共老，愧君猶遺慎風波。」（劉長卿詩）

九七年一封信，告訴我她已退休，並說苦了一輩子，晚年希望搞一點實業，以資兒孫們的不足，這封信整整寫了一篇，介紹了蘭州的地理風貌，把這座甘肅走廊上的古城，描繪成了瓜果滿市，綠茵成林的西北樂土。

說蘭州尤其適易住家，並恭候我去蘭州一遊。

蘭州乃我國通西域絲綢之路上的名城古都，西漢時期張遷和班超都曾經過這裡，我雖然沒有去過，對這座沙漠上的綠州所知甚少，但仍可以想像到她的美麗。唐代詩人王維的〈渭城曲〉，王之煥的〈出塞〉，以及宋明許多大詩人的詩詞遺作，也許賦出了身在北國的馬開先的心情。

「陽月南飛雁，傳聞至此回。我行殊未已，何日復歸來。江靜潮初落，林昏瘴小開，明朝望鄉處。應見隴頭梅。」落根蘭州的重慶女孩，是思鄉情切而產生自我安慰，還是蘭州真的那麼美？

我在電話中問她是否打算回重慶，與我今生作最後相見？她笑著回答：「那只有看老天爺的安排了。」我說「事在人為，只要我們都下了決心，今生相見完全是可能的。」到二〇〇三年摳指算來，我倆已分別了整整四十六年了。

這段封存了近半個世紀可悲可嘆的故事，直到今天我對其中的細節還沒有完全弄明白。極想將這些不明白的地方在有生之年寫出來，向我的讀者們作一個更完整的交代。

當我告訴已經入佛多年的她，我正把我們的悲劇寫出來時，她卻反對我寫這本《血紀》，說我逆緣，走遠了，阿彌陀佛……！在漫漫黑夜裡能熬過來的人，是要付出好多人無法想像的犧牲啊，意志柔弱的女孩子選擇逃避是很自然的。

後來我們就再沒相見，這樣了結，算不算演完一場有始有終的悲劇？

在這個中共一手導演的悲劇舞臺上，暴力和恐怖扼殺了多少人性？被踐踏的美好東西不能恢復，受害人選擇了逃避！所以更增加了它的悲情!!

第三節：王大炳和他的女兒

回重慶後，按留給我的住址，給王大炳發

出的信過了十天，便收到了他的回信。他在信上告訴我，自七七年同老婆一起回到長壽後，當年她的女兒就出生了，第三年又生下了他的兒子，現在他已是兩個孩子的父親了。「家」就靠他像牛一樣辛勤勞作，總算能圖一個果腹，近年來他又自己打土胚，築牆，建起了能讓一家人遮風避雨的窩。

在鹽源農場，大家因他的勤勞管叫他馱牛。信上告訴我，他原來的判決，是以叛國投敵作結論的，所以一直沒有給他「平反」。對他來說，平不平反，反正是一輩子面朝黃土背朝天，在那塊土地上當牛馬。

來信告訴我，今冬歲末農閒時，一定要到重慶來看我，一敘久別之情。

一九八二年冬天，我在蔡家場迎接了我這位患難中的兄弟。我怕他在蔡家車站下車後，找不到偏僻角落裡的二十四中，所以預先和他約好了時間，他到蔡家場以後，我到車站去接他。

按照預定的時間我在車站上足足等了他兩個時辰。中午時分，從車廂裡走出了一位地地道道的「老農」。

他身穿灰色補丁的棉衣，腳踏綠色的解放鞋，由於終年的勞累和省吃儉用，那乾瘦蒼老的臉，高高突出的顴骨，頸項上黑黃的皮膚裹著深深的皺紋，下巴被樹皮樣乾燥的皮膚拉得長長的，配以壓得略彎的腰，榨乾了油似的雙肩。那外形，酷似中共在四川成都大邑縣的地主莊園，展出的兩尊屹立門前呆望天空，手裡拄著打狗棍的老農奴塑像。只是他那形象不是地主劉文彩[1]壓榨出來的，而是中共強迫「改造」出來的。

正在下車的他，手中提著一個沉重的麻布口袋。

他比我還小一歲，正逢壯年，但那樣子好像足有六十開外了，我們大約五年沒有相見，

[1] 劉文彩（1887-1949），當時四川的大地主，為中共當時的「階級敵人」典型。

相逢第一眼我幾乎沒有認出他來，比之鹽源他新婚的歲月，真變成了另一個樣子了。我連忙迎了上去，把他手中提的麻袋接了過來。

我們一邊走，一邊講敘六年前，給我的母親送信和帶來一包瓜子的情景，指點著所經過的街道上那些沒有變的地方。我說：「世道變了，現在已不是當年，吃的東西並不缺，你不該路遠迢迢帶這麼重的東西來重慶。」

他說自己土裡一點綠豆，算我對你母親一點心意，他對人的忠厚可想而知。

我望著他的臉擔心的說：「你的孩子還這麼小，你自己更要注意身體健康，不要太勞累，不要太節儉，留著身體是最大的本錢。孩子要你撫養成人，千萬不要還像馱牛一樣的幹，身體拖垮了什麼都沒有了。」

算來他的大女兒已經六歲，小兒子才四歲啊。

說話間，我們不知不覺到了醫院，因為他曾來過，所以並不陌生。

母親早已在她的房間裡等候了許久，今天特別買了很多菜。吃中飯時，她還回憶當年大炳送瓜子仁來的事，用她的話來說，當時在這個人間地獄裡，他給我送來的不是普通的瓜子，而是一種生活的希望。

吃過午飯後，我倆便到二十四中我的宿舍裡，在我的宿舍裡，他住了三天，晚上便是我們促膝談心的時候，我告訴了他去成都探看張錫錕家的經過，還告訴他我去潘朝元家，又去漁洞、化龍橋、大陽溝等地尋找陳力、皮天明、劉順森的家。告訴他，由於中共的封鎖，失去聯繫的人尋找很難。

第二天，拿出了我寫的「片斷」給他看，看後他深情的說：「我可惜沒有那個水平，也沒有那個精力了，願你能把我們在監獄裡所遭受的苦難，特別是進行的反抗以及犧牲難友們的大無畏精神，如實寫出來。」

並表示非常渴望我的文章交付出版，並且預約，成為我第一批的讀者。

當我問到他眼下生活上的困難時，他說，這幾年，原來的茅草房要重新蓋瓦房，更換破爛的傢俱和農具，給大人孩子添置衣被，平時秤鹽打油、買種子化肥都需要錢。眼看明年大女兒就要開始讀書，孩子們的學費全指望他在農閒時候替人幫工，換點力錢。

我看看他身上穿的補疤棉衣，便將我的衣服，翻出幾件來送給他。看著他皮包骨頭的身體，暗暗替他悲哀，這是一個經中共長期煉獄的「政治」犯。不管外形如何，他內心裡那一團熊熊燃燒的反抗烈火，他那顆赤膽忠心永不會泯滅。

臨走時，我給了他一些錢，雖杯水車薪，解除不了他的貧苦，但總是我的一番心意，叮囑他明年歲末農閒時一定再來我這裡，那時我寫的「片斷」就更多了。

從此以後，我和潘老，大炳一直保持著親人般的交往，看到他們的信更使我想起獄中的經歷。遠在長壽的大炳，除了隔一定時間給我寄信來，問候母親的身體健康，談他的孩子們上學的情況。

直到一九八六年他才在北京的舅舅幫助下，在一所學校裡謀到了一份燒鍋爐的工作，以後每年秋收完結，他都要赴北京打工。

每次到北京去和歸來，途經重慶都要來我家一聚，人雖窮而情誼濃，每次相聚如親兄弟，除了拉家常也談國內外大事，有時我們一起到潘老家共聚，暢談。

一九九五年一月，我突然接到他的長女王玲給我打來的電話，在電話那一端傳來了她斷續的哭泣聲。告訴我說，她的父親因煤氣中毒身亡！

聞此噩耗，我吃驚不已。三個月前他去北京打工前繞道重慶時還來看過我，當時我提醒他已近六旬，身體沒有原來利索年齡不饒人，遠離家人更要小心。沒想到，意外厄運真纏上了他。

現在他丟下妻兒，在為人打工的路上一去

不返了。

大炳在北京中毒後，沒有馬上身亡，煤氣把他變成了不能動彈的植物人，直到那所雇用他的學校通知他的妻子時，一家人才匆匆趕到北京。

他這一走，丟下了兩個孩子，長女才十四歲，小兒子十二歲，親朋都是些窮苦農民，加上在這個人情菲薄的年代，誰又能在他們最困難的時候傾力相助？在邊遠的農村，娘兒三人活下去更加艱辛。

可恨的，對大炳的死負有直接責任的那所雇傭他的學校，想草草了斷此事，在三個孤兒寡母到了北京後，趁已變成植物人的王大炳說不出話來的時候，把責任往死者身上推，僅拿出八千元人民幣了結此事，將母女三人打發回重慶。

身處異鄉，舉目無親，不知怎麼才能保護自己的母子三人，只好含著眼淚將行將咽氣的王大炳，送上了火車，哭哭啼啼一路回到重慶。

剛下火車，王大炳便閉上了他的雙目，與這個奴役他一輩子的社會永遠長辭了。悲痛欲絕的妻女三人只好在車站附近，草草辦了喪事，將他送去石橋鋪火葬。

他的離去，使我痛失一個可以交心的摯友。他那誠懇，質樸的語言，乾瘦的外形，都會喚起我內心對他的無限思念。也罷，大炳逝去，從此再不為兒女牽掛，再也不受中共奴役，也再不對不平世道憤懣不平了。

面對他丟下的孩子，王玲正面臨初中畢業即將升入中專或高中的學業關頭，按她母親的意願，只要她在初中畢業後，能在城裡謀到一個可以糊口的工作便心滿意足了。窮人家的孩子早當家，她才只有十四歲，就必須應付世道裡處處潛伏的危險。稚嫩的肩上，過早地挑起了生活重擔。

我竭力支持她讀書，至於經濟上拮据，可在我的工資中省下一部份來供她。便當著她母親的面，承諾了幫助她繼續求讀，至少也要讀到中專畢業。直到她取得工作，能獨立生活為止。

我這許多年來，在中共統治的天下，天天耳聞目濡，不平的事太多，對受害者充滿同情，卻無可奈何。漸漸把我性格上固有的稜角打磨得平滑光整，有時碰到替人打人命官司討回公道的事，也往往沒有去做。

聽王玲母親講，致大炳中毒身亡的那所學校，因暖氣煙道前年堵塞，並未疏通，所以負有不可推卸的責任，何況人死後只付了她們母女僅八千元了事。為亡友，為他的孩子向學校討公道，索取應賠的損失，便成了我義不容辭的事。

中共把保護勞工權利，口頭上唱的比什麼都重要，而實際上看看他們制定的勞工權利保護法，便知道他們的虛假，公認的勞工基本權力，中共並無可行辦法給以保障，連他們的生存權受到侵害時，所得的賠償也是低得可憐。

為替王大炳討回一點公道，為王玲向北京傭工單位多爭一點賠償，我到我廠勞動人事處借來了《中華人民共和國勞動保護法》，以及四川省人民政府有關貫徹勞保條例的細則，想找到一點關於用人時，被雇傭者死亡或工傷致殘，勞動者可以訴諸法律的條款。

遺憾的是，勞動保法及各地配套檔，隻字不提勞動者保護自己的生命不被侵害的規定，以及遇害時，如何索賠的條款。

只有一段「職工因病傷死亡的處理辦法」其中規定，凡職工在職期間因工死亡的，傭人單位除承擔死亡過程中所發生的醫療住院費，補發十五個月的工資作為一次性撫恤費；承擔死者治喪的全部費用；……其配偶在農村的，因死者亡故後而失去了勞動力，應由所在單位給與死亡者每月基本生活補助費，子女未成年的，由所在單位承擔生活補助費直到成年，如此云云。

據用人單位說，王大炳的基本月工資僅

四百元，十五個月工資只有六千元。而給與王大炳妻子的生活補助費，在四川省勞保條例實施細則中規定，每月僅只有三十元。在九十年代，三十元的生活補助是連吃白飯苟延生命都不夠的。

八千元拿給三個人用來買糧食吃，能維持多久？何況大炳一條人命豈可以八千元了結？當然，這比草菅人命的毛澤東時代，算「進步」了。那時，像大炳這樣中毒而死的五類，就只有用席子一裹，拋屍荒野的命。

既然找不到其他的依據，只好按「勞保條例」中的撫恤標準，找用人單位算帳，看能不能多爭到一點撫恤金，以救救將面臨失學的孩子們。

想到這裡，便提筆以王玲的口氣，寫信給那所學校，一面據理陳述有關國家勞動保護條例對死亡職工的撫恤規定，如果以四川省政府的最低標準進行計算，一次性需要這所學校所付出的撫恤金，至少需再補一萬的費用。

寫完了這封信，把它交給王玲，囑她將原件保存好，一次性複印三份，一份掛號寄給那所學校的校長辦公室。如果這位校長抱著不理的態度，則可以將其他兩封向勞動部投訴。當然這些信都只能抱著試的態度，因為，這種老百姓的「人命官司」在中共的天下一向是不會重視的。

兩個月後，給學校發出的信，終於有了回音，答應再增加三千元撫恤費作為一次性了斷，面對這種「軟打整」，王玲猶疑了。

她說介紹她父親去北京找工作的「舅公」來信說，王大炳去北京打工，純屬他的面子帶著「照顧」，並不是該校聘的正式員工，所以還不能完全按勞保條例交涉，勸王玲母親在學校增加撫恤金後，不要再糾纏了，不然他不好處事。

同時馬上就是初中畢業生考試，孩子正面臨著一場激烈的競爭，據她說長壽地區當年初中畢業生要求考中專的學生，在一千人以上，而各中專學校招收長壽農村學生的總數不到一百人，在這場競爭中她必須取勝。

她說「爸生前對我的最大希望就是長大成材，他外出打工，一心讓我上學，現在他去世了，考大學受經濟條件限制，唯一只有應考中專學校。窮人家的孩子最需要是從學校畢業後得一個就業機會，所以暫時只好將替亡父打官司的事押一下，等到考試以後再作計較。」

其實她已經在舅公和社會的壓力下，放棄了追索父親死亡賠償的念頭，無可奈何地了結了這場人命糾份，在中共專制時期受苦受累的大炳一命，最後以一萬一千人民幣了結了，在中共眼裡普通勞動者人命多麼賤!!

一九九六年夏天，在長壽初中應屆畢業生報考中專的考場上，王玲在一千多考生只錄取九十六名的高難競爭中，沈著應對，以總成績四百八十六分，遠遠超過了當時對農村學生的苛刻錄取線四百四十分。

但是在如此優異的成績面前，她的面部沒有任何興奮。在她那孩子氣臉上不但佈滿了倦容，還憂慮的告訴我：她報考第一志願的學校已半月，一直沒有發來錄取通知書。並且向我提出了一個問題：你在重慶市工業學校有沒有相識的朋友？我看得出她被一種自己不能克服的困難困擾著。

在我追問下，她終於告訴我，這次報考她填寫的第一志願，是重慶工業學校，在通知她的中考分數時，她的中學校長特別叮囑道，重慶工業校是重慶市經委主辦的一所重點中專學校，因為該校包畢業生分配，所以是重慶報考生最多的一所熱門學校，考進去不容易。加上工科類畢業生常受用人單位拒絕女生的影響，所以工科專業，女生被錄取的機會比男生更苛刻，過去長壽地區常常發生女生上了錄取線，沒被錄取的事。所以請求我設法與工業校疏通關係，說關係不到位，就是上了分數線，也有被落榜的危險。

像王玲這樣遠在長壽偏僻農村裡的女孩

子，哪來與工業學校攀親沾故的關係？萬一真的落榜，要麼前功盡棄回家務農，要麼交足兩萬元讀該校的議價生。兩種後果，對王玲都是致命的。

她的父親為她讀書連老命都丟在異鄉，還不是讓她能走升學這種唯一前途，她從小刻苦讀書，為了節省開支，她背米上學交學費；放學了打豬草餵豬；內衣爛了也沒有換的，補了又補；做作業把其他同學用過的作業本翻過來打草稿。這一切都近在眼前，她不能把父親用生命代價換來的錢去交議價費。

世道的不公平在她年幼的心靈上烙下了銘心印記，這也許是那個年代，想在求學中找到一碗飯吃的窮孩子們最痛苦的事。報紙上每年都有這種因考不上學校的考生，走上自殺輕生的消息。

事不宜遲，病篤亂投醫了，王玲在幾個親戚的商議下，在老校長的建議下，從銀行裡取出來一千元，這可是她父親的喪命錢，用這錢買了煙酒之類的常規「禮品」，戰戰兢兢懷著剩餘的幾百元錢，到重慶找到了工業學校。

工業校已放暑假，就連操場上也沒見幾個人影，怯生生的她跟著老校長，找到了往屆長壽中學畢業後就讀工業校，至今仍留校工作的老校友李某。李某表示他可以為王玲介紹現招生辦公室工作的林老師，據這位李同學介紹，報考同學只要上了線，都可託他來決定入校的資格。

於是老校長和王玲跟著他，爬上半山上的教師住宿樓。不巧林老師放假後回鄉下老家一直沒有回來，但是這位校友答應林老師回來後，立即辦這件事，勸他們暫時回長壽聽候消息。

王玲回到長壽，在焦慮和盼望中等了十天，工業校的錄取通知，仍杳無音訊。王玲心中想：是這筆私下交易出手太輕，還是那位李校友另生了枝節？鄉下又沒有電話，正夏日三伏，王玲在驕陽下天天往學校跑，猶如熱鍋的螞蟻，經過發奮努力考試成績名列前茅的她，還要為求學送禮，撞後門！

又等了十天，她終於耐不住，再度從長壽鄉下來重慶，這一次跑來求助於我了。學校在國家統一下達招生指標外，增收應屆落榜生的規定，稱之為「議價生」，教育上的投資，大陸向來是世界最低的國家。經費嚴重不足，成為學校招收議價生的「正當理由」。

我不知道這種議價生的招生人數和價格是誰定的，也不知道這種制度是什麼時候興的。只聽說收議價生是為了「滿足」老百姓子弟期盼求學的一種措施。大陸實行一胎的計劃生育，一個家庭一個獨生子，特別是貧窮的家庭，砸鍋賣鐵也要讓唯一獨兒進得一所較好學校。

在中共毛澤東時期窮怕了的臭老九們，盼來了發財的好機會。議價學校遍地開花，教育也成中國特色的社會主義商品之一。古時候賣官鬻爵是可殺頭的，而今中共領導下，文憑變成了社會主義流通中特別的商品。當然雙方都心甘情願本無可非議，不過買方往往成了無力支付的窮人。而且「文憑」不是日用的商品，買賣文憑這種公開的腐敗在中共後集權時期的猖獗，窒死了求知識求本領的學風。

中國是一個文明教化的國家，自古我們祖先辦教育是以「修身，致知」為目的，古來聖人辦學完全是為了修好社會風氣的。提倡苦學，以立身為本，老師也只滿足於束脩之禮。

而今文憑既成了進身的通行證，成了有錢人炫耀自己的階梯。辦學的人也從事販賣假文憑的勾當，在社會上招搖撞騙。

報上偶然看到對買賣文憑的批露打擊，那是行騙者搞得太不像話，拿個別人開刀做做樣子的。學校都這樣，教師收取學生賄賂，在他們的權力範圍內，敲詐學生便一點不奇怪了。

令王玲煩惱的就是為了求學的這份禮該送多少？這是不比商場上的商品，掛著「明碼實價」「童叟無欺」的牌子，使買賣雙方都明白的。送給老師的這份禮，其多少也要根據求學人數變化的「供需」關係來調整，俏時可以幾千元，賤的也是幾十塊。再加上，這種議價為世人所不齒，需要遮遮掩掩進行，王玲再煩惱也只好委屈著忍受，好歹這也是社會主義特色一絕！

不過，已經付出去了一千元，穿著揀來的比自己大兩個碼子很不合身的花褲子，對於剛跨進城裡，在工業學校的大門口徘徊的王玲來說，就是一筆了不起的巨大開支，要知道僅僅這麼一送，就送走了他的父親用生命換來的撫恤費十分之一的數目，是長在農村一個農民，面朝黃土背朝天辛苦了一年的收入！

《儒林外史》開頭講元朝末年有一個叫王冕的少年，他十歲時就給人放牛，因為他七歲的時候父親早逝，母親為人做針線活，供他到村校讀書。每天黃昏回來，放牛的東家給他的一些魚肉，用帕子包好，帶回家孝敬母親。白天放牛時常騎在牛背上，畫池塘的荷花，日漸成名。

長大以後，他常常以自己畫的荷花拿來集市上換些柴米，後來有人發現他不但才藝高超，且胸襟開闊，便舉薦他去當官，王冕卻為了逃官跑到山東濟南靠測字繪畫為生。沒有好久，明朝改代，禮部擬定了在民間行科舉考試辦法，凡要考取功名，三年一試，以四書，五經，八股文考士。

王冕說：「這種科舉制度定得不好，將來讀書人以此為進身之道，必會把文行出處也看輕了。」王冕後來隱居會稽山中。

古人連科舉制度都有非議，而今天卻興出來賄賂作弊。王玲既然跑來求助我，也是天有巧合，工業學校校辦工廠的廠長陳明生，正好是我中學時代的同學，八六年我和陳明生在同學會上重逢，當時參加這次同學聚會的人留下了通訊地址和電話，現在王玲入學的問題正好請他出面幫助疏通。

當我接通陳明生的電話，告訴他有事相求

後，他欣然答應了。事不宜遲，我馬上帶著王玲匆匆地乘車趕到了化龍橋，在工業學校教職工的宿舍裡，我們很快地找到了頭髮已斑白的陳明生。

自上次同學聚會後又相隔了十年，十年的時間對於老同學尤其顯得光陰催老。他告訴我，他剛剛才退休，校辦工廠和學校的大小化驗室他都沒有介入了。今年招生辦公室負責的教務主任張某正是他的學生，向來關係處得不錯。

當我講到當今社會上教育的種種醜惡現象，生活在我們這個層次的人感受是相同的。他當即表示，現在不是評論中國教育危機的時候，而是要趕快落實王玲入學的具體問題，於是他又親自帶著我們去到了張主任的家裡。

張主任的愛人接待了我們，但她告訴我們，張老師去成都招生還沒有回來，估計要下周才能回家。陳明生當即寫了一張便條，把王玲的名字、考區、准考證的編號以及所考的分數全部寫在上面，拜託這位張主任務必關照。

便條寫好，交給了張夫人還一再地囑託張夫人等到張老師回來後，務必落實這件事，這麼一來王玲的錄取才算是有了著落，但終究還沒有最後的敲定，回到陳明生的家裡，我把和王玲父親同我在獄中多年交往告訴了他，他感嘆說，現在人和人之間感情的空間已越來越窄，社會上除了金錢關係什麼都很淡。

教師為了多撈幾個違心錢，與學生關係搞得如此庸俗，仔細想來難道不是中共統治設下的隔閡麼？師生已經談不上什麼感情。活在這個世界上，真情喪失，人與人之間全是勢利關係，何等可悲。

當我們起身告辭後，我囑王玲暫時回長壽家裡，好好的休息幾天，準備好上學的行李和學習用具。中專學習的時間足足有三年，在這三年裡所需要的費用還很多，固然我可以幫助她，但畢竟是有限的。

大約十幾天以後，我終於接到了陳明生

的電話，告訴我，王玲被工業學校正式錄取，我問老同學需不需買點禮品，這是因為社會風氣已經如此，他和這位教導主任縱有師生之誼，也該隨著俗流有所表示。否則王玲就是被錄取了，今後還要拜託工業校的老師和校長們對她多多的關照。

他在電話上說：「不必了，否則也太小看這位老同學了。」但是他關照王玲先前送的禮也不要再去追究，禮是王玲自己送的，只能看成是她自作多情了，何況收禮的林老師今後是王玲的班主任，在今後三年的學業中，不但要依靠他對她的關照，還要在三年以後的畢業評語上得到他的肯定，千萬不能得罪他。

但我還是主張找個適當時間，大家認識一下，就在附近找了個乾淨食館吃頓飯聚一聚，一來為王玲順利入學慶祝一下，二來也算是我代表他的父親向學校拜託王玲今後三年中學業順利，陳明生同意了。他們把聚會相識的時間訂在該校開學的時候，那天我反正要到學校來給她付開學第一個學期的學費。

王玲在得知她被錄取的消息，究竟高興到什麼程度我不知道，我想到千千萬萬個類似王玲的孩子，不一定都會得到她這種比較滿意的結果，中學畢業升入中專，以及今後處社會的人際關係是非常複雜的。

開學前三天，王玲拎著一個沉甸甸的大包來到我家，那包裡裝了一袋綠豆，一袋芝麻和一大塊農村的「老臘肉」，滿臉汗水，臉蛋漲得通紅的王玲向我解釋說：「這是我媽的一點心意，本來還想把家裡的幾十個雞蛋帶來的，但我實在拿不動了，再說路遠迢迢的，雞蛋在汽車上又容易打爛，所以我沒帶。」

我知道在偏僻的長壽農村，她送來的東西恐怕要算農家最值錢的禮物了，我哪能收下？便對王玲說「你母親對你的用心，你應當牢記，這些東西，你在大熱天這麼老遠的扛來，謝謝你媽的心意，但你還是帶到學校去，酬謝一下你的陳伯伯吧。」後來我知道，陳明生也沒收她的禮物，最後還是送給了班主任林老師了。

後來，陳明生告訴我，他已問過張主任，知不知道王玲送禮給林老師這件事，張主任說林老師壓根就沒有提起此事。若不是陳明生起了作用，王玲能不能走進工業學校的校門，並坐在課堂裡上課，恐怕還是一個未知的事。

後來為託付王玲的入學和學業，我曾兩次去過林老師的家，在他的家裡家庭電影，櫃式空調，國外進口的高級ＶＣＤ，講究的傢俱擺設，應有盡有，比我富裕多了，他哪裡稀罕王玲帶來的一包綠豆、一塊臘肉啊。想到可憐的王玲連內衣都沒有換的，我心裡真有說不清的滋味。

聽這位林老師說，他除了工作外，還兼任好幾個業餘的職位，他拿給我的名片上寫著，某機械進出公司的推銷員。

因窮而逼出來的致富狂熱，在「讓一部分人先富起來」的鼓動下，對窮得上無片瓦的中國人，產生了一股不可抗拒的誘惑力。尤其是像林某這種人，鄧小平的政策意味著一個富人集團從社會中分化出來。古人說：「人無橫財不富。」

所以現在知識份子，也學會了這種從更窮的人身上進行「原始積累」的手段。這可是中國人中前所未有的，這種現象無疑是文革道德墮落的繼續，有這種行為的人，怎麼能擔當塑造人類靈魂的神聖使命？

中國近代教育事業經歷毛澤東瘋狂的摧殘已完全墮落，人們以隨意的罵人打人為習慣。以公開搶劫為樂事，社會道德的危機日趨嚴重。接著就被一群打著中國特色的社會主義者搞得面目全非。

教育的危機，可說是當前社會最大的危機。形形色色的腐敗以及公開的損人利己已嚴重腐蝕了青少年，據報上透露，未成人的犯罪年齡比二十世紀七十年代低了三歲，一九九九年公佈的我國青少年作案數，占整個刑事案件的百分之十九，並以偷、盜為重點。

先前還有在報章媒體上發一點「救救孩子」的吶喊，也漸漸的淹沒在「怎麼發財」的囂聲中，人們似乎對社會的墮落感到麻木，當局更擔心的是救救孩子的吶喊會引發六四的回聲，會因此而動搖中共統治的大廈。

「穩定是壓倒一切」的口號，就像包著無數腐肉的膿包，越包越爛，人們擔心，為維持一個腐敗政局的穩定，究竟會把中國引向何處？

我們古代的哲人主張內心的修養。把修心養性當成教育的出發點，百年樹人是一件好不容易的事業，被一群打著「解放中華民族」，「砸爛封建禮教」的革命家們糟踏得一無所存了。

當然，王玲送給林先生的禮物，既無聊也無知，然而這恰恰是被社會看作可行的途徑，林先生對給他送去的酒和煙不屑一顧，這區區一千元的禮物，對聚財有道的林先生哪裡算得上是「禮」？但對於連布衣服都沒多一件的王玲，恐怕就是一筆想了又想湊了又湊的大數字。

同在一個課堂上的師生怎麼面對這種不公平的尷尬？所幸工業校求學三年，王玲在班上的成績一直名列前茅。我想這大概是王大炳的遺傳基因作用，是他那雙死不瞑目的靈魂，在陰間對他女兒的督促？

一九九九年夏天，她從工業校畢業以後，在南坪一家電力公司下屬的配件加工廠從事技術室的工作。算是她擠身城市找到了安身立命的「一業之地」，實現了她的母親最低的要求。

由於我已年老，這幾年很想找到繼承我的遺志，完成對這個時代無情批判的大業，我曾傾注於我的兒子身上，但令我羞愧的是，在和社會爭奪我的孩子時，我卻失敗了。曾一度把這種神聖的希望寄託在王玲上，然而沒料到，我的影響終於沒有戰勝惡劣社會空氣對她的影響，三年的中專生活，在環境的陶冶下，她那原先誠實的品性被漸漸改變，漸漸地我們失去了原先那種感情，自二〇〇三年她結婚以後，我們就很少往來了。

但是我的兒子是我的延續，王玲是王大炳的女兒，他們身上固有的秉性會最終會起作用，我想我終生反對專制主義那種不懈鬥爭，終會在中國這片熱土上結出碩果。

第四節：潘朝元

一九七九年回重慶後，有地址可找的便是潘老，回重慶後還沒有電話，我就按他信上留的地址很快接上了同他的通信聯繫，從信上知道他回渝後，在大坪黃沙溪一家百貨商店裡站櫃臺，並暫住在大女兒家裡，大女兒是重慶乾電池廠的職工，一九八〇年一個星期天，我乘車去了大坪大黃路，並問到了去乾電池廠的路。

到了重慶乾電池廠，大門傳達室裡的人將我引出廠門，指著山下傍在嘉陵江邊陡壁懸岩半山中的「吊腳樓」，告訴了我潘老大女兒潘麗娜的門牌號數。

我向山下遠遠望去，認得那些依傍著絕壁箚下的「鴿子棚」，還是當年抵抗日寇長驅入侵，國民政府從南京西遷，以重慶為陪都時，跟隨著國民政府流落這裡的難民留下的遺跡。

這些不願在日寇鐵蹄下當亡國奴的子民們，為了躲避日本飛機的狂轟濫炸，也為了從簡建起可以遮風避雨的窩，選擇了這些絕壁，用木板石頭為材料砌成臨時「吊腳樓」，成了當年國民政府抗戰的珍貴紀念留了下來。

它們曾在電影《一江春水向東流》，和《八千里路雲和月》中被搬上銀幕。它們的屹立，證明中華民族的子民不屈強暴，誓死抵抗外侮的氣節。為抗拒日人入侵，他們寧願在這裡風餐露宿過著流浪生活。

沒想到四十年過去了，這些簡陋的建築依

然還在，中共三十年來既沒有將這些遺跡保護和培修留為文物，現在卻被編上門牌號碼，變成了貧民窯。毛氏三十年統治，建設竟是白紙一般。

而潘老回到這裡安居，真是想都沒想到啊！

我沿著曲曲折折的山壁小路一路問去，大約走了足足半個小時，終於才找到潘老的「家」。他的女兒潘麗娜一家住在傍岩而築的小木房裡。當時沒有電話，事前我也沒有寫信告訴他我哪一天來訪，所以當潘老的女婿打開小木門的時候，帶著詫異和陌生問我找誰？

這時在木屋門口僅一尺寬的山路外側吊腳樓裡，響起潘老的回應聲。我定睛去看那吊腳樓，靠三根圓木柱，從更低的岩石上支立著。兩塊厚木板架成了通路。遠遠看去令人心懸，說不定哪陣巨風就會將它連根拔起來吹走。

潘老的回應響過以後，他從關閉的小門裡走了出來，一別四年乍然相逢，我和他都喜出望外，熱烈的擁抱後，他喊道：「啊呀！我的天使，你真是從天而降，來這兒也不給個信。」他還是那麼幽默。

看上去他比在鹽源時精神了許多，雖然頭髮更花白，但臉卻是紅潤的，顯得很健康。他的身後一個七、八歲的小男孩跟了出來，那是他的小外孫，我來時他正教小外孫做作業。

他拉著我的手，走進了他的小屋。那小屋整個面積不過六平方公尺，頂上蓋著石棉瓦，地上是木地板，地板下面是空的，小屋上面有半山裡的大樹作蔭蔽，可以減輕太陽對小屋的幅射。屋裡擺著一張小木床，一張小桌和兩個小凳，小桌上還攤著小外孫的作業本。雖簡陋，但主人卻將它打掃得乾乾淨淨。

我環顧了一下小屋問道：「這小屋冬天恐怕夠嗆，下面的江風往上直灌，你老人家受得了嗎？」

他尷尬一笑，說道：「這總比監獄強些吧！何況，這小屋通風和光線都好，有益於長壽。自陳『本是朔方士，今為吳越民。行行將復行，去去適西秦。』我在此山岩下已歷三冬，倒也習慣了，被共產黨磨出來的，什麼苦也不當回事。」

接著他向我介紹了他的大女兒一家。大女兒在廠裡任會計，大女婿姓汪在工廠任技術員。兩個外孫，大的已上中學了，小外孫還在讀小學。

因為事前大女婿沒有任何準備，中午他執意邀請我到大坪街上用餐，我們便踏著山路向上走去，邊走邊以這些吊腳樓為話題，談到當年抗日戰爭。抗戰時，他才從軍校畢業，在湯恩伯的部隊裡當排長。由於累立戰功，抗戰勝利時他升到少將軍銜，內戰時期他的部隊打散了，輾轉回到重慶。一九五二年因在深圳偷渡，準備去香港事情敗露，被中共邊防部隊抓捕入獄。他一生追隨孫中山信仰，若非遇到七六年中共大赦令，他是下決心要把牢底坐穿的。我對抗日戰爭和對國民黨軍隊的瞭解，頗得他的教益。

我告訴他，「平反」後，我回重慶路過成都，曾去張錫錕家。他聽到張錫錕母親和兄妹悲慘遭遇後，唏噓不已。講到徐伯威時，他說：「一九七六年我回重慶之初，市委統戰部也曾把我請去市參事室工作，但遭到我拒絕，因為我不願意按共產黨的意圖，寫國民黨當年在重慶的歷史。我寧可去商店站櫃臺，也不願說國民政府消極抗戰。」

於是來勸說他的中共統戰部官員，將他分配到黃沙溪一家副食品零售點，接受每月四十元的工資，聊夠糊口。

他說：「當局之所以今天對我們保持統戰的『客氣』，不僅因為三十年統治，原形畢露，民心喪盡，統治地位動搖了，更因為臺灣今天發達的經濟和實力。隨著大陸的開放，國民逐漸瞭解真情，臺灣贏得了中國越來越多的民心，歷史定將證明臺灣是中國未來的希望。我寧可住在這裡晝迎江風，晚看漁火，過著超然脫世的生活！」

說到這裡，他停下腳步，望著絕壁下滔滔東流的江水嘆道：「幾年來，我常常獨自站在這裡仰望藍天。春天，當候鳥從南方飛來，秋天大雁從天空掠過，我的心就想到南歸，我常常仰天長嘆，蘇武牧羊十八年，尚有歸期，而我也許只好終老這裡了。」

這真是：「幾日避風北海遊，回從楊子大江流，臣心一片磁石心，不指南方不肯休」。少年讀陸游絕命詩，對詩人臨終念念不忘「王師北定中原日，家祭勿忘告乃翁」的殷殷之情，尚理解不深，今天便有了切身的感受。

在他挽留下，當晚我就留宿在他那鴿子棚裡，我們倆將他大女兒屋裡的沙發抬進他的吊腳樓閣裡。與他的小床拼在一起，我倆就在這「加寬」的床上同榻而眠。

是夜正逢上弦月，黃昏一過，月光便從那石棉瓦縫裡透了進來，銀色的月光灑落到地板上，令人不由得想起李白的「靜夜思」。

他是我在重慶最知心的知己，我在他面前可以輕鬆坦露心懷，甚至於個人隱私也無迴避，我們很自然地談到我的安家娶妻，我講了鄒銀雙的故事，長嘆道，年輕歲月被中共所踐踏，身處蔡家場偏僻的鄉間，不知我底細的「好人家」，又有誰願把自己的黃花閨女，許配給我這個勞改釋放犯？

記下了潘老住地的通訊地址，我在第二天一早就告辭了，好在北碚到重慶並不遠，今後每逢假節日重逢團聚的時間還多，那時雖然家裡還沒有電話，但平時，通信問好互道近況則是經常的。

一九八七年春，我接到潘老給我的信，說他隨著全家從黃沙溪懸崖壁上的吊腳樓裡，遷到了重慶電池廠新建的職工宿舍，說我半年與他沒相見了，很思念我。在信中附來了一張他所住大黃路新宅的位置圖，按照他圖上提供的座標，我在一個星期天再度專門去拜訪他。

從公路上到達那樓房的底層，大約有二十

公尺高的石梯坎，我心中暗暗想，這樣的新居，雖然免卻吊腳樓那種風雨襲擊的驚恐，但從馬路登到他住的八樓，足有二百餘臺階。潘老已七十多歲，每天上下都要徒步攀登，夠嗆的。

但這年月有一住處已相當不易，誰還管它進出方不方便？

我正仰面望著那高聳入雲的八樓窗口，便聽到那窗口處傳來了他的喊聲，他早就在這裡扶窗相望了。

爬上三樓，他已從樓上下來接我，好在多年勞動鍛鍊，他當時身子還很硬朗，見到我後握住我的手一個勁的搖。我知道，長期的孤單今日得與我相見，那心情一定很高興。

我們一起走到八樓左邊的房門前，他取出鑰匙打開了他的房門，進門第一間小屋，大約六平方公尺，便是他的房間。進到屋裡，一個平櫃，一張小床，一張供他寫東西看書的辦公桌。

與黃沙溪舊居相比，聽他打趣說道：「高高在上，空氣清新，更加遠離人間，進入仙境，我搬來時，想既成了仙，本不應有任何的東西，連這床、櫃、桌、椅都不要，中共關了我整整二十多年，出監後又過了十一年，菲薄的工資夠糊口，便是中共在我身上體現的人道主義。不知臺灣政府知道我們這些當年黨國倖存者，住在這高空上有何想法？」

進他房間後，他張羅著給我倒茶，我們倆在小床上對面而坐，他細細打量了我以後，嘆氣道：「你老多了，大概工作夠操心吧。」我微微一笑道：「你也顯得蒼老多了，心情大概也不怎麼痛快吧？」

他擺了擺手說道：「我今年已七十三歲，來日不多，這把老骨頭被中共消磨殆盡了，我只希望在回到陰曹地府後，來生再不受這種折磨。」

說了一會話，便邀我到客廳就坐，自己到廚房去了，不一會從廚房裡傳來了他的嘆息聲：「真夠嗆！又停水了。」他告訴我說：「臨近中午大家都在用水，水廠的水壓不夠，上午就停水了，天天如此。」

為了解決白天的用水之需，他只好在半夜起來接水，「自來水像一條線一樣，開著龍頭一直流到天亮還流不滿蓄水缸。夏天經常鬧水荒，只有等女婿下班回來，到樓下去一盆一盆地端上來，有時候我也要下樓去端水。」

活到七十三歲，已過古稀之年，生活的苦澀仍在困擾他。

我聽到後，忙拿起盆子要下樓端水，他阻止道：「下午的水已經夠了，晚上如果要洗澡差也差不了多少，湊合著用吧？」

正說著，他的小外孫放學回來，我已經五年沒看到他了，現在已經長到一米五以上，儼然一個大小夥子，潘老說他已小學畢業上中學了。小外孫告訴我，「外公為了到樓下端水，前幾天還在三樓樓梯口上跌了一跤，所以我們都不准他下樓端水。」

城裡的居民，樓房建起來了，卻陷入水電供應不配套的難事，這種本來很快可以解決的問題，一拖就要幾年。

潘老嘆道：「我們的生活就這麼缺著過吧！」

門外響起了敲門聲，女兒麗娜夫婦下班回家。麗娜提著一把寶劍，從客廳裡拿進臥室。潘老笑著對我說，他的女兒也學起國粹來了，每天一清早都要提著劍到樓下的水泥壩練半個小時，直到身上起汗方才停止。

我笑著說：「可不可以賞光，施展幾手給我們開開眼界？」她笑著說：「明天早上就請你在樓上看我現醜吧。」

看來，他同女兒女婿生活還融洽，唯一是他同老伴之間，因為二十幾年的隔閡一時沒能疏通，所以她基本上還住在縉雲山的西山坪養殖場，很少回來，暴政給他們留下的傷痕難以彌合。

下午女兒和女婿上班去了，小外孫也上中

學去了，屋子裡又剩下我們倆人，我才翻開他遞給我的雜記，裡面有律詩雜文和回憶錄，那是他在深夜裡的憤世之作，我曾建議他能夠系統的寫下人生回憶錄。

一篇〈南歸賦〉就我記得的，錄下了下面幾句：

「余南國之弟子兮，祖皇考於民國。自幼崇仰中山兮，立志三民主義。少時求讀軍校兮，正逢國難當頭。壯年從戎恩伯兮，啟於浙中金華。烽火連天生死兮，敗軍於亂賊中。獨苦戰眾寡兮，身陷敵虜。囹圄流刑卅年兮，苦鼎鑊求生！……」四十載，他對國民黨的嚮往，至死沒有改變。

《七律．十年動亂》寫道：「筆鋒戰緊更兵鋒，國事不堪問吉凶。敗寇成王功罪判。降官敵婢死生從。強扶拓魯宣邪道，肆詆孔靈黜正宗。野種獨根無好果，民族敗類史難容。」

另一首是對勞改的真實寫照，反映了煉獄的過程；「十年勞改不尋常，欲說真情淚滿腸。『思想鬥爭』如烈火，精神炙灼勝驕陽。飢勞索命動魂魄，偶語毒刑寧啞盲。壓力重重呼吸緊，使人癡慨使人狂」。

一九七一年六隊的惡吏，張劍波為了和姘婦交歡而虐殺髮妻的案發，他寫了〈惡吏傳〉。痛斥那些人面獸心瘋狂虐待流放者的中共酷吏，他寫道：殊世之共產政權在其階級鬥爭之腥風血雨中，對已放下武器停止反抗的國民黨人仍加緊迫害，除一批在歷次運動中殺掉外，四十歲以下的多數投入「勞動改造」。

我入監以後，從蒙昧狀態到政治上漸漸覺醒，便有潘老啟發和影響的成份，所以，我一直把他當成我的長輩和獄中的良師益友。我們同監十五年，最令我終身難忘的，便是一九六七年八月那個血腥之夜，我被軍警打掉門牙，被打得遍體鱗傷，無法動彈。獸警還向全體流放者警告說：「誰敢幫助孔令平，替他送飯送水、倒糞倒尿，就將同他一樣受到懲罰。」然而潘老挺身而出，冒著生命危險幫助我度過了那段最艱難的日子。六隊在中共獄頭猖狂的年代，能凝聚相當一批人高舉起抗暴的「火炬」，也有他潛移默化的作用。

下午五點鐘光景，他叫我將他早已準備好的收折床，從客廳搬進了他的小屋裡，仍同在黃沙溪懸崖的舊居一樣，我睡的床對著他的床安下，中間只留下一個拳頭的距離。

夜間，同以往一樣，是我們倆久已盼望的促膝對話的難得時光，在小屋內縱論天下大事，盡情釋放積鬱在內心的煩悶。

夜深了，聽那自來水如線的水滴，從龍頭中掉進水缸裡發出淙淙的響聲。他打開那壁上的燈，看看掛鐘已是第二天凌晨三點鐘了，便起身去看了廚房的水缸裡的水有沒有接滿，然後和我肩並著肩坐著繼續講他的經歷。

一九四九年，他所在的部隊被打散，他從浙東一帶逃出包圍圈，在兵荒馬亂中步行千里，形同乞丐，歷數月終於到達深圳，想在那裡越境投奔母黨。想不到第二年被邊防部隊抓獲，緊接著被遣回重慶關在二監獄中。

他的妻子直接受到株連，那時她才三十歲，戴著反革命、反動軍官家屬雙重帽子，拖著兩個女兒替人幫傭，受盡欺凌。一九五八年被縉雲山西山坪勞教所關押勞教，做了共產黨的奴隸，因為常年勞累，嚴重缺乏營養，使她瘦如乾柴。

一九六〇年，兩個女兒，姐姐才十三歲妹妹十歲，做娘的不忍看孩子飢餓的眼睛，把分配給她的口糧從牙齒縫中節省下來，自己卻用菜腳葉充飢，因常年飢勞，經常昏倒在縉雲的山路上。每每講到帶孩子的傷心往事，她那乾澀眼眶裡常擠出淚來。

一九七二年，大女兒在重慶乾電池廠找到了一份包裝電池的工作，依附著大女兒在黃沙溪的懸岩壁上原先無家可歸的她，築起了歸巢。一九七六年在這裡迎接潘老從鹽源歸來，這個被中共暴力打碎的家，總算依附著大女兒，「破鏡重圓」了。

人說破鏡重圓乃人生幸事，只可惜二十七年來這面被中共打碎的鏡子已碎成了粉末，那心靈的黏合力失去了復原的能力。

潘老歸來面對骨瘦如柴的妻，因身患肺氣腫，冠心病，嚴重的貧血和心衰，宛如一支風中殘燭，隨時都可能熄滅。病床上的她反覆嘮叨，好像二十多年母女三人所受的欺侮都源於他。性格固執的潘老因為忍受不了這種折磨，就把自己封閉在他的小屋中，實際上仍處於鰥居獨處，逃避著妻子的嘮叨和抱怨。

她咳嗽剛停，便又重新住到西山坪的老屋中，她說，那兒空氣新鮮些。

看到潘老與老妻實際已分居兩地，我幾次勸他考慮重新建立家庭，但都被他拒絕，理由只有一個：「我已年老不願拖累別人。」

直到一九八八年春天，他的妻子因病醫治無效去世。

在他寫的《水調歌頭》悼亡妻中，我深深體察他內心裡用苦水泡出來的愛，那辭是這樣寫的：

生命如重返，一死何足悲。
曾經十載醫護，病告幾番危。
眼看一絲游息，明滅半支殘燭，
斷續又光回。
婿女多勞苦，絕地救娘歸。
畢生苦，磨折盡，瘦如柴，能經
多少風雨，長壽永不埋。
忽爾一聲噩耗，魂斷縉雲西去，
從此棄塵埃。
已矣今真死，遺我有餘哀。

原來，人生的真感情是偉大人格鑄成的。

聽他的小外孫說，外婆死後，外公曾閉門三月不出，從門縫裡看到他每夜三更伏案疾書。這時他原先退休的那個黃沙溪副食商店，因為承包給了私人，承包人因為他為人正直，一絲不苟，再三懇請他回店值夜班。

他考慮到繼續打工會有三種好處，一是與店夥計們相處聊天，可以抵消亡妻帶給他的思念和孤單；二來每天去那個店步行兩里地，可以練身體；三來可以增加一點收入，為老來進養老院籌點錢，所以欣然答應了。

我知道後，勸告他因年紀已大，行動不靈活了，萬一在路上摔倒，不但自己痛苦，反而增加女兒一家負擔，至於靠守店那點收入無補所缺。倘若需要，那點錢重慶市的朋友都會樂意相助。

但是他執意的去商店值夜班了，反而把每次店裡發給他的「誤餐」糖果留下來，每一次我去看他時，他便將它們包好，硬塞在我的提包裡，關照說：「帶給你的小馨馨吧，就說潘爺爺十分想念他，希望他見到這些糖果就像見到我一樣，潘爺爺祝他快快長大，好作國家棟樑！」

一九九二年我喬遷月亮田後，便把我分到新房的消息首先告訴了他。我誠懇的請他認真考慮我的建議，請他在我這裡住一段時間。

不久收到他的回信，信上寫道：「我一年一年的老了，身心衰微，舉步唯艱，黃沙溪的差事也力不勝任了，所以也不再去了。

然而，每每雜念累累……正到處尋找我此身的歸宿地，效外？市內？老家？總要覓得一個合適的去處。有時整天納悶，情緒很不正常，所有的遠近親戚，鄰居良朋，一概不住來了，願意小屋一人孤寂獨處，一年多來斷絕外緣……對於生死，我早有準備，很少去專門思考這個結局。」

他年近八旬也許預感到了什麼？本來經過中共關押二十七載，經歷長期的洗腦和奴役，其遭受的精神傷害和家庭破碎的痛苦，終身折磨著他。現在他感到妻子彷彿就在天堂口等著他。

由於堅強的信念，經二十五年監獄萬般折磨，他晚年仍保持思維正常。

收到這封回信後，我決定立即去他的

住處。

這次到了他住的八樓，他仍和上次一樣在底樓迎接了我，我仔細端詳他，他的確更加蒼老了，然而上樓時仍保持著矯健的步伐，他告訴我說，明年他就滿八十了，這歲數已令他滿足了。

進到他的房間，我指著他放在桌子上已寫的回憶錄囑他：「共產黨將我們下獄二十多年，鬥我們整我們，目的就是在精神上壓垮我們，好給良民百姓們展示一下，反共的下場，但他們不但沒有整垮我們，相反的，使我們成了這段中華民族最黑暗歷史的見證者，成為今天最有資格揭露中共欺騙的人。」

這一夜，我們倆再次促膝到雞叫時才合眼睡去，第二天，臨走時，我再次相邀他到北碚住一段時間，他說雖然我的新居提供了條件，但一來他本沒有到北碚居住的打算，二來事前也沒有和女兒商量。自從妻子死後，他的女兒把他管得很嚴。我說：「你老人家行走如果不便，我可以用廠裡的車來接你。」

講價還價了好久，最後他答應，過幾天到我那裡看看我的新居，尤其想看看他最關心的德馨小兒，但講好了的，當天去當天回，不在北碚過夜。

一個星期後，他果然來了北碚，給德馨小兒帶來了四尾金魚。

在我勸說下，他留住了一夜，翻看了我所寫的「片斷」，並且在回去時，帶走了我寫的一些初稿。以後在它上面批了他的斧正，使我的《血紀》注入他的心血，給後來的讀者以更多教益。

一九九四年，當他得知王大炳因煤氣中毒身亡的消息，嘆氣道：「怎麼天公老是整善良的好人啊。」當我把王玲帶到他那裡講述孩子的困難，並告知他，我已經收她為我的乾女兒後，他立即從他的櫃子裡取出兩百塊錢拿給孩子，表示對她求學的支持。

在他已近垂暮，僅靠菲薄的退休金勉強

度日，這錢實際上凝聚著對死難者後代的關注和希望。王玲含著淚水說了聲謝謝，便跪倒在地。

一九九五年他滿八十，不知是因為阿彌陀佛的佛力召喚，還是因為尋找此身歸宿的嘗試，他應磁器口寶輪寺主持風輪法師的邀請，去那寺院當了居士，其實是應法師邀請，為寺院抄寫經文。得到這個消息，我當即去了寶輪寺。

當我跨進寶輪寺的山門找到他時，他正向一群圍坐的老人講地藏經，我站在遠處不敢驚動他，只能從他那微閉雙目抑揚頓挫的語言中體會他的虔誠。

一個小時後講經完畢，他緩緩地向我走來，我迎著他，牽著他的手低聲問道：「在這裡習慣麼？」他說：「四海為家到那裡都一樣！」

他告訴我：「女兒和女婿去貴州開了一個鋅礦，我一人整天悶在屋裡，正覺無聊，這時風輪法師在街上碰到我，他說我面帶佛緣，於是我就來了。」

我進到禪堂，潘老將我介紹給寺廟的主持。聽他說橫行於世的大盜和殺人如麻的劊子手，對自己罪業一遭頓悟，皈依佛門是常有的事。

過了兩個月，我再度登寶輪寺山門，這一次我們在主持的禪堂裡相見，風輪法師縱論當今世道險惡，極言世界末日正逼臨人類。他說：「潘老已將你在獄中情況告訴了我，端詳你的面相很像鍾馗，佛祖將你降生，專打惡鬼。仗佛祖庇佑，你在獄中累次逢凶化吉幾次逃過死劫，正因為還要繼續留在世上打鬼啊。」

吃過齋飯，潘老從他的寢室裡取出了他新作〈等待皈依的居士〉。這一篇就一直珍存的在我這裡，成為他留給我的遺筆之一，現摘錄於後：

「我身入佛門，俗念未淨，仍然煩惱在

心，痛苦難除。時時回憶一生顛沛流離，蹉跎歲月，本有清明的智慧，卻被無明掩蓋，凡夫的貪嗔癡，三毒迷住了心竅，種下惡業，造了不少人間惡果。」

「……我小的時候，大概尚在襁褓中，吾父，吾母，晚年得子，愛如珍寶，生怕養我不活，長不大，便去拜寄了寺廟，求佛保佑取名小和尚，化緣縫起了一件五顏六色的百家衣，穿到了十多歲，還在叫我小和尚。」

目睹大陸腐敗，而無回天之力的他，晚年淒涼心情可以想見，他只好以依靠皈依佛門解脫自己。

在寶輪寺，他仍以勤奮謙恭待人，詼諧幽默的談吐，博得寺廟眾僧的尊敬，但是，誰能料到，這便是他度過晚年的最後一歲。

一九九六年春天，寄住在寺廟中的他，開始咳嗽咳血，起初還以為是普通的支氣管出血，半個月服用中藥不見好轉，痰中的血越來越多，在他小女兒勸說下，由風輪法師親自攙扶去三軍醫大檢查，檢查結果初診是肺癌。

等到我獲悉趕到醫院看他時，他已經穿上病號服，住在大坪醫院的肺科病房裡了。我走進病房，見他一如往常談笑風生，正在同對面床位上的一個病人講「精神」治療法：「為什麼叫生活呢？生活就是生龍活虎，死氣沉沉還叫什麼生活，你看我有多大年紀？每天早上我還要打太極拳，起來在陽臺上練氣功，像我們這樣的病，如果就這樣躺在床上，沒病都要躺出病來。」

病房裡的病人向我介紹說，他每天早上六點便按時起床，還要幫助其他病人打開水，真是一個熱心快活的老人。鄰床還有一個十二歲左右的女孩說：「爺爺給我講故事，他的故事，我從來沒有聽過，好聽極了。」

我問他：「誰替你辦的住院手續？怎麼連陪伴人都不請一個？」他說：「五天前是小女兒替他辦的住院手續，請人服侍每天還要開給他三十元工資，我哪裡給得起？就是這住院費，退休單位承諾一半，你看，我哪有這個經濟能力住院啊？」

貧病交加，他心裡十分淒涼。

我又問：「麗娜呢？」他說：「從貴州回重慶一趟光路費得上千元不說，耽誤的時間也補不起，我囑咐她的妹妹不要告訴她，現在病情還沒有下結論，用不著大驚小怪。」

我暗地裡詢問了主治的醫生，醫生搖頭說：「晚了，沒有康復的希望，何況他這麼大年紀，最多只能三個月的陽壽了。」

然而，他依然地談笑，依然講些有趣的故事，依然的每天按時起床，依然自己走出病房，打飯菜，打開水，依然的為鄰床的病友送藥遞水。

一個明知自己死期已近，仍然置之度外，坦然迎接日常發生的事，這除了仰仗他那畢生的人生毅力和一貫的臨危不懼外，未必沒有佛在暗中相助？潘老是聰明過人的長者，每天清早他不可能面對著大口吐出的鮮血，而不知察自己已入膏肓。

又過了兩周，他索性出院了，得知他出院的那一天，我又趕到他的住處，這時他的家剛從八層高樓上搬到了臨街的新修樓房，不用再爬那麼高的樓。

我去時，他正在收拾他的床鋪，很坦然地告訴我說：「一個人生死有定，陽壽多少都是在閻羅王的生死簿上圈定的，何況我已過八十一歲算是知足了。」

我擔心他這麼出院是由於經濟的原因，醫院未必答應，他回答說：「醫生囑咐我還是回家調養，開了許多中藥，在家裡熬藥方便，過半個月再來複診一下，我在醫院，每天所付的昂貴的住院費使我反而擔心，女兒在貴州找點錢也不容易，我怎麼能多花他們的血汗錢？」

我走進廚房揭開鍋蓋，鍋裡面正熬的稀飯。

我問道：「你現在咳那麼多血，如果再不在營養上補充，就是健康人也受不了的。」他搖搖頭說：「吃不下啊，再說誰能替我上街買菜啊？兩個外孫都已在電池廠上班了，早出晚歸，我不願麻煩他們，自己慢慢的下樓上街，生活也從簡了，一天兩頓都吃稀飯，這樣反而腸胃受得了。」

聽他這麼說我真想放聲大哭。

我忍著悲傷，向他說：「我替你在北碚請一個保母過來，專門替你買菜弄飯吧！」他很堅決的拒絕了，告訴我說：「我的二女兒和住在楊家坪的外侄女都先後來幫過我，但是我反而失去了活動的機會，你看我一個人能走，能做事，一旦停止了必要的運動，病情反而會加重的！」

面對著形體枯槁的潘老，我忍不住淚流滿面，他卻反而拉著我的手吃力的說道「這又是為什麼呢？」

我放聲痛哭起來，這是一個傲骨一身的好人，他一塵不染的品格，如青松傲立在這個世道昏濁的人間，已經不多見了。

撥通了他侄女家的電話，對她說：「潘老在人間已是最後幾天了，麗娜又沒在家，千萬對他要盡最後幾天的責任，請你馬上過來，千萬不要讓他再一個人上街了，萬一不小心摔在馬路上，那我們這些做晚輩的怎麼忍得下心？」

電話那一頭傳來了哭聲，答應馬上趕過來。

還沒隔上十天，六月十八日下午五點鐘，我便接到了潘老的外孫打來電話，帶著哭聲在電話中他通知我說：「外公已於今天下午兩點鐘離開了人間。」我的心頓時收縮得厲害。我沒有遲疑，立即乘坐公共汽車趕到他家時，已是華燈初照。

就在他家樓下的巷道中，靈堂已經布好。逢布遮蓋的「靈堂」裡除了他的小女兒，外侄女和兩個外孫，裡面空蕩蕩的坐著幾個緊鄰的鄰居，老家涼平的兩位老哥和遠在貴州的大女兒，都只發了通知他們的加急電報，還沒有趕到。

靈柩前方的一張桌子上兩位寶輪寺的僧人

正身披袈裟，正襟危坐，一邊敲著木魚，一邊還在不斷地誦經，為他的亡靈超度。那悠揚哀怨的頌經聲，吸引著一群周圍鄰人的孩子們。我坐在靈堂前放的一張長凳上，聽著那抑揚頓挫的經文，腦子裡正翻滾著幾十年回憶的畫頁：

我與他相識於一九六〇年八月重慶南岸彈子石四川第二監獄中，剛入獄那時我才滿二十二周歲，雖頭頂著「右派」和「反革命」兩頂大帽，實在講還不懂什麼叫「政治」，那時他還不到五十歲，在我的印象中是一位精力旺盛的長者。

靠著這天賜的緣分，我們倆在一九六二年三月份一起從孫家花園在槍押之下，流放到涼山自治州甘洛農場，在那裡九死一生地撞過老母坪，同年十月死裡逃生又從甘洛農場再發配西昌黃聯關。

以後又一齊押送到西昌地區的鹽源農牧場，這其間除了短期的調散，到農六隊以後的十四年間都在同一中隊，編在同一個組，鋪褥相依，朝夕為伴。無論是年齡、資歷和學問，他都無愧於我的長輩，在我政治上日臻成熟，人生觀和價值觀的形成都受到了他的啟迪和教誨。

從一九六〇年到一九七六年獄中相伴十六年，有難同當，有危相扶。我遭受獄吏殘酷折磨，被打傷後，在生活無法自理的情況下，他敢於頂著槍桿子的威脅幫助我勉勵我，渡過最難熬的日子。在飢寒交迫之下，我們相扶為生存而拼搏。十六年令人難忘的共勉共扶的往事似悲歌，一曲一曲迴盪在耳際，不敢忘懷。

一九七五年中美建交，上海公報發表以後，中共對國民黨縣團有以上人員頒佈大赦令，他得以先一步回到重慶，一九七九年平反冤假錯案中，我脫離鹽源的地獄回到重慶。以後，我們又在重慶相逢，以不斷的書信、互訪聯繫著我們間的友誼，共勉共勵，成為精神上不可缺少的摯友。

然而憑著他在獄中的堅定信仰，待人平和寬容的人品，憑著他的博學和自我犧牲的獻身精神，卻贏得了獄中共患難的難友們普遍的尊敬。人們恭稱他為「潘翁」，是獄中最有號召力和威信的「國民黨人士」。

五〇年鋃鐺入獄以後，他的妻子直接受到了株連，為人奴傭。不久就被收押進行勞教，從此帶著政治上的歧視，拖著兩個小女兒，大的不滿三歲，小的未足兩歲，也在監獄般的管束下，終身為奴。可以說他的一家都因投身三民主義事業，而獻給了中國民主革命的大業了。

臨終前，在他的陋室中伏案留下「生活與遺言」，我在這裡摘抄下來，一面給我的讀者留下對他的簡介，一面也讓我們知道，老一輩的民主主義革命者對後人的教誨：

由於我過去親自感受飢餓二字，深有體會，又來自農村，熟諳莊稼人耕田種地的辛苦，正如古人云：「足蒸暑土氣，背灼炎天光，須知盤中餐，粒粒皆辛苦。」生逢亂世之我，感受而加以認識，深深懂得物力艱難，從來敬愛農民，從來不敢拋灑糧食，也足見我的生活節約刻苦有了根，再苦我也能過去。

因為我從苦中來，早已苦慣了，君子憂道不憂貧，窮困威脅不到我。

出獄二十年來，一直自炊自食，自洗自補，逢人從不說苦，在經濟收入低於普通職工，受著不斷上漲的物價壓力，不得不更加節約，不抽菸喝茶，酒在嚴冬喝一口。好在我一個人又已年老，消化機能減退，齒牙搖落，咀嚼困難。每天吃兩餐粥，有時候換吃麵條，一菜下飯無兼味。

看起來我生活確實清苦，但比起那獄中的日子就好多了……

告訴麗娜麗施兩女，我死了不舉哀，不辦喪事，不穿壽衣，不燒香燭紙錢。臭皮囊一火焚了，不要骨灰，不詳之物，要來何用？人生道路上我是一個失意者，沒有任何留戀，灑脫而去，豈不快哉！

好一位徹底的無我者，臨終前留下的這段文字瀟瀟灑灑，對這個痛苦不堪的人間，沒有任何牽腸掛肚和遺憾，沒有任何的遺產留給他的後人。當我問主理後事的外侄女，有沒有追念他的悼詞在他的追悼會上宣讀，她卻搖搖頭。

在這種臨終的時候，縱有千言萬語，豈是一段家人的悼詞能說清？

好在他身雖歸去，靈魂尚存。信仰和追求都隨靈魂而一起長存。至於一生，後人如何評說，對於置生死於度外的他也不會計較。更何況，又有誰為他寫傳記，留存人間呢？於是我默默寫了下面這段文字：

他的一生，出生農家，六十年前從政治大學畢業，後來去黃埔求讀，從此在心中紮正了三民主義的根，追隨著國民黨從事中國的民主革命事業，在國難當頭，日寇入侵之際，毅然從軍，官拜浙江金華行轅主任，並掛少將銜，抗擊日寇，八年倥傯。

抗戰結束共軍蜂起，他憤然率軍抗擊兵匪，終因兵敗成囚，鋃鐺入獄，然而由於信仰堅定，在中共高壓刑鐐之下，獄火錘鍊了他整三十五年。

自比蘇武，用他的精神鞭策自己，激勵周圍。做到在獨裁淫威下，威武不屈，信守了對三民主義的忠貞不渝。其人格，可以昭日月，他一生中無愧於孫中山之最為忠誠的信奉者。

這同那些把自己打扮成中國人民

之「救星」，貧苦者之救世主，卻在國難當頭之際挑動內戰，塗炭生靈，殘害無辜，製造人為的戰爭飢荒，殺人如麻的人比起來，顯得光彩奪目。這同那些爭奪權位，呼風喚雨，窮奢極欲的當今各級貪官污吏和毫無正骨的人比起來，又是何等磊落！

歷史一定會對一代在中國政治舞臺上，向邪惡鬥爭一生的人作出公正裁決。歷史會永遠紀念潘朝元這個忠誠的民主戰士。

是夜，就在那燈光昏暗的靈堂之中，在他的遺體之前，我把這段文字在他的靈前默默念後，再一火而焚。就在他的腳前，我將四條長板凳，拼在一起，重溫過去鬢髮相觸的情誼，俯身在他的耳邊悄悄說了聲：「潘伯，我來矣，就在你的腳前與你作最後一次相伴吧。」言畢和衣悄然躺下，似與往常那樣，面對面促膝相對，只可惜此時我們已不能對話了。

心中似有一團烈火在燃燒，一摸我自己的額頭燙得灼手。又感到板凳下面涼風突起，凌晨二點左右忽狂風大作，雷電驟起，我定了定昏迷的眼，看那靈前燭光隨著狂風而搖曳不止。迷濛之中，感到那南方尊者來迎接在空中久久徘徊的潘老遊魂了。

緊接著傾盆大雨狂瀉不止，好似要沖淨這地面上人間太多的濁泥垢土，沖淨這人間太多太多的不平。

到了凌晨四點左右，樓下響動，他的大女兒麗娜和丈夫才下火車，匆匆趕到。兩個女兒扶靈柩慟哭，我看四下，除涼平老哥外並無他人，連生前最密切的摯友都沒有在場，我知道他生前的朋友不計其數，僅鹽源同過患難，而今就在重慶仰慕他人品的就不少，而今一個也沒有來。

後來我才知道，自他身患絕症後，全部斷絕了同周圍友人的資訊。他的病來得突然，他的靈魂走得倉促。

後來我問到唐元澄等人，他們壓根就不知道潘老得了肺癌。就連黃沙溪副食店，他站過櫃檯守過夜的那家商店的小青年們，都不知道他得絕症的消息。我若不是特別的關注他的晚年，主動獲悉他的消息，未必又能守著他的靈，度過這最後的令人難忘的一夜。

這段晚年的淒涼和悲景，以及他為自己設計的瀟瀟灑灑離世的全部過程，真正實踐了他的臨終遺言。這同那講排場，囑兒託女活得快活，死得悲傷的市俗人們比起來，有多大差異啊。

上午九時許，一輛卡車載著他的遺體，一駕舊中巴客車，載著送行的不到三十個親朋，就在陰霾的天色裡緩緩馳向石橋鋪火葬場。夜間下起的雨變成了霏霏細雨，就像老天爺的淚水永無止盡。

送葬的隊伍沒有樂隊，沒有儀仗，沒有鞭炮。靈車緩緩馳出巷道，悄悄的，那氣氛可以說十分淒涼。

身處此情此景，我淚流不止。十點鐘，潘麗娜在火葬場院弔唁廳裡，組織了一個小小的家庭遺體告別會。告別會剛剛結束，我已難以堅持，前一夜風寒感染，此時已使我渾身發燒，滿腦袋的昏昏沉沉說不清是病還是過度悲哀，坐在那告別會廳前的廊沿長凳上，我止不住哭出聲來。

我想，日後在臺灣的國民黨中央，得知像潘老這樣的忠貞三民主義之士，在鐵蹄，囹圄之下守著這信仰的方寸，矢志未移。而今天又如此淒涼與世長辭，何時才能為他補上一個追悼會，昭揚他光明磊落的一生，以及他為民主事業所作的貢獻，他的在天之靈便可告慰了!!

六月二十日上午十一點，我在淚眼中目送他那枯瘦的遺體緩緩推進火化爐，眼望著那伸入蒼穹的濃煙，把他的魂靈和他的肉體一起帶入到天堂，永別了這塊苦土。

和著他寫的「弔亡妻」我填詞一首：《水

調歌頭．悼潘公》

人生如燈燭，燭盡光難收。明滅半載默忍，咬牙獨徘徊。瞀然枯槁今去，六魂悄然蒼穹，消灑南天回。驀然回首處，我在守忠骨？

八十終，坎坷盡，魂彌留。萬事蕭蕭，曾經沙場英雄事。兵敗階下成虜，囹圄自比蘇武。晚年佛門皈依，方悟萬事空。從此蓬萊去，淨土迎君回。

潘老骨灰安葬於哥樂山陵園。十年後，我同他的侄女一同拜謁了他的墓，在蒼柏叢中，彷彿又見他的遺容，於靈前填《江城子》一首：

《君臥山崗已十年，今複見，松柏間。夢裡拾遺，故事有多少？縱使陰陽已隔離，五十載，舊時日。

指處荒塚憶昔時，正伏案，憤疾書。促膝相對，歲月能倒流？唯有正義攝人心，一曲在，永唱吟！》

第五節：夏光然

毛澤東時代，在反抗中共迫害的鬥爭中，我和夏光然結下了共生死的患難之情，當年張錫錕和劉順森相繼慘遭毒手以後，我和老夏便成了「火炬」生還的主要成員。

回重慶後，當我知道他在出獄後混跡市井的遭遇，對他深為同情，在力所能及的條件下，資助過他。我幾次為他找工作的努力沒有實現，深感力不從心。

中共長期的虐待，在我們每個人身上留下性格被扭曲的傷痕，鐵打的漢子也難避這種傷痕的惡性發作。所以倖存者之間保持相互慰勉，成了我們之間的共同約定。

一九八九年他與王正印鬧得很僵，決定離開重慶，回到成都金牛鎮的老家去，回成都之前曾到北碚我的家中一聚，那次我們同去北溫泉和縉雲山玩了一天，並且合影留念，我問他回成都以後的打算，他不無傷感的回答我說：「隨遇而安吧，我不像你有了家，我是孤身一人無牽無掛，在江湖上漂泊多年習慣了。我最牽掛的是那些在鹽源犧牲了的先烈們，民主尚未成功，我一定要回一趟鹽源五號樑子去，憑弔當年已經犧牲的難友們，他們的遺骨如何處置我也要打聽一下。」

以後的幾年中，我常常收到他的短信，這些短信只有幾句相報平安的話。直到一九九六年才收到他從資中城關寄來的一封信，說他準備到重慶來投奔我，我敏感到隨著年齡的增長，他恐怕到了流浪不動的時候了，想來重慶找一份工作暫時棲身。

我當即與毛貫益聯繫，看看他的八橋客車有限公司能不能給老夏安排一個看門的工作，不料，老毛嚴辭拒絕了。

想他從資中到來後，再作商議。那時我已在壁山投奔李倫所辦的海山公司，正同孫庸利用壁山座椅廠的場地，開辦一個製作防彈衣的工廠。

接信後，我立即回了信，答應無論如何我要為他安排一個安渡晚年的事做。

八月份，我在壁山接到家裡打來的電話，說他已到了北碚我的家裡。我忙從壁山匆匆趕回，到家已是中午時分，進門見他端坐在我的客廳裡，穿著一件灰色很舊的中山裝。大概因為心情不佳，再加上旅途勞頓，那滿臉的皺紋，花白頭髮已蓋滿了他的兩鬢，比之五年前從重慶離開時蒼老多了。

灰色的中山服，又髒又黑，好像有幾個月都沒洗過似的。腳上套著一雙綠帆布的「解放鞋」，那模樣與進城打工的鄉下農民沒什麼區別。完全是一個窮愁潦倒的流浪人。真乃「匆匆又作渝市客，恍然如隔數十秋，亂世今日撫昨日，今日仍在街中乞」。

我本想問他怎麼搞得如此狼狽？但我卻不

知從哪個標準和哪個狀態來問，事實上夏老三從我在孟平店裡與他久別重逢後，一直都處在窮愁潦倒的狀態中，想來他在八九年從王正印家離去後，恐怕日子一直過得十分艱辛。

今日中共統治下，過去的五類份子及其後人，一直掙扎在貧困線上。何況像他這種不甘彎腰事權貴的人，半生囹圄，幾十年折磨，到了晚年仍在漂泊流離。看到他，想到近幾年為生活而死在打工路上的王大炳。因不願低頭，苦難伴隨著他們的晚年。

見到他們如同對鏡照見自己，相比他們的命運，我中年後得到了一個正當的謀生職業，免去了在社會上流浪，近年又蒙李倫不棄，取得了一個小小科長職位，卻因天性不苟與濁世同流合污。不但與一些發財的機會失之交臂，還在工廠內部的鬥爭中提前退席。

退休後，立即進入打工仔的隊伍，雖平時節儉刻苦，仍無多餘積蓄可用來支付窮朋友們的求助，面對著形同乞丐的老夏，平添了我的壓力。好在這些年我認識了一些朋友，解決個把人的生活還不成問題。

當我倆坐定後，我向他問道：「你現在生活來源靠什麼？」見我直端端的發問，他很不好意思的向我囁嚅了一陣說：「離開重慶時，早先有一點積蓄，本想做點中藥材生意，卻上了別人的當，本錢也被人騙走了。」聽他這麼一說，便不想追問下去，從口袋裡掏出一百塊錢來。

他接過錢捏在手裡繼續說：「來前在資中，往在朋友家，已經身無分文，這次從資中來重慶，火車票還是朋友給買的。一下火車到北碚來，因為沒有錢買汽車票，便將自己貼身衣服脫下來，當給汽車售票處了。」他一面說著，一面脫下那又髒又舊的中山服，裡面居然沒有任何襯衣。

他怎麼會混成這樣子，我不想追問，連忙到廚房裡熱了熱現存的菜飯，同他將就著共進了午餐，按照我原先的安排，下午就立即帶他去壁山座椅廠，請求孫庸念在我和李倫的交情上，給他安排一個看守大門的工作。

他狼吞虎嚥吃著我給他熱好的飯菜，一面告訴我他在火車上已經一天一夜沒吃東西了。面前的他完全像「風雪夜歸人」中的老乞丐，所不同的只差一根打狗棍和向人討飯的破碗了。

吃完飯以後，我在衣櫃裡給他搜索了一大包我穿過的衣服，重新再添了五十塊錢，要他去汽車站把押在那裡的襯衣贖回來，一面掛通了壁山座椅廠孫庸的電話。

這孫庸原是李倫的童稚之交，從小一起在農村中長大。據李倫介紹，文革時他在壁山公安局供職，因家庭出身，在文革中被劃為走資派的黑狗崽，後來在李倫母親的掩護下，躲過造反派的追捕，免去一場殺身之禍，不得不離開壁山，離井背鄉到外地混了幾年。

文革結束後，孫庸得到平反回到了壁山縣公安局，不久下海，以老家的農舍為基地，開始做一點汽車零件的買賣，辦起的公司起名海山公司，李倫任專用汽車廠廠長，他依靠專汽廠而爆發，一九九四年壁山座椅廠已成了占地五十畝的廠家，並獲得四川省私營明星企業和重慶市私營企業十強的桂冠。

我與孫庸從丁家開始接觸，是以品質部門負責人的身分在品質上扶助他們，從丁家茅舍到壁山座椅廠的建立，開始時，因為「生存」關係，孫庸對直接扶助他的部門極為謙恭，虛心接受客戶反映出來的各種品質問題，認真加以改進。

一年後，他對專汽廠的幾個大綜產品，例如座椅，側窗，不僅形成依附關係，而且形成了包銷包用的關係，乾脆取名為重慶專用汽車製造總廠座椅廠。而專汽的職工，因為他們售後服務態度好，幾乎包攬彌補操作者操作不當所造成的損失，所以總裝車間的裝配工並沒有不滿的意見。

孫庸本人原是壁山公安局的員警，他熟諳

共產黨權錢交易的訣竅，知道除了依附專用汽車廠外，還必須有一個「保鏢」，他的小兒子頂了他退休讓出來的位置。

為了應付政府各級衙門，孫氏父子承包了璧山街上最毫華的酒店，璧山市政府官員和公安局的刑警是他酒店的常客。後來，孫庸從相隔不遠的某機械廠私下用重金挖來技術骨幹，並購置了一條生產摩托發動機的生產線，以最快的速度在座椅廠地盤中心，建立了一條年生產能力千萬台的摩托車發動機裝配生產線。

開始半年果然獲利頗豐，孫氏父子，便將利潤很薄的座椅換成生產摩托發動機。殊不知道這一次獨立運作的結果，卻沒有逃掉商品的經濟規律，重慶摩托車發動機一哄而上，產品很快出現過剩危機。上千萬流動資金被卡住，整個工廠無法繼續運轉，生產線停止了運轉。

而這時，無錫常州一帶更為狡詐的商人，探聽到發動機處於滯銷的海山公司，便從江蘇專程到重慶璧山與孫庸商定，以賒銷的辦法，將這些滯銷貨運往沿海，答應一定在裝配後，將這些賒銷的貨款如數返回。殊不知這些發動機有去無回，運出去一年了，賒銷的貨款卻連個影都沒有看到。

在短短一年多的發動機熱中吃了這個大虧，使孫庸明白他那點功夫，只有依附一個主廠，保證他的產品銷路，才能存活。他沒有掌握一支為他提供適銷對路產品和營銷的班子，唯一手段就是賄賂國有企業的頭。李倫下臺後，竊取了專汽廠領導班子的陳增，向他伸出了「雙贏」之手。

中共「改革派」想用經濟建設的成就，使自己迅速成為有產者，尤其想證明一黨執政比多黨制優越，為繼承獨裁衣缽辯護。然而，失去競爭所帶來的粗製濫造，失去監督所帶來的腐敗卻難以維持社會的穩定。貧富分化使社會秩序日益混亂，搶劫銀行、搶劫珠寶店的事頻頻發生，老百姓幾乎家家有防盜門。

防彈衣及防彈車應運而生。

一九九六年重慶市把各銀行配置的防彈車生產權交給了專用汽車廠，雙方進行了「協商」，孫庸以豐厚的回報，從陳增手上接過了防彈車的生產權。

老夏大約就是在壁山座椅廠陷入困境，孫庸剛剛與陳增搭上關係時，來到了這家工廠。根據我的估計，看在與孫氏幾年的老交情上，由壁山座椅廠接納一個夏光然應當不成問題。

我從家裡打電話到壁山座椅廠時，電話的那一端傳來了老孫大兒子孫露的聲音，說他老子去浙江討債去了，雖然他沒有拒絕我的請求，但聽得出態度非常勉強。他向我訴說了一大堆的苦衷。

聽他的回答，讓老夏一個人去恐怕要碰軟釘子，所以決定親自陪他去一下。下午三點鐘便與他一起乘公共汽車去了壁山座椅廠。

我在總經理室裡終於碰到了孫露，彼此寒暄後，我向他介紹了夏光然，著重地向他介紹老夏的能力和現狀。孫露皺著眉頭，重複著在電話裡已經說的話：「工人已大幅裁員。」

講了好半天，最後孫露表態說，只有將原先守門的人數再壓縮一個，讓老夏暫時充任。老夏就這樣勉強地留了下來，工資沒有定。

那時，李倫的海山公司正在規劃防彈衣的生產線。我在陳家坪為防彈衣生產線繪製流程圖。

幾天後，我又專程從陳家坪到壁山探望他，看他住在其他看門人一道，問他孫老闆給他每月多少工資時，老夏苦笑著沈默不語。在我追問下，他搖頭說：「誰叫我無一技之長，又在這種垂老時寄人籬下？我的處境在別人眼裡如乞丐並無兩樣，能夠有一碗飯吃，夜容一宿，我沒理由向東家再講待遇。再說你也不容易，孫氏父子已不像從前那樣為產品過關而討好你，你也在人家的管束下拿點打工錢。」

最後他才告訴我，孫庸每個月只給了他兩百元，除了節省著吃飯就一文不剩了。聽到這個情況，我立馬想找孫露去論理，因為我知道，重慶市門衛的待遇一般都在五百元一個月，怎麼會給老夏這樣少的工錢？

我剛剛站起身來，就被他拉住說道：「孫露是晚輩，你找他有失你的身分，再說我來時，他把話說明瞭，他這裡不需要人，換句話說，我是從別人碗裡分飯吃，何況我才剛來，試用期也是三個月，等到以後你找他父親平心靜氣商量這件事也不遲。」

我又問道，你們除了看門還包含那些附帶工作？他說：「看門的人已經少到三個人，其中還有一個半兼職的飲事員，所以我們的值班時間，每天已增加到十二小時，除負責對進出員工登記，收發公司來往信件，還要負責廠區前的清潔衛生打掃，登記員工的遲到早退，督促工人們按時上下班。」

璧山座椅廠開辦初期的雇傭者，都是孫庸老家的子弟，開始他們為擺脫農活，甩掉農民帽子感到新鮮，不久他們被煩重的（有時是沒日沒夜的）生產任務，和不小心報廢產品扣除工資的懲罰，使他們對孫老闆感到憎惡。他們在背地裡咒罵他比《半夜雞叫》裡的周剝皮還要周剝皮。

工人們把工廠的工具，原材料、半成品，趁下班時夾帶出工廠大門，千方百計買通門衛，偷拿之風盛行。甚至發展到深夜用汽車，把整車的鋁材、窗框、汽車座椅偷出門去，日子一久，被孫老闆發現，除了增派狼狗夜巡，並毅然的撤換了「門崗」，將最親信的外侄和娘舅充任這些崗位。

身為中共黨員的孫老闆，其剝削手段一點不比資本家差。

恰恰好在夏老三當門衛的這段日子裡，一九九七年初，在璧山座椅廠發生了這麼一件事：有一天由七八個人組成的「索債隊」，氣勢洶洶的撞進工廠大門。他們不聽老夏的制止，逕直穿過庭院，直端端的向辦公室大樓撞去。

在兩個戴大蓋帽，身著藍色制服的「執

法」人員帶領下，撞上二樓的總經理辦公室。孫庸辦公室外的財務和管理人員阻攔不住，兩個「員警」亮出了自己的工作證，證明他們是壁山縣工商局的執法員警。

來人口稱，縣工商行政管理所，收到了二十幾家工廠的狀告信，說壁山座椅廠長期拖欠他們的摩托車零件款，現在已是年關在即，所以特別來查對這個事實。

索債隊伍中有兩個女人，在樓下尖聲的吼道：「今天你們不還錢，我們就要把你們的摩托發動機搬走。」那時孫庸還在浙江催款沒有回來。手頭沒有錢又想發財的小業主們，常常憑著一時產品的適銷熱，一哄而上，在產品熱銷推動下，小業主竄合一起，將自己的零件材料盲目投入一個組裝廠，開始時哥們相稱，大碗的酒喝出了最初的「兄弟」關係。

但是好景不長，積壓發動機欠下配件款，這種「社會主義市場」經濟常見現象馬上出現了。一半因需求嚴重跟不上生產，一半因一時脫銷而粗製濫造，產品滯銷加品質低劣產生了小業主間的欺詐和鬥毆，很必然發生眼前這一幕了！

現在兩個自稱縣的工商民警，在經理室門外亂吼了一陣，卻不見裡面的動靜，其中一個一面狂喊：「孫庸你給我出來。」一面在陽臺上拾起一塊磚頭向總經理室玻璃隔窗上猛砸過去，只聽見嘩啦一聲，足有八毫米厚的毛玻窗就像驚雷一樣被砸開一個大洞，碎玻璃落得經理室門前一地都是。

在裡面躲著的孫大少爺，馬上陪著笑臉走了出來。為了平息對方的怨氣，他連忙從褲包裡摸出一包「紅塔山」來，連聲陪著小心說道：「諸位有話好說，消消氣」，一面吩咐在過道上辦公的辦事人員快給客人倒茶。

然而兩個大蓋帽將自己的公文皮包朝孫露辦公桌上一甩，打開包，從中間拿出一大疊欠條。原先在樓下喊叫的女人，見兩個員警在樓上攻破了辦公室，便連罵帶恐嚇的攆上樓來，隨行的其他人挽袖擦掌，口口聲聲喊道：「我們廠反正活不下去了，今天不拿錢來就砸了這家工廠。」

那用磚頭敲碎大門玻璃的大蓋帽，將手中的「警棍」交給了一起來的年輕人，年輕人會意，立刻揮動警棍將辦公室其他幾扇窗子一扇扇敲碎，一時辦公樓亂成一團。

孫露被來勢兇猛的討債人嚇昏了頭，呆呆坐著，連大氣都不敢出。他明白，今天這種場合，自己有一句失言，都會招來意想不到的後果。

正當辦公大樓裡鬧得烏煙瘴氣，孫露束手無策時，突然樓下壩子中一聲大喊，只見此時的老夏戴著門崗執勤的紅袖套，手裡拿著一根一公尺長的鐵棍，另一手叉腰、怒目圓睜的大喝道：「哪裡來的，敢在這裡撒野？這是工廠重地，哪個敢在大白天撞到這裡來鬧？」

樓上的肇事者，被樓下這突如其來的吼聲震住，一起停下了手，把臉轉向樓下老夏站在地方，等到看清楚吼聲正是看門的老頭發出的，為首的大蓋帽推了一下帽沿，輕蔑地回敬道：「你一個小小看門的敢來干擾老子執法，小心弟兄們一個給你一拳，就要叫你趴在地下起不來！」

幾個正在興頭上的年輕人立即在樓上向他揮動著拳頭。

殊不知老夏冷笑一聲，毫無懼色，接口道：「你那戴大蓋帽的人聽著，你這一套只能詐騙那沒見過世面的年輕人，你們一進門我就看出你們是一群雇來的二流子，我已經打電話問過壁山工商所了，他們說他們根本就沒有派人來要債。

現在，你們別在這裡裝腔作勢的哄人了，我已經把你們來這裡搗亂的事報了警，一會員警馬上就到，你們這些冒充工商的人一個都脫不到手，我奉勸你們還是趁早滾出去，否則你們就要倒楣的。」

他一面厲聲的警告，一面還走到鐵門前伸

手把門關上，做出關門打狗的架勢。老夏的出現不僅使那些大喊大砸的人停止了手中的動作，大家都一齊把臉扭過去，朝著從縣城馬路上駛來的汽車張望。

辦公室前剛才還殺氣騰騰的大蓋帽，一下收了剛才的架勢，為首的那個大蓋帽下意識的把頭上戴的帽子摘下來提在手上，接著用手向他帶來的人馬一招，所有的肇事者便跟在他的後面，一面小聲罵著，一面向樓下「撤退」。

只有那兩個女人還拉長了嗓門，但已不像剛才那潑婦罵街的架勢，而是帶著哭聲嚎叫道：「老娘已經快一年沒有領到工錢了，本來老闆答應我這次催債如果有了錢，就首先補給我們的工資，砍腦殼的孫庸你教我們怎麼活下去喲？」一面還是跟著討債隊的後面，向著樓下「撤離」了。

走到工廠的那兩扇大鐵門口，一臉晦氣的大蓋帽，指著孫露吼道：「我還要來找你的，等著吧！」當他喪氣的跨出大門時，他又歪著頭狠狠的瞪了這看門的老頭一眼。恰恰好這個時候，遠處傳來了警車的鳴笛聲。

這支隊伍不敢怠慢，一齊跨出廠門逕直向路邊的一輛過路的中巴車奔去，叫停了那車，蜂擁爬上了中巴車，一溜煙的跑掉了。

院子裡沸騰起來，年輕的本廠子弟，把夏光然簇擁著。他們對這個老頭已有了敬意，今天親眼看見，老夏在兇惡的催債人面前不慌不忙解圍的風采。孫露正準備打開保險櫃，取出最後一點錢來退敵，卻沒想到這些人被老夏退去，他對這個平日不大開腔的老頭刮目相看了。

這時，老夏才向包圍他的工人們吐露了真情，他根本就沒有報警，也沒有打電話去縣工商所，他這樣的嚇唬來人，是從這支討債隊，自己語言上出現了矛盾，暴露出肇事人是廠家雇傭來的打手，當老夏道破他們是冒充縣工商局的，使他們感到心虛。那有不預先通知工商局就直撞工廠的？

這種以訛對訛，本是從中共常用的慣伎學來的。

想當年，林扯高抓到一紙「火炬」刊物，想訛詐出一個驚天的反革命集團大案，趁此機會，將他們十幾年最棘手的六隊人物一網打盡，趕盡殺絕。在險惡情勢下，面對氣勢洶洶的劊子手，不被對方設置的坦白從寬陷阱所迷惑，變被動為主動，反而質問何慶雲的證據。接連幾天籠罩六隊的恐怖氣氛被擊破，創下了以往一經被抓住把柄，只有挨鬥、挨整的被動局面，轉危為安。

這也許就是「企者不立，跨者不行，自見者不明，自是者不彰，自伐者無功，自矜者不長」的道理。老子兩千多年前的論述，而今能用的人已經不多，這是座椅廠的工人，無法理解的，也是孫庸和他的兒子所不知道的。

自從這次風波後，孫老闆覺察到靠上層的「權」和手中的「錢」是不夠的。他開始對這個過去兩個多月來從沒正眼看過的，衣著破舊，沈默寡言的守門人刮目相看了。

原來孫庸的轎車出入廠門，從不停一下，更談不上對守門人招呼一聲。自從這件事發生以後，他從浙江回來後第二天，轎車進廠門時，破天荒停下來，跨出車門主動向夏光然握手，並從車廂後備箱裡取出從浙江帶來的水果。詢問工作所遇到的困難。他知道老夏常犯胃病，專門給他帶來了胃藥。

不過老夏並不願改變他一貫的不卑不亢態度，從此，每當白色的桑塔那經過工廠大門時，不論孫老闆是憂是喜，老夏只禮節性點點頭。

而他同工廠裡的工人們，相處得就不同了，大家一直尊他為夏老師。他同打工者相處得很融洽，晚上他的門房裡總是聚著一大群小夥子，有說有笑的談古論今，倒也沖淡了他的孤獨，使他並不感到淒涼和貧苦。

然而他的病情卻一天天惡化了，先是吃飯老是感到喉裡不暢，漸漸出現嘔吐。一九九八年四月，他已不能正常吃飯，小夥子們替他在廚房裡熬粥，熱中藥。他變得十分消瘦。然而他卻忍著病痛，不露聲色照常值班，守門，打掃清潔。

那時，我正按李倫的佈置，加緊準備防彈服的鑑定工作，聽說老夏病體越篤，便在五月份專程趕來特地探望他，在他的寢室裡他躺在床上，形如骷槁。無力的說：「我已不能進食，現在連喝下一點雞蛋花也要兜肚的吐出。」

我真想不到半個月沒有看到他，竟變成了這樣，忙詢問他到醫院看了麼？他說，孫庸親自用車送他到縣醫院去作了胃鏡，只說是胃炎，開了許多中藥。

我看他床邊擺滿了大包小包的藥，告訴他防彈衣廠審核一旦通過了，我就立刻把他安排到我那裡，做一點編制計畫方面的管理工作，也用不著值夜班。這樣，生活上有條理，我們就可以相互照應了，對他的病會有所幫助。

這一夜他才把隱藏在心中的家事，告訴了我——他一共五兄弟，他排行第三，夏老三便是他的小名。金牛鎮本是他的老家，兄弟中三人都是當地的農民，最小的弟弟十五歲，便考入了成都軍校，畢業後入伍，參加了共產黨。而夏光然，一九六二年在一群中學生中組織了金牛鎮人民黨，不久被中共破獲，以組織反革命集團將他下獄。

當年老么出於仕途原因，登報斷絕了與老三的親兄弟關係……二十年後，他從鹽源回到金牛鎮的消息，很快傳到了五弟的耳中，這時候這位五弟已是成都軍區的一個大校軍官。不知這位五弟良心發現，還是骨肉親情，看到自己的三哥，流落街頭替人代筆書信維持生活，便派人把他帶到軍區大院。

向他表示不要再在街上流浪，答應他在軍區大院隨便幹點事，以度晚年。老夏心中明白五兄弟找他來，是對當年他的不認親哥表示懺悔。畢竟眼下在金牛鎮只剩下他們兩兄弟了。

對中共早已認清的夏光然，懷著複雜的心態，不久隻身離開了成都，他說：「天地有正氣，人活就為這一口氣。」潑出去的水難以收回，他不願一個曾公開宣佈將他趕出家門的親弟弟，今天再招他寄住他的籬下。從那以後，十幾年過去了，成渝沿線布著他流浪的足跡。

一種無牽無掛交織著流浪者共有的失落感，伴隨著他親身體驗監獄外整個社會底層的酸楚，餓一頓飽一頓，晚上經常在車站碼頭露宿過夜。

據他口述，一九七九年他因刑期剛滿，調到農四隊，一九八二年在鹽源農場為張錫錕和劉順森作戲劇性平反會上，他當場責問鄧揚光：「人都被你們殺害了，現在憑你們一張空頭平反書有什麼意義？」

刑滿後，他仍保持著「火炬」成員的本色，繼續反抗中共對留場人員的壓迫，負責管理他們的敖麻子說他反革命本性絲毫沒有改，在無可奈何的情況下將他「釋放」，離開鹽源農場，回到了他的金牛鎮老家。

返回金牛鎮後，他在場口擺了一個替人代寫家信和訟狀之類的小書桌，晚上又在附近茶館裡為喝茶人講評書，得點茶水錢，維持著清苦的生活。

一九六三年，他入獄後，懷著遺腹的妻子，被所在生產隊長強娶，並逼她墮胎，遭到她拼死反抗，總算把懷胎八個月的孩子生了下來。

老夏回到金牛鎮時，他的兒子已滿二十歲，兒子面對著這個站在面前的「陌生人」心情極為複雜，要認吧，想起幼時被人欺凌時，這個本該保護他的人到哪裡去了？不認吧……

回到金牛鎮，房子早已歸他人佔有，妻子也成了他人婦，看著站在跟前兒子眼裡的尷尬眼光，知趣的老夏悄悄的離開了他們，用發給他的安家費在昔日幾個朋友的幫助下蓋了一個乾打壘的土房子，聊作棲身之榻，不久便同路經成都的鹽源同難結伴，一起流浪到重慶。

他用平淡的口氣講述著他的經歷，他的處境很像狄更斯筆下的奧立弗，只是他並不是濟貧院裡長大的孤兒，而是經過中共十幾年監獄錘煉出來的火炬戰士，同他們認錢不認人，奉行大魚吃小魚作風完全不同，他靠自己的正義感和正直，影響周圍的人，雖然他常遭人算計，弄得往往連飯都沒得吃的地步。

他講完了這段從未向任何人講述的隱情後，顯得非常疲倦，最後嘆了一口氣，說道：「我得的病我最清楚，如果真的得了不治之症，那麼我想，我最後投靠五弟的時間也許到了，我預計要治好我的病，需要大量的金錢，在這個時候我再不花他的錢給我治病，就未免太傻了。」

認定終身反對共產黨一黨專制，那麼他寧可流浪飄泊也不會去討權貴的恩賜。中國自古就流傳著叔牙、伯夷餓死在首陽山下的故事，我們這個年代中，像陳力，張錫錕這種寧死不屈的中華精英，真值得我們的後代大書特書，否則怎麼說中華魂猶存?!

那天晚上，我倆相聚在我房間，夜半我還給他做了一碗雞蛋湯，大概因為我在他身邊，使他感到寬慰，喝下了沒有嘔吐，平靜的睡去。我卻沒有睡意，突然感到我同他可能是最後一夜相聚了。

直到五點鐘與李倫約好，今天是防彈服鑑定會準備工作的最後一天，我匆匆的起床，在離開這位難友時，我一再叮囑他，現在他的病情未知，身體已十分虛弱，一個人回成都，我絕不放心。必須有人護送，所以請他無論如何等我兩天，在我開完鑑定會以後，由我專程護送他回成都。

兩天以後，當我回到壁山座椅廠時，門崗上卻不見了他。我連忙去他的宿舍裡找他，正碰上與他同值夜班的老吳。他告訴我說：「你走的第二天，老夏開始大口吐血。昨天晚上，他告訴我不能再等你了，再不走恐怕真走不回成都了，我再三勸他再等一天，等到老孔回來，他也沒有聽，臨走時囑託我，把你給他過冬的衣服歸還給你。」

聽他這麼一說，我馬上問道：「有人陪他一起走嗎？」老吳回答道：「他臨走時說是去丁家找小王，是不是請小王送他一下，我就不知道了。他剛走才半天，現在要去小王家，興許他還在那裡？」說著從懷裡掏出了一張字條，我接過那張字條時手在顫抖。

令平如晤：

我不能再等你了，這次給你增添麻煩了。我這次打工教訓太大，真實瞭解基層打工仔的艱辛。我的性格決定我不向新貴們賣笑，同時，我的病情又發，不得不走。等你四天你還未來，我只好離去。我決定到成都醫病，如能康復，九月二十七日一定再到鹽源憑弔死難的友人。然後叫我在共產黨的顯貴「弟弟」供我晚年，（他是求之不得的事，我還要慎重考慮再作決定）。今後可能經常見面暢談今生事，或寫點小東西，握手。

友光然一九九七年六月七日

讀罷，我的淚水奪眶而出，心中喊道：「為什麼在這個社會裡好人老是沒有出頭的日子？敢於反抗暴政的人老是被人整得無路可走？」九月二十七日，正是「火炬」最後一位烈士劉順森犧牲於中共屠刀下二十一周年的忌日，病篤流浪的夏光然仍念念不忘，其忠已表，只是大陸上何年何月有這些英烈的紀念碑，使他們的英魂為更多的民主事業後繼者所紀念？

來不及多想，把信折好存放，向老吳說：「你能不能帶我去丁家找小王，興許他還沒有走。」老吳為難的說：「你知道孫老闆的規矩，門衛值班是不准換班的。」

我只好到車間去問幾個家在丁家的人。找

到以後，在廠門口登上一輛去青槓的客車，等我們匆忙趕到小王的家找到小王時問他，他卻說：「老夏一直沒有來過。」我心中一陣緊張，這個老夏，這個在監獄裡經歷過多少磨難，好不容易活到今天的硬漢子，此時究竟在哪兒呢？我迷惘的望著通向青槓的馬路自問。難道他自己獨自上了去成都的高速公路，我們上哪兒去找他？

我和帶路人只好返回座椅廠。回到宿舍，老吳將他臨走時，囑咐轉交的一包棉衣提出來交還給我，那是我為他準備過冬的東西，現在人去物留，看著它，我此刻掛欠他能平安到成都嗎？他能康復嗎？

唉！這些年來，從毛澤東地獄裡熬出來的摯友們先後離我而去了，王大炳、潘朝元、現在難道輪到夏光然了嗎？這些相逢時可以傾吐內心的至交血友，今天還剩下了幾個？鄧自新，鄧小祝、陳孝虞、王文典這些人如今生死不明，不知漂泊到何方了？

每想到這裡，便將他留給我的那張字條拿出來讀了又讀，不願相信他就這樣走了，難道這一張質樸的留言，真的是留給我的訣別書？人生何其短暫，算起來，他不過比我大五歲啊！今年才六十多歲呀？

從那以後，大約三年的時光，我都在盼望郵遞員會突然送來告知他下落的信件，甚至希望突然有一天他會來信約我同去鹽源祭拜已犧牲的難友。

一九九九年，我專門寫信到如今還滯留在鹽源農場的朱凌飛，王文典，告訴他們夏光然在我這裡離去的經過，並告訴他們老夏若康復，他要重祭先烈的宿願。並請他們注意一有老夏回鹽源的資訊立即通知我。

然而一年一年過去了，夏光然從此再沒有給我來過一封信。成都的朋友來電話告訴我，老夏沒有去過成都，鹽源就更是杳無音信了。

倒是每年我卻在做著一個夢——在鹽源二月的砂塵暴中，我看到了令我傷心的二道溝，在風砂瀰漫的五號樑子上，在那些埋葬這些烈士們的亂石堆中，夏光然正在向那些熟悉的墳塋鞠躬，一遍又一遍!!

原先的「火炬」成員一個個離去了，我越來越感到，揭露中共監獄黑暗的任務，在我肩上的擔子更沉重了！

第六節：散落在市井裡的鹽源難友

一九八五年，我還住文星灣的危房時，有一天中午下班回來，鄰居劉大爺告訴我「你早上上班後不久，就有兩個與你年齡相當的中年人來找過你，我告訴他們，你在農用汽車製造廠上班。他們立即留下了一張字條要我轉交給你。」

我接過那張字條一看，那上面寫著：「令平兄，別來無恙，聽說你回重慶後，現在在農用汽車製造廠工作，今天特別的專程從市中區來到這裡拜訪你。不巧，你不在家，我們又不好去廠裡驚動你們的門衛，加上還有其他事要辦，所以我們就沒等你回家，特留下我的地址，希望你能抽空到重慶一聚。」字條落名孟平，地址是市中區五一路某街一百號。

在蔡家場聽到從鹽源返回的何福安講過，張錫錕和劉順森後來得到「平反」。同劉順森一起，當年以「反革命越獄」逃跑集團被判處無期徒刑的孟平和楊漢群，也從南充監獄中獲釋，孟平回到重慶後便在大陽溝一帶居住。只是不知道他住的詳細地址，也不知道他謀生的職業是什麼？

孟平比我小十歲，據他本人講，被捕前是西南鋁加工廠的一名工人，因派系武鬥而被捕，人很機靈，今天他突然出現，並找上門來必定有事。我本來就想弄清楚劉順森當年逃到重慶的經過，也想知道孟平等人的平反過程，瞭解他們從南充監獄放出來的夥計們下落和生活情況。

當時決定下個禮拜，到市中區按字條提供

的地址，會見這位當年小兄弟。

我按字條上提供的地址找到那裡時，已接近中午，而門卻鎖著，據隔壁的鄰人講，他平時一大早就出去了，白天很不容易找到他本人，只有在晚上十點鐘左右他才回家。我從門縫裡向裡張望，只見室內堆放零亂，也沒什麼傢俱。

問他的鄰居，那人說，他一個人住在這裡，房子是租來的，如果你要找他，可到大陽溝菜市場去找，他弟弟在那裡開一家火鍋館，門面叫「兄弟火鍋館」。到中午，我才找到了那裡。火鍋館正在營業，生意不錯，但是除了他的弟媳婦在那裡張羅，孟平卻沒有在。問到老闆娘她說：「他去買火鍋料了，你等一下吧。」

十分鐘後，只見他提著一個籃子，身後跟的人竟是夏光然。自鹽源一別整整七年沒有相見，看他的穿著打扮已與當年完全不同。見面後，最先問孟平，鹽源宣判後，什麼時候改判的？現在各在哪裡謀生？

夏光然穿著中山服，還是那個老樣子，他告訴我說：「我成了無業遊民，至今落魄江湖，四海為家，前年我到了重慶，一直住在王正印家裡，幫他在朝天門的水果市場販運水果。」

「我打聽了你好久，都沒有弄清你在那裡，後來，還是在王明豐那裡問到你在北碚。最近，我和孟平合開一個五金商店，做些買賣標準件的生意，上周我和孟平到北碚聯繫一批業務，問到你的住址就去了文星灣……」

從老夏介紹中，我已聽出，他出獄後，四處流浪，為求生活和孟平在市井相遇聚在一起。我指了指火鍋店，向孟平問道：「這店的生意不錯，想來你發了。」孟平淡然一笑回答說：「這是我弟弟和弟媳婦的根據地，我們只是暫時在這裡歇個腳。從監獄出來以後，我在南充監獄結交的那幫朋友纏上了我，前些日子又在江北碰上了蔣真富，他從鹽源回來後，回到他以前的鐵作社，鐵作社現在改行生產螺絲螺帽。我們商量從他那裡拿來的標準件，擺到大陽溝租的一個五金門市中來賣，大家都想弄口飯吃，權且以此謀生吧。」

聽他這麼一說，我對他們的近況已明白幾分。問到他們，這麼多年來是否安了家，老夏苦笑道：「四海為家，我們這種處境，誰看得起我們？」

我們在火鍋店吃過午飯，便由夏光然陪著我到了他們開的五金門市，在大陽溝的偏僻弄堂裡，我們找到了他們合夥的五金店。

那是一幢居民住宅樓的底樓用作出租門面，門面大約五公尺寬，縱深不到兩公尺，擺在玻璃櫥櫃裡，全是些普通的連接零件和一些扳手之類的小工具。裡面坐著一個小夥子，正伏在櫥櫃的玻璃臺面上打瞌睡，看來生意相當清淡。

我們穿過門市旁邊很窄的巷道，進去後，便是一個通向地下室的石梯坎。走下石梯坎進入地下室。過道裡漆黑一團，拐過彎，才看見從地下室射出來的燈光，進去是兩間套房，昏暗的燈光中瀰漫出劣質香菸的嗆人氣息。外面那間房間裡擺著兩張麻將桌，大約五六個青年男女正圍著一張桌上玩著麻將。見有人進來一齊把臉扭向我們。

用不著介紹，我已經猜出這些人是孟平在南充監獄裡結交的朋友，他們的年齡差不多都在三十歲上下，從那穿著看，男的全是新潮的牛仔衣褲，女的坦胸露肩，披著沒有鈕扣的連衣裙，腳上拖著拖鞋，口裡叼著香菸，頭髮蓬亂，好像才起床的模樣。

從他們的外形上判斷，這是些狄更斯小說《霧都孤兒》裡，所描寫的社會底層人物。用我理性的眼光認識他們，這是些隨時都同看守所打交道的社會棄兒，是一群被生活遺棄的社會另類。

跟著老夏向裡面的房間走去，那裡面擺著三張床，一股低檔香水味夾著霉氣迎面撲來，那床上亂扔著骯髒的被褥，以及亂堆在一起的衣褲，地上丟著滿地的菸頭。證明這些男女們過著群居的流浪漢生活。

看到他們的生活現狀後，我馬上會想到，為了求生存，他們極有可能就會在今晚的某次行竊中，被當成嫌疑人抓進看守所，他們從小就失去了受教育的權力，不知什麼時候成了社會棄兒，沒人關心過他們的苦難和內心痛楚。

其實我在鹽源渡過的十六年時間，早瞭解他們了，他們是些從市井和農村流落出來，生活失去來源的人。他們被抓起來，又被監獄放出來，正常人謀生的路在他們腳下已經斷絕，只好落到這種人不像人，鬼不像鬼的田地。

中共不但對知識份子造下了罪孽，尤其對勞苦大眾，造下了比歷代王朝更深更廣的罪孽。

下午留下夏光然與我單獨相處的時間，他向我講了他目前的生活，特別講到在與孟平合夥做機械零件生意過程，他說「不久前，孟平背著我將價值三萬元的零件，私自拉了一車到成都出賣。突然說雇傭的包運車是黑車，車在運送過程中失蹤，這件事發生得太蹊蹺，那是大家好不容易湊起來的本錢。

車是孟平雇的，想不到這小子給我玩黑吃黑的把戲，現在底金抽空了，生意也做不起來了，所有的人就只好在這裡鬼混了。」

我聽了他的話心中禁不住一陣驚異，孟平的底細我並不清楚，當年在六隊物色越獄的人也是劉順森親自定的，我和他的交往並不深。那一次三個人從六隊出逃。究竟怎麼栽在重慶，我也不清楚，但獲刑的人中除劉順森飲彈刑場，其餘兩人都判了無期徒刑。

論人品他縱然變得再壞，也不可能拿大家湊的錢做出這種缺德事，就是黑社會裡也講兔子不吃窩邊草！否則怎麼在江湖上混？

沈默好半天，我憂慮的問他：「你同孟平推心置腹的交談過了嗎？我想現在社會極混亂，運輸車發生這種事也不是完全不可能，當然也不排斥你講的黑吃黑的可能，眼前我覺得你總要找一個正當的謀生職業，不能老在社會上混。」

為了規勸他，我介紹了潘老的為人和晚節，他晚年只是幫人站櫃臺，用辛辛苦苦掙來的錢過他的晚年。像老夏這種經歷比潘老驚險的人，更要保持一個政治犯的本色。我建議他最好找一個企業單位，從事管理的職業，千萬不可在當前的困境中消沉墮落。

一九八七年我在朝天門碼頭附近的水果市場上，碰到了王正印，在王正印家裡再次與夏光然相見，當天晚上在王正印家留宿一夜。

這一次有比較寬裕的時間向他們較詳細瞭解。

老夏刑滿釋放後，便同賴開明，張映國等一起做收購黃連生意，據他說受商販騙，賴開明被人暗害，生意也散了夥，便跟王正印來朝天門做水果生意。

同孟平交談到過去農六隊可歌可泣的鬥爭往事時，他的評價是「我們當年在做蠢事」。他對中共有一種特殊的看法，他認為同中共講真理是可笑的，更不主張同他們正面的硬拼。

他說：「真理在共產黨眼裡，只有大傻瓜才會孜孜不倦追求，只有愚弄人的時候才會講『犧牲是偉大的』。」

他斷言人是自私的，他說：「與其抨擊當局，觸惱他們，還不如去做破壞這個社會的事。例如不惜手段賄賂當權的，通過他們撈回大把鈔票，或者把毒品販到這個國度來，或從事走私，總之生意做得越大才算好漢！」

一九九二年，孟平兩次到北碚來找我。第一次拿了一個摔壞的轎車面罩，叫我找人給他焊補一下，他說他最近已經在作進口車的走私生意，自己也有了一輛本田車。我告訴他日本車的面罩，不能用普通焊補，只有另外下材料仿製一個，價格要五百元，他沒有思考的一口答應了。

那一次，我雖然沒有問他的生意是怎麼做

的，也沒有問他現在有多少錢，但我根據中國人還很少有私車年代，他就擁有了轎車，一定在按自己的計畫，在做很大的生意，大把撈鈔票，一步步躋身於「中產」行列了。

第二次他拿了一大卷英文資料，我看是一部全自動洗衣機的圖紙和清單，於是我好奇的問他：「你怎麼又在做走私車，又在做洗衣機？」

他說：「重慶洗衣機廠生產的洗衣機是我從國外搞來的，我已經買斷了它的專利，現在我已查明，這個廠未經我的同意，大批仿造這個產品，所以我將向重慶市經濟法庭，按盜用專利的名義起訴該廠，並要求索賠。現在請你找一個懂英文專業的翻譯，把這些圖紙和說明書翻譯出來。」

聽他說的我已猜出，他已混跡進出口商貿場，並在外貿上初露頭角了。

我為難的說：「英語我完全還給老師了，要請人翻譯，我不懂這方面的行情，不知道你能出多少錢完成這套資料的翻譯報酬？」

他說：「我也是一個外行，所以特來請你幫忙，你們廠的技術室裡從重大畢業的年輕人能不能為我介紹一個？」三天以後，我回答他請人翻譯全套大約要三千元，只是他們需要的時間要三個月。他聽後說「錢不貴，只是打官司的時間恐怕不允許延續那麼長，我只好另找他人了！」於是他收回了他的圖紙。

那時，我家還沒有安電話，他已使用「大哥大」了。

一九九四年夏天我在沙坪壩參加一個品質體系培訓班，在培訓的地方他找到了我，他開的是一個新的凌志車，車上還帶了一個很年輕的女秘書，他本人不但西裝革履，帶著一副太陽鏡，很像近代派被尊為大腕的人物。

一九九六年，我已辭去了我的工職，在壁山的四亨公司「打工」，這一天晚上大約已經八點鐘了，我正在青槓車站旁的馬路邊，碰巧他駕駛的凌志車順著高速公路剛從成都返回重慶，在高速公路青槓出口站把車停下來，向我打招呼，他的坐旁坐著他的小秘。

這次邂逅，他毫不隱諱地告訴我，這兩年他已在進口車生意中站穩了腳跟。他以商人身分，在重慶和成都擁有兩個規模可觀的銷售門市，專門在西南邊境同東南亞與中國接壤的國家，做「進出口生意」。說罷他還從皮包裡亮出泰國和越南的護照，和一張出入邊境的特許通行證，上面蓋有四川省公安廳的大印。

他說他已經取得了泰國的國籍，我明白，他是瞄準了這些年進口汽車的熱門，靠走私小轎車發起來了，手裡有的是錢。我問他兄弟現在在幹什麼？他說現在在重慶賓館擔任業務經理。

重慶賓館是重慶市政府對外接待的窗口，也是重慶官員們的小金庫之一。這裡有來自各方的「黑道」「白道」人物與市政府搭線聯絡，幹著各種「秘密」勾當。能擔任這裡的業務經理不是一般的市民可以攬到，看來孟平兄弟今天是混跡在中共權力富有階層之中了。

按此推斷他們的家庭和出身，當與中共某當權者有很深的聯繫，或者說他的父輩有當今中共的掌權人物。但是我問到孟平有關與當今中共權力者的親緣關係時，他從來不作回答，只說自己原來是西南鋁加工廠的工人。不過當與他交換對毛澤東獨裁政權的看法，他毫不掩蓋他對這個殺人魔王的切齒憤恨，透露他與中共內的某種傾軋有關。

一九七一年他入獄不久，便到了六隊，與劉順森交為摯友，一九七五年劉順森組織向重慶地區的逃亡中，首選的成員便是他，其中他那機靈過人，以及對重慶地區文革狀況的熟悉，是劉順森選擇他的主要理由。但是我除知道他的兄弟外，對他的家庭背景一直沒有弄清楚，這也許就是他的狡詐之處。

那天晚上，我們在青槓鎮街邊的一家館子裡吃過晚飯後，便在四亨公司的花園裡交談得很久，他說他在出獄後經過認真的反思，對張錫錕劉順森的人品推崇備至，替他們的遇難深深惋惜，但認為當時劉順森的逃亡是件蠢事。

講到他對當前政局的看法，他說：「我對政治已經失去了興趣，就是感興趣也沒用，今天的老百姓哪一個不是為賺錢謀生活而奔忙？哪一個不是對中共既抱著一腔怨怒，但不會走上大街散發反對鄧小平的傳單！

我現在所想的就是如何賺錢！賺政府的錢，賺共產黨的錢我決不半點手軟，因為共產黨內有的是貪官，像我現在幹的買賣，首先就是逃關稅，巧妙利用這些貪官為我批條子做護身。我現在就是要撈大筆錢來補償我十年的牢獄之災！」

好明確的主張，好熟悉的手段，這同那些被文革打成走資派的黑崽子們，到了今天父母官復原職，以後被稱為「太子黨」的人們，冒出來的肺腑之言，簡直是一模一樣的。

他算是擠進了中國新生的富有階層了，憑著他的機靈他會混得很愜意。

深夜十二點鐘，他才起身告辭，他的「女秘書」一直待在車裡沒有出來，我說夜深了就在四亨公司住一晚上吧，他說已與他的幾個夥計約好，今晚回重慶賓館住，我問他結婚了沒有？他反問：「人為什麼要結婚找約束呢？結了婚，行動要受限制，要是再拖上一個孩子，簡直就是受罪，像我現在這樣無拘無束不是很好嗎？」看來他在家庭問題上也是時髦的現代派，同居的雙方都不受道德和責任的約束，這是不是新的家庭觀念，我不知道。

當我講起王大炳子女的困難，以及其他掙扎在貧窮線上的人希望能得到他人的資助，把自己用不完的錢做些慈善事業可是一件積德的事。他雖然口頭上表示同意，可是他從來沒有做過一件這種好事。

不久當潘老去世時，我打電話通知他，一同去參加潘老的追悼會時，他卻沒有應諾前往，這令我感覺到他與我們當年獄中同生死的人相隔甚遠，沒有必要同他保持聯繫了。

至於我所知道的從鹽源農場獲釋的幾十名人員中，除了幾位獲平反回到機關企業的人員，如張忠信，王明豐、王平依靠工資而過活外，鄧自新回了西南毛紡廠，陳孝虞身體很不好，曾帶信到蔡家場尋找過我，至於陳容康因家被拆遷，當時缺電話，隨後便失去了聯繫。朱凌飛、王文典還留在農場的老殘隊。

一九九一年當我出差成都專門尋找解放中路張錫錕的家，準備第二次探訪他的大哥，但那裡已重新拆修，原來的一二六八號早已消失，因不知電話號碼同他大哥失去了聯繫，不知他們現在何方？

刑滿釋放人員絕大多數處於市井最底層為生活而掙扎，如像我第一次在上清寺的那個地下室裡看到的那樣。也有些實業小成的人。例如唐元澄，從事一個塗料小作坊，在商品經濟的大潮中掙扎度日。

散落在菜市場從事開麵館的危君福，王正印，中共給了他們一點可以求生存的條件，他們年紀都已六七十歲，再沒有精力過多去想其他的門道，並以他們親身經歷訴說中共當年「改造人」的真相。尤其見證當年高舉火炬，英勇抗暴人們的事蹟。

第十二章：前途

在毛澤東對中華社會大破壞以後，中共的腐敗醞釀著日益加深的社會危機，除所涉公職貪污、賄賂成風、官霸民宅、抄家竊財、冤獄橫生、煙毒無忌、道德淪喪外，還要將我從日常生中所見到的貧富懸殊、社會不公、乞丐娼妓、市井欺詐記載在下面，看看這個以「解放人類」為宗旨建立的社會究竟怎麼樣了？也從中看到社會的未來。

第一節：市井公害

六十年中共統治的實踐證明，中華民族損失最慘的是道德的敗壞，毛澤東時代講階級鬥爭，人和人之間的真情友愛被無情鬥爭代替，今天中國人又被金錢利益毒害，街上受傷的老人沒人去扶救，乞丐玩著花樣騙人憐憫，投機商用低劣假貨騙人，大米蔬菜肉蛋牛奶無不含危害人體的毒素充斥市井。

社會道德已淪喪到這種粉碎性程度，令人對中華安危感到憂慮，一旦大陸出現二十世紀三十年代，重演盧溝橋事變，恐怕就再不會出現「地無分南北，人無分老少，人人都有抗戰守土天職」，出現與入侵者拼死相搏的淞滬戰場壯景了。

（一）如此建設

再看看中共吹得天花亂墜的「四化建設」。

上世紀末重慶綦江門戶彩虹橋突然垮塌，致使四十多過橋行人頓時命傷黃泉，這種慘案實際上充滿了這特色社會主義國家，為減少這種惡性事故重複氾濫，當時朱鎔基特指派中央電視臺赴重慶，就虹橋事件負責人舉行公判會，用電視對公審現場進行了報導。

可是道德淪喪已深入國家中樞，人們對人命關天的事已麻木不仁，劣質工程有增無減，進入二〇〇七年以後礦井垮塌、瓦斯爆炸造成危及工人生命的事故頻發，除翻牆得到許多消息，這些被認為「負面」東西又為中共噤聲。近三十年來高樓大廈不少，又有多少是服從於國計民生需要呢？

新近距我的住處不遠，落成了一家私人營業的休閒娛樂餐廳，因為每天傍晚我都要去龍鳳河邊活動身體，經過那裡的門口。看到幾十個工人在那裡忙碌著裝修，只是門面和招牌沒有扯出來，所以並不知道這裡幹什麼用場。

待到裝修初具眉目，並且在霓虹彩燈下映出了「月光二八」幾個大字，才知道它同遍地開花的餐廳一樣，名字取得很漂亮。

因為它的位置選在環城公路通北碚市區的第二個路口，隔著公路，面對龍鳳河，門前是寬闊的丁字路口，可以擺放幾十台小轎車。整個場地樓高五層，每層長約七十公尺，每層大約千餘平方公尺。面對環城馬路的一面，全是玻窗結構，視野開寬，環境幽美，算適合於小車一族者們進餐的地方。

中間過道隔開的後面，是一處處隔開的小包房，大概用於玩的人洗澡泡妞。臨三岔路口的一方，還有一個圓拱形的玻璃窗裝飾的透明機動升降裝置，可供食客玩者上下。

整個餐廳入夜以後，燈光通明。我雖沒有進去過，但從設備條件估計在這兒休閒費用一定不低，在北碚地區，屬於中檔以上消費的用餐娛樂場所。近十幾年來，這些場所頻頻建立，反映的不是一般平民生活的提高，而是貧富的兩極分化。

忙碌了一個多月，前幾天終於竣工，開業慶典是從前天開始的，接連兩天，門口站著打扮入時的年輕女招待。下午五點鐘，門口停滿了以轎車為主的車輛，每一輛車開來，便從後箱裡抬下一個個花藍，表示來客對業主的祝賀。

我走到花藍前，看到上至重慶市委、市政府辦公室、北碚區政府、渝北區政府、北碚公安局，依次是財政局、稅務局、房地產公司、北碚技術監督局……幾乎本地市政管理機關，都統統名列在花籃的條幅上。

一個北碚私人開辦的餐館老闆，請來這麼多政府部門為它開業慶典捧場，足見這種靠當官的作背景，不但是一種時尚，簡直就是一種規矩。

商而無官，缺了靠山，也缺了財源，要想私人獨撐，應付稅收、治安等等的糾纏，簡直是不可能的。官為商提供條件，商為官提供賄賂，可說是中國特色社會主義的標誌！一個小小酒樓老闆都能貫徹這個宗旨，可見它的普世性。

我正在想，突然門裡撞出來的一位稅務稽查胡某，他曾是我在中學教過的學生，後來在稅務局升了官。此時他滿臉通紅，後面跟著是他的老婆和兒子，手裡都提著一包「禮品」，他已帶有三分醉意，但還認得我這個「老師」。打過招呼後，便偏偏倒倒提著東道主送的「大禮包」，走到他車前，一家人上了車。

看到這個學生，我又在想，東道主送給捧場人的大禮包，甚至還有「紅包」，也不知價值究竟多少？幾十個單位，每個單位來人至少是五人，帶上他們的家眷連吃帶包，老闆要拿出多少錢應付這些白食客？

然而商人當然不會作蝕本生意，花出去的錢，開業後在幾天之內就賺回來的。有句民諺：「捨得會花，便懂得會賺。」投入的本錢越大，賺來的錢越多。不管胡錦濤如何講八榮八恥，也不管他口頭上如何扶助三農和消除貧富懸殊。實際上起決定作用的是權。沒有監督，一黨獨裁對少數人就有這些好處！

當我走過那兒，一個醉漢從旁邊的小餐館裡出來，對攔住馬路的小車群，臉上顯出鄙夷，帶著點醉意怒喝道：「滾開！你們這些吃人不吐骨頭的傢伙。」搖搖擺擺走過「月光二八」門口，指著站在那裡的女招待說：「我不敢惹你，只有大佬才玩得起你們，哈哈……」

表面看，後極權時期，中共把工作重心投入經濟建設，中國經濟的增長比某些發達國家還快，那是因為毛澤東留下來幾乎是沒有公路橋樑的「處女地」。人口眾多，勞動力剩餘的中國，只要將資金投在公路橋樑，高樓大廈等等，實現百分之八的增長速度是容易的。

地方政府為湊足工業增長的百分比，不惜重複建設。本來市政建設已夠畸形的，拆了又建，建好又拆，這種加在貧弱經濟上的可怕浪費，處處可見。另一方面，在關係國計民生的工業和農業生產上增長甚微，百姓收入和民生改善幾乎停滯，甚至倒退。

同時，高樓大廈下，藏著無數窮愁潦倒的蒼生，他們蝸居在城市角落。走進這些貧民窯，裡面的髒臭，使人不敢相信，他們就是高樓大廈的建設者，配稱為城市的主人，居住的小屋潮濕陰暗，四壁破牆難遮風雨。破床上堆著骯髒發臭的破絮，夏秋蚊蒼繚繞，冬日壁上生風。

然而新聞媒體，在攝下高聳的大廈時，卻很少用筆為貧困的民眾吶喊。是被人遺忘而忽略？是因為新聞主管的特務緊盯？

（二）乞丐、娼、賭、毒

我剛跨過丁字路口，就看見馬路旁，一個跪地行乞的乞丐，蓬亂骯髒的頭髮遮住了他的臉，衣衫襤褸，年紀已經不小，手裡捧著一個破盆子，正在一個勁的向過路人叩頭。有好心人見他可憐，動了惻隱之心，摸出五毛或一元錢丟在那討錢的盆子裡。

「月兒彎彎照九州，幾家歡樂幾家愁」，古老的悲歌在貧窮中國大地上反覆吟唱了千年。毛澤東時代，老百姓越是水深火熱，飢寒交迫，越是讚歌不斷，誰在大街上唱悲歌以抒發壓抑的內心，就要作好被抓被鬥的準備。

這幾年，殘跡的乞丐可以推著一架破舊的小車，放著民間傳統的哀歌，向路人乞討。若是在飢寒交迫的毛澤東時代，誰敢在大街上公開說一句「我冷，我餓」，發一聲「你們發發善心救救我吧」的求救聲，必會受到員警嚴厲盤查。弄清那乞丐從哪裡來，家庭出身是什麼？倘如出身五類，定遭鬥爭會，領到一頓暴打當即性命難保。倘若是一個平民出身，也定會關進看守所，在那裡有一群專等二兩罐罐鈑的無賴打手，圍著乞丐開鬥爭會，直到把他折磨到生不如死才了結，所以大街上看不到一個乞丐。

現在，我在小城街上隨處都會看到這些可憐的人們，他們有男有女，有老有少，有鶉衣百結的中年殘廢人，斷腿、斷手、四肢畸變的；有的趴在人行道中，以路為紙，用粉筆，或以口噙毛筆，寫出頗公整的仿宋體，自編出五言或七言詩句，傾訴自己不幸的遭遇。

從他們所寫的，我還讀到對貪官污吏的控告，說當地鄉長村官，不但不施捨他們，反而驅趕他們，背井離鄉流落天涯。社會的不公平暴露無遺，同時說明中共無能治理不公平的社會；衣衫襤褸，頭髮髒亂的女人，抱著殘疾的孩子，面前擺著一個碗，壓著一張紙，上面寫著她和孩子的身世，跪在地上，埋著頭，向路經的行人伸出她的手……

新近，中山路最寬闊的步行街口，擺著一張桌子，桌子前面的地上，擺著主人的文憑，和他身分的證件，一張白紙上寫出他流落街頭的原因，它告訴人們，殘疾人並不像鄧大少爺吹噓那樣，受到「黨」的陽光普照，即使讀到大學，眼睛失明，依然只有流落街頭賣藝行乞的命。

桌上放著電喇叭和電子琴，肩上掛著一個吉他，彈動吉他，一邊和唱著歌，喇叭裡放出他唱的歌聲，音色哀怨，桌子周圍吸引了一大圈路人。從他的琴藝和歌喉，我判斷這是一個受過相當教育的盲人，桌前的盆子裡甩著一些零鈔……

有人悄悄議論，說瞎子的文憑是假造的。但我想偽造文憑，已成時下熱門。馬路上，牆壁上到處書寫著土「廣告」，上書「辦證」兩個字，留下電話號碼，這種民間廣告被稱城市「牛皮癬」。

社會上縱然假文憑、假證件滿天飛，機構龐大的城市管理機關，卻視而不見，任由它們「裝飾」市容。

不過乞丐卻大可不必使用假文憑，因為人們對求乞者的施捨，幾角塊把錢，不會因求乞者有無文憑取捨。可是報紙上把這些因失學、殘廢的行乞者，說成騙子，並說有百萬巨富的「叫花王」，列數他們的招數。

而我認為，這是對中共統治下貧窮失業現象的漠視，乞丐是社會底層中最可憐的人群，他們都是身體殘疾，或被社會拋棄，走投無路時不得已而為之，他們除了靠人的惻隱心給與施捨，幾乎沒有有效保護自己生命的手段，更不會顧及人們對他道德上的非議。

前幾天就有一則消息，一群惡少，無憑白故的圍毆兩名行乞者，致其死亡，媒體卻流於一般報導，對如此兇惡的行為，並沒發出社會應有的譴責。

又一天下午，靠汽車站不遠擺著兩個攤，一個七十開外的老人坐在地上，他的面前放著一台洋琴和擴音器，和一個盛錢盆子。聽他拔動琴弦，演奏〈天涯歌女〉雖不悅耳，卻足以表現他行乞的哀怨和無奈。

老乞丐對面相隔十公尺處，又是一個攤，卻是一個女孩手拿一個話筒在那裡哀唱，面前攤在地上是一張求乞書，標題醒目：「請叔叔阿姨們幫幫我」。求乞書告訴路人，她是一位家在合江的苗族姑娘，今年初中畢業，父母是農民因負擔不起昂貴學費，要她小小年紀便打發人家……於是她流浪乞討，期望遇到好心人，幫她繼續讀書。求乞書旁擺著她的學生證和幾張證明品學兼優的證書……

一老一少，並沒多少人圍觀，鬧市街上，這種事司空見慣了。

有一天晚上，我和一位朋友在天奇廣場前散步，又碰上了一男一女兩個年輕的行乞賣唱者，男的拿著一把提琴，女的提著一把二胡。

被男歌手哀怨低沉的歌聲吸引，我擠進人群，仔細看了放在地上他倆的身世介紹：他倆是貴州某音樂學校的學生，家在農村，今年秋天，因家遭水災，家園被洪水沖毀，不但不能供他們繼續念書，還巴望他們拿錢回家救災。

兩人只好輟學賣唱。那男歌手正好廿歲，正是我當年淪為右派的年紀。聽他歌聲哀怨淒涼，不知怎麼聯想到讀書時代的我，聽著聽著，我的淚水奪眶而出，正是「淒淒不似向前聲，滿街重聞皆掩泣。街中泣下誰最多，七十老翁青衫濕」。

從身上摸出十元錢，放進他們面前的盆子裡。不料兩個孩子放下他們手裡的樂器，站到我面前，恭恭敬敬行了一個禮。

每逢週六，遼寧路、中山路、勝利路的街心花園附近，會出現許多年紀在二十歲上下的年輕人，他們身背書包，面前地上擺著一張寫著「家教」的紙，一看就知道他們是一群還在西師、西農求學的窮孩子們，利用假日出來，為自己找一點伙食費或書費。學費的昂貴，社會的貧窮可以由此窺見。

有人解釋滿街挑著水果、小菜叫賣的小販；背著皮鞋箱替人擦皮鞋的婦女老人；或手裡提著一個電喇叭沿街收買廢舊的「破爛王」，是農村富裕勞動力流向城市的正常現象。

我住的這條街又是城市的「紅燈區」，多年來沿街布著髮廊、按摩店、洗腳城。大白天塗脂抹粉的年輕女郎，坐在門裡向過路男人頻頻招手；甚至於遊走在大街上，見到上了歲數的，便湊上去搭訕：「要不要」？會意者如果答應，便會跟著「介紹」人走進背街小巷裡，那裡幾個三十歲上下的「紅嘴鯉魚」半裸睡在被褥亂扔的床上，見有客進來便打起精神與來客討價還價。

城市郊區，去重慶的馬路上，一過白馬橋，黃昏時間，就會看到一個接一個紅色的大傘，像一朵朵蕈撐在大路兩旁。傘下坐著稍加打扮的女孩，不斷向過路汽車司機招呼，倘若是「熟客」不用多話，司機煞住車跳下駕駛室，便挽著從傘下走來的女郎，很快消逝在叢林中。

聽說重慶市中心附近，還有專供上了歲數的女老闆的「三陪男」，打的招牌很別緻，什麼「明月樓」，「醉仙居」。低檔的茶樓消閒房遍及背街小巷，一方面因精神無寄託；一方面失業人群無以為生。

先前受禮義約束，廉恥規禁，皮肉買賣就是在十里洋場，百樂門裡，為普通市民不齒，有識人士所不肖。自文革以後，禮義廉恥掃蕩貽盡，皮肉生意得以在大白天公開在大街上攬客。

因為久居月亮田，周圍的居民都知道鰥居獨身的我，樓下一家「美髮廳」的老闆娘，幾次向我示意，叫我進去「玩」，都被我拒絕，她因此說我太吝嗇，其實我打心眼裡替這些不滿二十歲的「美容小姐」難過，也替她們的父母難過，將心相比，一個正常人家的父母，怎忍心自己的女兒去幹這種事？

自鄧小平執政以來，最大政績，無過於麻

將的普及，八十年代五講四美風行一時，掃黃禁賭雖風聲大雨點小，一般小百姓行賭還要藏著玩，後來，生意做大了，為官者應酬所需，賭場愈多，賭資愈大，賭風益盛。會賭的不僅以此賄賂官場，奸商以賭為媒，興風作浪。

乾脆賭也市場化了，專營賭場的老闆像開妓院的鴇婆，大小兼有，公開的於大街上擺幾張麻將桌，以應付查賭的，暗處則在地下室，或山間別墅，那排場就大了，那裡往往就是黑社會的窩，兼營毒品，也是大官二奶的消魂處。

因為教育淪喪，道德的頹落，使社會秩序惡化，市民麻痺了，這又是毛老魔頭給社會造成的災難。人們交談動不動用對方的媽出氣，小市民三句話不對，便要捋拳搓掌，甚至於拔出兇器逞強，傷人性命。

中學生打群架之風盛行，三十年代上海灘因幫會廝拼，青、紅幫大爺為爭碼頭，打群架的事已遠去多年。中共後極權年代，流落街頭的青少年，打群架而釀成流血的事件屢見不鮮，警方視而不見，就是死了人，也取擱平了事。他們害怕惹惱了黑社會，招來意外麻煩。

毒品氾濫已成災害，返毒的人，瞄準位於市中區的天生民中和四十中學，兩所學校學生廁所經常發現用來注射大麻的針管。

母親的義子，工商聯的李重生，家住望龍門，他兒子李輝上高中時因碰到吸毒成癮的周兵，為籌毒資，周兵逼迫李輝向家裡要錢，為躲避亡命的周兵，李輝幾次翹課，被李重生追問查實，無奈之下只有被逼轉學。

(三) 假

因為商人為賺錢而不講道德和誠信，假貨充斥，欺行霸市，直接危害著貧苦的人民大眾。假藥品，假農藥，假化肥、假種子充斥市場，其根源就是專門欺騙百姓的社會風尚。

有奸商就說：「毛主席就是騙老百姓的山大王，我們跟他學一點，真是雞毛蒜皮，哪算得了一回事？」

有一天，我碰上一個年齡與我相當，衣著破舊，面相老實的農民，正提著一籃雞蛋站在天生菜市的進口出售，他向詢問的顧客許以「假一賠十」的承諾，當時我相信了他，從他的籃子裡選了二十個蛋，拿回家打開一看，真上當了，懷著一種受騙，想藉此勸告這個農民大哥，我提著蛋當即去找他，幸好他還在那裡。

我從五十年前的大躍進講起，（他不致於忘記，那一次運動，農民被共產黨的邪說騙得一無所有並陷入餓殍遍野絕境），一直講到今天，嚴肅的告訴他，受欺騙之害最深的是他們這些老實的農民。

中共「不談過去」，反而使它不光彩的過去，變成備受年輕人關注的「敏感」話題。鄧小平為了推翻毛澤東指定的接班人取而代之，便說，國家已處在崩潰邊沿，既如此，又為什麼自相矛盾對毛三七開，可知不讓人說真話，正好暴露了中共一貫的欺騙臉嘴。

從毛澤東開始，就提出「超英趕美」的大躍進，從此開始，為了吹噓政績，做假成了中共一黨專制的政風，國內宣傳的「建設成績」，拿到國際上沒有不被懷疑的，這些資料或指標，既沒有權威的核實機構，假風氾濫不止，人們「習慣」了，但全社會中毒了。

假貨可以沒收，可以一大堆的燒掉，即使如此，不做假何以圖利？所以罰沒一時，假貨又源源不斷地從地下冒上來。野火燒不盡、過後定猛生！打假辦公室也形同虛設，而對於「軟體」，就更不能用罰沒這樣簡單的辦法可以禁止。

中國的教育可說是受害最深的一個領域，既然走後門，靠老爸可以輕易入仕。要文憑幹嗎？何況文憑本是一張紙，原本可以偽造，大街小巷貼著假文憑製造人的電話，只消一個電話花幾百元錢辦妥了，何必十年寒窗苦？

六四運動不是早就吶喊，學生沒有一方可

供容納課桌的「地方」嗎？年輕孩子們只好相沿著做假了。這些年來，凡遇考試，學生在卷子上幾乎人人作弊，從小學一直抄到大學，考場成了作弊的公開場合，高考的考堂裡有所謂代人作試卷的「槍手」，每次考試只要花上幾千元請槍手代考，如此而已。

被錄取的學生，怎能見得真成績？反正那種靠父母入仕的，與請槍手過關的都差不多。在這種考試的競爭場上如此，那裡尋覓真才實學的苗子？我的幾個朋友嘆息這一代不如一代的教育。

進入二〇一〇年，當權官僚後代，逐漸取代統治，所謂「老子打下江山，兒繼位」，中共太子黨漸漸得勢。儘管胡錦濤用「和諧社會」掩蓋太子黨間日趨惡化的內鬥，但官僚腐敗，民怨沸騰加劇了太子黨間的內鬥。

在第二年中東茉莉花革命期間，在民主潮流衝擊下，中共體制越益腐敗，民主運動越來越顯示取代獨裁專制的趨勢。

二〇〇九年重慶唱紅打黑運動，從我區公安局長謝某家中搜出的現金就達兩千萬，謝某任職僅一年，這便是他的「政績」？其實而今中共當官的，包括那裝正神的薄公子，哪個不雙手沾滿大陸無辜百姓鮮血，哪一個不在任內不成腰纏萬貫的富翁？

本次運動中，市公安局長文強被抓，接著，檢察長烏小青在看守所裡自裁，市長王鴻舉被免職。老大們稱王稱霸，平日裡，哪一個老百姓都不敢正眼一視！啊！原來我居住的直轄市，窮的窮，富的富，卻是一幫黑幫的樂園。

有人若要展示一下，不過是腐爛窩窩裡的蒼蠅耗子，翻出來令人噁心。黑幕裡隱藏了多少見不得人東西？再瞎的人也可看到這樣腐敗的政權還能維持多久？

第二節：臺灣是中國的希望

想來臺灣當局不會忘記，從中共建國之日起，三十年間，藉口「鎮壓反革命」，前前後後屠殺了數以百萬計的國民黨軍政人員。毛澤東還不甘心，還要製造一個「五類份子」，對他們的家屬肆意殘害，三十年間成千萬的中國人冤死在運動中，五千萬同胞被餓死。這個數目比抗日戰爭死亡的人數還要多得多。

至今僥倖存活者，每逢天陰下雨的夜晚，還依稀聽得到死者從天空裡發出的悲泣聲。

當年逃亡到臺灣的人更應牢記，若不是海峽的阻斷，毛澤東定要「宜將趁勇追窮寇」，追著殺盡一切國民黨人，好像殺不完他們，留下他們就留下了禍根。

（一）不該出現的

二〇〇五年五月臺灣國民黨負責人連戰首次訪問北京，他把這次訪問稱為「破冰之旅。」倘若中國人一時沒看清國共雙方，誰是內戰和分裂的罪魁？誰是陷中華於落後的禍首？那麼這半個多世紀的漫長歲月中，臺灣海峽兩岸的同胞，已看得很清楚了。特別是現在，事實證明三民主義才是求富強的中華坦途，而中共所主張的才是一條絕路。

可是，中共一直對臺灣的成就「恨得要死」，時時刻刻都想消滅這個「異類」。中共用自己行動再次證明它是多麼邪惡。

連戰在向北大師生發表「有歷史意義」的演講中，一再聲稱：「國民黨現在要做五件事，」可惜他所說的五件事，忽略了最重要的一件：如果從一九四九年算起，在六十年後的今天，國民黨在小小臺灣站住了腳，其根本原因是國民黨治理臺灣拿出來與中共比試的，無非是順應了臺灣民眾民心的民主政治。

現在國民黨要做的最最重要的事，便是擴大民主政治制度的成果，向大陸的執政者和民眾表明，要想求中國的統一，大陸應當儘快向民主轉型的路上走。

值得一提的是，連戰怎麼就沒有想到在此行（哪怕是做做樣子）去慰問一下多年生活在中共壓迫下，被殘害的當年國民黨人的家？去那些被中共害死的國民黨黨政人員和將士送上一個花圈？

可知這些犧牲者是在抗日戰爭中用生命保衛這片熱土的民族英雄。他們才值得國民黨痛心，對他們的撫恤才能贏得人心，激勵保衛民主臺灣戰士的士氣。也才能贏來臺灣本土人民的民心，否則像棄如敝履般拋棄他們，就是拋掉了民心，今後怎麼贏得執政的支持者？

不知連戰在接受中共款待的時候，有沒有注意到他住的地方竟是瀛台，這個地方是當年清朝末年慈禧囚禁光緒的地方？安排他住在這裡，是巧合呢還是中共有意的暗示？連戰此行只能使人相信，國民黨當今領導人是一群好了傷疤忘了痛的人，但是，劉阿斗是不能仿效的啊。

如果正如連戰在北大的講演中所說：「兩岸所走路的方向已使我們兩岸存在的差距越來越小，」那麼他應當強調的是，「自一九七九年改革開放以來，中共已經從毛澤東的陰影下，走向同我們的差距日漸縮小的道路上。」可惜他的演講中卻讓人聽不出這個意思。

他還說：「我們的目的是要『聯合中共治台獨』。」這種提法犯了社會學最基本錯誤，曾經不共載天的敵人，在他們沒有放棄他們的錯誤立場時，就忙著認作聯合的對象，來對付本該由臺灣內部的和平競選解決的台獨問題。

大陸在毛澤東時代經濟上一窮二白，連當年鄧小平都驚呼墜入到崩潰邊沿，這幾年修了點高樓大廈，卻陷入高層爭權奪利，人民貧富分化，中共上下腐敗不堪，老百姓依然過很苦的日子，儘管中共刻意維持極不穩定的民心，然而群體事件逐年增加，國民黨當局急著向中共示好，難道他們是瞎子?!

在臺灣民眾的努力下，不但在自然災害特

多（三百年前還是一個荒蕪的小島）的條件下，建成了一個舉世矚目的經濟繁榮，政治上進步的寶島，這其中與國民黨曾付出的代價（包括大陸上好多人的犧牲和奉獻）密不可分，無視這一切的人，小看人民的貢獻不覺得可恥嗎？

蔣中正說：「以國家興亡為己任，置個人生命於度外。」連戰可曾記得？禮義廉恥四個字概括了中華民族傳承數千年的精髓，這個精髓已被中共完全破壞，而只有原臺灣國民黨人才把這「國之四維」繼承了下來，難道連戰在繼承和破壞中華民族文化的大是大非也分不清了嗎？

特別在慶祝反法西斯戰爭，暨中國抗日勝利六十周年之際，大陸上本該回首這一頁，真誠悼念那些在抗戰中浴血犧牲的抗戰將士，建立抗日紀念碑，並在上面刻記英雄們的偉跡，撫恤他們的後代，但他們除做些表面姿態，並沒有任何實在的措施。

抗日戰爭中，面對著裝備和訓練占絕對優勢的日本侵略軍，國民黨動員和組織了全體人民，用血肉築起抗日的萬里長城，出現了空前同仇敵愾的抗日氣氛。中共卻還在抹煞事實，將抗戰的功勞掠為己有。編寫和拍攝了大量影視劇，繼續為中共趁抗戰中國民黨全力抗戰的機會，拓占割據勢力範圍，製造摩擦的陰謀塗脂抹粉。更有甚者在「內戰」中，共軍大殺在抗日戰場上與日軍浴血抗戰的國軍將士，毫不軟手。

不妨讓我們都來回憶一下當年的抗日戰場：國民政府投入軍隊，歷經南口戰役，盧溝橋保衛戰，太原會戰，忻口會戰，娘子關保衛戰，淞滬保衛戰等大會戰二十二次，有些高級將領在戰場上負傷不願被日人生俘，殺身成仁。

以淞滬保衛戰為例：參加當年會戰的老兵易謹、勞聲環回憶往事，老淚縱橫，泣不成聲，他們親眼看到有的師團投入戰鬥，不到三小時，便犧牲了一半，在殘暴的野獸面前，抗日將士除了盡忠報國，團結殺敵，再沒有其他想法！淞滬戰之壯烈，震撼當時的美國總統羅斯福，他稱中華民族的精神是世界上最優秀的。

在這場戰役中，半數團職以上將領以身殉國，使驕狂的日軍大量傷亡，空軍炸毀日海軍陸戰隊司令部，炸沉日海軍第三艦隊旗艦，迫使日軍改變原來的戰略計畫，並為國民政府西遷贏得了時間。

整個抗日戰爭，國軍陸軍三百二十餘萬壯烈犧牲，其中包括八名上將，四十一名中將。空軍六千多名血染長空，二千四百六十八架戰機被擊落，海軍全部覆沒。

現今大陸人又知道不知道，讓國際刮目相看的是孫立人指揮的新一軍，他以傷亡一萬七千人的代價斃日軍十萬，成為皇軍剋星，使日本司令部喪膽。另一位讓日軍喪膽的抗戰英雄張靈甫，在長沙會戰中夜襲張古峰時掉了一條腿。這樣的英雄，卻被中共誣為殺人魔王。

而中共吹得天花亂墜的平型關大捷，不過是太原會戰的小部份，也只打掉了一支日軍運輸隊。另一個虛構的李向陽更是無中生有，而真正讓日人聞風喪膽的委員長衛隊，以兩個營阻擊進攻南京的一個師團，每個衛隊士兵阻擊著五十倍於自己的日軍。

因抗戰的勝利，才扭轉了近百年來中國被列強分割的極為屈辱的歷史。這才是中華民族之魂，才是中華民族振興的希望，中共抹煞它，除了暴露自己民族敗類的本性外，還能說明什麼呢？

再舉一例，今年人們在紀念抗戰六十周年之際，九月三日在重慶竟發現了：「一位死去的將軍正以另一種方式迎接這個日子」，原國民黨陸軍中將，朱鴻勳將軍的墳墓，首次暴露在記者的鏡頭下。

令人匪夷所思的是：這位身經百戰，聲名顯赫的抗日將領，竟被埋在重慶南山黃桷埡的一塊地瓜地裡，長眠達半個世紀！他那在天英靈何等悲傷？而中共不肖子孫並不以此汗顏。

一九三七年，盧溝橋事變爆發，當時國軍五十三軍與日人將戰於黃河南北，晉鄂之郊。朱將軍不為寇懾，奮勇率軍而起，一九四○年宜昌市相繼陷落，他率軍進駐湖北境內藕池口，使日軍揮戈南下的計畫不得實現，一九四一年除夕，他率部偷襲日軍，日軍利用空軍反襲，朱將軍飲彈犧牲。

犧牲後，蔣中正代表中國革命軍，追贈他為陸軍中將，當時因湖北是日本淪陷區，國民政府將其遺體暫時埋葬於重慶南山復興村，準備抗日勝利以後，運回他東北老家安葬。

抗戰剛剛勝利，中共便迫不及待的挑起了內戰，東北三省悉數為共軍佔領，致使國民政府安置朱將軍遺體的後事，便被耽擱下來。

共軍佔領重慶後，便把當年浴血奮戰的抗日英烈，棄如敝屣，長達半個世紀，他的忠魂無人照料。將軍墳塋早已煙沒在南山腳下的地瓜地裡，再也找不到昔日的痕跡。

一九五八年「大煉鋼鐵」時，八個大漢用鐵鍬硬是把將軍墓碑撬出來，打算用來砌煉鐵爐，由於碑石僅十公分厚，根本不夠作爐圈，故將它改作煉鐵廠伙食團用的水缸。石碑被撬出後不久，人們將墓石等材料拆出，充作煉鐵爐的材料，將軍墓橫遭肢解。

誰也說不清將軍的屍體被弄到哪裡去了？成了實足游走在南山聳林荒郊中的孤魂野鬼!!六十年代初，鐵廠垮了，一個村民見鐵廠的水缸蓋材質不錯，便請人把石碑抬回家來，充作豬圈石，後來豬圈拆了，石碑又改成了洗衣石。

像這類的事，在中共統治之下可以說是絕非僅有。這種辱沒先烈的恥辱又該由誰來承擔，誰來洗雪？

兩天後（九月五日），媒體又報導了陣亡的國民革命軍第三十六集團軍總司令李家鈺的犧牲事蹟，總算使中國老百姓對真正抗戰的中流砥柱，得到了一點支離破碎的資訊。這還是因為李家鈺之子，李克熙曾任重慶人大副主任之職，這一報導就是記者在組織紀念抗戰勝利六十周年時，訪問李克熙所寫的一篇文章！

一九三七年抗戰爆發後，李家鈺率二十二軍從西昌徒步北上，輾轉跋涉四十餘日，到達山西前線。一九三八年二月，日軍在飛機大炮掩護下，進攻東陽關，想一舉驅逐駐守長治的李家鈺部。李親臨前線，明知在裝備上數量上，與日軍無法相匹敵，仍率部殊死搏鬥。

當時國民黨中央通訊社報導長治守軍，幾乎全軍覆滅，子彈打完後，繼以拳頭、大刀、亂石!!城破，巷戰中擊斃日軍兩千……一九四四年，日軍為打通大陸交通線發動豫湘桂大戰，同時強渡黃河，五月二十一日，三十六軍奉命阻擊日軍西進潼關，結果在行軍途中遭日軍伏擊，李家鈺陣亡。

陣亡後家人留下血衣帶回四川，一九四四年六月十三日，國民政府追贈李家鈺為陸軍上將。七月十六日南京國民政府對他下褒揚令，入祀忠烈祠。一九四五年蔣總司令題詞：「勳烈常昭」，其夫人安淑范，親自撰寫輓聯：「馬革哀屍還，是男兒得意收場，亦復何恨？」

抗日戰爭喋血沙場的英雄千千萬萬，可與日月同昭，我大陸作家卻在中共操縱下放棄了這許多的素材不去謳歌，而是寫了一個令人啼笑皆非的「范傻兒」，以他的粗獷無知和魯莽，博取低級市民一笑，豈不知日寇的殘暴，中國軍隊在抗日的鼓勵下的英勇犧牲，怎容博得一點票房價值?中共這樣做不正好暴露出了他們的漢奸嘴臉嗎?無數的抗日英烈在天之靈，怎不對這般不肖子孫扼腕長嘆！

特別要再提的，在轟轟烈烈八年抗日戰爭中，中共為取得割據地盤，在日占區助日軍剿殺正浴血奮戰的國民黨抗戰部隊，更有甚者在大陸建政後還以鎮反為名，大肆屠殺抗戰有功的國民黨將士，據最近統計並披露的材料，被殺的僅將軍以上軍官就有百名，將士三百萬！與整個抗日戰爭中犧牲的人數相當！

中共欠下中華民族的這筆血債該怎麼算啊！

應告訴後人，今天大好中華河山，每一寸土地都是當年英雄的抗日烈士們用自己的鮮血換來的，而獨夫民賊毛澤東居然說，沒有日本入侵就沒有中共今天的天下，並表示不要日本對中國進行戰爭賠償。對這樣的執政黨，臺灣憑什麼向它示好？

中共接待連戰「破冰之旅」中，也受到各界「熱烈」的歡迎。不過大家馬上要聯想到當年國內戰爭中，中共與八個小夥計，也有城下之盟，答應組成反蔣統一戰線，並召開政治協商會議，成立「聯合政府」。

但一經奪得了天下，先前的諾言全都在「不斷革命」口號下撕得粉碎：哪怕小夥計稍對「黨天下」表示了一點異議，例如小和尚瞿安平，竟死無葬身之地！

為了掩蓋自己背信棄義的嘴臉，他們還在藉八個已成為政治僵屍的小夥計，玩什麼風雨同舟，長期共存的騙人把戲。

每逢過年過節，為了贏得一點民主的美譽，把他們從棺材裡扶出來，招待一番。其作用難道不是唬弄給國際的民主力量看，做給臺灣地區港澳地區看的嗎？

我看今天接待孤懸海外臺灣的一個在野黨主席，正好說明毛澤東那一套已經行不通了。今天的中共，已將先前的偽裝剝去，被矇騙的老百姓已經覺醒，失去民心是當今中共最感恐懼的。這使我相信由貪婪、權欲、欺騙發動的戰爭，雖可能得逞於一時，但終將失去一切。

如果中共真的要洗心革面，把自己融入世界民主大家庭的一員，他們早就該向人民清算毛澤東所犯的累累罪行，天安門城樓上那魔頭像，該早就摘下來了。對歷次運動受到傷害的無辜者早該賠罪，認錯。然而他們依然堅持一黨專制，依然在抹殺歷史真相，依然對他們迫害過的無辜者拒絕賠禮道歉。

在這種基本態度沒有明朗之前，連戰慌慌張張跑到大陸上來向中共示好，這不是「好日子過得不自在了」麼？，國恥忘了，甘做李後主、蜀漢劉禪這樣的亡國之君，又是為什麼？

（二）對臺灣的希望

六十年來，當年退守臺灣的國民黨人在蔣總統領導下，忠實地沿著孫中山確立的三民主義道路走，經過蔣氏父子兩代人的勵精圖治，在一個荒涼的孤島上終於民主建國成功。民主政治實行以後，臺灣人心穩定，生活富裕。

現在大陸上，人們翻牆就可以聽到，頻頻傳來大陸民眾越海峽之險投奔臺灣的消息。

在民心歸順民主的趨勢下，站在北京大學的講臺上，二〇一〇年一位臺灣女作家龍應台發表了精采的講話。

她用赤子的情懷，對中華民族的深深眷戀，唱出了一個兩岸人民共同的一曲：「中國夢」。

她明確地指出：「禮，義，廉，恥」是中國夢的基石！她以泣血情懷，用周厲王縱容衛巫的故事相告誡，堅決地摒棄了中共以軍事為後盾，政治上唯我獨尊，經濟上炫耀財大氣粗，欺壓民眾，殘害異議人士的「崛起」。無情揭發「血濃於水」的欺騙，這無疑是對中共病入膏肓的「獨裁病」下的一劑猛藥。

她特別介紹了臺灣選舉的「亂」，說這種人人都有發表主張的自由權，使各自見解充份發揮出來，怎麼可能「清風雅靜」？所以表面看起來的亂才是「民主政治」的必修課，然而正因此，才能使決策真正集中了人民的意志，臺灣快速進步，因此雄踞海峽，為表面強勢的中共國所畏懼！

特別是講到臺灣小學教育中以「反攻大陸」為教材的那段，令中共聞之膽寒，一九七六年毛澤東輸光了所有政治資本，致使被他打倒並踏上一隻腳的鄧小平，堂堂皇皇走進中南海，抓了毛欽定的接班人下了大牢。直到今天「九常侍」明爭暗鬥，使中共王朝腐敗，逃不掉滅亡下場。

中共長期的打壓和收買，對臺灣人也是一個巨大考驗，一九四八年至四九年，台島軍人，有許多投共的，例如當年空軍中就有徐邁、韋大衛感到走投無路，在中共收買下「駕機叛離」。

結果過了幾年，他們全都被劃為「國民黨殘渣餘孽」遭到殘酷鎮壓，他們本人在折磨和監禁中紛紛選擇了自殺，一家老小淪為黑五類，逃不掉家破人亡之災。

中共對人性的扼殺和破壞，是對中華民族犯下的最大的罪惡。

上一世紀九十年代，一位臺灣女作家瓊瑤，以一部《環珠格格》電視劇，贏得了大陸觀眾的交口稱譽，因為被毛澤東扼殺的人性，在老百姓中並沒有得以恢復，人們對人性的渴望和追求便成了《還珠格格》熱產生的原因。

另一位臺灣的歌手鄧麗君，毛曾用淫晦歌相侮，然而她的歌聲以頌唱和平、自由、愛情、人性進入普通的千家萬戶，她的歌，滋潤著億萬被毛共扭曲的中國百姓的人性。〈小城故事〉用友誼化解敵對，幾乎成為中學生人人都會唱的歌。〈四季歌〉、〈月兒彎彎照九州〉、〈幾多愁〉淒惋美麗，就是她最善長的愛情歌曲，膾炙人口，打開毛封閉多年的人性窗牖，將人回歸到本來面目，而不是相互殘殺的嗜血野獸，在文化封鎖的毛澤東年代，在海峽兩岸只有用大砲隔絕的毛時代，卻封鎖不了鄧麗君的歌聲。

早在五十年代後期，電視已傳入大陸，可是電視作品受到獨裁統治的把持，毛澤東時代幾個「樣板戲」稱霸舞臺，而鄧小平時代，同樣禁止優秀的電視作品佔據螢幕，文化部的官僚們在中共中央指示下，寧可讓低俗、無聊、色情、平庸，佔據電視，也不敢讓「敏感性」的題材留在文藝作品中。

在中共統治下，像樣的現實主義，人文主義，能激發人的良知、友愛和正義感的影視作品真是鳳毛麟角，寥寥無幾。

最近，文化部的統計表明，國產電視劇每年有一半壓倉。就是搬上螢幕的收視率也極低，他們驚呼每年有二十個億白扔了，這已經說明獨裁統治對文化實行專制的結果了。

幾位報社記者和新聞撰稿人，他們在私下對我表露，普遍感到「壓抑」，他們說心中最大的苦衷，便是不能說心裡話，真話。文藝工作的裝腔作勢和假話連篇，反映中共不得人心。而腐敗文化趁機在大陸上氾濫，更促進了大陸社會的動盪不安。

比較起來，還是亞洲自由之聲的編輯和主持人，比連戰清醒多了。因為他們飽嘗中共統治年代裡所有的痛苦，知道中共的底細，清楚毛澤東的罪惡和後繼獨裁者的猙獰，他們才是最有資格的發言人。

他們寧可亡命海外，通過電波飄洋過海，以他們的忠誠，以他們傳播的事實，揭穿中共專制的霸道和虛偽，向全世界和大陸上傳播著真理之聲，而贏得中國聽眾的愛戴。

前幾年，我常在深夜中收聽他們聲音，瞭解被中共封鎖的世界真象和中共內幕，知道我的同胞們一天都沒有間斷對專制的鬥爭，聽到他們的聲音，就如同與他們共呼吸、共歡樂、共哭泣，他們的聲音和傳播的資訊。成了我生活的鼓舞和精神食糧。

「瞭解這世界，探索它的未來」，在亞洲自由之聲電臺編排的節目中，我最喜歡收聽的是馬平和史東編排的「一周時事評述」。聽他們用雄辯的語言，辛辣的諷刺，直刺中共專制無法掩飾的瘡疤和內部的勾心鬥角，不斷揭發中共出賣領土的賣國行徑，使老百姓更好地認識中共政權。

魯南則以其渾重，低沉的噪音播報的「文學禁區」節目，把聽眾帶到了中國最黑暗的年代，聽到那些死難者的名字從地下發出來的呼聲，使我難忘那個慘痛年代獨裁者所欠下的筆筆血債。

亞洲自由電臺之聲以令人折服的語言，在浩翰的天空中織成了一個強大的火力網，無情地射向中共所設置的新聞封鎖網鏈，讓一切陰暗角落裡用政治欺騙矇騙老百姓的鬼蜮，現出原形，無法繼續得逞。

所以，中共對它恨得要死，怕得要命，在無可奈何情況下，竟使出了痞子慣技，根據亞台的波段和頻道，播放強大功率的雜訊，在它們播出的時間，同步播出。真理之音，被一片雜訊包圍，使渴望真理的中國大陸居民，在剛剛得到一片陽光後，立即陷入嘈雜的鑼鼓的喧囂中，回到又聾又瞎的狀態。

大陸本屬國民黨，是毛澤東依靠史達林洋爸從國民黨手中搶去的，「反攻大陸」合情理也合時宜。當然，如果忌諱這黨那黨，中國人要選擇什麼制度？民主和自由，得由中國人自己決定，那就在大陸實行選舉吧！

把槍口挪開，讓人走上大街發表施政的競選演說，像臺灣那樣，讓選舉出來的人組成政府吧！中共你們敢嗎？而臺灣的人民就憑這點精神建起了這顆美麗的東方明珠，今天中共卻用上千枚火箭相虎視，你們真要做民族大罪人，受後代子孫的萬世唾罵嗎？

第三節：星星之火可以燎原

（一）「真善忍」與「假惡騙」

不願放棄獨裁衣缽的中共執政者，明白自己處在人民的對立面，六四以後，特別加強了對民主運動的防備，對於萌芽中的反政府苗頭一經發現，立即斬斷。但是腐敗使自身百孔千瘡，小心防備反而增加了人民的反抗情緒。

舉個例子來說明江氏集團的惶恐狀態：許多年來中國大地出現了練氣功強身的修練團體，本身不帶任何政治色彩，八十年代最著名的有香功和法輪功。九十年代，名目不少的練功者從山林、寺廟中「脫穎」而出，在民間廣為傳播，其中尤以法輪功傳播最廣。

由於法輪功提倡真、善、忍，反對奢侈，練功有很好的健身效果，頗得普通老百姓的青睞，練功人數迅速擴大，幾年來參加修練的學員發展到數千萬之眾。

中南海廣場因環境安靜，空氣清新，歷來是老百姓練功的去處，選在這裡練功的法輪功學員漸增，守衛人員以中央首長要在這安靜辦公為理由，橫加干涉。試圖禁止學員在這裡練功。

干涉的官腔，惹惱了練功的老人們，開始相互攻訐，警衛人員用武力強令禁止，江澤民用毛澤東鎮壓百姓的章法，用暴力驅散練功的百姓，並在一九九九年七月二十二日，以中共中央民政部、公安部聯名發出不准修練法輪大法的通知。用一頂新帽子「邪教」扣在法輪功學員頭上，取締了法輪功。

於是，一起本來很容易協調安撫的練功場地糾紛，變成了與全國數千萬法輪功學員的對抗，這便是獨裁統治的惡例。

練功者的反抗怒火，迅速燃遍全國。江澤民效法毛澤東，出動全國警力搜捕堅持練功的法輪功學員，拘押他們，查封數以千計的練功站，焚毀他們的練功資料，在全國開展了大規模的反邪教運動。

為了對付這個人員巨大的練功組織，成立了「六三〇」專案辦公室，恐怖再次籠罩了大陸，數以千計的人，因邪教罪名關進勞教場和精神病院，進行肉體和精神摧殘。借天安門廣場的「自焚」事件，製造驚世醜聞。

被迫轉入地下練功的信徒，並沒有屈服，他們像當年活動在日本鬼子佔領區的遊擊隊，在城市的大街小巷散佈傳單，張貼標語，揭露中共當局對法輪功學員的暴行和虐待。

許多法輪功練功學員被迫流亡海外，將中共破壞信仰自由的惡行傳遍了全世界。他們與流亡海外的反中共力量結合一起，形成海外聲勢浩大的統一陣線，使江跨出國界如喪家之犬，處在一片喊打聲中，凡江澤民參加的國際會議，必遭受自發組織起來學員們示威抗議。

江澤民的霸道源出毛澤東，證明毛澤東在大陸陰魂不散，國無寧日。

打開法輪功的書，明白它的宗旨是提倡「真善忍」。「權」「錢」交易和物欲橫流讓人們窒息，他們用「真善忍」對抗中共的「假惡騙」。

記得我是一九九八年，在南坪的打工現場第一次看到法輪功印發的小冊子，從中瞭解了李宏志其人，但初初接觸印象很淺。

一九九八年春天，有一天，老馬公司的一位管理生活和伙食的女工周某，把我拉到一邊對我說：「老孔，你要不要戒指和項鏈？」我好奇地問她，我從未戴過這些東西，你問我是何意？

她說：「我想把我戴的這些首飾賣掉，托你找個買主。」

我說：「你缺錢是吧，要不，好好戴著戒指折價賣掉豈不可惜？」

她說：「我因為心臟不好，長期失眠，甚是痛苦，三個月前我看到我的老鄰居李大媽的老肺氣腫居然好了很多，問她吃的什麼藥，是怎麼治療的？她才告訴我，這是她練功收來的效果。在她的勸說介紹下，我同她去了石坪法輪功點，加入了他們練功行列。

現在已三個月了，果然見效，失眠，氣緊，心律不齊的毛病大有好轉。聽老師指點，練功時不能穿金戴銀，練功先要練心，做到心靜，欲斂，方能收效，並說法輪功學員要三忌，忌貪、忌色、忌追求功名。現在練功收到了實效，我的首飾留著沒用處，倒不如賣掉，給孫子上學用。」

又過了幾天，她給我帶來了「轉法輪」的小冊子，上面除介紹法輪功宗旨，還附有練功的圖片。從那時開始，我更了解法輪功，江澤民把法輪功定為「邪教」，卻啟發了我。聯繫我的一生經歷，把毛澤東的學說定為迷信和邪教才恰如其分，中了他的毒的中國人，有幾個是保留了做人良知啊！

沒想到二〇〇二年我重新回到馬老闆公司打工，有一天又碰上了這位周師傅，問起她現在還堅持練功嗎？她擺擺手壓低嗓門說：「練功站早被搗毀了，我還受到了追查，但我回答他們說：『我這把年紀用不著他人來訓斥我。』現在為了躲避麻煩，明裡不練了暗中我還堅持天天練，否則心臟病要發作！」

說完後沉思良久，嘆口氣說，這麼好的功被禁了，那些公安對貪官污吏卻一點辦法也沒有，這是個什麼世道啊！說罷她又大罵江澤民，說他只能在國內老百姓面前充狠，他出國訪問那一次不受到法輪功學員的臭雞蛋「迎接」，只好像蛤蟆一樣躲在防彈車裡，連面都不敢露……

然而，事情遠沒有就此結束，法輪功在海外以其「真善忍」的人性魅力，不僅在國際上贏得廣大信眾，他們在國外創立「神韻」，用美麗的藝術，真正繼承並發揚了華夏傳統文化。他們用事實在全世界面前揭穿中共法律的隨意與虛假，中共是一夥無法無天，顛倒是非，混淆善惡的惡棍，毛教才是禍國殃民的邪教。

特別是中共借審訊為名，對無辜者大施毒刑，割摘信徒的器官，活顯出中共野獸面目，在大量確鑿事實面前，二〇〇九年十一月西班牙國家法庭，承接了海外法輪功信眾的起訴，正式以滅絕人類罪起訴江澤民等五名中共高官。

天網恢恢疏而不漏，天道有常，審判結果罪犯的罪名若成立，從此這些人只要跨出國門一步，在世界任何地方，法院即可按引渡辦法，立即進行抓捕。看來他們總有一天會以罪犯身份接受人民正義審訊的，而今天距「邪教」法之頒佈才廿年。

（二）群體事件—民憤

毛澤東死後，全國民主運動蓬勃興起，其中有代表性的人物：一九七八年北京西單牆民主運動尤具代表性，例如北京民刊《探索》主持人魏京生，與此同時相繼有任畹町，《四五論壇》主編徐文立，民刊和民眾組織聯席會召集人劉青人，上海人權協會王輔臣，武漢市朱建斌等人成立武漢民主牆，與秦永敏合辦民刊《鐘聲》，他們都為大陸民運開道，是大陸民主啟蒙的先師。

然而這些民主啟蒙的運動，一開始就遭到中共殘酷的鎮壓，「六四」以後，老百姓仍被禁鎖在專制主義的牢籠中，基本權力被剝奪。爭取人權的民運領袖們紛紛被捕，有的逃亡海外，在海外與六四民運人士劉賓雁、王若望等人相呼應，成立以爭取實現中國民主為綱領的民運組織，攜手戰鬥。

山雨欲來風滿樓，大陸正處在獨裁全面解體的過程，用和平方式去推動頑固的中共結束中華歷史上的專制主義同去世界接軌。是大陸的主流中共推行的專制主義的罪孽越深重，所背的包袱也越沉重，中國註定還會徘徊在表面平靜，而內部動盪的年代。它那搖擺不定的步伐走向何處令人悵惘。

鄧小平繼位後，出於與毛相同本性，除吸取經濟上到了崩潰邊沿的教訓，提出經濟建設是硬道理外，原封不動的繼承了獨裁衣缽。

現今中共在制定國策時，無論開中共黨代會或人代會，都清風雅靜聽到一個聲音，看一個表演，抬著傀儡：一起舉手，一致通過。

專制主義視民主為大敵，它拒絕任何民主制約，經濟雖然發展了，統治集團的腐敗卻無法控制了。人民被激怒了，「六四」燃起燎原大火，證明獨裁統治必然引起政府與人民的對立。

所謂公民的合法權是指選舉權、人身自由權、生存權、言論、新聞出版、集會結社等權利。這些各國憲法公認的權利，一直被獨裁的中共誣為資本主義自由化而被剝奪，中共統治下人民是沒有任何自由權的奴隸。

反對失業，維護就業權；反對對居住房的強迫拆遷；反對剋扣工資；反對徵收苛捐雜稅；反對不顧生存環境的建設；反對對農民土地的強迫徵用等等。所以目前所指的中國民眾的維權活動，絕大部份還僅限於維護公民的生存權。

「六四」，中共在光天化日下，屠殺手無寸鐵的學生，可見它的本質多麼邪惡。「六四」運動是因貪污腐敗，中共各級政府大量侵害老百姓生存權的非法行為所引發的。

說這些年來「六四」的幽靈在中國大地上徘徊，就是指人民在它的啟發教育下，懂得用維護自身的權利向獨裁作鬥爭的道理。越來越多的群體事件證明，老百姓不再像毛澤東時代那樣任人宰割不知反抗了。

對於貧窮老百姓手裡極其有限的錢，都要收入國家金庫，這本是專制政權的「絕招」，從上一世紀末期因扶助民營企業而允許民辦銀行建立，是經濟的一種進步現象。可惜沒有多久，對民辦銀行便以擾亂國家金融秩序加以取締，給取了一個新罪名：「非法集資」。

後極權時代，中共對錢的好處有了濃烈的興趣，民間那點可憐的錢也成了他們聚斂的對象。二〇〇一年，中共突然決定，凍結所有非國有銀行的民間集資，窮苦百姓為了買住房、準備兒女上學、籌辦婚事、生病住院等等需要，平時辛辛苦苦換來的錢，集存在這些銀行中，不說清原因便加以凍結。

加上中共素有霸佔民房，以沒收名義強搶老百姓錢財的惡跡，這個荒唐決定剛一出爐，立即引發了大規模民間抗議。人們立即聚集到各地政府的衙門口，表達強烈抗議，我看見各集資銀行外的馬路上，被抗議者占滿。

他們舉著各式各樣的標語，上面寫著：「堅決抵制政府的無理決定」；「強烈要求政府歸還我們的血汗錢」；「責問政府，你們的做法同強盜還有什麼區別嗎？」；「朱鎔基，你就這樣用老百姓的血汗錢當的總理嗎？」……

馬路再次被老百姓圍斷，面對憤怒的民眾，集資銀行的職員嚇得緊閉大門，龜縮在工作室不敢出來。這樣相持著不知過了多少天，集資銀行向每天圍聚討債的民眾貼出「安民告示」，說：「大家的錢已轉存國家銀行，請大家保存好集資的憑據，聽候通知，到國家指定的銀行兌換現金。」至此，市民不知多少不眠夜，懸在心頭的大石頭才暫時穩住。

以後市民們不斷的攔馬路、上訪各級政府、圍銀行，也不知鬧了多久，集資銀行門口才貼出了「兌現通知」，叫集資者根據集資金額的大小，按口家利息分期分批兌現。整整鬧了一年多，一直懸著的貧苦市民的「血汗錢」本金，終於在市民們群起反對所施加壓力下，重新要了回來。

那段時間，我只要一出街，就會看到寫著「還我血汗錢」，的橫幅、標語到處都是。市民的交談中少不了這個話題，也不知多少家庭主婦與丈夫為此口角，甚至鬧到離婚的地步，貧窮的中國老百姓還要對自己糊口的工資，提心吊膽，害怕被中共「沒收」了。

這起因集資引發的民運整整持續了五年之久，待到歸還時，本金要了回來，但利息卻沒有按集資銀行所承諾的償還，而是按國家規定的極低利息償付，從此老百姓手裡的錢又被國家控制起來了。獨裁統治者搜括民脂一貫不擇手段。

大家都知道，毛的獨裁統治是以國家壟斷為經濟基礎，工業、礦山、能源一律實行「國有制」，農業實行集體化。

人民公社這一毛獨出心裁模式搞得全民餓飯，天怒人怨，鄧小平就是從這裡找到突破口，從被打倒的位置上翻身取代毛指定的接班人，進到了鄧小平時代。

在「改制」名義下掀起一場由國有變私有

的運動，實際上把國有這種獨裁佔有，變成中共權貴掌管的「公司」「銀行」「部門」所有，在權力與金錢等同條件下，吃虧的當然是一無所有的工人。

接手老闆在中共的卵翼下，第一件事就是把「多餘」人員裁減出去，大量工人被解雇，在生存面臨威脅的時候，他們走上了維護生存權之路。

從上個世紀八十年代開始，除各級中共大小官吏貪污、包二奶的醜聞鬧得沸沸揚揚外，民間鬧得最凶的便是「下崗」。

所謂下崗就是失業，窮人一家因此而斷了生活來源，劉歡一曲〈再從頭〉的歌，響遍大街小巷，也不知唱哭了多少下崗、待崗者。命運讓他們懵懵懂懂跟著共產黨在國有企業中安身立家，已將一輩子都貢獻給這「家」的四、五十歲的老職工，怎麼也沒想到，中共竟無緣無故拋棄他們，家破滅了，他們已到行將退休的年紀，便被輕易甩在街頭。一家人生活無著，夫妻因此鬧離婚，家被撕裂的悲劇我沒有統計，這一定是一個巨大的數字。

附近一家電器器材廠破產後，一對夫妻雙雙下崗，家裡已有半年沒買過肉。有一天中午，兩個幼小的孩子看到鄰家孩子端的碗裡有紅燒肉，便吵著媽媽要肉吃。

父親心裡正煩，突然把左手擺在菜板上，右手提起菜刀，眼睜睜揮刀向自已左手指頭砍去，只聽到大女兒驚叫一聲，看著父親從菜板上撿起砍下的血淋淋手指頭，怒目圓睜向小兒子甩了過去，吼道：「給你吃！給你吃……」

被驚呆了的兩個孩子抱在一起，呆對雙手血淋淋的父親。

說起肉，又使我想起鄰居一個下崗工人家裡已有好幾月沒買過肉，父親為滿足孩子吃肉的要求，有一天父親到肉店裡偷了一塊不到一斤的豬肉，不料被人當場捉住，肉沒偷成反而挨了兩耳光羞侮一頓，回家後，一家人抱頭痛哭。

一位母親因違犯「計劃生育」政策生了兩個女兒，男主人因下崗，丟下妻女獨自外出打工。先前還寄點錢回家，半年前錢也不寄了，電話從未打一個回來。女主人替人幫傭，但要維持兩個孩子的生活，早就無法維持。

有一天清早見街上還沒有幾個人，牽著才六歲的小女兒，經過街心池塘，突然停下腳步指著池裡的一雙鞋，叫女兒下水去撈上來，趁女孩不備，她竟將孩子推入池中，倉皇逃離。

池中孩子大聲呼救，過路人把她從水中救起。在目擊者指證下，派出所民警抓走了孩子的母親。從破屋裡帶走這女人時，女孩哭喊著一路追著帶走她母親的警車，喊道，媽媽沒有把她推進池塘，她的媽媽是好媽媽，一面哭唱世上只有媽媽好，而警車裡的媽已經泣不成聲。

周家岩下的一個小廠破產後，由於生活無著，有一家人，男的勒死自己的妻子和女兒後，上吊自縊。

這種悲劇在大陸上充滿大街小巷，人們聽多了，習以為常也麻痺了。然而這些大陸正上演的幕幕悲劇，雖不像毛澤東時代，大批餓死、成批槍殺那樣令人心驚肉跳，但這些老百姓的斑斑血淚天天都在發生。

二〇〇一年八月二十六日下午五點多鐘，我正在楊公橋尋公共汽車準備回家，見公路中間，聚集了許多上了年紀的老人，他們簇擁著一些牌匾和標語組成的方陣，將馬路攔斷。方陣上方扯起一幅橫亙馬路的橫幅，上面寫著：「失業工人爭生存有理，防暴員警無理打人有罪」十九個大字。

一股文革的遺風，陡然襲入我的眼簾，那在路正中的牌匾上方，貼著一張毛澤東彩像，下面貼著「請願書」，結尾上寫著燈泡廠和水泥廠的職工簽名，那上面橫七豎八的寫著幾百個名字。

牌扁的後面，是許多由老頭老太婆手執的竹籤板做的標語牌，每一塊標語牌都貼著毛的像，內容相似。幾百個老人和他們簇擁的「牌匾──標語」方陣，儼然像一座祭神的壇，壇的前面，並排正襟危坐著滿頭白髮的老人。已是下午六點鐘了，這些老人表情嚴峻，嚴陣以待。

我擠進人叢，聽圍觀者七嘴八舌議論：「工廠是國家的，現在破了產，工人只給幾十元的生活費，就叫他們回家，物價那麼漲，叫人怎麼活？」

「活不下去了，年輕人還可以跑生意，做小工，老人只好餓飯。」

這馬路也紮了快一個月了，員警打傷了人，把帶頭人抓進看守所，關了十來天還沒放人，市裡下來了幾個人，談判了幾回，什麼也沒解決。帶頭的人被員警打成重傷，住院一個星期，醫藥費也無著落。

一輛滿載身穿軍裝員警的警車，就停在附近，他們手中個個握著警棍和電擊棒，路人說他們打人從不手軟。

這些原國營企業工人，現在因破產而處在生活無著的人們，他們落到這種地步，都是中共造的孽。現在他們用堵馬路的方法，意在引起政府和社會關注。

毛皇上為控制國計民生，將工人集中在類似集中營的地方從事生產，給極低的工資，起碼的供應，以苟延他們的生命，禁止他們自由遷徙。可惜又犯了中共安定大局的忌，吃虧的當然是工人。

選擇攔斷公路的辦法打著毛旗反當局的策略，爭生存權的鬥爭，卻不敢明目張膽的提出，足見中共當局的霸道。

他們可以在各種年會上稱臺灣和香港居民為同胞，卻狠狠咒罵被生活所迫起來反抗的工人為暴民，動輒以警棍相對！

本來代表國法維持秩序的員警，在公眾心目中應是公正的化身，但是毛澤東把它變成了維護統治、施行暴力的工具，從此它與老百姓處處作對，《血紀》上、中兩集，記述監獄老管的種種暴虐就是最好證明。

可以說中共統治下，幾乎沒有維持正義和良心的老管，不久前在上海發生的「襲警」事件中，公共輿論為什麼異口同聲支援楊佳，說他是抗擊暴力的英雄，而異口同聲譴責員警？

坐落在重大下方，靠嘉陵江邊的重慶造紙廠，因為技術落後，環保能力極低，一直是毒氣、毒液的排放地。我沒有資料提供死於該廠排放毒氣毒水人數的統計數目，單知該地區屬於癌症高發區，該廠職工一般壽命只有四十歲。

在這種恐怖籠罩下，該廠的「領導」經中共地方組織紛紛外調，離開了這個鬼門關。職工為改善自己的生存條件，頻頻上訪，被拒絕後湧上街頭，曾聽說他們截斷了江北區觀音橋大道，聲勢很大。直到一九九二年在市民的強大反對聲中，該廠宣佈停產。

停產後，該廠工人連續進行了長期鬥爭，直到二〇〇一年工廠破產，市政府按工人工齡每年九百元買斷工齡後，工人們帶著被污染而受到傷害的病體離開工廠，自謀生路，還要按規定交納養老金，直到退休。今天那裡的工人們還在為增加傷殘、毒害補償費向政府進行長期的交涉和鬥爭。

生產特殊鋼材的重慶第二鋼鐵廠，工廠改制後，生產日漸萎縮，面臨工資發不出的危機，原先募集工人的股金又退不出來，工人生計面臨威脅，引發了持續的截路鬥爭。中共的特務和特警部隊在對付他們使盡了手段。

他們高唱「團結就是力量」、「國際歌」，表達出新的內涵，他們意識到自己在中共統治下的奴隸地位，原來的中共黨員紛紛宣佈脫離中共組織，並公開向社會宣傳。

雙碑是特殊鋼廠的中心，工人們攔斷了雙碑通往市中區的路段。經過很長時間鬥爭，中共把他們無可奈何，只好另外開通北碚到重慶通道。軍警們緊緊包圍了罷工範圍，禁止罷工車輛越出，封鎖與外界的通訊，嚴禁記者採訪報導，隔斷攔路者與外界一切聯繫。

有一天，攔馬路通重慶方向開來了幾輛軍車，向攔路者說：「重慶市政府正在哥樂山上開工作會，特邀請你們上山當面提你們的條件，市長在那裡公開答覆你們，特派我們來接的，請上車吧！」指揮部聽到這話正在猶豫，卻經不住大家七嘴八舌，性急的已爬上了前面的軍車，接著大家喊道：「不入虎穴，焉得虎子，且上哥樂山看個究竟。」便一齊上了車。

等到車隊開到哥樂山，大家下了車，看看開到的地方，卻並沒看到任何開工作會慣有的會場佈置，也沒看到一輛市政府的小車。正要詢問開車人，司機們已紛紛坐上各自的駕駛台，軍車已經啟動，開足馬力一溜煙的跑了……

工人們對中共墮落到將工人騙到哥樂山倒掉的行為極為憤恨，特殊鋼廠攔路請願中軍警曾揚言：「打死人算不了哪回事，老百姓只要有幾萬塊錢什麼事都可擱平，錢不過是國家拿出一疊紙罷了。」

可見在事件中，軍警奉了中共指令，對攔路者進行毆打和抓捕，並打死人，然而這留下新的血債又算給誰？

為了平息這場風波，中共對鬧事者也作了「善後處理」，對死者安埋，被抓的參與者釋放，攔路者大多都安排了工作，上了歲數都作了退休或內退，將他們交給了民政部門。就這麼一些「實惠」也是工人十幾年的長期鬥爭換來的。

在我生活的城市，各「改制」廠礦的職工，紛紛為爭取增加遣散費和抵制由資方單方面制定的改制方案，走上街頭，舉行頻繁的示威遊行。其中影響最大的是山峽洗衣機廠，他們選出代表與區、市級地方政府交涉，進行為時十幾年的鬥爭。

就是最沒有聲勢的專用汽車廠，也在廠門張出橫幅，譴責趁改制侵吞職工們多年創造出來財富的碩鼠，幾次派出代表到國資委和機電公司（中共指定負責改制的機關），進行歷時六年的「破產——改制」談判，為「虧損」而被拋棄的職工，聲討無能腐敗的中共官員。

民運推動了社會各階層人們，公交公司為爭得自身待遇罷運；摩托車經營者為抵制交通警察的無端罰款，動輒扣車，在北碚街上聯合計程車司機進行過多次環城示威。

此外為反抗市政管理機關，工商局無止境無理增收高額的營業稅、場地租金而開展的小經營主的罷市鬥爭；教師為政府對待遇的承諾食言，邊遠地區為極少的工資而罷教事件累次發生，總之各行各業貧苦的職工向中共展開的鬥爭，方興未艾。

以上所列均我親眼目睹，親耳所聞。

工人為維護生存權的鬥爭，還帶動了市民和農民起來向中共展開維權鬥爭。村民因爭取村鄉基層選舉的民主普選，向中共基層組織展開的鬥爭曾遍及全國。河南鄭州市南曹鄉七里河村一九九八年至一九九九屆換屆選舉中，村民推選的村長提名，被原村中共支部書記殺害，恐怕是農村基層選舉一個典型慘案。

這個慘案揭露中國今日的「民選」遇到層層阻力，根本原因是中共維護一黨專制所致。農村中少數靠權力富有者，決不會放棄使他們致富的那點手中竊據的權力。

因建築開發商強迫徵用土地，而引發的涉及貧苦農民生計的反徵地運動，一度遍及全國農村。我母親當年流放地蔡家場，去年因「開發」渝北區，向該地居住的農民大興徵地，今年三月農民為徵用土地補償太低，與開發商雇用的打手發生多起鬥毆事件，被打傷的農民，至今還在為爭取住院期間的治療費用，向政府控告肇事開發商。

全國因強迫徵地而發生的流血事件，不斷發生。

城市居民因城市建築，要拆遷他們久居的貧民窯，眼看自己久居的破屋將被待命剷除的推土機推掉，政府卻沒有安置他們的新居，或草率給了起居十分不便的另一陋室，而引發貧民們的抗議。腳跟腳地跟著拆遷辦人員到政府衙門訴苦評理的事層出不窮，發生毆打阻止拆遷的流血事件，成了民間最多的傳聞。

胡錦濤所提的和諧社會，原意在維護獨裁政體下，建立唯穩體制，但是病入膏肓的中共獨裁政體，把「和諧」，當成與他的祖宗毛澤東「為人民服務」完全一樣的欺騙！

第四節：獨裁的沒落

一九七六年，一代梟雄毛澤東，帶著眾叛親離的遺恨，拉下幾千萬中國老百姓的命債見閻王爺去了。

在他晚年，毛澤東思想已為他的謊言所徹底否定，龐大的社會主義陣營已經解體，信仰危機使獨裁面臨厄運。國家弄得民不聊生，毛氏深感帝位無人可繼，匆忙中，將他的私生子叫來榻前，以一句：「你辦事我放心」草草完成了帝位世襲的最後交位，匆匆去見專制獨裁的列祖列宗去了。

這本書僅從我親身的經歷，如實反映中共六十年來用社會主義欺騙中國人民，一步步暴露它的獨裁、虛偽真面目，走向滅亡的過程。

毛澤東在取得政權後掀起一個接一個的運動，目的是迫使整個社會臣服於他的獨裁。他將人分成紅五類，黑五類，建立一個新的人壓迫人，等級森嚴的社會。

為了鞏固帝位，他甚至不惜使用專制王朝最殘酷的文字獄，要人唯讀他的「經」，強迫人進行思想改造，把人的思想禁錮在他要求的範圍內，不准任何偏離。

他的「大躍進」、「人民公社」、「三面紅旗」，就是餓死那麼多人，也必須按他的路子走！皇令如山，就是他的大臣們，稍有偏離也必須領死。因反對他的「三面紅旗」而死的中共元老還少嗎？

鄧小平並不想改變這種個人為所欲為的統

治秩序，只是改變了毛澤東在經濟建設的禁律，他認為毛澤東所以「失敗」就是忽略了經濟建設，所以「經濟發展」被他列為「硬道理」，擺到了第一位。

人民公社行不通了，用包產到戶替代。然而土地所有權仍在國家手中，而在中共統治下，代表國家的是掌握政權的各級地方官吏。這樣作把農民變成置於中共地方官吏監督下的農奴，他們隨時可以「建設需要」為藉口，拆遷農民的家園，驅趕農民背井離鄉流落城市。

國有制行不通了，他們可以以一紙文件，對工廠實行「改制」，將剩餘勞動力趕出工廠，而把工廠廉價賣給了剛剛新生的小業主，為他們繳納利稅；靠權力將子女以公務員身份安置到國家管理機關，員警，學校，醫院，銀行，稅務，房產形成一個新的統治階層。

這樣，一方面是以地方權力所有者為基礎，直到中央的寶塔式官僚統治階層：另一方面失去土地的農民，和失業的工人組成了供他們隨意驅使的城市建設廉價勞動建設大軍。這才是鄧小平設計的中國特色社會主義。

用「發展經濟」代替「社會主義革命」；用「允許一部份人先富起來」代替「平均主義分配」。中國在他的帶領下走上的不是人人奔小康，而是一種滲入權力的國家資本主義。

「六四」幾乎要改寫鄧小平歷史，在大勢所趨之下，他宣佈退位，並結束了中共的個人終身制，當然也結束了世襲制，同時以「安定團結，壓倒一切」代替了「無產階級專政」從此換來了一個相對穩定的後極權時期。

既然，利益向權力敞開了大門，中共內姓資姓社的激烈爭吵，暫時的安靜了一段時間，太子黨們，人人有份何必爭呢？毛澤東獨裁帶來的災難，鄧小平含含糊糊地掩蓋著。既不清算，也不繼承，結果反而激怒了毛澤東的舊臣們，他們並不安心退休療養、享受！而是指責靠權力發起來的太子們腐敗，反而替罪惡的毛澤東招魂了。

在這一時期，中共惡習——說假話依然是官方少不了的「黨風」。新聞管制，剝奪人權，在反資本主義自由化的旗幟下，建立了新的統治秩序。

可是，不受監督，使貪污腐敗惡性腫瘤般長大。而今成了對中共政權致命的威脅久治不癒。因為「權力資本」只有在不受監督的條件下才能長大。

隨便舉一例子：血腥屠殺六四的元兇之一，中共中央政治局委員陳希同的案子。據官方公佈一九九〇年結案，僅他挪用重點建設資金為他營造豪華別墅就達三千五百一十一萬元之鉅，收受貴重禮物五十五萬五千元，吃喝揮霍公款一百六十五萬元，國家金庫成了他任意取用的保險櫃。這種「碩鼠」在中共現政權中到處都是，他們是由一黨獨裁孕育出來的。

到了二〇〇四年，「六四」過了整整十五年，這支碩鼠大隊日漸龐大，各級公務員、法院的法官，公安刑警隊長、檢查官、緝私隊長、反貪局長等凡與政權沾邊的人都爭先恐後加入。中共官員有「五十歲不貪是傻瓜」的說法，生怕為官期間錯過發財機會，令人終生遺憾。

在湛江走私案處理時，最高法院院長感慨面對媒體驚呼：「在這起走私案中，所有涉及湛江市及海關，大小兩百名官員無一不貪！」連逃亡在外八年即將遣送歸來的賴昌星，也敢出大話威脅中共：「我若回國被追究，少說也有上百人人頭難保。」可見中共腐爛到什麼程度？

據透露這個海關使國家蒙受的利稅損失高達數百億，其中海關官員的主要份子，貪污賄款均在數百萬以上。當採訪鏡頭攝下被採訪的海關一般職工時，他們竟要繞開採訪鏡頭，不敢回答記者所提問題，要求記者隱匿自己身份，以免遭受「飛來橫禍」。

可見，政府與黑社會相勾結，猖狂到了何種程度？中共官場腐敗已入骨三分，誰跳出揭底，誰就逃不掉粉身碎骨的下場。

但，這種腐敗終因「狗咬狗」而不斷揭發出來，據最高人民檢察院公佈：自二〇〇三年一月至二〇〇三年十月的十個月中，全國發生濫用職權案一千八百四十一件，造成六點五億元損失，致人死亡四百六十人，傷一百一十七人。

僅從此官方公佈的數位看，大陸每天發生濫用權力的案子就達六起，根據中共一貫粉飾太平，虛報瞞報的傳統，這無疑還是大大縮減了的數字，真實情況只有讓歷史來記載了。

另一說明官場腐敗的例子，便是買官鬻爵，這種事就是在封建社會也是絕對要受制裁的，一旦被皇帝老倌發現，往往帶來「滿門抄斬」的後果。故云：「尚利者亂，尚義者治」，「貪夫殉財」便是市井的警句。可在中共統治之下，買官鬻爵卻成了家常小事。

仍以報載為例，黑龍江市委書記馬德從一九九二年一月至二〇〇二年，十年因賣官所得就達六百萬元，馬德就憑這種「人事買賣」進入了中國的「中產階層」，卻並沒有傷之毫毛。從他手裡買得中共高官的人數涉案人員達二百六十五人。

其中包括大貪官，國土資源部部長田鳳山，黑龍江原政協主席韓桂芝都是投他的門下入道。據綏化縣市各部門靠他得官當上一把手的大大小小的「貪官」，就達五十餘人，以致於他的案子層層受阻。中共官場之黑，馬德算是一個典型。

國家官員掌權的可以賣官批條，大有大的吃法，小有小的「收入」。甚至於將統考的考卷，犯罪人所獲的刑期，都成了有價證券「入市」，堂而皇之進入流通。雇用打手保鏢也成了「自衛」的手段，光天化日之下，買兇殺人，使「秉公」執法者望而生怯。如此猖狂的黑惡勢力控制之下，又有誰敢秉公執法？

報紙上偶爾出現抗爭惡勢力的義勇之士，其報導也限於對付雞鳴狗盜的小賊，這些報導，新聞記者是在黑暗中尋找一點光明的飢渴心理支配下寫出來的。如此黑暗統治，怎麼不發生煙毒氾濫，車匪路霸橫行，殺人越貨，強姦賣淫？

失業工人為反對無理解雇的遊行；居民為抗議橫蠻的住房拆遷；老百姓為反惡吏和貪官的抗議；國家機關的弄虛作假，這些為當局禁發的消息，遠遠還沒有登載出來。

當然這比毛澤東統治年代有了「進步」，那時，對大量餓死人的事；逃荒流竄他鄉凍死街頭；逼使水腫病人下地幹活；五類份子被鬥被打致死的事，是不准見報的。這樣比，算是一個「不小」的進步了。

也罷！我們現在就以官方允許在報紙（二〇〇七年）所登載的消息，歸納成下列五點：

第一，上層官僚集團的貪污案，已成了中共統治集團的不治頑症，這些消息只選登了百萬以上的大案，至於幾萬的小耗子，可以說遍地皆是。無官不貪，是概括當今官場的特點之一。雖然中共設立了紀委檢查委員會，後來又設反貪局，百萬以上的大耗子仍在逐年增加。

第二，由於官僚集團疏於管理，使社會上人身死亡的事故（包括交通事故和近期突出的礦難事故）醫療事故、傳染病、天災、礦難等災害事故層出不窮。中共素來就有報喜不報憂的習慣，報紙上已經傳播的事件肯定是相當嚴重，並在國際輿論的壓力下不得不公開報導的事。

例如河南的愛滋病傳播，二〇〇三年非典的流行，都是在國際衛生組織提出警告，並在亞州自由之聲連續報導以後，才在媒體上公開曝光的。而隨著這些病態社會現象的曝光，又暴露出與國家管理的相關上層機關的腐敗。

第三，毛澤東「共產主義」被現實扯穿以後，代之以「金錢萬能」。社會道德的墮落是這個社會是最危險的信號。

為了獨裁統治所需而提出的「維穩」，形成人們相互間除利害關係，見義勇為被認為是傻瓜才幹的，代之以欺騙氾濫，欺軟怕硬，弱肉強食造成整個社會一盤散沙，這種不關心國家命運和前途的氣氛害了中華民族。

毒品空前氾濫起來：據報載：世紀大毒梟劉召華在廣州過堂，他曾在一九九五至一九九八年間製造冰毒十八噸！搜查出裝在紙箱內的冰毒，整整堆滿了一個籃球場，當場繳獲的冰毒相當於一九九八年全世界查獲的冰毒的總量！

值得一提的是冰毒集團的成員，大多是中共軍隊的退伍軍人，劉召華本人曾榮立過中共獎給的三等功！大陸變成了毒品的運集、生產基地。

盜劫、殺人、販毒等刑事犯罪和黑手黨的猖狂，使老百姓民不聊生，終日生活在恐怖的陰霾之下。

第四，鄧小平口號，「讓一部分人先富起來，全民奔小康」，是太虛假了，他明明知道，資本原始積累是赤裸裸的剝削，哪有全民同富的好事？至今城市貧民每戶人平均一百元的生活費的赤貧戶，官方沒有公佈統計的數目，但不會是少數。農村裡的人，每戶人均每月收入不足五十元所占比例更大。

城市中到處是擦皮鞋的，下苦力的，賣小菜的，挑著擔子沿街叫買水果的，收破爛的。洗腳城、髮廊裡的小姐遍街都是。問他們的家住在哪裡？先前還有人說是農閒時節，出來到城市裡找活幹。

近幾年，由於擴大了城市建築面積，傍城周圍的土地被徵用了，除了幾千元的土地徵用費，他們已沒有土地，只好流落城市。

這些因中共「圈地」運動失去土地的農民，是一股使社會不穩的潛在力量。這些人如果身體還健壯，往往因不滿自己赤貧處境，鋌而走險，殺人越貨。

二〇〇四年國務院扶貧開發領導小組組長，扶貧辦公室主任劉堅驚呼，二〇〇四年未解決溫飽的年收入僅六百三十七元以下的貧困戶數，不但沒有減少，反而增加了八十萬人。勞動和社會保障部最近發佈的中國國情的居民收入分配預警系統，稱二〇〇三年中國人收入差距拉大，已進入值得警惕的「黃燈」區。

貧困家庭中，姐弟倆因解決誰繼續讀書而抓鬮，釀成姐姐跳崖自殺，恐怕就不是個別的悲劇；在這樣情況下，少女被迫賣淫慘遭惡徒在臉上用刀刻字，也不是個別人的慘劇；在這樣的情況下，在垃圾堆中刨廢鐵，而被虛空的渣層垮下來，命喪黃泉的夫婦豈止一對？

第五，中共是中國歷史上最無恥的賣國集團：與中共對百姓的殘暴統治相對應，為了取得政權，在國際上一味遷就俄國。毛澤東為此而甘拜史達林為乾老漢，根據俄國外交部公佈的解密檔案，國人才知道毛澤東暴政的另一面：

一九四五年毛澤東在一邊倒政策指導下，引狼入室，這一年，為奪得江山，投入史達林懷抱的毛澤東，與蘇聯簽訂了賣國的《哈爾濱協議》，把軍政大權拱手讓給史達林指揮。

一九四九年又與蘇聯簽訂了《莫斯科秘密協定》，蘇俄得到中國大陸地下資源的開採權並武力控制東北、新疆。讓中國人民為蘇俄充當炮灰和工奴；一九五〇年七月十六日，中央通訊社又公佈了《中美協議》秘密條款十三條，集哈爾濱與莫斯科兩協定，並補入內蒙設自治區，進入西藏條款。

一九五六年四月二十五日，毛澤東令全國人民代表大會常務委員會通過了一項「關於處理在押日本戰犯的決定」，以「有助於中日關係正常化，推動國際形勢更加走向緩和」為理由，對在押的一千零六十三名日本戰犯處以「一個不殺，對個別罪大惡極者只處以二十年以下有期徒刑」。將一千名雙手沾滿了中國抗日將士和幾千萬中國老百姓鮮血的劊子手，悉數免於起訴，「交中國紅十字會遣送回國」。（見中國外交部二〇〇六年公佈的解密檔案）

一九七八年八月十二日，又未經全國人民討論，毛的皇位繼承人華國鋒根據毛氏遺願與日本政府簽訂了《中日共同聲明》，正式放棄了日本對中國進行戰爭賠償的國際協議。

鄧小平執政以後，為了統治目的，壓根就沒想到糾正這些可恥的賣國勾當，而是將大陸繼續出賣給周邊國家，哪怕相鄰小口看到中共國內亂象環生，也乘機在沿海地區爭地爭海，對此我就不一一列舉。

由於國內形勢不穩，不惜以國土為代價，在他統治下，與周邊國家簽訂了「有爭議地段」的邊界協定，最嚴重的是承認毛與俄國所簽的賣國條約：

一九九九年《中俄國界議定書》，中共放棄了一百六十萬平方公里領土主權（包括黑龍江東六十四屯，唐努烏梁海，帕米爾高原等相當於四十四個臺灣領土），二〇〇四年十一月十四日（中俄國界補充協定）中，俄國竟占去了黑匣子島一半的主權，正式承認了一九九九年的議定書。

有人質疑，鄧小平剛上臺時，曾指天發誓，五十年絕不搞運動，寫在紙上還沒過三十年，由中共挑起的「六四」、「鎮壓法輪功」、大規模運動，未曾間斷，當時便有人斷言：中共離了運動便無法生存。

中共建政之初，不但向全國各界許諾了一大堆民主建國諾言，一篇聯合政府的文章欺人民，騙國際，把民主黨派哄得圍繞它團團轉，至今建政六十年了，任何中國人都看清楚了：六十年來，前三十年，老百姓別說「樓上樓下電燈電話」、「家家有洋房小汽車」，給人民不是享受民主和共產主義夢想，而是弄得連飯都沒得吃，三十年和平年代餓死、整死過億，毛賊東是製造冤獄最大的統治者；是古今中外殺人最多的劊子手。這本書只揭其冰山一角而已。

後三十年鄧小平執政，老百姓有口飯吃，開始建家，但人民依然權力一無。至今貪污猖行，貪官遍地，他們用國庫的錢到國外銷魂；貧富兩極，賄、賭、毒、淫盛行，鄧公喜麻將，在他竭力提倡下市井農村遍地開花，也是他一大「功績」，如此建國，還提倡什麼五講四美！

舉目世界，獨裁統治正一點一點被逐出人類的惡夢，幾個不識時務的權力擁有者：北韓？古巴？伊拉克海珊想用殺人渡日，自己卻上了絞架。

經歷了六十多年中共獨裁勢力在大陸的折騰，國家喪權辱國，神聖領土遭可恥肢解，實踐告訴每個現代中國人，現在，重新回到民主憲政的大道正是時候，以和平方式再造共和，已是萬心歸一。

可太子黨內竟出現了一個官迷心竅薄熙來，為進入中共中央政治局，想出唱紅歌的藥方，為行將就木的獨裁起死回生，一時官辦的大小會議紅歌一派。

聽到令人肉麻的頌詞歌聲，我會立刻聯想毛賊東的大躍進年代，社會主義好的歌聲正掩蓋了餓殍遍地的大陸哀鴻。

一個「假」便能概括當今大陸，不光假貨充斥市場，假話充斥社會，假象瀰漫官場，然而紅歌企能為妖孽壯膽？可知，紅歌陡起時，恰恰是中共危機深重時！在這朝野貪腐背景下，「紅歌」猶如為獨裁下葬的「輓歌」！

既然中共無自知之明，作為中華民族一員，讓我在這本書中簡略回顧中共統治大陸期間的所作所為，《血紀》就秉筆直書寫到這裡。

其實這本書所記載的都是我親身經歷，每個情節斷無虛構，由於年代相隔幾十年，記憶有所丟失之處，使讀者讀後可能感到不足。

有人打電話給我，勸我在中共天下，不允再提舊事，今天拿了中共發的養老金安養天年吧！但是，我卻正告規勸者，我的一生都被毛澤東肆意踐踏，他使我家破人亡，知恥而忍辱，我的秉性決不相容。何況供養我的是中國民眾，不為他們說話，我為誰說話？加上白白被奴役我們二十三年，中共連工資都還欠著我們，我不向奴役我們的人要，又向誰要？

那些犧牲的摯友們在天之靈，還時時叮囑我：為我們共同的民主大業奮鬥！生就了我至死不悔的脾氣，何況今日全家人都去到極樂世界，我是天天準備與他們天堂相會。生活在今天，有冤不能申，有恥不能雪，家徒四壁，我有什麼顧忌呵！

說假話的人心是虛的，原蘇共頭目也會尊《古拉格群島》的作者為俄羅斯良心之父，為什麼？就因為憑著良心說真話，就像一柄正義之劍會穿透騙子的心臟，是假話連篇的政治騙子最害怕的！

若要問中國的前途是什麼？我說是民心！東方雄獅不能再長睡不醒！我們絕不是任由暴政凌辱的奴隸，在大陸一黨獨裁必須讓位給民主共和。

前情請見《血紀—從反右到文革》、《血紀—從文革到平反》。

後記

已酉年，離開鹽源整整三十年了，《血紀》已完稿，想為它的故地配以相片，向讀者介紹這些血腥故事所發生的地方；更想知道經歷「改革」整整三十年，這血腥的故地，變成了什麼樣子？

這些年來，從那裡出來的人，告訴我那裡還在不斷散出陣陣血腥，例如前年的徐友全告訴我，兩位留場「右派」，因收入拮据，一家人難以生活，分別投水庫自殺。

他還告訴我，留場就業的幾十個人，連與國營農場職工同工同酬都沒有實現。被中共奴役了一輩子，他們現在只憑每月四百五十元生活費，聊度晚年，有人只好守在這裡終身鰥居。

所以，我決定二〇〇九年清明節期間，重返鹽源農場故地。因為我們聽說前幾年，有人為挖掘這裡被中共掩埋的血腥罪證，拍照時，被留守人員阻撓未果，所以本次重返鹽源農場只約了荊楚同行，對還在原地倖存的鹽源難友今日並不通知，決定快去快回，拍下照片後馬上離開。

同三十年前不同，從重慶到西昌已不用繞

成都，石棉，雅安的汽車路，四月八日，我和荊楚直接從重慶到西昌。當四月十日晨，我們突然出現在原農場的中心十字路口，（鹽源農場已撤多年，這裡已改為鹽源果場）我和荊楚走下公共汽車時，並沒有引起任何人的注意。

我很快問到了車站不遠處朱凌飛的家，見到了朱的愛人，在她帶引下我們很快找到王文典，羅玉楊，周德漢，徐友華等人。

當天我們步行到了農六隊（這裡已賣給了私人），過去的高牆電網已全部推倒削平，大門已重修。所幸崗樓、探照燈架，六隊大監房以及院壩尚存，好像留下這些遺物是專門為我們提供的。

離開六隊，我們立即沿水渠步行三里，登上五號山樑，當年張錫錕、皮天明的遺骨就被棄置於此，而今改建成兩類人員墳場。

此時，正趕上已丑年清明節，我當即點燃了隨帶的香燭、紙錢、鞭炮，祭拜了當年在鹽源灑血的烈士們，以及被毛澤東當年殘害在這裡的數百無辜怨魂。

第二天，我們一大早雇了一輛麵包車，驅車水庫、農五隊、農科所，回顧鹽源農牧場建場之初，從甘洛押赴這一片不毛之地的奴隸們，怎樣在槍桿下開墾出這個農場。

再驅車去原農七隊，在當年農七隊，槍殺張錫錕和皮天明的宣判主席臺和院壩，以及陳屍張錫錕的白樺樹拍下照片。它們好像為了今天的取證，而完好保存了四十多年。

當年由張錫錕們高舉的「火炬」，照亮了地獄裡反抗暴政的奴隸，當年喊出反抗獨裁迫害的呼聲，彷彿還響在耳邊。

我們隨即還找到了鹽源農牧場「場部」，攝下關押我和陳力的「反省室」，以及當年農三隊和基三隊舊址。《血紀》記載了當年我們向施暴者針鋒相對，以牙還牙的經歷。

一九六四年春節，我和陳力從場部的「反省室」，搬到附近一排廢棄的羊圈裡，當年我們親手澆灌的核桃樹，而今已成了一棵傍山而立的大樹。是夜靠它的指引，我們找到了當年的「羊圈反省室」，羊圈已不復存在，那裡留下了一窪積水，觸景生情我彷彿又想起，月影濛濛中金梅的悲歌。

下午我們雇車，在當地老百姓的幫助下，我們找到了當年屠殺陳力和劉順森的「刑場」，當年目擊者說，槍殺陳力時，只見他滿臉是血，劊子手為了不准他臨終時吶喊，而割掉了他的舌頭!!為讓他跪下飲彈，劊子手刺穿了他的腿。

毫無人性的劊子手，用自己血腥的暴行，永遠在人們心中刻下了一道永不會消褪的血痕。同車去的人還回憶槍殺陳力八年後，在同一刑場上槍殺劉順森時，給他打了啞針，使他無法在臨犧牲前呼喊……

《血紀》裡嘔歌犧牲者的壯烈場面，已在當年目擊者心中留下了完美的形象。

四月十二日，我們又從西昌坐汽車去了甘洛，這一段經歷，是當年我們在流放途中最慘烈的一段，如果一九六二年甘洛農場在短短七個月，將從內地調集的年輕力壯小夥子餓死了一半，這場全國性大量餓死人的災難，從一九五九年算起至少持續了五年，數量之多就更不是四千萬所盤點得了的。

甘洛可算我們這批無辜流放者的鬼門關，我從車窗搜索著當年經過的老母坪，直到下午汽車進入甘洛都沒看到，下車後我們詢問當地開環城車一位司機，他告訴說，離甘洛城偏北二十多里路有一個小地名就叫老母坪。

查地圖我才猛然想起，當年是從雅安經滎經進甘洛，恰與本次路線相反，告訴路線的司機還警告我們，城附近聚居的倮倮見了漢人很可能行搶劫，要我們警惕。我回頭看了一眼荊楚，估量兩人人地生疏，不能貿然行事，決定雇了他的車去西西卡看看。

沿著馬路，司機把車只開到西西卡山下，遠遠相隔，荊楚攝下了山上西西卡的景象，便請司機將車開回火車站。考慮到我們連日趕路，兩人都得了感冒，怕在途中發生意外，所以當晚返回成都。

在成都，我們受到省城彭慕陶先生組織的二十餘右派同難熱情的迎接，熱心的彭先生已於半年前，將我所寫的《血紀》第一稿付印一批，交給同難們傳閱，本次聚會彭先生介紹了我們重返鹽源的初衷和經過，期望大家抓緊餘暮晚年，寫下自己過去的經歷，以供歷史考鑒並流傳後人。

在中共嚴密監視下，大家的熱情，是對我最大的支持和鞭策。

四月十四日，我們回到重慶，按照《血紀》記載的故事，我們還將去南桐。

南桐是我們初入「右派」煉獄的進口；是我們最初受到毛澤東虐待的地方；更是我們認清中共的虛偽欺騙，看清「三面紅旗」帶來的災難，從而放棄幻想，堅決抗暴的開始。

當然，大浪淘沙，在中共殘暴的催化下，當年「右派」這個懵懂的受害群分化了，甚至也有不齒人類的倀鬼出現。

四月十五日晨，我們乘車到了南桐礦區的萬盛市，半個世紀過去了，這個當年只有獨街狹路的小城，已是高樓林立的渝南重鎮了。正感到人地變異，舊地難尋時，同車到達的一位姓朱的當地婦女自告奮勇為我們領路，在她的指引下，我們找到了南桐法院，和隱沒在居民平房裡的南桐看守所舊址。

回憶五十年前，我像一個迷路的孩子，背著破爛的行囊，跟著帶我來的魯召到了這裡，由於信任和依賴，我根本就沒去看掛在門口的招牌，當我進得陰森森的監房時，我還誤以為這是「母校」為我另換了一個場地呢。

就是今天，我也無法理解一個為人師表的人，怎麼會這麼忍心，將一個無知的孩子，拋棄在地獄中。中共對人性的扭曲太可怕了。

然而正是殘酷的煉獄，使我扭曲的神經恢復了正常，使我踏上了正常的人生之程，《血紀》就從這裡開始，記載了這條我走過的路。

當我們重走當年拉著成噸鐵礦的「板板車」，飛奔而下的「海孔」馬路，當我們拍下遺棄了半世紀的高爐煙囪時，我們再次知道中國學生群體的大規模災難就此開始，我們是這場災難的受難者，因此也是這場災難的見證人。

若從清匪反霸、土改開始，按毛所規定每次傷害百分之五計，三反、五反、鎮反、反胡風、反右派、四清、社教、文化大革命殺一小批、武鬥、四五運動、六四民運、鎮壓法輪功、鎮壓西藏新疆和全國民運中，有幾個中國人沒有挨整？

恐怕中共也知道，毛的那一套必亡國，當然也必亡中共。

從一九七九年我離開鹽源至今又過去三十年了，初初那種希望中國會從毛澤東的惡夢中醒來，重新開始中國的未來，像新的惡夢破滅了，時至今日，引中國進入這場災難的魔頭畫像，仍懸於國門之上，中國依然是一黨專制，中國人難道生就了是在專制政體下做奴隸的命？

大陸所以停滯不前，是因為毛澤東獨裁的毒瘤長得太深，他雖在萬民唾罵中結束了他的獨裁，但他發動的那麼多運動，卻使中國失去了凝聚力。

今天，中共的當權者扳著指頭算一算，你們的黨欠下無辜者的命債每個人攤幾條？加上你們已高度腐敗，縱能掌控槍桿子，他們能聽你們的話，甘心為你們賣命幾天？毛澤東魔力能管多久？回首你們欠下那麼多血債，你們不感到討還血債的一天隨時都會降臨？那一天來臨是非常可怕的。

二〇一〇年十月十四日重慶國安部三個人造訪了寒舍，領頭姓白的人看到我獨居的地方十分簡陋，便問到我的家人，我說都被你們整死了，我也幾乎被你們的人整死。他見我態度強硬便接著開門見山說明來意，勸我不要出版《血紀》。

我也不繞彎子，回答來人：「這是不可能了，你們也知道，你們想槍殺我，牛頭馬面已帶過我去閻王殿了，古人云：士不懼死，奈何以死懼之？

當然你們可以不依法而按『政策』辦事，但『無法』怎麼治理偌大的中國？至於我寫的書既敢在全世界人面前公開，只要我能按事實陳述，而不考慮個人的得失，我是無所顧忌的。你們可以就我所寫的事挑骨頭，但你們決抹殺不了事實。」

今天，大家已經看到，連中共上層都在驚呼：「不進行民主變革，中國是沒有前途的。」原因就在奉行獨裁只有死路一條，獨裁將導致民心殆盡，在世界民主巨流的衝擊下，中國不會長陷於獨裁的泥坑，我們翹首跂足中國民主大業的成功。

人生如夢，夢醒後方覺自己不過是茫茫人海中的一粒微塵，生逢惡世，我不知逃過了多少死劫，不知不覺今年已過七十二載。當我最後回顧一生，只有這本記載我一生的書留給後人了。希望後來人好好讀這本書！從中吸取走自由民主的教訓吧！

全書於
二〇〇七年十月寫完
二〇〇七年第一次修改
二〇〇八年第二次修改
二〇〇九年第三次修改
二〇一〇年二月第四次修改
二〇一〇年八月第五次修改
二〇一一年七月第六次修改

血歷史39　PC0260

新銳文創
INDEPENDENT & UNIQUE

血紀
——從平反到改革開放

作　　者	孔令平
責任編輯	邵亢虎
圖文排版	陳姿廷
封面設計	王嵩賀

出版策劃	新銳文創
發 行 人	宋政坤
法律顧問	毛國樑　律師
製作發行	秀威資訊科技股份有限公司 114 台北市內湖區瑞光路76巷65號1樓 電話：+886-2-2796-3638　傳真：+886-2-2796-1377 服務信箱：service@showwe.com.tw http://www.showwe.com.tw
郵政劃撥	19563868　戶名：秀威資訊科技股份有限公司
展售門市	國家書店【松江門市】 104 台北市中山區松江路209號1樓 電話：+886-2-2518-0207　傳真：+886-2-2518-0778
網路訂購	秀威網路書店：http://www.bodbooks.com.tw 國家網路書店：http://www.govbooks.com.tw

出版日期	2012年12月　初版
定　　價	700元

國家圖書館出版品預行編目

血紀:從平反到改革開放 / 孔令平著. -- 初版. -- 臺北
市：新銳文創, 2012.12
面； 公分. --（血歷史叢書；PC0260）
ISBN 978-986-5915-25-4（平裝）

1. 孔令平 2. 回憶錄 3. 文化大革命

628.75 101020127

讀者回函卡

感謝您購買本書，為提升服務品質，請填妥以下資料，將讀者回函卡直接寄回或傳真本公司，收到您的寶貴意見後，我們會收藏記錄及檢討，謝謝！如您需要了解本公司最新出版書目、購書優惠或企劃活動，歡迎您上網查詢或下載相關資料：http:// www.showwe.com.tw

您購買的書名：________________________________

出生日期：________年________月________日

學歷：□高中（含）以下　□大專　□研究所（含）以上

職業：□製造業　□金融業　□資訊業　□軍警　□傳播業　□自由業

□服務業　□公務員　□教職　□學生　□家管　□其它_____

購書地點：□網路書店　□實體書店　□書展　□郵購　□贈閱　□其他

您從何得知本書的消息？

□網路書店　□實體書店　□網路搜尋　□電子報　□書訊　□雜誌

□傳播媒體　□親友推薦　□網站推薦　□部落格　□其他__________

您對本書的評價：（請填代號　1.非常滿意　2.滿意　3.尚可　4.再改進）

封面設計____　版面編排____　內容____　文／譯筆____　價格____

讀完書後您覺得：

□很有收穫　□有收穫　□收穫不多　□沒收穫

對我們的建議：________________________________

____

____

____

請貼
郵票

11466
台北市內湖區瑞光路 76 巷 65 號 1 樓
秀威資訊科技股份有限公司 收
BOD 數位出版事業部

(請沿線對折寄回，謝謝！)

姓　　名：＿＿＿＿＿＿＿＿　年齡：＿＿＿＿　性別：□女　□男

郵遞區號：□□□□□

地　　址：＿＿＿＿＿＿＿＿＿＿＿＿＿＿＿＿

聯絡電話：(日)＿＿＿＿＿＿＿＿＿＿(夜)＿＿＿＿＿＿＿＿＿＿

E-mail：＿＿＿＿＿＿＿＿＿＿＿＿＿＿＿＿